海船船员适任考试培训教材

符合《海船船员培训大纲（2016 版）》培训要求

船舶电气与自动化

（船舶电气）

林叶春　主编

时冬生　主审

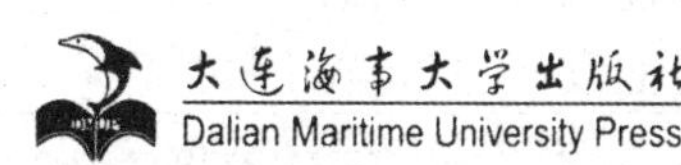

图书在版编目(CIP)数据

船舶电气与自动化：船舶电气：管理级 / 林叶春主编. — 大连：大连海事大学出版社，2020.8
海船船员适任考试培训教材
ISBN 978-7-5632-4014-2

Ⅰ. ①船…　Ⅱ. ①林…　Ⅲ. ①船用电气设备-资格考试-教材　②船舶-自动化系统-资格考试-教材 Ⅳ. ①U665　②U664.8

中国版本图书馆 CIP 数据核字(2020)第 158422 号

大连海事大学出版社出版

地址:大连市凌海路1号　邮编:116026　电话:0411-84728394　传真:0411-84727996

http://press.dlmu.edu.cn　E-mail:dmupress@dlmu.edu.cn

大连永盛印业有限公司印装　　大连海事大学出版社发行

2020 年 8 月第 1 版　　2020 年 8 月第 1 次印刷

幅面尺寸:184 mm×260 mm　　印张:17.25

字数:433 千　　印数:1~3000 册

责任编辑:苏炳魁　　责任校对:张　华

封面设计:张爱妮　　版式设计:张爱妮

ISBN 978-7-5632-4014-2　　定价:52.00 元

前　言

为有效履行《1978 年海员培训、发证和值班标准国际公约》马尼拉修正案，进一步规范海船船员培训行为，提高培训质量，根据《中华人民共和国船员条例》《中华人民共和国船员培训管理规则》规定，交通运输部编制了《海船船员培训大纲（2016 版）》，自 2017 年 4 月 1 日起施行［交通运输部办公厅关于发布《海船船员培训大纲（2016 版）》的通知（交办海〔2017〕33 号）］。

为了更好地指导帮助船员进行适任考试前的培训，进一步提高船员适任水平，大连海事大学出版社、人民交通出版社股份有限公司组织全国有丰富教学、培训经验和航海实际经验的专家共同编写了与《海船船员培训大纲（2016 版）》相适应的“海船船员适任考试培训教材”。本套教材编写采用图文并茂的形式，改变了长期以来以文字为主的教材编写方式，满足《海船船员培训大纲（2016 版）》对船员适任培训的要求，教材知识点紧扣培训大纲，具有权威、准确、系统、实用的特点，重点突出船员适任和航海实践需掌握的知识，旨在培养船员具备在实践中应用知识的能力，并可作为工具书帮助船员上船工作使用。

本套教材分为驾驶专业、轮机专业和电子电气专业教材。

驾驶专业教材包括：《船舶操纵与避碰（管理级）》《航海学（管理级）》《船舶结构与货运（管理级）》《船舶管理（管理级）》《航海学（操作级）》《船舶操纵与避碰（操作级）》《船舶管理（操作级）》《船舶结构与货运（操作级）》《航海英语（操作级）》《GMDSS 英语阅读（操作级）》《GMDSS 综合业务》《值班水手业务》；

轮机专业教材包括：《轮机英语（管理级）》《主推进动力装置（管理级）》《船舶辅机（管理级）》《船舶电气与自动化（船舶电气）（管理级）》《船舶电气与自动化（船舶自动化）（管理级）》《船舶管理（管理级）》《船舶动力装置》《轮机英语（操作级）》《主推进动力装置（操作级）》《船舶辅机（操作级）》《船舶电气与自动化（船舶电气）（操作级）》《船舶电气与自动化（船舶自动化）（操作级）》《船舶管理（操作级）》《值班机工业务》；

电子电气专业教材包括：《电子电气员英语》《船舶电气》《船舶机舱自动化》《信息技术与通信导航系统》《船舶管理》《电子电气员英语听力与会话》《电子技工业务》《电子技工英语》《电子技工英语听力与会话》。

本套教材在编写、出版工作中，得到了各海事管理机构、中国海事服务中心、各航海院校、海员培训机构、航运企业等单位的关心和大力支持，特致谢意。

大连海事大学出版社
人民交通出版社股份有限公司
2020 年 7 月

前 言

编者的话

本教材内容紧扣 STCW 公约马尼拉修正案,依照《海船船员培训大纲(2016 版)》编写的,结合了其他最新国际公约、规则,国家法律、法规和规章,具有权威、系统和全面等特点。在编写过程中,紧密结合现代船舶电气应用技术,强调理论与实践相结合,注意培养船员的职业道德意识、安全意识和环保意识。本教材注重对生产实践的指导作用,旨在培养船员实际应用知识的能力,其中含有船舶电气关键操作的案例和指南,可同时作为技术人员的参考资料,指导船舶电气的日常操作和管理工作。本教材可作为航海类院校相关专业的课程参考教材,也可作为船舶相关公司、船舶修造厂等技术人员学习和培训的教材。本教材由上海海事大学林叶春主编,上海海事局时冬生主审。主要内容有电气与电子技术基础、电气与电子控制设备的操作管理、电气与电子设备的故障诊断和恢复工况的管理。参与本教材编写的还有刘冲、李军军、李精明、王海燕、陈文涛、李品友、陈军、杨宣靖、昝宪生、仇德元、何应昌、吴瑜、张俊等同志。

本教材在编写过程中得到了中国远洋海运集团有限公司、交通运输部上海打捞局(中国海洋工程有限公司上海公司)、中华人民共和国上海海事局、上海海事大学“育明”轮等有关单位和领导的鼎力支持,有关专家对本教材及大纲提出了许多中肯的意见和建议,并提供了大量的电子版资料。在此,向上述单位和所有关心、帮助本教材编写和出版的同仁表示衷心的感谢!

由于编者学识水平有限,书中难免有不妥之处,恳请各位读者批评指正。

编　者

2020 年 5 月

目　录

第一章 电气与电子技术基础

第一节 电路与电机

电路就是电流的通路，是为了某种目的，将一些电气元件或设备按一定的方式组合而成的。按其所发挥的作用，电路大致可分为两大类。第一类是用来实现电能的转换与传输的电路，这就是人们通常所说的电力系统，包括发电、输配电、电力拖动、照明等部分，其中的电机是最重要的发电和拖动设备；第二类是用来处理与传递信息的电路，也就是信息系统。

一、电路基本组成

（一）电路的组成与作用

如图 1-1-1（a）所示为电力系统示意图，一个完整的电力系统电路大致可以归纳为三个基本组成部分，即由电源、负载、中间环节三部分组成。

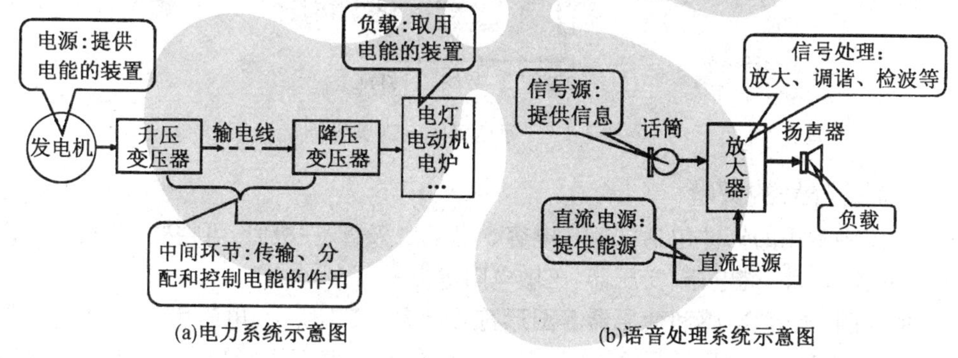

图 1-1-1 电路的作用示意图

（1）电源：产生和提供电能的装置，是将非电能量转换为电能的装置，如各种类型发电机、电池等。

（2）负载：各种类型的用电设备，如电动机、电灯、电炉、电视机、计算机等各种装置。

(3)中间环节：电能的传输、分配及控制装置，包括连接电源及负载之间的电缆、变压器、熔断器、断路器等各种控制设备，如配电屏等电站装置。

如图 1-1-1(b)所示为语音处理系统示意图，是最简单的信息处理系统，话筒将语音信息转换为音频电动势，通过导线和放大器驱动扬声器，复示或放大语音信息，放大需要的能量从直流电源处获得。信息处理系统近年得到了迅猛的发展，诸如多媒体计算机、网络、主机遥控系统、机舱集中监视与报警系统等都是信息处理系统的例子。

要设计一个电气设备，首先要建立一个电路模型，进行分析计算，这个电路模型就是从实际电路中抽象出来的，由一些理想元件组成的电路，所谓理想元件就是将实际元件理想化，即在一定条件下，突出其主要的电气性能，忽略其次要因素，把它看作具有单一电气性能的元件，理想元件常用规定符号及其相应的参数来表示。如图 1-1-2 所示为理想电气元件，有纯电阻、纯电感、纯电容、理想电压源、理想电流源等。

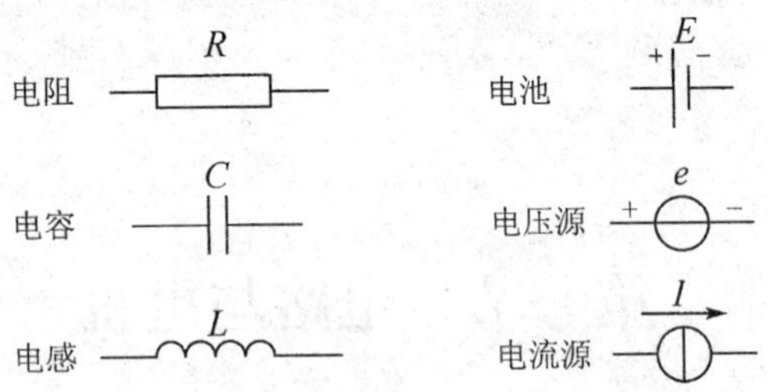

图 1-1-2　理想电气元件

如图 1-1-3 所示为手电筒的电路模型。如图 1-1-3 所示电路的实际器件是由干电池、电珠、开关和筒体连成的手电筒电路，其中干电池是电源元件，其参数由电动势 E 和内电阻 R_0（简称内阻）来模拟；电珠（灯泡）为电阻元件，其参数为 R；筒体和开关是中间环节，因为筒体的电阻与电珠电阻和内阻相比小得多，可忽略不计，所以将筒体看作是一个理想导体；开关 S 是用来控制电路的通、断，即控制灯泡的明暗。在电路图中，各种电路元件都用规定符号表示，实际电路一般用电路图来分析和计算。

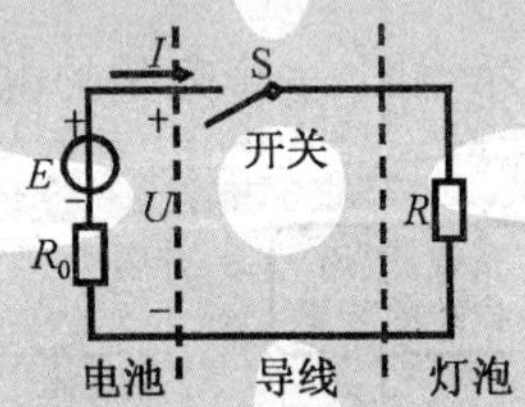

图 1-1-3　手电筒的电路模型

(二)电路符号的解释

电子电路中常用的器件包括：电阻、电容、电感、二极管、三极管、可控硅、发光二极管、蜂鸣器、各种传感器、芯片、继电器、变压器、压敏电阻等。

常用的电阻、电容、电感和变压器等图形符号如表 1-1-1 所示，电阻用字母 R 表示，电容用 C 表示，电感用 L 表示，变压器用 T 或 Tr 表示。具体在电路图中，符号后面还带有编号，有的还附有参数值。

表 1-1-1　常用的电阻、电容、电感和变压器图形符号

图形符号	名称与说明	图形符号	名称与说明
R	电阻器一般符号	L	电感器、线圈、绕组或扼流圈（注：符号中半圆数不得少于 3 个）
R_p	可变电阻器或可调电阻器	L	带磁芯、铁芯的电感器
R_w	滑动触点电位器	L	带磁芯连续可调的电感器
C	极性电容	T	双绕组变压器（注：可增加绕组数目）
C	可变电容器或可调电容器	T	绕组间有屏蔽的双绕组变压器（注：可增加绕组数目）
C	双联同调可变电容器（注：可增加同调联数）	T	在一个绕组上有抽头的变压器
C	微调电容器	E	理想电压源

常用的其他电子器件图形符号如表 1-1-2 所示。

表 1-1-2　常用的其他电子器件图形符号

图形符号	名称与说明	图形符号	名称与说明
	具有两个电极的压电晶体（注：电极数目可增加）	或	接机壳或底板
	熔断器		导线的连接
	指示灯及信号灯		导线的不连接
	扬声器		动合（常开）触点开关
	蜂鸣器		动断（常闭）触点开关
	接地		手动开关

(三)熟悉电路参数及功能

1.电路基本物理量

电源通过导线与负载连接,即构成一个完整的电路,电源的电动势在电源的正、负输出端产生电压,接通负载后,即在电路中产生电流,而电流在有阻力的电路中又产生电压降。因此电流、电压、电动势即为电路的基本物理量。

(1)电流

电荷移动即形成电流。电流的大小用电流的强度(简称电流)来衡量。电流强度在数值上等于单位时间通过导体横截面的电荷量。

若在极短的时间 $\mathrm{d}t$ 内通过导体横截面的微小的电荷量为 $\mathrm{d}q$,则电流为

$$i=\mathrm{d}q/\mathrm{d}t\ (\mathrm{A}) \tag{1-1}$$

式(1-1)表示电流的大小是随时间变化的。如果电流的变化满足正弦函数规律,则称为交流电流;但如果电流的大小不随时间变化,即 $\mathrm{d}q/\mathrm{d}t=0$,则这种电流称为直流电流。当在 t 秒内有 q 库伦的电荷量通过导体横截面,则直流电流 I 可用下式计算,即

$$I=q/t\ (\mathrm{A}) \tag{1-2}$$

中国在工程计算机中大多采用国际单位制(SI),一般都采用千进制。在国际单位制中,电流(强度)单位是库伦/秒,称为安培,简称安(A)。常用的小电流单位有毫安(mA)和微安(μA)。$1\ \mathrm{mA}=1\ 000\ \mu\mathrm{A}$,$1\ \mu\mathrm{A}=10^{-3}\ \mathrm{mA}=10^{-6}\ \mathrm{A}$;常用的大电流单位有千安(kA)。

规定正电荷的移动方向为电流的实际方向,即负电荷(电子)移动的反方向。在分析和计算电路时,需要根据电路中各电流的方向和应用电路的基本定律写出分析计算式。但有时仅根据电路中给定的电源极性或条件还不能确定电流的实际方向时,就需要在电路图中,对未知电流先假设一个电流的参考方向,然后再根据基本定律列出计算式,进行分析计算。所以电路中标示的电流方向为电路中电流的参考方向。电流的方向常用箭头或双下标表示,如采用双下标表示,则先要标定电路的端标,如图1-1-4所示。如果分析计算的结果电流得正值,则假设的参考方向就是该电流的实际方向;如果得负值,则实际方向与假设的参考方向相反。

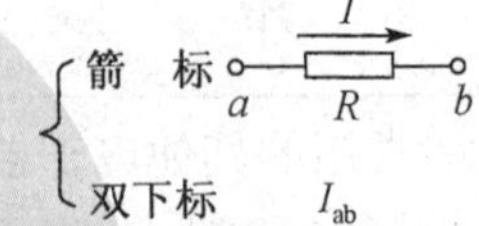

图1-1-4　电流的参考方向

(2)电压

电压是衡量电场力对电荷做功能力的物理量。电路中任意两点 a 和 b 间的电压 U_{ab} 在数值上等于电场力把单位正电荷从 a 点移到 b 点所做的功,也即单位正电荷从 a 到 b 所失去的电位能。因此电路中两点之间的电压等于该两点的电位之差(也即单位正电荷在该两点的电位能之差)。例如,电路中 a 和 b 两点的电位分别为 V_a 和 V_b,则该两点之间的电压为

$$U_{ab}=V_a-V_b \tag{1-3}$$

正电压的规定方向为由高电位指向低电位,因此电压又称电压降(或电位降)。

当电压的实际方向不能确定时,同样可以设参考方向。但是在电源以外的电路中,电流总是从高电位流向低电位,电压和电流的方向是互相关联的,因此,当两者的方向均不能确定时,假设了电流的参考方向也就关联地设定了电压降的参考方向。

电压单位是焦耳/库仑(J/C),称为伏特,简称伏(V)。常用的单位还有千伏(kV)、毫伏(mV)和微伏(μV)。

电压的方向用箭头、正(+)、负(-)极性或双下标表示,如采用双下标表示,则先要标定电路的端标,如图 1-1-5 所示。

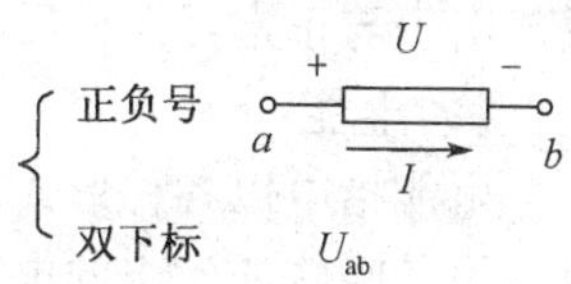

图 1-1-5　电压的参考方向

(3)电动势

电动势是衡量电源力对电荷做功能力的物理量。电源的电动势在数值上等于电源力把单位正电荷由电源的低电位(负)端经电源内部移到高电位(正)端所做的功,即单位正电荷所获得的电位能,因此电动势的量度单位与电压的量度单位相同,即伏特。

电动势的规定方向是由低电位(负)端指向高电位(正)端,与电压的方向相反,如图 1-1-6 所示。由于电源内存在电源力,正电荷不能通过电源内部由(正)端回到(负)端。但当电源与外部负载电路接通时,正电荷可在电场力的作用下通过外电路由高电位端向低电位端移动,从而形成电路电流。随着两端电荷及其电场力的减少,电源力又可以克服电场力的阻力继续将正电荷不断地移向高电位端,从而保持连续的电流。在电场力的作用下电荷通过外部负载电路移动的过程中,由于克服电路的阻力而使电荷的电位能逐渐减少,这是将电能转换为非电能量(如热能)的过程。电动势的方向表示同电压,但输出电流方向与负载相反,即电流由低电位端(负)指向高电位(正)端。

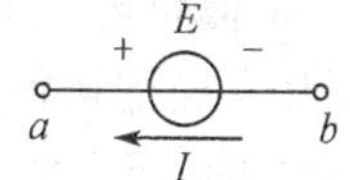

图 1-1-6　电动势的参考方向

电场力(静电力)即电荷之间的作用力,表现为同号电荷相斥,异号电荷相吸。非电场力(非静电力)是指作用于电荷上的与电场力的作用方向相反的力,如发电机绕组导体切割磁场时产生的分离正、负电荷的力,电池的化学反应所产生的分离正、负电荷的力,电源内所产生的这种非电场力又称电源力。

任何带电现象都首先是非电场力克服电场力而分离异号电荷所形成的。电荷在非电场力的作用下移动,非电场力做功,使电荷的电位能增加,即发电;相反,电荷在电场力的作用下移动,则电场力做功,电荷的电位能减少,即用电。

(4)功率

功率是单位时间内所做的功,或单位时间内转移或转换的能量。单位是瓦(W),常见的功率单位还有千瓦(kW)、马力(hp)等,1 kW = 1 000 W,即用 1 秒做完 1 000 焦耳的功,而 1 hp = 0.735 kW。

对负载来说,功率的计算公式是 $P=W/t=UI$;对电源而言,功率的计算公式是 $P=EI$。电源大多是可逆的,即可工作在电源状态(输出电能),也可工作在负载状态(吸收电能),例如在手机中正常工作的电池就工作在电源状态,向外提供电动势 E;而当手机充电时,即工作在负载状态,接受的是外加电压 U。所以在分析电路时,有时要判别哪个电路元件是电源(或起电源的作用),哪个是负载(或起负载的作用)。

通常,根据电压和电流的实际方向可确定某一元件是电源还是负载。如图 1-1-6 所示,假设实际方向与图示参考方向一致,元件上电压 E 和电流 I 的实际方向相反,电流从"+"端流出,则元件发出功率,工作在电源状态。

同样如图 1-1-5 所示,假设实际方向与图示参考方向一致,元件上电压 U 和电流 I 的实际方向相同,则工作在负载状态。电流从"+"端流入,取用功率。

也可由 U 和 I 的参考方向来确定电源或负载。如果某一电路元件上两者的参考方向选得一致时,当 $P=UI$ 为负值时,该元件为电源;但是 $P=UI$ 为正值时,该元件为负载。

如果 U 和 I 的参考方向选得相反时,则电源的功率为正值,负载的功率为负值,与上述相

反。由于与正常习惯相反，一般不采用参考方向相反的标法。

(5)电能

电能指电以各种形式做功的能力，分为直流电能、交流电能，是指在一定的时间内电路元件或设备吸收或发出的电能量，用符号 W 表示，其国际单位制为焦耳(J)。电能的计算公式为：$W=Pt=UIt$。通常电能用千瓦小时(kW·h)来表示大小，也叫作度(电)，1 度(电)=1 kW·h=3.6×10^6J，即功率为 1 000 W 的供能或耗能元件，在 1 小时的时间内所发出或消耗的电能量为 1 度。

电源是提供电能的装置，其实质都是把其他形式的能转化为电能。发电类型有：风力发电、水力发电是把机械能转化为电能；火力发电是把化学能转化为电能；太阳能发电是把太阳能转化为电能；原子能发电是把原子能转化为电能。电池类型有：干电池、铅蓄电池、手机电池，这是把化学能转化为电能。硅光电池是把光能转化为电能；太阳能电池是把太阳能转化为电能。

用电器在工作时把电能转化为其他形式的能。电灯把电能转化为内能、光能；电风扇、无轨电车、吸尘器、洗衣机等把电能转化为动能；电视机、计算机把电能主要转化为光能和声能；热水器、电饭锅把电能转化为热能等。

(6)额定值

电气设备在使用中，对电压、电流和功率都有一定的限制，如超过一定范围，电气设备会因不能承受而损坏，如使用中参数过低，则电气设备的作用就不能充分发挥。所以电气设备在设计时就要考虑好使用的条件和环境，既要保证安全使用，又要充分发挥设备的作用，额定值就是设备使用效率最高、效果最好的参数值。电工产品主要额定值一般包括电压、电流、功率、电流种类、工作制、绝缘等级、环境温度、温升、冷却方式等。此外，还有重量、体积(外形尺寸)、绝缘电阻、耐电压强度等。通常最主要的几项数据都刻在产品的铭牌上，因此又称铭牌值。

2.影响导体的电阻的参数

容易导电的物体称为导体，但不代表电阻为零，实际上导体电阻 R 的大小与导体材料的电阻率 ρ($\Omega\cdot$m 或 $\Omega\cdot$mm^2/m)成正比，与导体的长度 l(m)成正比，与导体的横截面积 S(mm^2)成反比，其计算式为

$$R=\rho\frac{l}{S}\quad(\Omega) \tag{1-4}$$

导体材料不同，其电阻率 ρ 不同。在通常情况下，极易导电的物体是良导体，其电阻率非常小。金属一般都是良导体。导电性能最强的是银，其次是铜、铝、铁。锰铜和康铜电阻率较大，常用于制作线绕电阻器、电炉丝等。高压电线一般采用价格较便宜、密度较小的铝线。此外，石墨、人体、大地以及酸、碱、盐的水溶液等也都是导体，只是导电性要相对较弱一些，即其电阻率要大一些。现在已发现某些材料在超低温的情况下，其电阻突然减小为零，这种性质称为超导性，具有超导性的物体称为超导体。

实际导体电阻与温度的关系大多是金属导体的电阻随温度的增加而增大。不同的导体材料有不同的温度系数 α(1/℃)，其电阻值随温度变化成比例变化。在实际工作中应当注意温度对电阻值的影响，有时会影响设备的运行性能或引起故障。例如当船舶从低温海域驶入高温海域，电网电压通常会降低；反之会升高。这就是电力系统阻值变化所引起的，需要及时加以调整。有的时候，由于导体流过的电流较大，导体本身也会发热，其结果是导体的温度比环境温度高得多，此时，电阻阻值会上升，而在电流不变时，导体的发热量会增加，最后导体会在某一个温度下达到热平衡；或因电流过大造成发热大于散热，引起电缆烧毁。

3.电阻的功率

如图1-1-5所示电路，电压和电流的参考方向一致，根据欧姆定律 $R=U/I$，电阻的功率的计算式有三种形式，即

$$P=UI=I^2R=\frac{U^2}{R} \tag{1-5}$$

有时需要根据电气设备的铭牌计算出需要的参数，如铭牌已告知电压和功率，要求计算该电阻的阻值或计算该电阻的电流，可见，该功率计算公式使用中会比较灵活。

4.电路的带载通路、开路与短路

(1)电路的带载通路

电路的负载与电源接通时即为电路的有载工作状态，如图1-1-7所示，开关S接通后，电路有电流通过。根据欧姆定律，电路带载状态的电流为

$$I=\frac{E}{R_0+R} \tag{1-6}$$

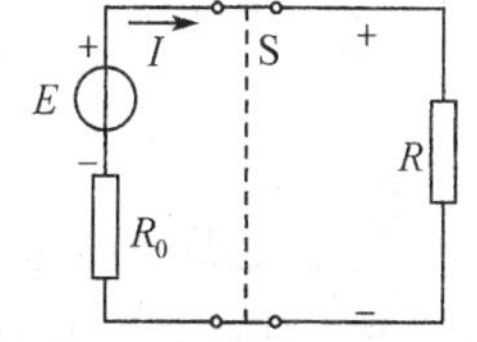

图1-1-7　电路的带载通路

由于电源内阻 R_0 很小，当电路接通时，电路的电流大小主要决定于负载电阻 R。

(2)电源的外特性

实际电压源的端电压 U 小于其电动势 E。根据欧姆定律 $U=IR$ 和式(1-6)可得电路的电压平衡方程式

$$U=E-IR_0 \tag{1-7}$$

式(1-7)表明电源的输出端电压 U 与输出电流 I 的关系，常称为电源的外特性，如图1-1-8所示。电源的输出端电压 U 等于电动势减去内阻电压降 IR_0，因此负载电流越大其端电压越低。该特性曲线的斜率与电源的内阻 R_0 有关，电源的内阻越小，输出电压就越稳定，电源就越好。当 $R_0 \leqslant R$ 时，可近似地认为 $U=E$。

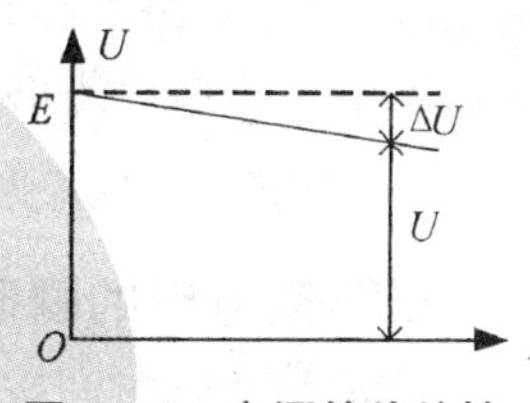

图1-1-8　电源的外特性

(3)电路的功率与功率平衡

将 $U=E-IR_0$ 两边各项均乘以电流 I，则变为电路的功率平衡方程式，即

$$EI=I^2R_0+UI \quad 或 \quad P_E=P_0+P \tag{1-8}$$

式(1-8)表明，电源所产生的电功率($P_E=EI$)等于内阻损耗功率($P_0=I^2R_0$)与负载消耗功率($P=UI=I^2R$)之和，即电路中电源产生的功率与电路消耗功率总是相平衡的。

在一个电路中，电源产生的功率和负载取用的功率以及内阻上所损耗的功率是平衡的。

(4)开路状态

开路就是负载电路与电源断开，如图1-1-9所示，开关S断开，电路没有电流通过，最主要的特征是：电路电流 $I=0$，各电阻上的电压均为零，电路的功率为零，电源处于空载状态。

电源的开路端电压 U_0(或断路点两端的电压)等于电源电动势 E，即 $U_0=E$。因此可通过测量实际电压源的开路电压 U_0 而得知其电动势 E。

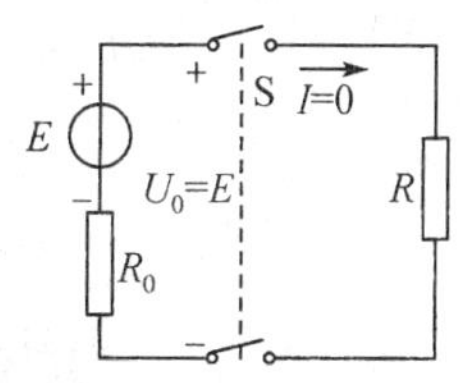

图1-1-9　开路状态

如上所述，电源开路时的特征可用下列各式表示

$$\left.\begin{aligned}&I=0\\&U=U_0=E\\&P=0\end{aligned}\right\}\tag{1-9}$$

（5）短路状态

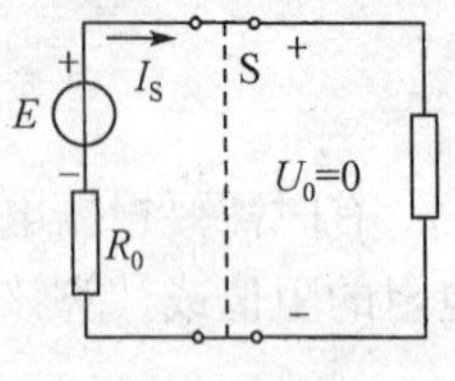

图 1-1-10　短路状态

短路即电源的两个输出端或负载的两个输入端被电阻为零的导体短接，如图 1-1-10 所示。其特征是：端电压 $U=0$ 而短接电流 I_S 很大 。

由电压平衡方程可知，当 $U=0$ 时，短路电流，如上所述，电源短路时的特征可用下列各式表示

$$\left.\begin{aligned}&U=0\\&U=U_S=\frac{E}{R_0}\\&P_E=\Delta P=I^2R_0,P=0\end{aligned}\right\}\tag{1-10}$$

一般电压源的内阻 R_0 都很小，电源电动势全部加在电源内阻上，故短路电流比额定电流大很多倍，内阻上的电流热效应足以将电源烧毁。同时巨大的短路电流也会在短路的线路上产生巨大的热量而迅速燃烧起来。事实上，电路短路是引发火灾的重要原因之一，所以，所有电路都必须采取短路保护措施，通常加装熔断器或自动断路器，当电路发生短路时，立即切断电路，避免事故进一步扩大。

二、交流电基础

正弦交流电以其独特的优势在电气工程中得到广泛的应用。正弦交流电路是指含有正弦交流电源，而且电路各部分电压和电流的大小与方向都随时间按正弦规律变化的电路。如船用交流发电机中所产生的电动势、流过交流电动机的电流都是正弦交流电。

（一）交流电的基本要素

1.正弦交流电的瞬时值

正弦量是指随时间按正弦规律做周期变化的量。用时间 t 的正弦函数来表示，即

$$i=I_m\sin(\omega t+\psi)\tag{1-11}$$

它是以时间作坐标横轴的正弦交流电流，如图 1-1-11 所示的交流电流曲线，在交流电正负半周时对应的实际电压和实际电流方向如图 1-1-12 所示。式（1-11）表示的在任一瞬时的数值称为瞬时值，瞬时值用英文小写字母表示，如 u、e 和 i 分别表示电压、电动势和电流的瞬时值。最大的瞬时值称为该正弦量的幅值（或最大值），用英文大写字母带下标来表示，如 U_m、E_m 和 I_m 分别表示电压、电动势和电流的最大值。衡量一个交流量的三个指标分别是正弦量的幅值、频率和初相位，所以，频率（或周期）、幅值和初相位就称为决定正弦量的三要素。如图 1-1-11 所示，时间 T 为正弦量的振荡周期，I_m是最大幅值，初始相位角为 ψ。

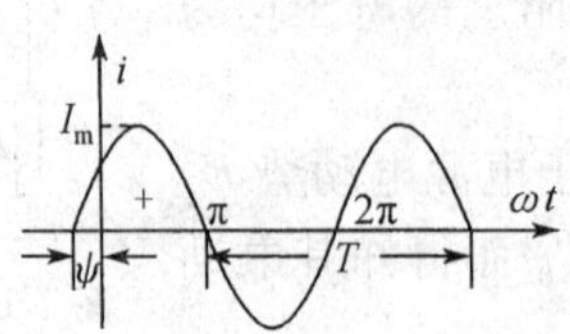

图 1-1-11　交流波形图

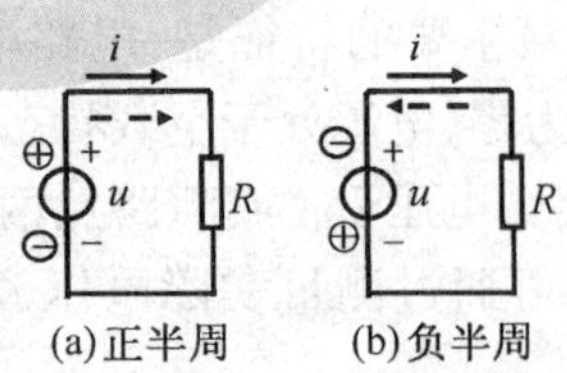

图 1-1-12　交流正负半周运行图

2.正弦交流电的有效值与最大值

正弦交流电的幅值表示该正弦交流电的强度或做功的能力，即幅值越大的正弦交流电，它的强度越大，做功的能力也越强。但这是其瞬时值，正弦交流电的大小每时每刻都在变化，而且正负对称，一个周期内，其平均值为 0，所以用它表示大小是没有意义的。

交流电往往是用有效值（方均根值）来计量的。有效值是从电流的热效应来规定的，因为在电工技术中，电流常表现出其热效应。不论是周期性变化的交流还是直流，只要它们在相等的时间内通过同一电阻而两者的热效应相等，就可把它们的有效值看作是相等的。也就是说，某一个周期电流 i 通过电阻 R（如电阻加热器），在一个周期内产生的热量，与另一个直流 I 通过同样大小的电阻在相等的时间内产生的热量相等，那么这个周期性变化的电流 i 的有效值在数值上就等于这个直流 I。根据该方法计算出来的有效值为

$$I=\frac{I_{\mathrm{m}}}{\sqrt{2}} \tag{1-12}$$

同理可得

$$E=\frac{E_{\mathrm{m}}}{\sqrt{2}} \text{和} U=\frac{U_{\mathrm{m}}}{\sqrt{2}} \tag{1-13}$$

按照规定，有效值都用大写字母表示。

一般所讲的正弦电压或电流的大小都是指它的有效值，如我国交流船舶三相负载电压是 380 V，照明电压是 220 V。船用配电板上的交流电流表、电压表的读数都是指有效值。一般没有特别指明，交流电的幅值指的就是有效值。

3.正弦交流电的角频率

正弦交流电变化一次所需的时间称为交流电的周期，用 T 表示，单位是秒（s）。

正弦交流电每秒变化的次数称为正弦交流电的频率，周期与频率的关系是互为倒数，即

$$f=\frac{1}{T} \tag{1-14}$$

频率的单位是 1/秒（1/s），称为赫兹（Hz）；较高的频率用千赫兹（kHz）、兆赫（MHz）作单位。中国电力工业用的正弦交流电的标准频率是 50 Hz，简称工频。有些国家（如日本、美国等）则采用 60 Hz 的工频。在不同的技术领域中还适用不同的频率，如中频炉的频率是 5~8 kHz，高频电炉的频率是 200~300 kHz，而有些船用交流电动机的频率接近 150~2 000 Hz，另外在无线电工程上用的正弦交流电，频率高达 103~107 MHz。

正弦交流电每秒所经历的角度称为角频率，用 ω 表示，因为正弦交流电每秒变化 f 次，每变化一次经历 2π 电弧度，所以

$$\omega=2\pi f=\frac{2\pi}{T} \tag{1-15}$$

角频率的单位是弧度/秒（rad/s）。式（1-15）表示周期、频率、角频率三者的相互关系。在这三个量中，只要知道一个就不难计算出另外两个量来。习惯上用频率 f 表示正弦交流电变化的快慢，频率越高，正弦交流电变化的速度越快。

4.正弦交流电的初相位

要确定一个正弦交流电，除了幅值和频率，还需要考虑正弦交流电的计时起点。因为正弦交流电是时间的正弦函数，所以取不同的计时起点，正弦量的初始值，即 $t=0$ 时的值也就不

同。对应正弦函数初始值的电角度即为初相位，以 ψ 表示。在一个正弦交流电路中，电压 u 和电流 i 的频率是相同的，但初相位不一定相同，如图 1-1-13 所示。图 1-1-13 中 u 和 i 的波形可用下式表示

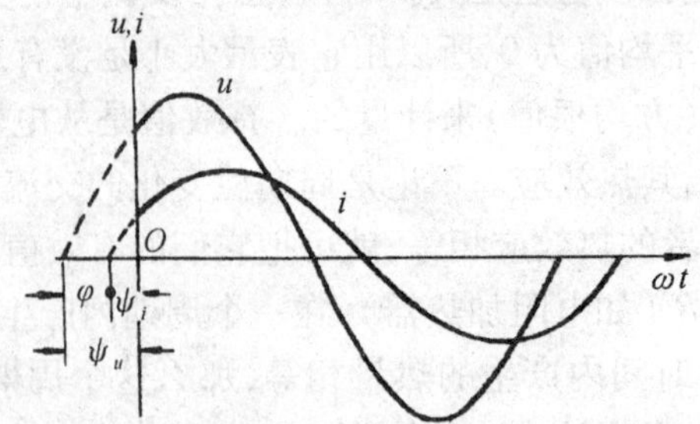

图 1-1-13　正弦交流电压和电流相位差示意图

$$\left.\begin{aligned} u &= U_m \sin(\omega t+\psi_u) \\ i &= I_m \sin(\omega t+\psi_i) \end{aligned}\right\} \tag{1-16}$$

式中，ψ_u 为电压 u 的初相位，ψ_i 为电流 i 的初相位。

两个同频率正弦量的相位角之差称为相位角差或相位差，用 φ 表示。在式(1-16)中，u 和 i 的相位差为

$$\varphi=(\omega t+\psi_u)-(\omega t+\psi_i)=\psi_u-\psi_i \tag{1-17}$$

式(1-17)表明两个同频率正弦量的相位角之差也等于其初相位角之差。

当两个同频率正弦量的计时起点($t=0$)改变时，它们的相位和初相位即跟着改变，但是两者之间的相位差仍保持不变。

由图 1-1-13 的正弦波形可见，因为 u 和 i 的初相位不同(不同相)，所以它们的变动进程是不一致的，即不是同时到达正的幅值或零值。图 1-1-13 中，$\psi_u>\psi_i$，所以 u 较 i 先到达正的幅值，在相位上 u 比 i 超前 φ 角，或者说 u 比 i 滞后 φ 角。

在一个复杂的交流电路网络中，由于各条支路的性质不一致，各条支路的电压和电流的相位就不一致。图 1-1-14 表示了几种电压与电流相位之间的关系及其波形图。另外需要注意的是：两个同频率的正弦量之间的相位差为常数，与计时的选择起点无关；不同频率的正弦量比较无意义。

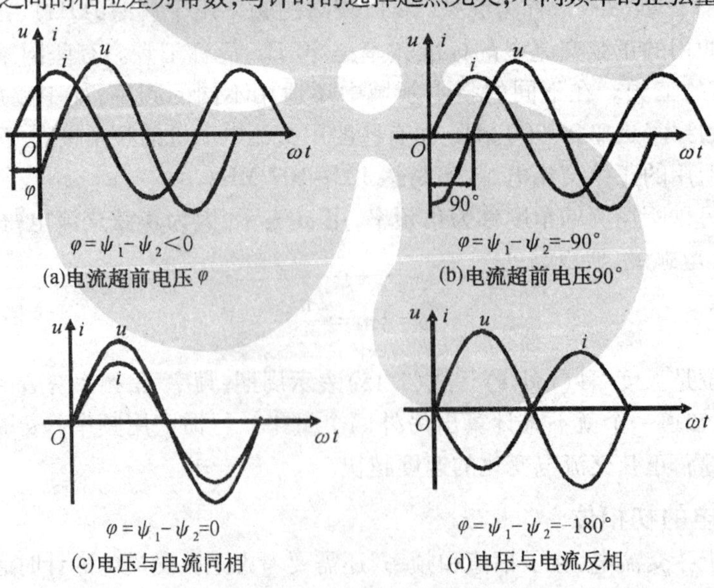

图 1-1-14　电压和电流不同相位差示意图

5.交流电路中电阻、电感、电容元件

在交流供电系统中，各种电气设备如船用电动机、加热器、照明灯具等的作用尽管不同，但都可归纳为三类元件，即电阻、电感和电容元件。

(1)电阻

对电阻元件来说，其两端的电压和通过的电流之间用有效值表示，它们的关系与直流电路中欧姆定律的关系一致，即单一元件在交流电路中也满足欧姆定律。通常铭牌数据或测量的功率均指有功功率 P，是瞬时功率在一个周期内的平均值，其计算的结论与直流电路一样。电阻的功率是

$$P=UI=I^2R=\frac{U^2}{R} \tag{1-18}$$

它的单位为瓦(W)或千瓦(kW)。从式(1-18)可知，当电压与电流用有效值来表示时，纯电阻电路中平均功率的表示与直流有相同的形式。

(2)电感

在纯电感电路中，线圈上的自感电势或加于线圈两端的电压的瞬时值与通过该线圈中的电流瞬时值的变化率成正比。电感 L 表明一个通电线圈产生磁通的能力，它与线圈的匝数 N、几何尺寸、形状以及附近的介质的导磁性等有关，如图 1-1-15 所示为一个密绕的长线圈，其截面积为 $S(\mathrm{m}^2)$，长度为 $l(\mathrm{m})$，匝数为 N，介质的磁导率为 $\mu(\mathrm{H/m})$，则电感 $L(\mathrm{H})$ 为

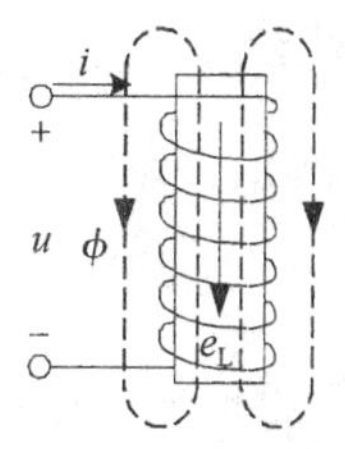

图 1-1-15　一个密绕的长线圈

$$L=\frac{\mu SN^2}{l}\quad(\mathrm{H}) \tag{1-19}$$

电感 L 的单位是亨利 (H)，常用的小单位有毫亨(mH)和微亨(μH)。当这些因素固定不变时，则线圈的电感 L 就是一个常数，比如空芯线圈或线圈中的磁媒质为非磁性材料，则 μ 就是一个常数，L 也是一个常数；而铁芯线圈或线圈中的磁媒质为磁性材料，则 μ 就不是一个常数，L 也不是一个常数。

可见电感交流电路的电压 u 和电流 i 关系有：频率相同、幅值关系为 $U=I\omega L$、电压超前电流 90°，和欧姆定律对比，可定义电感的感抗 $X_L=\omega L=2\pi fl$，感抗的单位也是欧姆。

感抗 X_L 表示线圈中产生的自感电势对通过它的交流电流的一种阻碍作用，在直流电路中，由于 $f=0$，则 $X_L=2\pi fL=0$，没有感抗，也即对直流没有阻碍作用，即相当于短路。但在交流电路中，外加电压 U 不变时，随着 f 的增加，X_L 增加，而电流 $I=\dfrac{U}{X_L}$ 减小。电感 L 起到通直流阻交流的作用。电感 L 虽然是线圈本身固有的特性参数，但是感抗 X_L 的大小与电源的频率 f 成正比，是频率 f 的函数。

为了区别于有功功率，将纯电感元件瞬时功率的最大值 UI 称为无功功率，用来衡量纯电感元件与电源之间能量流动的规模，用 Q 表示。

$$Q=UI=I^2X_L=\frac{U^2}{X_L} \tag{1-20}$$

无功功率 Q 的单位是 var(乏)或 kvar(千乏)。

储存在电感中的瞬时能量可以用 w 表示，将式 $u_L=L\dfrac{\mathrm{d}i}{\mathrm{d}t}$ 两边乘上 i，并积分，可得

$$w=\frac{1}{2}Li^2 \tag{1-21}$$

这说明当电感中的电流增大时,磁场能量增大,电能转换为磁能,即电感元件从电源取用电能;当电感中的电流减小时,磁场能量减小,磁能转换为电能,即电感元件向电源返还电能,但是电感本身不消耗电能。

(3)电容

在电气工程中,需要利用电容器进行滤波、隔直流、旁路及选频等。有时还采用电容器来改善系统的功率因数,以减少输电线路上的能量损失和提高电源设备的利用率。

电容器是由绝缘材料和隔开的两个金属导体构成的极板组成,其极板上储集的电荷 q 与其上的电压 u 成正比,即 $C=\frac{q}{u}$,系数 C 即为电容器的电容。电容与极板面积 $S(\mathrm{m}^2)$ 和极板间的距离 $d(\mathrm{m})$ 及其间的介电常数 $\varepsilon(\mathrm{F/m})$ 有关。表达式为

$$C=\frac{\varepsilon S}{d} \tag{1-22}$$

工程上多采用微法(μF)或皮法(pF)。电容交流电路的电压 u 和电流 i 关系有:频率相同、幅值关系为 $I=U\omega C$、电流超前电压 90°。和欧姆定律对比,定义电容的容抗 X_C 为

$$X_\mathrm{C}=\frac{1}{\omega C}=\frac{1}{2\pi fC} \tag{1-23}$$

容抗的单位也是 Ω(欧姆)。

在直流电路中,因为电源频率 $f=0$,容抗 X_C 为无穷大,电容器在直流电路中就相当于断路;随着频率 f 的上升,容抗 X_C 减小,所以电容器具有通交流、隔直流的特性(刚好与电感通直流、阻交流的特性相反)。电容 C 具有隔直通交的作用,同样容抗也是频率 f 的函数。

纯电容元件瞬时功率的最大值 UI 也称为无功功率,用来衡量纯电感元件与电源之间能量流动的规模,用 C 表示。

$$Q=UI=I^2X_C=\frac{U^2}{X_C} \tag{1-24}$$

无功功率 Q 的单位是 var(乏)或 kvar(千乏)。

储存在电容中的瞬时能量也可以用 w 表示,式(1-24)的两边对时间进行积分,可得

$$w=\frac{1}{2}Cu^2 \tag{1-25}$$

这说明当电容上的电压增大时,电场能量增大,即电容元件从电源取用电能;当电容上的电压减小时,电场能量减小,即电容元件向电源返还电能,但是电容本身不消耗电能。

(二)三相交流电

目前无论是在陆地或船舶上,都广泛采用三相交流供电制,发电和配电一般都使用三相制,在用电中最主要的是三相交流电机。对三相供电电路中的任一相来说,其本质上和单相电路没有差别,但三相电路另外还具备其自身的特点。

1.三相电动势的产生及其表达式

图 1-1-16 是产生三相交流电的示意图,图 1-1-16(a)是发电机的原理图。发电机的主要组成部分是电枢和磁极,亦简称为定子和转子。

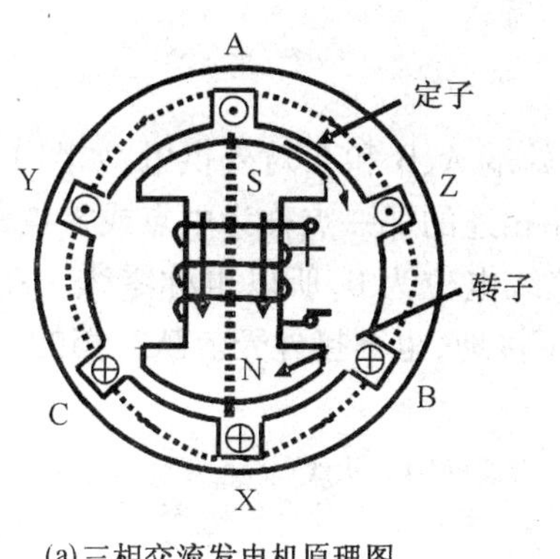

(a)三相交流发电机原理图

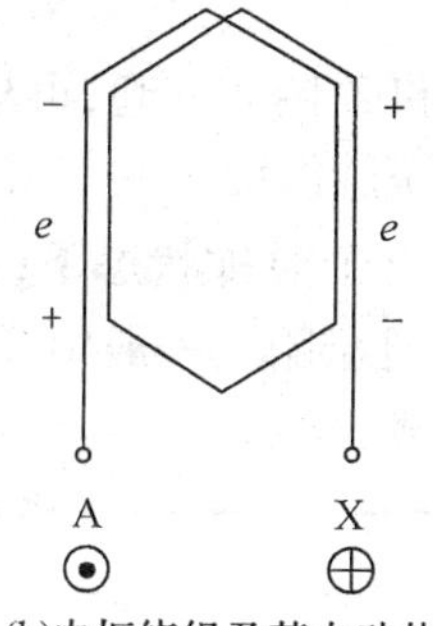

(b)电枢绕组及其电动势

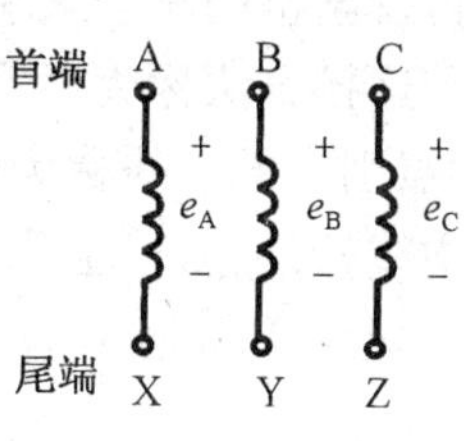

(c)三相绕组示意图

图 1-1-16 产生三相交流电的示意图

定子由硅钢片叠成，在定子槽中放置着三相绕组，三个绕组的构造相同，在空间位置相互间相差 120°，绕组的始端分别以 A、B 和 C 表示，末端分别以 X、Y 和 Z 表示，而转子铁芯上绕有励磁线圈，当通入直流电以后，产生磁场，而磁感应强度是在转子磁极表面与定子内圆间的气隙中按正弦规律分布的。因为三个绕组的匝数相同，空间位置互差 120°，当原动机带动磁极沿顺时针方向匀速旋转时，定子三相绕组依次切割磁力线而感应出频率相同、幅值相等，相位相差 120°的正弦交变电动势 e_A、e_B 和 e_C。图 1-1-16(b)表示了当前位置下 A 相绕组及其产生的电动势。电动势的参考方向选定为从绕组的末端指向始端，如图 1-1-16(c)所示。

若将 A 相绕组的感应电势的初相定为零，则各相绕组的感应电势的瞬时值可分别表示为

$$\left.\begin{aligned} e_A &= E_m \sin\omega t \\ e_B &= E_m \sin(\omega t - 120°) \\ e_C &= E_m \sin(\omega t - 240°) = E_m \sin(\omega t + 120°) \end{aligned}\right\} \tag{1-26}$$

式(1-26)表示的三个幅值相等、频率相同及相位差互差 120°的电势，称为三相对称电势。其相量图及波形图如图 1-1-17(b)和(a)所示。显然，三相电动势的瞬时值和相量之和为 0，即

$$\left.\begin{aligned} e_A + e_B + e_C &= 0 \\ \dot{E}_A + \dot{E}_B + \dot{E}_C &= 0 \end{aligned}\right\} \tag{1-27}$$

三相对称电势中各相到达其正幅最大值的顺序与转向有关，将这一顺序规定为相序，在图 1-1-17(a)中，若磁极顺时针转，则相序为 $A \to B \to C \to A$，称为正相序；若磁极逆时针转，则相序为 $A \to C \to B \to A$，称为负相序。当两台发电机进行并联运行或船舶靠码头接岸电时，都要确保相序一致，否则，发电机不能并联运行；或者，两种供电切换后电动机会反转。

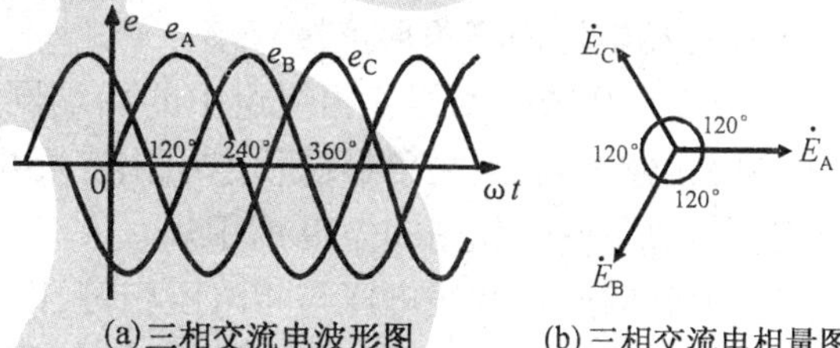

(a)三相交流电波形图 (b)三相交流电相量图

图 1-1-17 三相电动势的波形图和相量图

2. 三相电源的连接方式

三相同步发电机可以每相绕组单独对外供电，但要用六根导线接到三相负载，布线复杂，不经济，所以为简化布线，发电机的三相绕组都以一定的方法来连接，常用的连接方式是星形

连接和三角形连接。

(1)电源的星形连接

若将发电机的三个末端X、Y和Z接在一起，再从始端A、B和C对外供电，如图1-1-18所示。这种连接方法称为星形(或Y形)连接。三个末端相连的那一点称为中点或零点，用N表示，从中点引出的导线称为中线。由于对称状态下，该线电位为0，所以也称零线。在陆地上一般将中线接地，所以也称地线。但船舶上一般中线不接地，也不接外壳。从三相的三个始端引出的三根线A、B和C称为相线或火线。

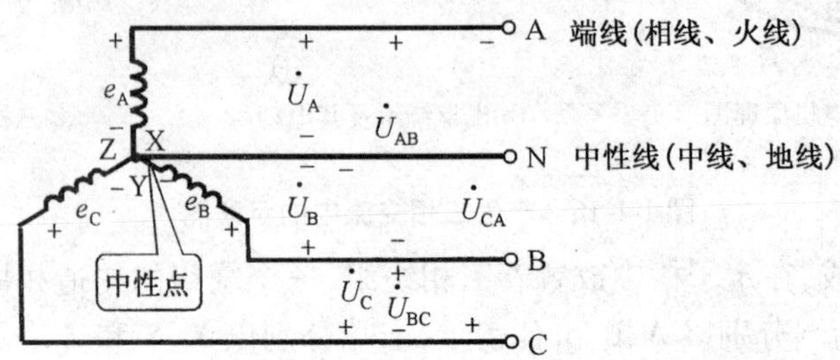

图1-1-18　电源的星形连接

对于不对称三相负载一般采用三相四线制，以确保每一相的电压恒定。但对于对称三相负载，可不用中线，被称为三相三线制。船舶的交流电制一般都是采用三相三线制。

星形连接的特点是可以获得两种电压：一种是发电机每相绕组两端的电压，即火线与中线之间的电压，称为相电压，其有效值用U_A、U_B和U_C表示，相电压的正方向从火线指向中线；另一种为火线与火线之间的电压，称为线电压，其有效值用U_{AB}、U_{BC}和U_{CA}表示，下标字母顺序表示线电压的方向。

一般三相发电机三相绕组是对称的，所以各相电压、线电压相等，各相间相位差为120°。线电压$U_{AB}=\sqrt{3}U_A$，而$\dot{U}_{AB}$相位超前相电压$\dot{U}_A$相位30°。用U_l表示线电压，U_p表示相电压，则有$U_l=\sqrt{3}U_p$。

目前，中国产船舶或陆地上常用的三相电源的线电压为380 V，相电压为220 V，而美国、日本等一些国家的船舶的线电压为440 V，相电压为254 V，有些大型船舶采用的中压电压达到3 300 V或更高。

(2)三相电源的三角形连接

若将发电机或变压器三相绕组中的始端同另一端的末端顺序相连，然后从三角形的顶点引出三相电，这种接法称为三角形连接，如图1-1-19所示。

三角形连接时，其线电压与相电压相等，即$U_l=U_p$。

发电机一般不采用三角形接法，而船舶照明三相变压器的副边三相绕组一般采用三角形连接。

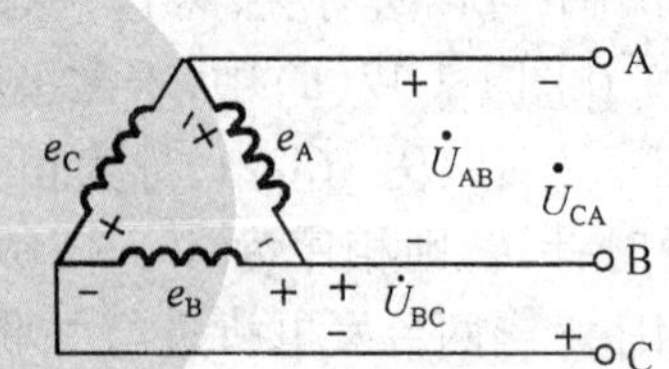

图1-1-19　三相电源的三角形连接

3.三相负载的连接方式

使用交流电的设备，有单相和三相之分，如船舶照明系统、信号灯等都是采用单相供电，而绝大部分的船用电动机都是采用三相供电。前者为单相负载，后者为三相负载。

对某一负载来说，若同时满足

$$\left.\begin{aligned}R_A=R_B=R_C\\X_A=X_B=X_C\end{aligned}\right\}\tag{1-28}$$

则 $|Z_A|=|Z_B|=|Z_C|$，且 $\varphi_A=\varphi_B=\varphi_C$，称为三相对称负载；否则称为三相不对称负载。

(1)三相负载的星形连接

三相负载的星形连接如图 1-1-20 所示，三个负载 Z_A、Z_B 和 Z_C 一端连在一起，并且与中线相连，另一端分别与电源端线 A、B 和 C 相连。若忽略输电线的阻抗，则各相负载的相电压就是电源的各相电压。

三相电路中的电流分为线电流和相电流，如图 1-1-20 所示，引出端线电流 $\dot{I}_A$、$\dot{I}_B$ 和 $\dot{I}_C$ 为线电流。通过负载的电流 $\dot{I}_a$、$\dot{I}_b$ 和 $\dot{I}_c$ 为相电流。显然，对于星形连接的三相电路，线电流等于相电流，即 $I_l=I_p$，而线电压和相电压的关系与电源的星形连接是一样的，即 $U_l=\sqrt{3}U_p$。

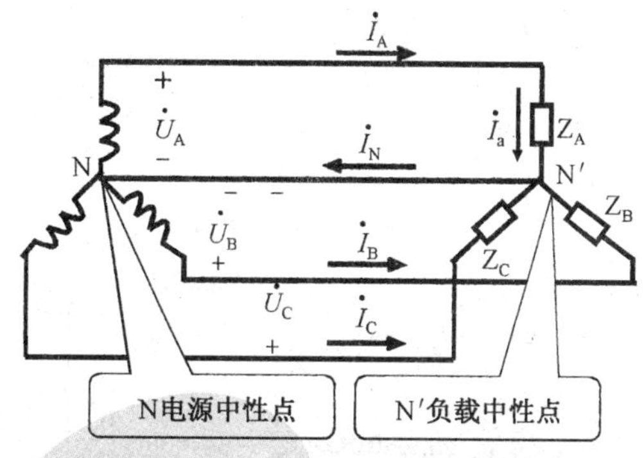

图 1-1-20　三相负载的星形连接

在三相四线制中，计算每一相负载电流的方法与单相电路的计算方法一样，如图 1-1-20 所示，各相电流为

$$\dot{I}_A=\frac{\dot{U}_A}{Z_A};\dot{I}_B=\frac{\dot{U}_B}{Z_B};\dot{I}_C=\frac{\dot{U}_C}{Z_C}\tag{1-29}$$

各相负载的电压、电流之间的相位差分别为

$$\varphi_A=\arctan\frac{X_A}{R_A};\varphi_B=\arctan\frac{X_B}{R_B};\varphi_C=\arctan\frac{X_C}{R_C}\tag{1-30}$$

中线电流用 I_N 来表示，且规定其正方向由 N′指向 N 点，则有

$$\dot{I}_N=\dot{I}_A+\dot{I}_B+\dot{I}_C\tag{1-31}$$

若负载对称，则三相电流也对称，即 $I_A=I_B=I_C$ 和每相电压与电流的相位差 $\varphi_A=\varphi_B=\varphi_C=120°$，有

$$\dot{I}_A+\dot{I}_B+\dot{I}_C=0\tag{1-32}$$

根据式(1-31)和(1-32)可知，$\dot{I}_N=0$ 或 $I_N=0$，即中线没有电流，所以对于星形三相对称负载，可以去掉中线，常用的船舶电力系统就是没有中线的三相三线制供电系统。然而，实际的三相电路并不完全对称，特别是在三相四线制系统中，三相电动机接的是线电压，可以做到三相对称，而照明负载接的是相电压，各相负载不可能完全配平。负载不对称而又没有中性线

时,负载的相电压就不能稳定。当负载的相电压不对称时,势必引起有的相电压过高,高于负载的额定电压;有的相电压过低,低于负载的额定电压,这都是要尽量避免的,所以星形连接的三相负载应尽可能对称。

另外,有中性线的三相四线制,中性线的作用就在于使星形连接的负载不对称时,各相的相电压仍对称。为了保证负载的相电压对称,就不应让中性线断开。因此,中性线(指干线)内不允许接入熔断器或闸刀开关。

(2)三相负载的三角形连接

三相负载首、尾连接,三个连接点接三相电源,就是三相负载的三角形连接,如图 1-1-21 所示。从电路图中可看出,$U_{AB}=U_{BC}=U_{CA}=U_p=U_1$。因为电源线电压是对称的,所以不论负载是对称或是不对称,其负载相电压总是对称,但负载的相电流不再等于线电流,由基尔霍夫电流定律知

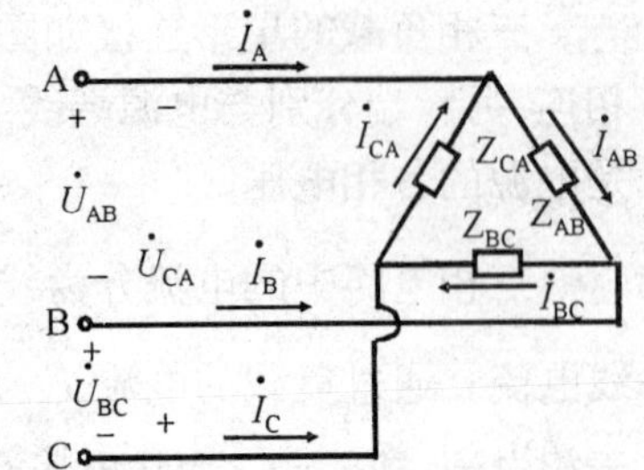

图 1-1-21 三相负载的三角形连接

$$\left.\begin{aligned}\dot{I}_A&=\dot{I}_{AB}-\dot{I}_{CA}\\\dot{I}_B&=\dot{I}_{BC}-\dot{I}_{AB}\\\dot{I}_C&=\dot{I}_{CA}-\dot{I}_{BC}\end{aligned}\right\}\tag{1-33}$$

如果三相负载对称,则有

$$\left.\begin{aligned}&I_{AB}=I_{BC}=I_{CA}=I_p=\frac{U_p}{|Z|}\\&\varphi_A=\varphi_B=\varphi_C=\arctan\frac{X}{R}=\arccos\frac{R}{|Z|}\end{aligned}\right\}\tag{1-34}$$

三角形连接的线电流与相电流的大小和相位有以下关系

$$\left.\begin{aligned}I_A&=\sqrt{3}I_{AB}\\I_B&=\sqrt{3}I_{BC}\\I_C&=\sqrt{3}I_{CA}\end{aligned}\right\}\tag{1-35}$$

即线电流是相电流的$\sqrt{3}$倍,即 $I_l=\sqrt{3}I_p$。

综上所述,三相负载既可接成星形,又可接成三角形,究竟采用哪一种方法,应根据负载的额定电压和电源电压的数值确定,例如,对于 380 V 的三相电源来说,当电动机的每相绕组的额定电压为 220 V 时,则应接成星形;若电动机的每相绕组的额定电压为 380 V,则可以接成三角形。

(3)三相功率的计算

无论负载为星形或三角形连接,每相有功功率都应为

$$P_p=U_pI_p\cos\varphi_p\tag{1-36}$$

式中,P_p为某相的功率;U_p为相电压;I_p为线电流;$\cos\varphi_p$为该相的功率因数,φ_p是相电压 U_p与相电流 I_p之间的相位差,也是该相绕组的阻抗角。

对称负载 Y 连接时:$U_p=\frac{1}{\sqrt{3}}U_l$,$I_p=I_l$;负载的有功功率为

$$P=3U_pI_p\cos\varphi_p=\sqrt{3}\,U_lI_l\cos\varphi_p\tag{1-37}$$

当对称负载△连接时：$U_p=U_l, I_p=\frac{1}{\sqrt{3}}I_l$。所以负载的有功功率为

$$p=3U_pI_p\cos\varphi_p=\sqrt{3}U_lI_l\cos\varphi_p \tag{1-38}$$

可见无论负载是星形或三角形连接，三相对称负载的功率均为

$$P=\sqrt{3}U_lI_l\cos\varphi_P \tag{1-39}$$

注意 φ_p仍是相电压 U_p与相电流 I_p之间的相位差。由于线电压和线电流的数值是最容易测量出来的，或是已被告知的，所以式(1-39)是使用最多的。

同理，负载的无功功率为

$$Q=3U_pI_p\sin\varphi_p=\sqrt{3}U_lI_l\sin\varphi_p \tag{1-40}$$

而负载的容量为

$$S=\sqrt{P^2+Q^2}=3U_pI_p=\sqrt{3}U_lI_l \tag{1-41}$$

有的电动机有两种额定电压，如 220/380 V。当电源电压为 380 V 时，电动机的绕组应连接成星形；当电源电压为 220 V 时，电动机的绕组应连接成三角形。如果绕组接成星形时通入 380 V 电源电压或接成三角形接入 220 V 电源，则该电机的相电压、相电流以及功率都未改变，但三角形连接情况下的线电流比星形连接情况下的线电流增大$\sqrt{3}$倍。如果同一个电压接到 Y 形或△形接法的电机中，Y 形接法的相电压是外接线电压的 $1/\sqrt{3}$，线电流等于线电流，且 $I_l=I_p=U_p/|Z|$（Z 为该电机三相中的一相的阻抗）；而采用△形接法，相电压等于线电压，外部供电的线电流是其相电流的$\sqrt{3}$倍，即 $I_l=\sqrt{3}I_p=\sqrt{3}U_l/|Z|$。所以根据式(1-41)可得

$$\left.\begin{aligned}P_Y&=\sqrt{3}U_lI_l\cos\varphi_P=\sqrt{3}U_l\left(\frac{U_p}{|Z|}\right)\cos\varphi_p=\sqrt{3}U_l\left(\frac{U_l}{\sqrt{3}|Z|}\right)\cos\varphi_p=\frac{U_l^2}{|Z|}\cos\varphi_p\\P_\triangle&=\sqrt{3}U_lI_l\cos\varphi_p=\sqrt{3}U_l(\sqrt{3}I_p)\cos\varphi_p=\sqrt{3}U_l\left(\sqrt{3}\frac{U_l}{|Z|}\right)\cos\varphi_p=3U_l\frac{U_l^2}{|Z|}\cos\varphi_p\end{aligned}\right\} \tag{1-42}$$

可见同一电压作用在同一负载上，△接法的电机功率是 Y 接法的 3 倍。

(三) 三相变压器

变压器是利用电磁感应原理制成的静止电气设备，它能将某一交流电压变换为同频率的另一等级电压，同样也能进行交流电流的变换及阻抗变换。变压器在船舶电力系统中主要用作改变电压等级的电力变压器。此外还包括一些仪器设备中的电源变压器、阻抗变换器、电压互感器、电流互感器等。

1. 变压器的基本结构

如图 1-1-22 所示为一个变压器的结构及工作原理图，有一个用以沟通磁回路的铁芯，铁芯采用相互绝缘的薄硅钢片叠成。在铁芯上安放两个由绝缘铜线绕制的线圈，其中与电源（或输入信号）相连接的线圈称为原边绕组，也称初级绕组；与负载连接输出电压（或信号）的线圈称为副边绕组，又称为次级绕组。

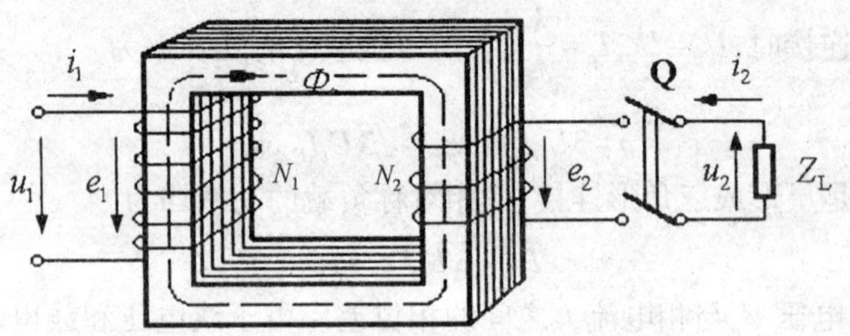

图 1-1-22　变压器的结构及工作原理图

变压器的主要组成是铁芯和绕组。

(1)铁芯

铁芯是变压器的主磁路，又作为绕组的支撑骨架。铁芯柱上装有绕组，铁芯的作用是使磁路闭合。为保证有足够的磁通密度，需要选择高性能的导磁材料做铁芯，同时考虑主磁路结构的可靠性，而且要避免产生涡流，常使用硅钢片作为铁芯的主要材料。在高频中常用磁导率更高的铁氧体材料。

(2)绕组

绕组是变压器的电路部分，常用绝缘铜线（漆包线）或铝线绕制而成，近年来还有用铜箔或铝箔绕制的。为了使绕组便于制造、使绕组在电磁力作用下受力均匀，一般电力变压器都把绕组绕制成圆形的。

(3)冷却方式

由于变压器中无转动部分，在能量传递过程中的损耗主要为铜损和铁损两部分，一般效率都很高，大多数在95%以上，大型变压器的效率可达99%以上。变压器产生的损耗通过冷却来降低温升，变压器的冷却方式最常见的有两种：一是利用其自身周围空气流通而自行冷却的干式变压器；另一种是将变压器浸在变压器油中，利用油的对流进行冷却，称为油浸式变压器。为了避免变压器油可能带来的火灾隐患，目前船舶电力系统中都采用干式变压器。

如图 1-1-23 所示为常见的几种变压器的电路符号。

(a) 变压器　(b) 变压器　(c) 仪用变压器　(d) 三绕组变压器

图 1-1-23　常见的几种变压器的电路符号

2.变压器的工作原理

变压器作为一个能量传递装置，从电路角度来考虑，具有双重的特性：对原边所接的电源来说，变压器相当于一个负载；对于副边所接的负载，变压器又相当于一个带有内阻抗的电源。

在图 1-1-22 中，匝数为 N_1 的原边绕组与交流电源连接，匝数为 N_2 的副边绕组经过开关 Q 与负载阻抗 Z_L连接。当开关 Q 断开时，副绕组中的电流为零，变压器处于空载运行状态。

设原边绕组所接电源电压的有效值为 U_1，其频率为 f。在 U_1 的作用下，原边绕组中有电流 I_0 流过。I_0 称为空载电流，它将在原边绕组中产生励磁磁势 I_0N_1，该磁势使闭合的铁芯产生磁通 Φ。由于磁通 Φ 分别与原、副边绕组环链，根据电磁感应定律，原、副边绕组中将分别产生感应电势 E_1 和 E_2。根据楞次定律，E_1 和 E_2 值分别为

$$E_1 = 4.44fN_1\Phi_m \tag{1-43}$$

$$E_2 = 4.44fN_2\Phi_m \tag{1-44}$$

式中，Φ_m为磁通 Φ 的最大值。

原边绕组中的感应电势 E_1 是自感电势，若忽略原边绕组的铜电阻以及漏磁通引起的阻抗压降，则 E_1 与 U_1 在数值上相等，即 $E_1 \approx U_1$，但 E_1 与 U_1 相位相反；副边绕组的感应电势则为互感电势，在绕组输出端开路时，$I_2=0$，则 $U_2=E_2$。由此可得原副边绕组的电压比为：

$$\frac{U_1}{U_2} \approx \frac{E_1}{E_2} = \frac{4.44fN_1\Phi_m}{4.44fN_2\Phi_m} = \frac{N_1}{N_2} = K \tag{1-45}$$

即

$$U_2 = \frac{N_2}{N_1}U_1 = \frac{U_1}{K} \tag{1-46}$$

式中，K 为变压器原、副边绕组的匝数比，也称为变压比或变比。

式(1-45)表明，当数值为 U_1 的交流电源加于变压器的原边绕组时，通过电磁感应作用，可在副边得到一个同频率的新的交流电源，该电源的电压值 U_2 的大小取决于变压器原、副边绕组的匝数比。由此可见，只要选择适当的匝数比，即可通过变压器把某一交流电压变成同频率电压任意所需数值。

3.变压器的铭牌

变压器的铭牌上标出了一些表征其运行性能的额定参数，主要有：

(1)额定容量 S_N：变压器的额定视在功率，单位为伏安(VA)或千伏安(kVA)。由于变压器的效率较高，通常原、副边的额定容量可认为近似相等，原、副边的功率也近似相等。

(2)额定电压 U_{1N}，U_{2N}：U_{1N}为原边输入电压(即电源电压)的额定值；U_{2N}是在原边接额定电压时，副边开路时其输出的端电压。对于三相变压器，U_{1N}、U_{2N}均为线电压。

(3)额定电流 I_{1N}，I_{2N}：分别为原、副边的额定电流值(线电流)。

在忽略变压器自身损耗的情况下，单相变压器的容量为 $S_N = U_{2N} I_{2N} \approx U_{1N}I_{1N}$；三相变压器的容量为 $S_N = \sqrt{3} U_{2N} = I_{2N} = \sqrt{3} U_{1N}I_{1N}$。

此外，变压器铭牌上通常还标注有额定频率、额定效率、温升、三相接法等参数。

4.变压器的同名端

同一铁芯上(相连同一磁通)的两个(或多个)原、副绕组中，某一瞬时具有相同极性的出线端称为同名端。变压器的原、副边绕组关联着同一个主磁通，当主磁通交变时，都会在原、副绕组中感生电动势，一个绕组的某一端点的电位为正时，另一绕组的两个端点中必然有一个端点的电位也是正的。这两个感应的同极性电动势电位端点即为同名端。绕组的同名取决于绕组的绕向，三相变压器或多绕组的单相变压器的出线端，一般都用“ * ”或“ · ”标出同名端。变压器绕组的同名端也可以通过实验的方法测得。

变压器绕组的同名端可通过实验的方法来判别。如图 1-1-24 所示为交流测定法接线图，当一侧绕组加上交流电压时(通常加在高压侧)，若电压表 V_{Aa} 中的读数高于所加的电压，该读数为两个绕组中的感应电势之和，说明这两个绕组为正向串联，即被连接的两端(图中 X 和 x)为异名端；若电压表 V_{Aa} 的读数低于所加的电压，则为两个绕组中的感应电势之差，即被连接的两端为同名端。

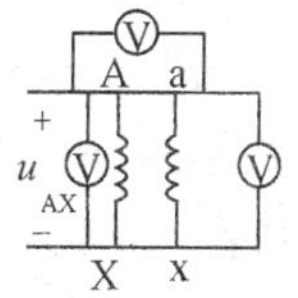

图 1-1-24　交流测定法接线图

如图 1-1-25 所示为直流测定法接线图，图中一侧绕组接一小直流电源（通常在低压侧），若开关 S 合上瞬间，另一侧绕组所接的直流毫安表的指针正偏，则与电流表正极的连接端与另一绕组中与电源正极的连接端为同名端（图中 A 和 a）；若指针反偏，则该两端为异名端。

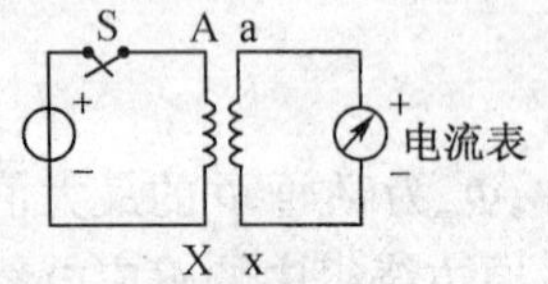

图 1-1-25　直流测定法接线图

5.三相变压器的结构和极性

在电力系统中，无论是发电设备还是用电设备（除照明及其他生活用电以外）大都采用三相交流电制，在电力传输过程中需要进行三相电压变换。采用三相三线制的交流船舶电力系统中，单相的照明电源也是先将主发电机发出的三相电源经三相电压变换后再分相提供的；此外在某些采用三相 3.3 kV 或 6.6 kV 高压供电的船舶电力系统中，三相 380 V 的低压用电设备也需要经过三相电压降压后得到。

（1）三相变压器的结构

三相组合变压器（也称三相变压器组）是采用三台同型号的单相变压器分别对三相电源的每一相进行变压，具有备用容量小，便于维修保养的优点。但它由于需用三台变压器组成，因此占地面积大，效率低（总损耗为三台的总和）。无论从设备成本或是运行效率角度来看，都很不经济。三相变压器一般采用芯式结构，在“□□”形铁芯的三个铁芯柱上，每个铁芯柱分别安放一相的原边和副边绕组，即对应相的原、副边绕组放在同一铁芯柱上。三相原、副边绕组根据需要，进行适当的三相连接，即星形或三角形连接，如图 1-1-26 所示，三相原边绕组已接成星形连接，副边绕组接成三角形连接，当原边输入为三相对称电压时，三相副边绕组输出的三相电压也一定为三相对称电压。原、副边绕组输出的电压比也取决于原、副边绕组的匝数比，而原副边线电压比还取决于不同的接法。假如原副边绕组比为 K，而接法为如图 1-1-26 所示的原边星形、副边三角形，则输入线电压与输出线电压之比为$\sqrt{3}K:1$。

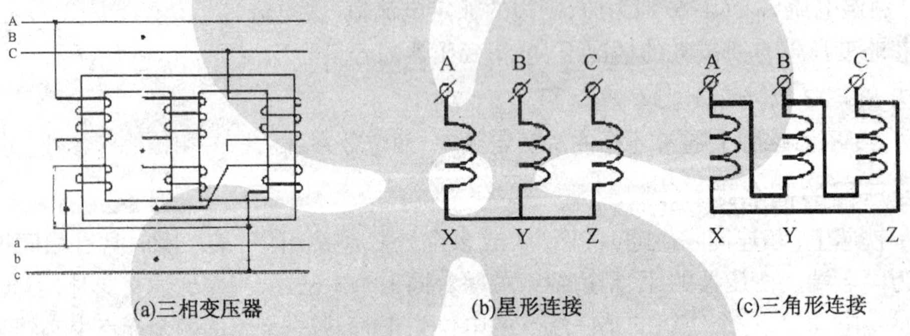

(a)三相变压器　(b)星形连接　(c)三角形连接

图 1-1-26　三相变压器结构示意及接线图

为了保证船舶照明变压器不间断的连续供电，一般用两台三相变压器，一台运行，一台备用。

（2）三相变压器星形和三角形的连接方法

变压器三相绕组的星形、三角形连接不是随便进行的，在连接之前必须先标出变压器原、副边绕组的同名端，再按一定的规则进行星形、三角形连接；否则，三相变压器不能正常工作甚至烧毁。

一般三相变压器中，以 A、B、C 和 a、b、c 分别表示原、副边绕组的首端；X、Y、Z 和 x、y、z 分别表示原、副边绕组的尾端，即 A 和 a、B 和 b、C 和 c 互为同名端，同理 X 和 x、Y 和 y、Z 和 z 也互为同名端，如图 1-1-26 所示。

三相变压器既是电网的负载，也是后续负载的电源，其一次侧作为电源的负载使用，可接成三角形(△形)或星形(Y形);其二次侧作为电源为后续负载提供能源,也可接成三角形(△形)或星形(Y形),除常规三相供电外,有时还可根据需要从星形的中点拉出中心线,与每相构成单相电源,供电给负载使用。

三相变压器原、副边三相绕组中任何一相绕组的首尾端都不能反接;否则副边得不到对称的三相电压。特别是在将副边绕组连成三角形之前,应先测一下三角形的开口电压,当开口电压为零时,方可连成封闭的三角形;否则,三角形回路会出现环路电流,烧坏变压器。如一台Y/△接法的三相电力变压器,副绕组在经过检修后欲接回△,在将副绕组接成闭合的△前,应先测一下三角形的开口电压,其值应为0。但是如果其值为一相的相电压时,这说明副绕组中已有一相短路。副绕组连接常出现有一相首尾接反,则其开口三角形的电压为2倍的相电压值,此时决不能接成闭合三角形回路;否则变压器将被烧毁。

三相变压器不仅作为电力变压器实现三相电源的变换,而且也可利用不同连接组别所得到的副边不同的相位,以获得六相、十二相交流电压或整流直流电压,用以驱动多相超大型交流电动机。

此外,在原、副边绕组匝数比不变的情况下,三相变压器原、副边绕组的连接形式不同,其输入电压和输出电压之比也将不同。设变压器的匝数比为 K_u,U_{l1}、U_{l2}分别为输入电压和输出电压(线电压),U_{p2}、U_{p2}为原、副边绕组的相电压。当变压器为Y,y连接时,其输入电压和输出电压之比为

$$\frac{U_{l1}}{U_{l2}}=\frac{\sqrt{3}\,U_{p1}}{\sqrt{3}\,U_{p2}}=\frac{N_1}{N_2}=K_u \tag{1-47}$$

当变压器为Y,d连接时,则

$$\frac{U_{l1}}{U_{22}}=\frac{\sqrt{3}\,U_{p1}}{U_{p2}}=\sqrt{3}\frac{N_1}{N_2}=\sqrt{3}K_u \tag{1-48}$$

(3)三相变压器开口三角形的连接方法

三相组合变压器有一个优点就是具有余冗结构,在使用三相组合变压器变压的场合,当其中一台故障而又无备用设备时,作为临时措施,可将故障变压器接线拆除,其他两台可按V(开口三角形)形连接以保证船舶照明变压器不间断的连续供电,所以,这种供电方式也是国际船级社协会(IACS)所允许的。如图1-1-27所示,同样可输出三相对称电压,向三相负载供电。

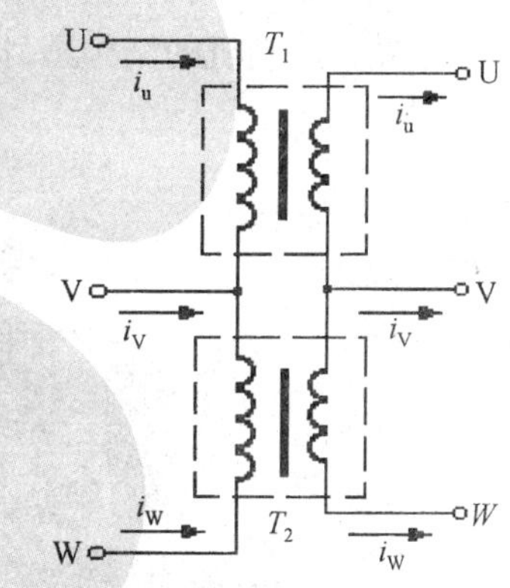

图1-1-27　三相变压器组V形连接

由两台单相变压器组合的V形连接的三相组合变压器的容量是$2S_{单相}$,但是三相变压器缺一相的V形连接的三相变压器组,其容量$S_{三相}$并不等于两台单相变压器的容量之和,即$S_{三相}\neq 2S_{单相}$,而是等于单台单相变压器容量的$\sqrt{3}$倍,即$S_{三相}=\sqrt{3}S_{单相}=\sqrt{3}U_{2N}I_{2N}$,$U_{2N}$、$I_{2N}$为单台单相变压器副边的额定电压和额定电流。

在仪表测量中,为减少设备,也通常采用这种V连接形式。

6.干式变压器的维护保养

干式变压器具有难燃、自熄、耐潮、机械强度高、体积小、重量轻、承受短路能力强等多种优点,得到了广泛应用。但是干式变压器也存在一些缺点,比如在通风不畅的情况下,其散热性

能不如油浸式变压器好等。干式变压器的运行维护注意事项如下:

(1)定期做好清扫工作。如发现有过多的灰尘聚集,则必须立即清除,以保证空气流通。如果不及时清除将影响变压器的散热,还将导致变压器绝缘能力降低甚至造成绝缘击穿。在停电试验中,其铁芯绝缘电阻不能降低至 10 MΩ 以下。

(2)加强通风设备的运行维护,确保通风设备正常,保证变压器通风流畅。

(3)加强温度的监控。平常要加强对温控器的观察,看显示的三相温度是否平衡,某一相的温度显示值是否有突变现象。

(4)启用已停运的干式变压器,需要检查是否有异常潮湿。如有,要提供热风对其表面进行干燥处理,以防绝缘击穿。如表面潮湿不影响绕组内部的绝缘,简单处理后就可以投入运行。

(5)干式变压器的铁芯如果发生大面积锈蚀,就会使变压器的损耗增加、效率下降,甚至直接影响变压器的寿命。所以要防锈并定期除锈,避免铁芯锈蚀。另外,干式变压器耐压水平较油浸式变压器低,因此要加强对避雷器的配置和维护检测。高压侧应由电缆进线,不宜直接与架空线路相连接。

三、三相电机

(一)三相交流电动机

三相交流异步电动机具有结构简单、运行可靠、价格低廉、维护方便等一系列优点。目前船舶上几乎所有辅机的拖动电机都采用三相交流异步电动机。根据不同的冷却方式和保护方式,有开启式、防护式、封闭式和防爆式几种,其主要缺点是必须从电网吸收滞后的无功功率,而轻载时功率因数低。

1.三相异步电动机的结构

三相异步电动机由静止的定子和转动的转子两大部分组成。定子和转子之间有很小的气隙,按转子结构的不同,三相异步电动机分为鼠笼式和绕线式两大类。如图 1-1-28 所示是绕线式三相异步电动机的结构图,如图 1-1-29 所示是鼠笼式三相异步电动机的结构图。

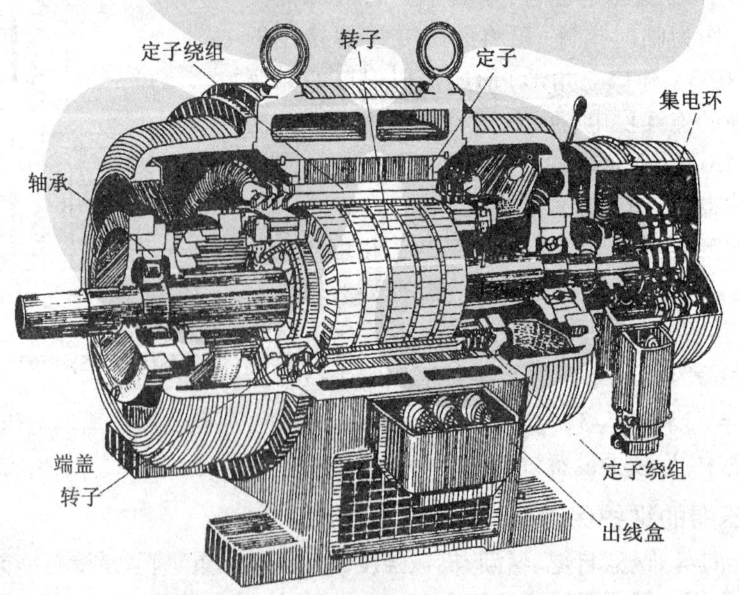

图 1-1-28　绕线式三相异步电动机的结构图

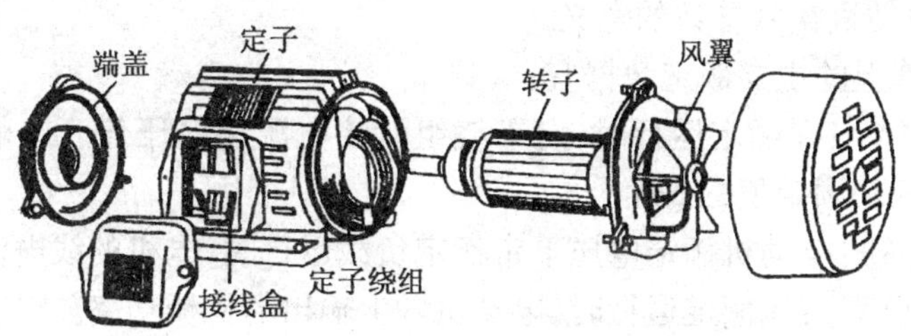

图 1-1-29　鼠笼式三相异步电动机的结构图

(1)定子

异步电动机的定子由定子铁芯、定子绕组、机座、端盖和接线盒等部分组成。

定子铁芯是电机磁路的一部分,同时用于嵌放定子绕组。为了产生较强的磁场和减小铁芯中的磁滞及涡流损耗,定子铁芯由 0.5 mm 左右厚度的硅钢片冲制、涂漆、叠压而成,定子铁芯如图 1-1-30 所示。

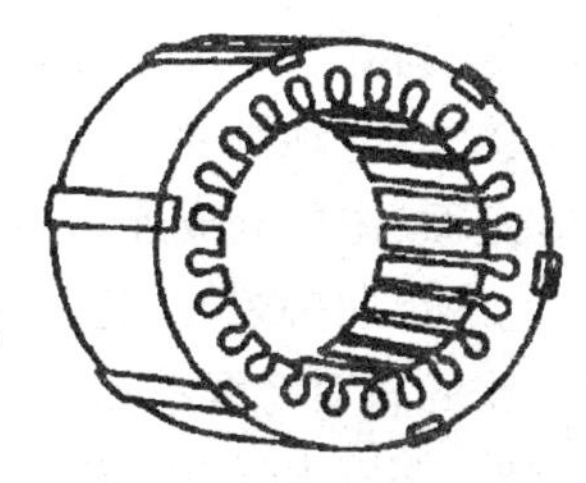

图 1-1-30　异步电动机的定子铁芯

定子绕组为三相绕组,即有三组完全相同的独立绕组。各相绕组分别用绝缘铜线绕制,分布嵌放在相应定子铁芯槽内。三相的三个绕组的首、尾端通常以 U_1-U_2、V_1-V_2、W_1-W_2 表示,六个线端都固定接在机座的接线盒上。如图 1-1-31 所示为三相交流电机的 Y 形和△形接法在电机接线盒内的接法和对应的原理图上的接法示意图。

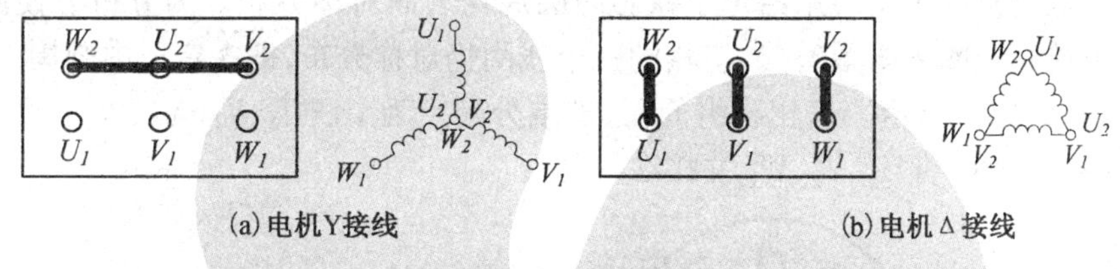

(a)电机Y接线　(b)电机△接线

图 1-1-31　三相交流电机的接线盒及接法示意图

(2)转子

异步电动机的转子有鼠笼式和绕线式两种形式。两种转子均包括转子铁芯、转子绕组、转轴、轴承、滑环(仅限绕线式中有)、风叶等。

鼠笼式异步电动机的转子结构如图 1-1-32(a)、(b)所示。铸铝绕组是将铝熔化后浇铸到转子铁芯槽内,两个端环及冷却用的风翼也同时铸成,如图 1-1-32(a)所示。铜条绕组是把裸铜条插入转子铁芯槽内,两端用两个端环焊成通路,如图 1-1-32(b)所示。一般小型鼠笼式异步电动机都采用铸铝转子。电动机都采用铸铝转子。

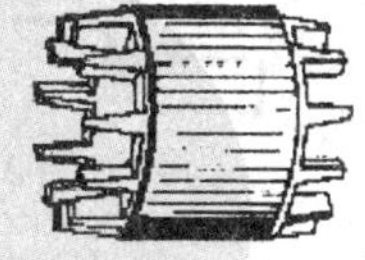

(a)铸铝绕组

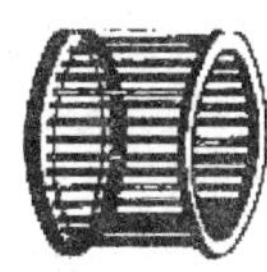

(b)铜条鼠笼

图 1-1-32　鼠笼式异步电动机的转子结构

(3)气隙

异步电动机定子、转子之间气隙很小,中小型电机一般为 0.2~2.0 mm。气隙的大小直接关系到电动机的运行性能。一般而言,气隙越小,电机磁路的磁阻就越小,因而减小了励磁电流,提高了电动机运行时的功率因数。但是,过小的气隙不仅造成电机加工和装配的困难,而且运转时容易发生定子和转子之间的摩擦和碰撞。

(4)三相异步电动机铭牌参数的意义

异步电动机铭牌上的主要额定数据有：

①额定电压 U_N(V)：在额定运行时，定子绕组所接电源线电压值。一般规定电动机的运行电压不能高于或低于额定值的5%。

②额定电流 I_N(A)：电动机额定电压下带额定负载运行时，电机的线电流。

③额定功率 P_N(kW)：指额定运行时，电动机轴上输出的机械功率。

④额定转速 n_N(r/min)：电动机额定运行时的转速。

⑤额定频率 f_N(Hz)：电源频率，船舶有50 Hz和60 Hz两种电制。

⑥额定功率因数 $\cos\varphi_N$：电动机额定运行时的功率因数，一般在0.8~0.9之间，空载时功率因数很低，为0.2~0.3。

⑦接法：电动机的接法有两种，注意接法与电压定额之间的关系。

⑧定额：主要分成连续 S_1、短时 S_2 和断续 S_3 三种。定额为连续的电动机，在额定负载范围内，允许长期持续使用。短时或间断工作的电动机，则必须按电动机运行时间与运行加停车时间之比的相对持续系数(一般铭牌上给出)来确保运行时间。

此外，铭牌上还标有电动机的温升、绝缘等级、防护等级等。

2.三相异步电动机的工作原理

三相异步电动机利用三相交流电在定子绕组中形成的定子旋转磁场与感生的转子电流相互作用产生的电磁转矩，进而驱动转轴工作。

(1)旋转磁场的产生

三相异步电动机的定子绕组沿定子铁芯内圆周均匀而对称分布。为分析方便起见，将每相绕组用一个单匝线圈来等效替代，三相的三个线圈仍对称分布，即在定子内圆周上彼此相隔120°空间，如图1-1-33所示。三相绕组的首、末端分别定为 U_1-U_2、V_1-V_2、W_1-W_2，并将它们作星形连接(把三个末端 U_2、V_2、W_2 并接在一起)。

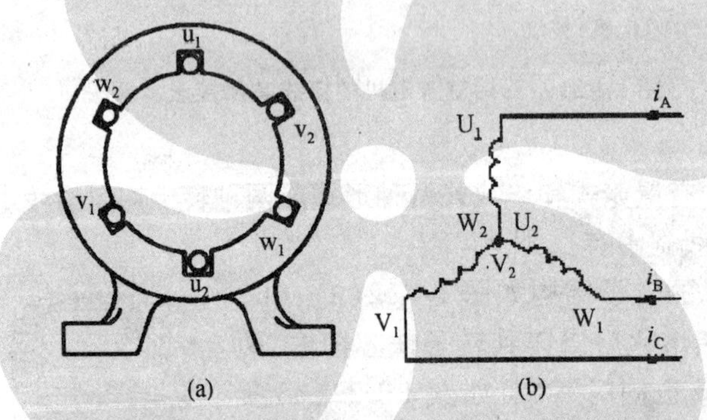

图1-1-33 异步电动机定子三相绕组分布示意图

当A、B、C三相交流电源分别接入三相绕组的 U_1、V_1、W_1 端后，三相定子绕组中便有三相对称电流 i_A、i_B 和 i_C 流过，其波形及相位关系如图1-1-34所示。设三相电流的正方向是从绕组的首端流入(用⊗表示)，末端流出(用⊙表示)。下面从几个不同瞬间来分析三相交流电流流过定子绕组所产生的合成磁场。

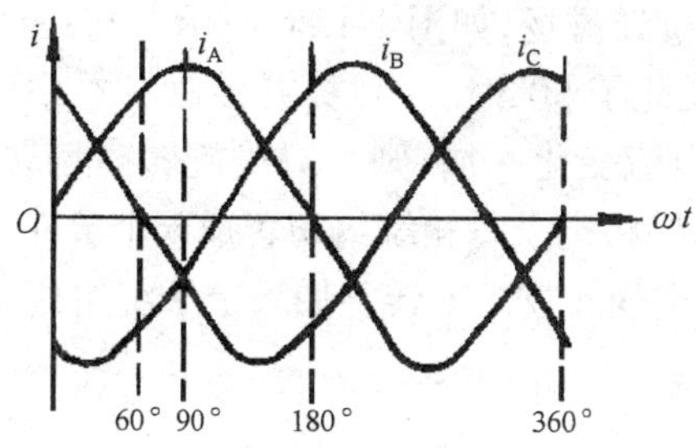

图 1-1-34 定子绕组中三相电流相位

$\omega t=0$ 时，$i_A=0$，U 相绕组中没有电流；i_B是负值，即 V 相绕组中电流由 V_2 端流进，V_1 端流出；i_C 为正值，即电流从 W_1 端流进，W_2 端流出。根据右手螺旋定则，可确定合成磁场磁轴的方向如图 1-1-35(a)所示。

$\omega t=60°$时，$i_C=0$；i_A为正值，电流由 U_1 端流进，U_2 端流出；i_B为负值，电流由 V_2 端流进，V_1 端流出，此时合成磁场如图 1-35(b)所示。相比 $\omega t=0$ 时刻，合成磁场在空间按逆时针方向旋转了 60°。

$\omega t=90°$时，i_A为正值，而 i_B、i_C均为负值，同理可得合成磁场的方向如图 1-1-35(c)所示。与 $\omega t=0$ 时刻相比，合成磁场在空间按逆时针方向旋转了 90°。由此可见，随着定子绕组中的三相电流随时间不断变化，它所产生的合成磁场则在空间不断地旋转，即对称的三相电流通过定子对称三相绕组能够产生旋转磁场。

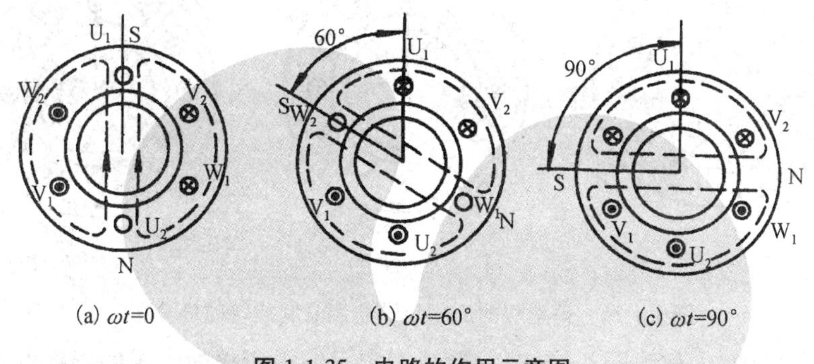

图 1-1-35 电路的作用示意图

(2)旋转磁场的转向

在上述分析中，将相序为 A→B→C 的三相电压对应接入三相绕组 U、V、W 后，绕组中电流达到最大值的顺序即为 U→V→W，所产生的旋转磁场转向同样在空间由 U→V→W(图中为逆时针旋转)。由此可见，旋转磁场转向是与三相绕组中电流达到最大值的顺序是一致的，或者说是由三相绕组中所通电流的相序决定的。若要改变旋转磁场的转向，只需把通入定子绕组的电源相序改变，即任意交换两根电源进线即可。

(3)旋转磁场的转速与磁极对数

在图 1-1-35 中，将每相绕组等效简化为沿定子圆周相隔 180°排放的两个圈边，这样所产生的磁场为一对磁极，在这种情况下，当三相交流电流随时间变化一个周期，旋转磁场在空间相应地旋转一周。

如果将每相定子绕组的线圈分为两个单元，并且串联连接，比如 U 相绕组由线圈 U_1-U_2 和 $U_1'-U_2'$串联组成。同一线圈的两个圈边相隔 90°跨距，这样连接、排布的绕组通入三相电流后，便会产生一个两对极的旋转磁场，如图 1-1-36 所示。与一对极旋转磁场相比较可知，当三相交流电流在时间相位上变化了 90°时，一对极旋转磁场在空间转过了 90°，而两对极旋转磁场只转过了 45°。同理，当电流变化一周，则一对极旋转磁场转过一周 360°，而两对极旋转磁场转过 180°。以此类推，如果将定子每相绕组布置成 p 个单元，则会形成 p 对磁极的旋转磁场。当电流变化一周，则其在空间转过 $1/p$ 转。如果定子绕组所接电源的频率为 f，则旋转磁场每分钟的转速 n_0 为

$$n_0=\frac{60f}{p} \tag{1-49}$$

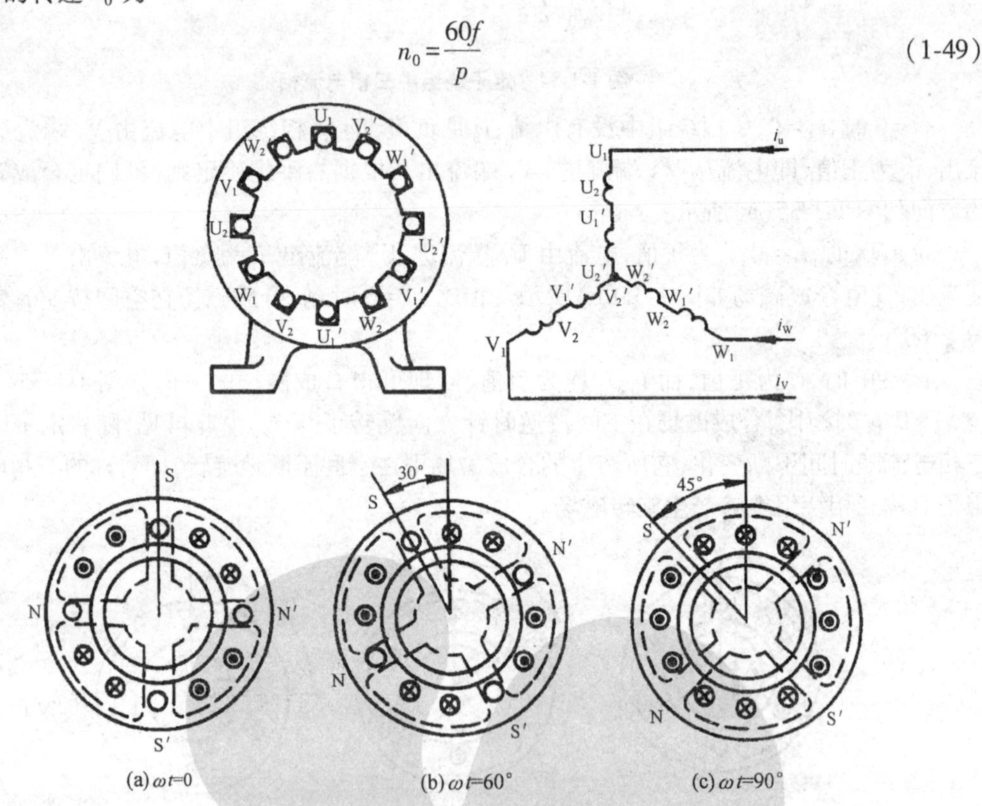

图 1-1-36　两对极时三相定子绕组及其旋转磁场分布

旋转磁场的转速 n_0 称为同步转速，它取决于定子绕组所接的电源的频率以及绕组的磁极对数。当电源频率为 50 Hz 时，一对极旋转磁场（$p=1$）时的同步转速为 3 000 r/min；两对极（$p=2$）时为 1 500 r/min；三对极（$p=3$）时为 1 000 r/min。三相异步电动机的三个定子绕组沿定子铁芯内圆周均匀而对称分布，即在定子内圆周上彼此相隔 120°空间（如图 1-1-36 所示）。三相绕组的首、末端分别规定为 U_1-U_2、V_1-V_2、W_1-W_2，并将它们作星形连接（把三个末端 U_2、V_2、W_2 并接在一起）。

（4）转子导体内的感应电流

对于定子绕组通电后产生的旋转磁场，可用一对旋转的磁极来等效替代，此时 $p=1$，转速为 n_0。转子中绕组因切割旋转磁场而产生感应电势，其方向如图 1-1-37 所示。由于转子绕组是短路的，因此在转子感应电势的作用下，转子绕组内就有与感应电势方向相同的转子电流流过。载有转子电流的转子绕组在旋转磁场作用下将受到电磁力的作用，这些电磁力对转子转轴形成力矩，作用方向与旋转磁场

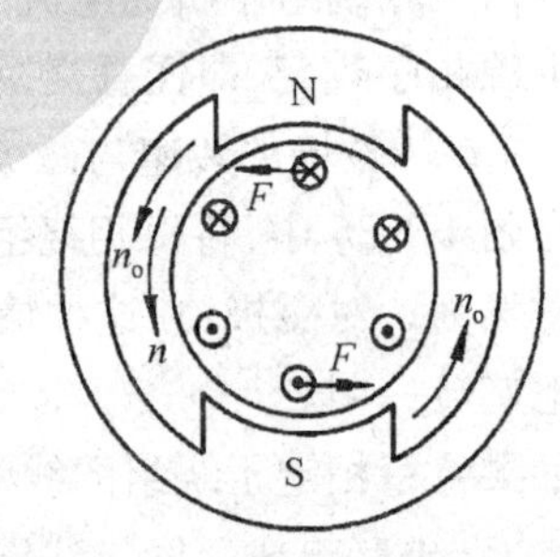

图 1-1-37　异步电动机工作原理示意图

方向一致。转子在此电磁力矩作用下将顺着旋转磁场的方向转动起来。如果电动机带上生产机械,则电动机转子上产生的电磁转矩将克服负载转矩而做功,从而将电能转换成机械能。当电磁转矩与负载转矩一致时,电机转速保持平衡稳定。

(5)三相异步电动机的转差率

三相异步电动机处于电动状态运行时,其转子转速 n 将始终小于旋转磁场的同步转速 n_0。因为如果转子转速 $n=n_0$,则转子绕组与旋转磁场之间就不存在相对运动,转子绕组不切割磁力线,因而就不存在转子感应电势、电流以及电磁转矩。因此,三相异步电动机的转子转速总是略小于定子旋转磁场的同步转速,即转子与旋转磁场"异步"转动,异步电动机由此命名。转差 n_0-n 的存在是异步电动机运行的必要条件。转差的相对值称为转差率,用 s 表示,是异步电动机的一个基本参量(也称为同步转速的百分值),即

$$s(\%)=\frac{n_0-n}{n_0}\times 100\% \tag{1-50}$$

虽然 s 是一个没有单位的量,但它的大小能反映电机转子的转速。例如:当 $n=0$ 时,$s=1$;当 $n=n_0$ 时,$s=0$;当 $n>n_0$ 时 s 为负。正常运行的异步电动机,转子转速 n 接近同步转速 n_0,转差率 s 很小,一般 $s=0.01\sim0.05$。

(6)三相异步电动机的工作状态

当电动机处于电动运行状态时,$0<n<n_0$,故 $0<s<1$。通常异步电动机在额定负载时的转差率为 1%~9%。

如果电动机转子在其轴上的外加力矩驱动下转动,而使得转子的转速高于同步转速,此时 $n>n_0$,故 $s<0$,转子绕组因切割旋转磁场的方向相反而使得转子绕组中感应电势和电流的方向都相反,电磁转矩的方向也相反,从而成为与转子转向相反的具有制动性质的阻转矩。在这种情况下,电动机从轴上吸收机械功率,处于发电运行状态。

如果作用在电动机轴上的外加力矩使转子逆着旋转磁场的方向旋转,若设旋转磁场的方向为正方向,$n_0>0$,而转子的转向为反向,$n<0$,因而 $s>1$。此时转子绕组中的感应电势和电流的方向仍与电动状态时一样,电磁转矩的方向与旋转磁场方向一致,而与转子实际转向相反,即电磁转矩呈现制动性质。在这种情况下,电动机一方面从轴上吸收机械功率,另一方面还从电网吸收电功率,两部分功率均在电动机内部损耗。异步电动机的这种运行状态为"电磁制动"状态,常称为反接制动。

综合上述分析,如图 1-1-38 所示,异步电动机的转速、转差率与运行状态的关系可归纳如下:

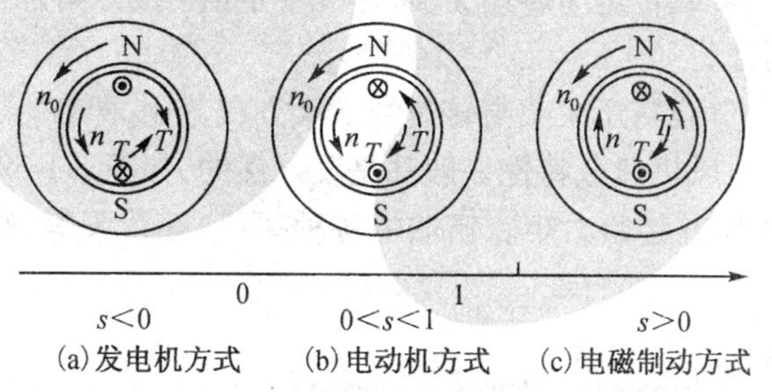

图 1-1-38　异步电动机的三种运行方式

当 $n<n_0$ 时,$0<s<1$,异步电动机处于电动机运行状态(以后若无特别指明,对异步电动机的分析均在此范围内进行)。

当 $n=0$ 时,$s=1$,异步电动机处于堵转状态(或电动机起动的瞬间)。

当 $n=n_0$ 时,$s=0$,异步电动机处于理想空载运行状态。

当 $n>n_0$ 时,$s<0$,异步电动机处于发电制动状态。

当 $n<0$ 时,$s>1$,异步电动机处于电磁制动状态。

3.星形和三角形连接电动机的设计特点

三相的三个绕组的 U_1、U_2、V_1、V_2、W_1、W_2 六个线端都固定接在机座的接线盒上。根据定子每相绕组的额定电压,以及所使用的电源电压的不同,分别进行星形或三角形连接后,引出三个端子接三相交流电源。根据定子每相绕组的额定电压,以及所使用的电源电压的不同,分别进行星形或三角形连接后,引出三个端子接三相交流电源。例如,当电动机铭牌上标明"额定电压 380/220 V,接法 Y/△"时,即表示当电源电压为 380 V 时,定子绕组应做星形连接;电源电压为 220 V,则应将绕组做三角形连接,因为定子每相绕组的额定电压为 220 V。

4.三相异步电动机的工作特性

三相异步电动机产生的电磁转矩最终与负载转矩一致,电动机转速保持平稳运行,一旦出现偏差,系统即进入加速或减速工况,直至从原来的一个平衡状态过渡到最后稳定。

(1)负载转矩特性

负载转矩的大小及方向随转速变化的规律称为负载转矩特性,即:

$$n=f(T_L) \text{ 或 } T_L=f(n)$$

按负载转矩性质(转矩方向),负载可分为:

①反抗性负载:负载转矩始终与电动机的转向相反,起着阻碍电动机旋转的作用,如图 1-1-39(a)所示,机舱中行车前后行走、机床的平移机构的运动较多体现了反抗性负载的特点。

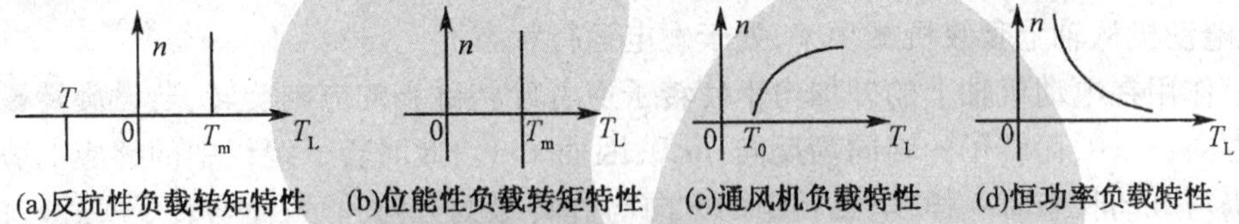

图 1-1-39 负载的机械特性曲线

②位能性负载:负载转矩方向不变,与电动机旋转方向也无关,如图 1-1-39(b)所示,常见的重物的提升与下放,其转矩基本恒定。

按负载转矩变化规律来分,负载可分为:

①恒转矩负载特性:负载转矩与转速无关,即 T_L=定值。按方向是否可变可分为反抗性恒转矩和位能性恒转矩两种。

②通风机负载特性:负载转矩大致与转速的二次方成正比,即:$T_L=kn^2$。k 为比例系数,其特性曲线是一抛物线。通风机负载特性一般都是反抗性的,如图 1-1-39(c)所示,图中 T_0 常理想化为 0,实际是负载的静态起始力矩。船舶中各种风机、叶片泵等,甚至螺旋桨均可认为是通风机负载。

③恒功率负载特性

负载转矩与其角速度的乘积基本保持不变,即 $T_L \times n$ = 定值,即该负载功率不变,常用 $T_L=\dfrac{k}{n}$ 表达,其中 k 为比例系数。常见的有机床切削加工、电缆卷筒或造纸卷筒等负载。

(2)异步电动机的转矩特性

异步电动机工作时,定子绕组从电网吸收电能,通过电磁感应的作用,将电能从定子传递到了转子,转换成机械能从转子轴上输出。因此,异步电动机的定、转子之间的电磁关系、能量传递过程均与变压器原、副边绕组之间的关系类似。由于三相对称,对定子三相绕组其中的一相进行分析即可。

定子绕组中将分别存在自感电势 e_1、漏感电势 $e_{\sigma1}$,同时也包括绕组铜电阻压降 i_1R_1,转子绕组中将分别存在自感电势 e_2、漏感电势 $e_{\sigma2}$,同时也包括绕组铜电阻压降 i_2R_2,同变压器原边绕组的情况基本相似,只是转子回路电流的频率不再与定子电路相同。

当异步电动机转子以转速 n 旋转时,转子绕组切割定子旋转磁场的相对速度为 n_0-n,由于转子绕组的磁极对数总是与定子磁极对数相同,因此转子绕组中感应电流的频率为

$$f_2=\frac{P(n_0-n)}{60}=\frac{n_0-n}{n_0}\cdot\frac{pn_0}{60}=sf \tag{1-51}$$

显然电机堵转状态 $s=1$,$f_2=f_1$,电机与变压器类似,只是,电机转子是短路的。而在电机同步时,$s=0$,转子没有感应频率,即 $f_2=0$。

转子电流 i_2 与转差率 s 有关,也就是与转子本身的转速 n 有关。转速 n 越小,转差率 s 越大,切割磁力线的速度越快,转子感应电动势越大,其中的短路电流 i_2 也越大,同时电机产生的电磁力矩越大,使电机出现加速,促使电机转速提高到平衡点。因此,当电动机转速变化时,转子中各相关的物理量,如感应电势、转子电流、转子感抗、功率因数等均将随转差率 s 而变化,有关曲线如图 1-1-40 所示。

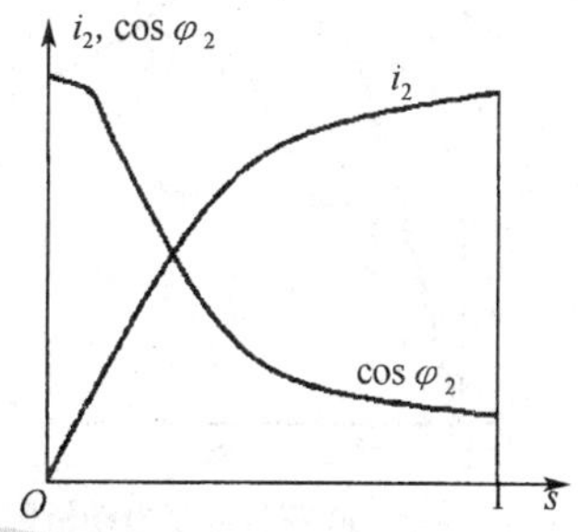

图 1-1-40　i_2 和 $\cos\varphi_2$ 与转差率 s 的关系曲线

①三相异步电动机电磁转矩及其机械特性曲线

异步电动机运行时,一方面定子旋转磁场使得转子绕组中产生感应电势,并形成转子电流;同时转子电流又与定子旋转磁场相互作用形成电磁力矩。由于转子电流 i_2 与感应电势 e_2 的相位差为 φ_2,且呈电感性,其功率因数为 $\cos\varphi_2$;而 e_2 与定子旋转磁场具有固定相位关系。由此可知异步电动机的电磁转矩 T 将与旋转磁场的每极磁通 Φ、转子电流 i_2 及其功率因数 $\cos\varphi_2$ 成正比,即可得转矩表达式为

$$T=K_T\Phi I_2\cos\varphi_2 \tag{1-52}$$

式中,K_T是与电机本身结构有关的一个常系数。

由于转子电流 I_2 及其功率因数 $\cos\varphi_2$ 均随转差率而变化,由此可进一步推知异步电动机的电磁转矩的大小与转差率(或转速)有关。

电动机运行时,其轴上产生的电磁转矩 T 作为动力矩在克服了电机本身的风阻、摩擦阻力等空载阻转矩 T_0 后,对外输出转矩 T_2。考虑到 T_0 很小,一般可忽略,因此可得异步电动机中转矩平衡方程式为

$$T=T_2+T_0\approx T_2 \tag{1-53}$$

而输出转矩 T_2 用以带动生产机械旋转,当拖动系统稳定运行时 T_2 与生产机械在电机轴上形成的负载转矩 T_L平衡,即

$$T_2=T_L \tag{1-54}$$

由此可得 $T\approx T_L$。即一般情况下,认为电动机的输出转矩就等于其电磁转矩;而稳定运行

时，电磁转矩与轴上负载转矩相等。

电动机的机械特性是指电动机的转速 n 与电磁转矩 T 之间的关系，即 $n=f(T)$。它是电动机的最重要的一个特性，是电动机机械性能的主要表现。通过对机械特性的分析，可了解电动机在各种不同负载下的运行状况。

根据异步电动机的电磁转矩表达式 $T=K_T\Phi I_2\cos\varphi_2$，结合如图 1-1-40 所示的电流 i_2 及其功率因数 $\cos\varphi_2$ 随转差率 s 而变化的关系曲线及其理论推导，可得电磁转矩为：

$$T=K\frac{sr_2U_1^2}{r_2^2+(sX_{20})^2} \tag{1-55}$$

上式为异步电动机电磁转矩 T 随转差率 s 变化的表达式，其曲线如图 1-1-41(a) 所示。当定子旋转磁场的同步转速 n_0 不变（图中使用 n_1 表示）时，转差率 s 与转子转速 n 就有一一对应的关系。因此由 T-s 曲线经坐标变换就可得到表示异步电动机机械特性的 n-T 曲线，如图 1-1-41(b) 所示。同理，式(1-55)亦为异步电动机机械特性方程表达式。

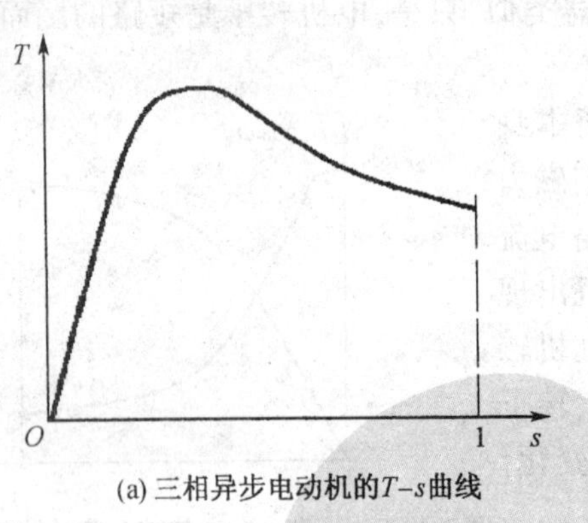

(a) 三相异步电动机的 T-s 曲线

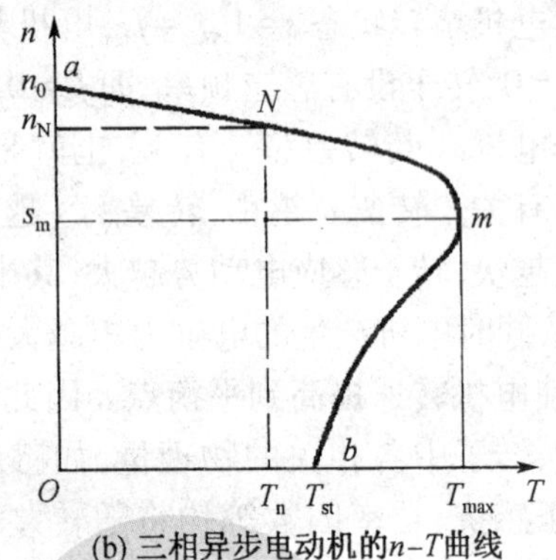

(b) 三相异步电动机的 n-T 曲线

图 1-1-41　三相异步电动机的机械特性曲线

电动机的机械特性仅反映了电动机本身的电磁转矩（或输出转矩）与转速之间的关系，当电动机轴上带负载运行时，其实际输出转矩将主要取决于负载转矩的大小。

当异步电动机的电源电压及频率为额定值，电动机本身各参数（定子及转子绕组电阻、电抗、磁极对数等）亦保持不变的情况下，其特性称为固有机械特性（也称为自然机械特性，即图 1-1-41 所示特性曲线）。电动机运行过程中的电源电压或频率变化，定子回路串入电阻或电抗，以及电动机本身的某些参数（如定子绕组的磁极对数、转子回路电阻/电抗）等发生变化，将引起电动机的机械特性随之变化，由此所得到的机械特性称为人为（或称人工）机械特性。

②三相异步电动机的额定转矩

额定转矩 T_N 是电动机在额定负载时的输出转矩，可根据电动机铭牌上的额定功率 P_N 和额定转速 n_N 求得

$$T_N=9\ 550\frac{P_N}{n_N} \tag{1-56}$$

如图 1-1-41(b) 考察异步电动机的机械特性曲线，当转差率 s 在 0~1（或 n 在 0~n_1）范围内变化时，曲线以极值点（T_{max}、s_m）为界分为 am 和 m 点以下两段。a 点为理想空载工作点，电动机的输出转矩为零，其转速即为旋转磁场的同步转速 n_1；N 点为额定工作点，在该点上，电动机的转速为额定转速，输出额定转矩 T_N；在 am 段，曲线略有倾斜，电动机的转速随转矩的增加而略有下降。若曲线的倾斜度越小，转矩的变化所引起的转速降落就越小，则称为曲线越

"硬"，电动机的额定工作点就在此区域内（s_N一般在1%～9%之间）。由于曲线 am 段在 N 点附近近似为直线，因此在电动机的额定工作点附近范围内，可根据额定值来近似按比例计算电动机在某一转速下实际输出转矩。

③三相异步电动机的最大转矩

机械特性曲线中的最大转矩 T_{max} 以及所对应的转差率 s_m 称为临界转差率，s_m 和 T_{max} 可通过式(1-55)的 $T-s$ 曲线方程对 s 求导并令其等于零，即从 $dT/ds=0$ 得到

$$s_m=\frac{R_2}{X_{20}} \tag{1-57}$$

以及

$$T_{max}=K\frac{U_1^2}{2X_{20}} \tag{1-58}$$

根据上述两式可知，临界转差率 s_m 与电源电压无关，与转子电阻成正比；最大转矩 T_{max} 的大小与电源电压的平方成正比，而与转子回路电阻无关。T_{max} 也是电动机可能产生的最大转矩，如果负载转矩 $T_L>T_{max}$，电动机会承担不了而停转。电动机的最大转矩与额定转矩之比称为过载系数 λ，即

$$\lambda=\frac{T_{max}}{T_N} \tag{1-59}$$

过载系数反映了电动机的过载能力。普通异步电动机的过载系数 λ 为1.6～2.2，而对于起重用的电动机 λ 则可达2.2～2.8。

④三相异步电动机的起动转矩

电动机在起动瞬间（$n=0$，即 $s=1$）的转矩称为起动转矩 T_{st}。代入式(1-55)可得

$$T_{st}=K\frac{r_2U_1^2}{r_2^2+X_{20}^2} \tag{1-60}$$

电动机堵转时转速也为零，因此 T_{st} 也称为堵转转矩。起动转矩与额定转矩之比 T_{st}/T_N 称为起动转矩倍数 k_T，也是衡量电动机性能的一个重要指标。k_T 越大，对于同样的负载，电动机的起动加速过程就越快。普通异步电动机的起动转矩倍数 k_T 为1.1～2.0。

式(1-55)机械特性方程是分析电动机的电磁转矩与电动机各参数间关系的理论依据，但是由于在电动机的产品目录中，r_2、X_{20} 等参数无法查到，因此在绘制电动机机械特性曲线等实际应用场合，通常都是使用如下的近似公式，也称为实用公式

$$T=\frac{2T_m}{\frac{s}{s_m}+\frac{s_m}{s}} \tag{1-61}$$

式中，T_m、s_m 可通过电动机的产品目录中相应的额定数据求得。

5.电动机的特点及起动方法

(1)三相异步电动机的起动要求

三相异步电动机的起动特性是起动电流大，可达额定电流的5～7倍，但起动转矩并不大。电动机起动过程的时间不长，但对电机本身和电力系统的影响却很大。特别是船舶电站的容量有限，船上有些辅机拖动系统所采用的电动机的功率接近电站发电机的单机功率，若直接起动，其起动电流将引起电网电压的很大波动，从而影响其他用电设备的正常运行，所以对起动

频繁和大容量电动机的起动，必须设法缩短起动时间，减小或限制起动电流。

实际生产过程中，对异步电动机的起动有一定的要求。为了缩短起动时间、提高生产效率，一般要求异步电动机有足够大的起动转矩。但起动转矩加大，必然导致起动电流增大。为了保证电动机以及生产机械的安全运行和减小对电网的冲击，通常又要求限制起动电流以及起动转矩，所以电动机的起动必须根据拖动系统的具体情况统筹兼顾这两方面的因素。

（2）三相异步电动机全电压直接起动方法

全电压直接起动就是将电动机的定子绕组经开关设备直接与三相额定电源电压接通。电动机直接起动具有设备简单、操作方便等优点。

在全电压直接起动时，电动机定子绕组接通电源瞬间，转子由于惯性不能立即转动，此时转子电势和电流较大，因而定子电流也较大，通常起动电流 $I_{st}=(5\sim7)I_N$。由于鼠笼式异步电动机的结构简单，过载能力较强，且一般起动过程时间较短，起动电流一般不会对电动机造成直接的损害，因此就电动机本身来说，是允许直接起动的。但另一方面，对于大容量的鼠笼式异步电动机直接起动，由于起动电流大和功率因数低，会引起较大的船舶电网电压降落，影响其他用电设备的正常工作。因此，从中国船级社《钢质海船入级规范》所限定的电网电压降的角度来确定船舶上的鼠笼式异步电动机能否直接起动。目前的交流船舶电站容量较大，并装有性能良好的自动电压调整器，机舱中各类容量在发电机单机容量60%以下的鼠笼式异步电动机几乎都采用全电压直接起动。如果电动机起动时对船舶电站产生了冲击，造成电压动态降低了25%以上，则被认为超过了船舶电站能够承受的极限，此时必须对电动机采用降压起动或变频起动等措施。船舶上降压起动通常用于大容量异步电动机的起动。异步电动机在电源电压频率以及其他参数不变的情况下，其电磁转矩与外施电压的平方成正比，所以降压起动时，起动电流是减小了，但起动转矩也大大减小，引起起动时间较长，一般用在轻载起动的场合。

普通鼠笼式异步电动机虽然起动时电流很大，起动时功率因数较低，但起动转矩并不很大。异步电动机可通过采用双鼠笼式或深槽式等特殊结构的转子，以改善全电压直接起动性能。这两种类型的异步电动机特点是转子阻抗大，特性曲线软，起动转矩大，而起动电流较小。

（3）三相异步电动机星形-三角形（Y-△）换接降压起动方法

此方法适用于正常运行时电动机定子绕组为三角形连接（即定子每相绕组额定电压为电网线电压）的异步电动机，且负载为轻载或空载起动的拖动系统。起动时先将电动机的定子绕组星形连接后与电源接通，待电动机转速升高、电流减小后，再通过继电接触器等开关装置将绕组改为三角形连接，进入正常运行。图1-1-42所示为星形（Y形）-三角形（△形）两种方式的连接原理图。

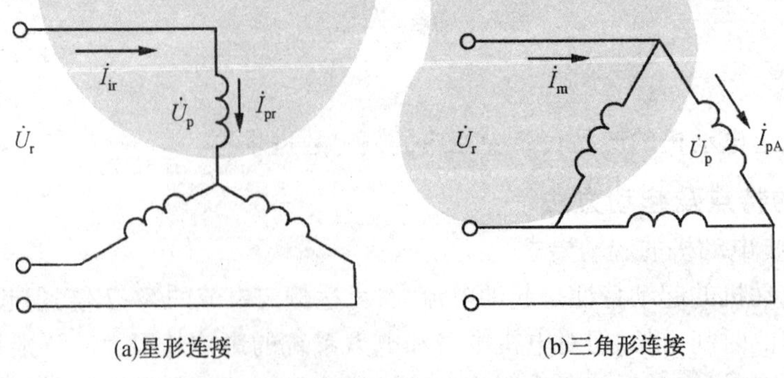

(a)星形连接　　(b)三角形连接

图1-1-42　定子绕组星形连接和三角形连接原理图

采用Y形连接降压起动,定子每相绕组上电压降低为△形连接直接起动时的$\frac{1}{\sqrt{3}}$倍,星形连接每相绕组通过的电流为$\frac{U_l}{\sqrt{3}|Z|}$,△形连接的每相电流为$\frac{U_l}{|Z|}$;Y形连接的线电流I_{1Y}与其对应的线电流相等,而△形连接的线电流$I_{1\triangle}$为每相电流的$\sqrt{3}$倍。可见相同的线电压作用下,Y形连接时起动电流是△形连接时起动电流的1/3。因为异步电动机的起动转矩与电源电压的平方成正比,所以在定子绕组降压$\frac{1}{\sqrt{3}}$的情况下起动,电动机的起动转矩也将减小为直接起动时的$\frac{1}{3}$倍。

如图1-1-43所示为星形和三角形两种方式在电机接线盒内的接法。

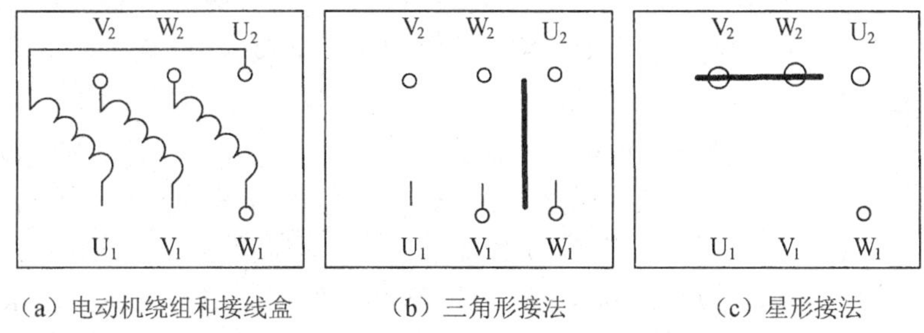

（a）电动机绕组和接线盒　　（b）三角形接法　　（c）星形接法

图1-1-43　电动机接线盒星形和三角形接法

(4)三相异步电动机自耦变压器降压起动方法

正常运行时星形连接的大容量异步电动机无法转为三角形运行,可采用自耦变压器实现降压起动。起动时三相自耦变压器的原边绕组接电源,而副边与电动机的定子绕组相连,电动机在经过变压器降压的电压下起动。其降压幅度为变压器的变比K。若设电动机全电压直接起动时的电流(即电网提供的线电流)为I_{st},则降压起动时电动机的起动电流为I_{st}/K,但该电流也是由变压器副边绕组提供;而此时电网提供的线电流,即变压器原边绕组中的电流为副边电流的$1/K$倍,即

$$I'_{st}=\frac{1}{K}\frac{I_{st}}{K}=\frac{I_{st}}{K^2} \tag{1-62}$$

由此可见,对采用变比为K的自耦变压器降压起动,起动时电网提供的电流是直接起动时的$1/K^2$倍。同理,由于降压K倍起动,起动转矩将为直接起动时的$1/K^2$倍。实际应用中,自耦变压器的副边绕组一般有三个不同变比的抽头(如$K=0.55$、0.64、0.73等)以满足不同负载对不同降压幅度的起动要求。

(5)绕线式三相异步电动机转子串电阻起动方法

绕线式异步电动机转子串电阻不仅可以增大起动转矩,同时还可以减小起动电流,这是改善电动机起动性能的一种有效方法。起动时,转子回路中串入三相对称电阻,随着转速的升高,通过继电接触器或频敏变阻器等自动装置逐级切除外部串接电阻,进入正常运行后应将所串电阻全部切除(短路连接)。此种起动方法,可以在最大转矩起动;但起动控制过程相对复杂一点。

6.软起动装置的结构和工作原理

笼型异步电动机的Y-△起动、自耦降压起动等方法,主要目的都是减小起动电流,但同时

又都不同程度地降低了起动转矩，因此它们较适合空载或轻载起动。降压起动过程一般可以分降压和全压两级，但在降压起动和切换到全压运行时都存在冲击电流。降压软起动可实现降压起动到全压运行过程电压的平缓过渡，甚至可以控制电动机起动过程的电流，从而限制起动电流，减小冲击。

(1)降压软起动的特点和机械特性曲线

软起动器的主电路由三相可控晶闸管组成，大部分方式是串入三相主电源和电动机之间，电机为星形或三角形连接。有的系统将电机定子绕组的一侧接电源，软起动器接在电动机定子绕组的一侧。在起动电机时，通过逐渐增大晶闸管导通角，使电机起动电流从零线性上升至限制值，并保持电流在限制值以下逐渐增大导通角，使电机电压逐渐提高；直至电机得到全压后切换为接触器直接向电动机供电。通过限制起动过程中的电流，确保了电机的平稳起动。大部分软起动器都具有电流闭环控制功能，所以软起动具有起动电流小、起动速度平稳可靠、对负载无振动、对电网冲击小等优点，且起动曲线可根据现场实际工况调整，可根据负载情况及电网继电保护特性选择，自由地无级调整至最佳的起动电流，从而减少起动时的冲击力，降低对机械设备的要求。

当降低电动机定子电压时，机械特性外形如图 1-1-44 所示，与全压的机械特性曲线图 1-1-41 类似，只是最大转矩与电压成平方关系而下降，最大转矩对应的转差率没有变化。对于通风机性质负载，降压 $0.5U_N$时电机的起动力矩足够克服负载力矩，拖动负载运行。随着转速的上升，风机类负载的力矩会同时增大，此时软起动器控制电机电压逐渐增加，使得电机的转矩始终高于负载转矩，并保持相差不会太大，电动机转速上升始终比较平稳，最终转速稳定在工作点。对恒转矩负载，则需要提高起动电压值，确保起动力矩大于负载转矩，但是电机起动后，电机驱动转矩会随电压的上升而增大，电机的速度会越来越快，在电机得到全压后，电机的电磁转矩才会随转速的上升而减小，最后拖动系统稳定的工作点是在全压的机械特性与负载特性的交点上。总的来说，恒转矩负载的软起动效果不如风机类负载。对于一般负载，直接起动的电流、Y-△起动电流和软起动的电流变化对比如图 1-1-45 所示，软起动的起动时间较长，但起动电流平稳许多，对电网和负载的冲击也很小。

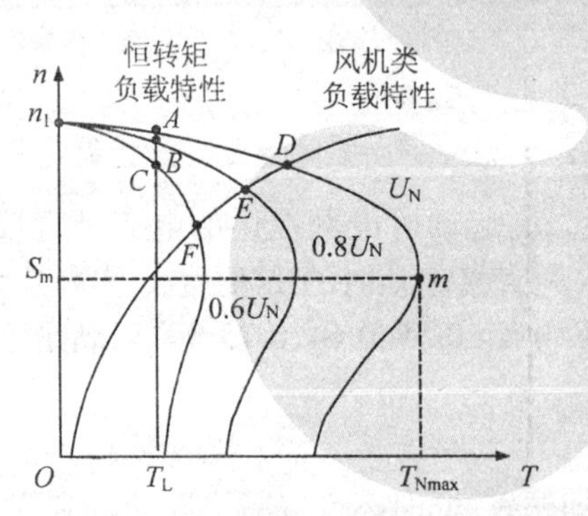

图 1-1-44　三相异步电动机的降压运行特性曲线

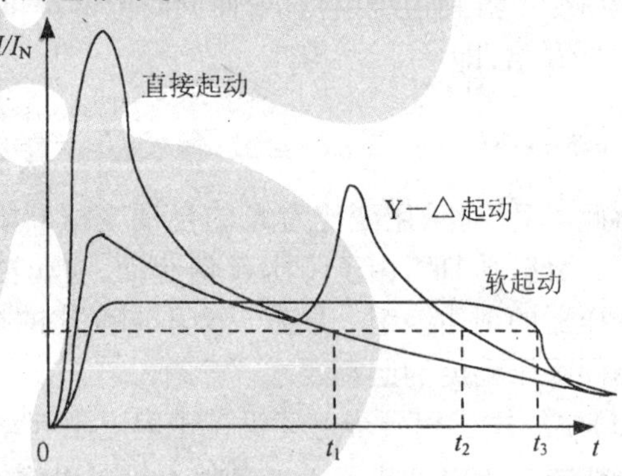

图 1-1-45　不同起动方法的起动电流

(2)降压软起动实现的方法

过去改变交流电压的方法多用自耦变压器或带直流磁化绕组的饱和电抗器，自从电力电子技术兴起以后，这类比较笨重的电磁装置就被晶闸管交流调压器取代了。目前，交流调压器一般用三对晶闸管反并联或三个双向晶闸管分别串接在三相电路中，如图 1-1-46 所示，软起动器串接于电源与电机之间，控制其内部晶闸管的导通角，使电机输入电压从零（或一个初始

值）以预设函数关系逐渐上升，直至赋予电机全电压后切换到旁通接触器，软起动结束。在软起动过程中，电机起动转矩逐渐增加，转速也逐渐增加。软起动一般有下面几种起动方式：

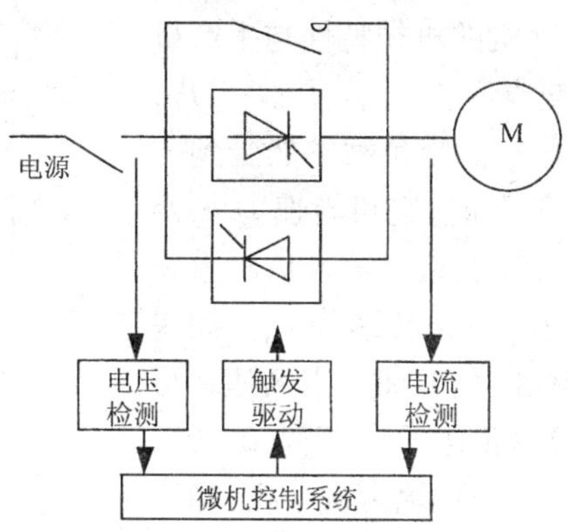

图 1-1-46　软起动控制框图

①斜坡升压软起动。这种起动方式最简单，不具备电流闭环控制，仅调整晶闸管导通角，使之与时间成一定函数关系增加，电机电压按设定斜坡上升。其缺点是：由于不限流，在电机起动过程中，有时会产生较大的冲击电流使晶闸管损坏，对电网影响较大，实际应用较少。

②斜坡恒流软起动。这种起动方式是在电动机起动的初始阶段起动电流逐渐增加，当电流达到预先所设定的限制值后保持电流恒定，该过程电机电压逐渐提高。当电流下降到额定以下，电机电压达到全压后切换接触器工作，起动完毕。起动过程中，电流上升变化的速率是可以根据电动机负载调整设定。电流上升速率大，则起动转矩大，起动时间短。该起动方式是应用最多的起动方式，尤其适用于风机、泵类负载的起动。

除上述两种起动方法外，有的还采用阶跃起动或脉冲冲击起动方式以适应重载情况，但是一般应用较少。

7.三相异步电动机的调速

调速过程必须使得拖动系统稳定。根据刚体运动定律，电力拖动系统运行时的任何瞬间，作用于电动机轴上的转矩必须保持平衡，即

$$T-T_L=J\frac{d\Omega}{dt}=\frac{GD^2}{375}\frac{dn}{dt} \tag{1-63}$$

式中，J 是拖动系统中折算到电动机轴上的总转动惯量，而 $J\frac{d\Omega}{dt}$ 则是系统的转动惯量储存的动能所产生的加速转矩（或称动态转矩）；而$\frac{GD^2}{375}\frac{dn}{dt}$则是以飞轮矩 GD^2 作为系统转动惯量的量度时，加速转矩的另一种表达式。若以 ΔT 简单表示加速转矩，则电力拖动系统的运动方程式为

$$T-T_L=\Delta T \tag{1-64}$$

式中，T 及 T_L 的正负取值由它们与设定转速的正方向关系来决定。即当假定 n 以逆时针方向为正方向时，则电动机的电磁转矩 T 逆时针方向时取正，顺时针方向取负；而负载转矩 T_L 逆时针方向取负，顺时针方向取正。加速转矩 ΔT 的正负则由 T 和 T_L 的代数和来确定。

将电动机的机械特性曲线与生产机械的负载特性曲线放在同一个 $n-T$ 坐标平面上，可通过两曲线判断系统在某一转速时 ΔT 的情况。显然

（1）当 $T=T_L$ 时，$\Delta T=0$（$dn/dt=0$），两曲线相交点，则 $n=0$ 或 $n=$定值，拖动系统处于静止状态或恒速运行，为稳定运行状态；

(2)当 $T>T_L$时,$\Delta T>0$ ($dn/dt>0$),拖动系统处于加速的过渡过程中;

(3)当 $T<T_L$时,$\Delta T<0$ ($dn/dt<0$),拖动系统处于减速的过渡过程中。

如图 1-1-47 所示,假设电动机的机械特性与生产机械的负载特性两条曲线有一交点 a,在 a 点上,$T_a=T_L$,$\Delta T=0$,是系统的一个静态工作点。当负载突然受到一个干扰减小后,特性变为曲线 3,此时,电机转速为 n_a,$T>T_L$时,$\Delta T>0$,转速加速至 b 点时电磁转矩与负载重新相等,拖动系统重新稳定运行在 b 点,转速为 n_b。如果干扰是短时的,很快恢复到特性曲线 1,则 b 点高速运行的电磁转矩 T_b小于负载转矩 T_d,转速下降,当电磁转矩与负载转矩一致时,回到交点 a 时,系统再次平衡,稳定运行在 a 点。同理,负载增加,曲线变化,从曲线 1 变为 4 后,转速下降,工作点稳定在 d 点,在负载从曲线 4 变回 1 后,系统再次稳定运行在 a 点。

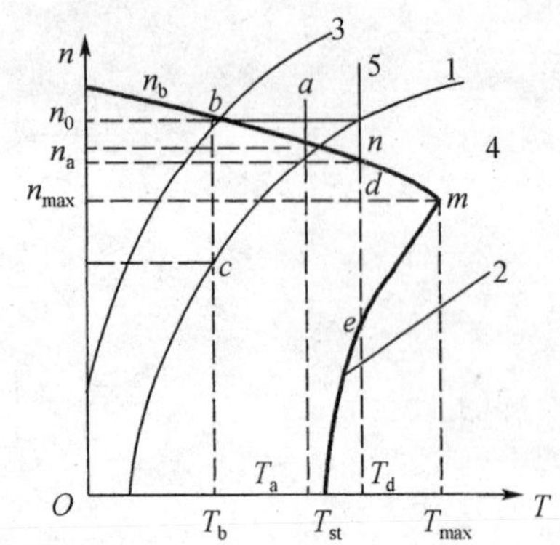

图 1-1-47 电动机电磁力矩和负载力矩

由此可见,当系统在某一工作点稳定运行时,扰动作用会导致系统的转速发生变化。如果在扰动持续期间,系统能在新的条件下达到新的平衡,在新的工作点稳速运行,而且在扰动消失后能够自动回到原来的工作点稳速运行,这样的系统是稳定的;否则系统是不稳定的。

假设负载为 T_d的恒转矩负载,如图 1-1-47 中的直线 5,如果系统在 e 点上运行,当突然出现瞬时扰动(如端电压增大)时,电磁转矩 T 瞬时增大,使电动机加速,n 的上升又导致 T 进一步的增大,使电动机进一步加速,直到 d 点为止才能进入恒速运行($T=T_L$)。反之,如果端电压瞬时下降,导致 $T<T_L$时,电动机将从 e 点减速,转速的降低又使 T 下降,进一步使电动机减速,直到转速 $n=0$ 为止。所以在 e 点上,拖动系统不具备维持稳定运行的条件。

由此可见,电动机机械特性曲线与负载特性曲线的交点是系统的一个平衡点。系统维持稳定运行的条件为:在该交点所对应的转速之上有 $T<T_L$,而在交点所对应的转速之下 $T>T_L$。

根据异步电动机的转差率 s 和同步转速 n_0 的定义,可导出其转速的表达式

$$n=n_0(1-s)=\frac{60f}{p}(1-s) \tag{1-65}$$

由此式可知,对异步电动机的调速可分别通过改变转差率 s、定子绕组磁极对数 p 以及电源频率 f 来实现。

(1)三相异步电动机改变转差率的调速

电动机运行时,在同步转速以及负载转矩均不变的情况下,当电动机机械特性曲线硬度变化时,其转速也将随之改变,因而转差率也就不同。由此可见,改变转差率的调速,其实质就是通过改变电动机机械特性曲线硬度进行调速。具体的方法为:

①转子串电阻调速

这种方法只适用于绕线式异步电动机。当转子串电阻后,电动机的最大转矩 T_{min}不变,而临界转差率 s_m增大,因而特性曲线变软。由图 1-1-48(a)可见,在同样的负载转矩 T_L下,转子电路串入电阻值不同,电动机的转速也就不同,由此达到调速的目的。转子串电阻调速方法简单、可实现多级调速;但在轻载或空载时调速范围小,调速效果不明显。

②改变定子电压的调速

当降低电动机定子电压时,机械特性如图 1-1-48(b)所示。由图可知,对于通风机性质负

载，调速范围较大；而对于恒转矩性质的负载，变压调速所得到的调速范围很小。如果对恒转矩负载进行变压调速时，同时增加异步电动机的转子电阻（绕线式异步电动机串电阻；或采用转子电阻较大的高转差率笼型转子异步电动机），以便使改变定子电压可得到较宽的调速范围，如图 1-1-48(c)所示。但由于机械特性太软，而且低压时的过载能力较低，负载的波动稍大，电动机就有可能停转，即转速的稳定性较差。

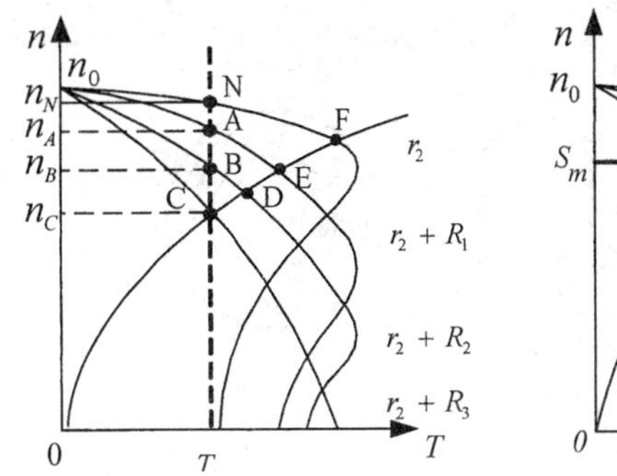

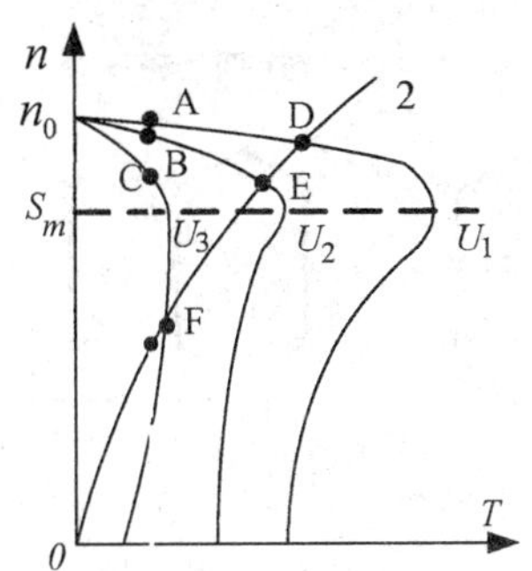

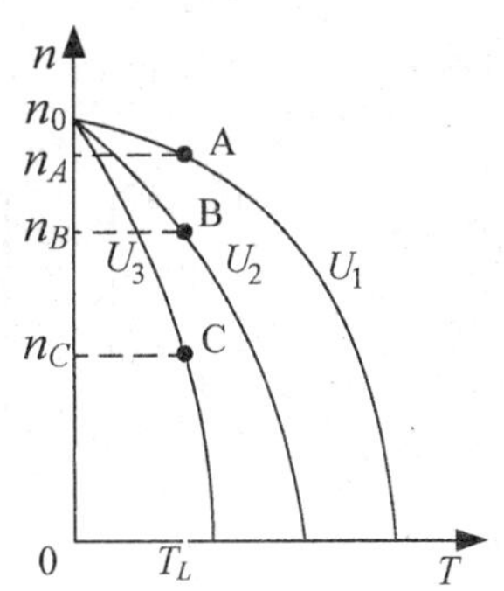

图 1-1-48　三相异步电动机改变转差率的调速

（2）三相异步电动机改变定子绕组磁极对数的调速

正常运行时异步电动机转子转速总是略低于旋转磁场的同步转速，由式 $n_0=\dfrac{60f}{p}$可知，改变磁极对数 p，则同步转速 n_0 改变，电动机的转速也将随之变化。磁极对数只能按整数倍增减，所以异步电动机的变极调速属于有级调速。异步电动机运行时其定、转子绕组的磁极对数必须保持一致，而鼠笼式转子的磁极对数能自动追随定子绕组的磁极对数的变化，因此变极调速一般只适用于鼠笼式异步电动机。异步电动机定子绕组极对数的改变可通过以下两种方法实现：

①采用可变极双速绕组

这种绕组每相均由两个“半绕组”组成。如图 1-1-49 所示为其中一相绕组在定子铁芯中的分布示意图（分别设为 a_1、x_1 和 a_2、x_2）。当把 a_1、x_1 和 a_2、x_2 两个绕组正向串联时，可得到四极的磁极分布如图 1-1-49(a)所示；而两个绕组若为反向串联或反向并联时，则为两极的磁极分布如图 1-1-49(b)所示。若将各相的每两个半绕组正向串联的三相绕组再按星形或三角形连接，分别记为 Y 和△连接，其磁极对数分别为 p_Y和 $p_\triangle$，则 $p_Y=p_\triangle=p$；而每两个半绕组反向并联后再按星形连接，为 YY 连接（称为双星形），则可得

$$p_{YY}=\frac{p_Y}{2}=\frac{p_\triangle}{2} \tag{1-66}$$

因此当电动机采用 Y-YY 换接调速时（即由 Y 换接成 YY），或△-YY 换接调速时，则定子绕组磁极对数由 p 变为 $p/2$，因而同步转速提高一倍，即 $n_{0YY}=2n_{0Y}=2n_{0\triangle}$，转子转速也近似提高一倍。如图 1-1-50 为异步电动机双速绕组的 Y、△以及 YY 的接线原理图。

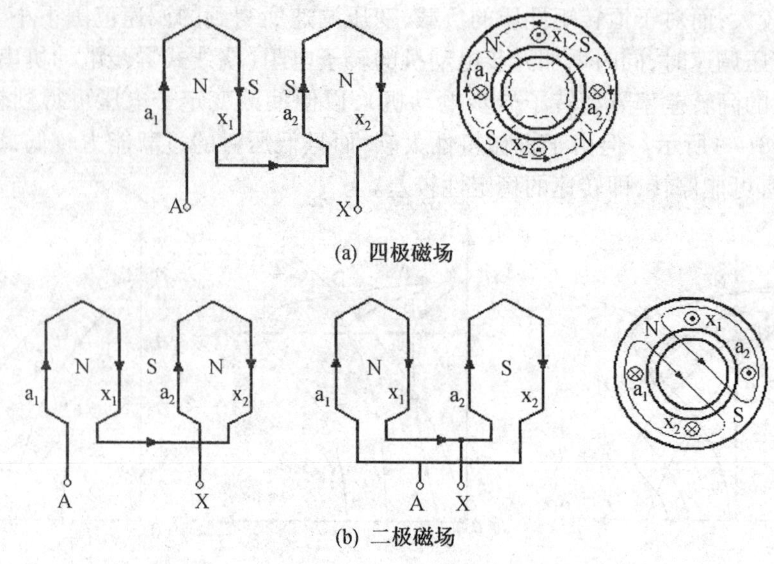

图 1-1-49　异步电动机双速绕组的变极原理

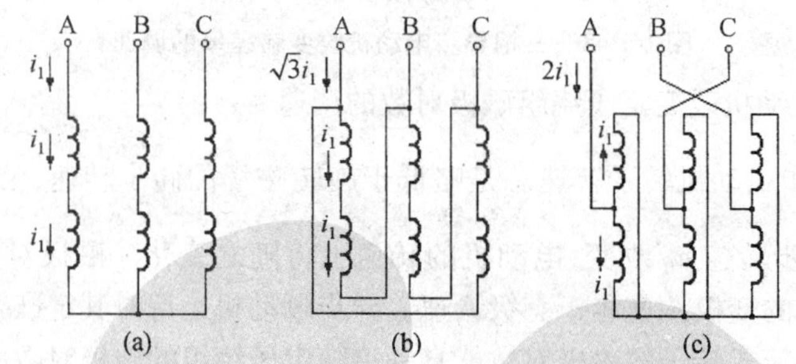

图 1-1-50　异步电动机双速绕组的 Y、△以及 YY 的接线原理图

可见，对于双速定子绕组的异步电动机，改变其定子绕组的接线方式，即可使定子极对数成倍的变化，从而达到调速的目的。

②采用多套不同极对数的定子绕组

电动机的定子铁芯槽内嵌放两套（或多套）不同极数的绕组，运行时根据需要，将其中一套与电源相接。这样就可通过两套绕组间的换接，实现两种转速的变极调速。如果这两套绕组本身就是双速绕组，则电动机便可实现四速变极调速。

（3）三相异步电动机改变电源频率的调速

变频调速与变极调速相似，都是通过改变定子旋转磁场的同步转速来实现的。在电源频率可连续、大范围变化的前提下，可以实现对电动机平滑、大范围的调速。

异步电动机的定子感应电势为

$$E_1 = 4.44k_1N_1f_1\Phi_m = kf_1\Phi_m \tag{1-67}$$

式中，$k = 4.44k_1N_1$，为一常数。

若忽略定子阻抗压降，则定子绕组感应电势与电源电压近似相等，即 $U_1 \approx E_1$。

由此可知，如果在降低频率调速时保持 U_1 不变，则主磁通 Φ_m将要增加，从而可能使磁路饱和而导致励磁电流大大增加，铁芯过热。因此通常要求在保持 Φ_m不变的情况下进行变频调速，即在降低频率的同时电源电压也按比例下调，其比例关系为

$$\frac{U_1}{f_1}=\frac{U_1'}{f_1'}=\text{常数} \tag{1-68}$$

如图 1-1-51 所示为异步电动机变频调速时的机械特性曲线。在额定频率之下，以保持 U/f 恒定进行变频调速。当频率在较高范围时，因主磁通 Φ_m 基本不变，故电动机的最大转矩 T_m 不变，为恒转矩的调速方式；但当频率较低时，因定子绕组的阻抗压降的存在，按 U/f 恒定的控制将使电动机的主磁通略有减小，从而导致电动机的电磁转矩有所减小。

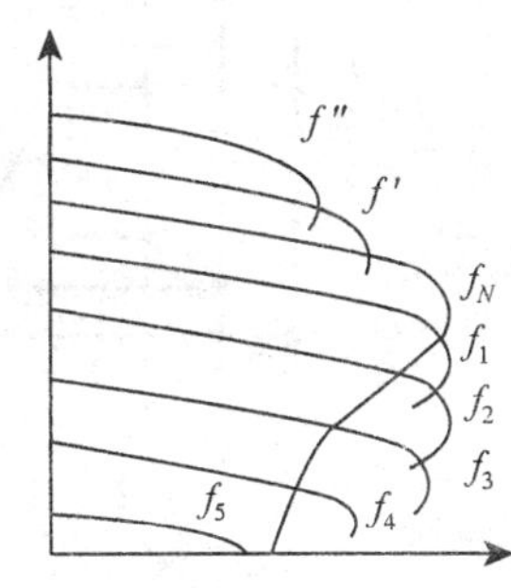

图 1-1-51 异步电动机变频调速时的机械特性曲线

在额定频率之上进行升频调速时，若要保持主磁通 Φ 基本不变，U_1 应随 f_1 而上升。由于电源电压的上升将受电机的绝缘强度等诸多因素影响，故一般保持 U_1 不变。此时，随着 f_1 的升高，Φ_m 将减弱，电动机的电磁转矩也将减小。升频调速属于恒功率的调速方式，一般只在小范围进行。

8.三相异步电动机的制动方法

当电动机在运行过程中，若其电磁转矩的方向与转子转速的方向相反，则为电动机的制动运行状态。对电力拖动系统而言，此时电磁转矩成了制动转矩，其产生的制动作用称为电气制动。与机械制动相比，电气制动具有无机械磨损、制动平稳、容易实现自控制等优点。电气制动可用于拖动系统减速或加速停车、起货机等位能性负载的匀速下降等场合。

从能量转换观点看，处于制动状态的电动机，其作用是将拖动系统的机械能转变为电能消耗在电动机内部或反馈至电网。

如果把电动机的正转电动运行（$n>0, T>0$）和反转电动运行（$n<0, T<0$）时的机械特性曲线分别定义在 $n-T$ 坐标平面的第Ⅰ、Ⅲ象限，则特性曲线向Ⅱ、Ⅳ象限的延伸部分分别为电动机的正转制动运行（$n>0, T<0$）和反转制动运行（$n<0, T>0$）。如图 1-1-52 展示了三相交流异步电动运行和制动运行时的机械特性。

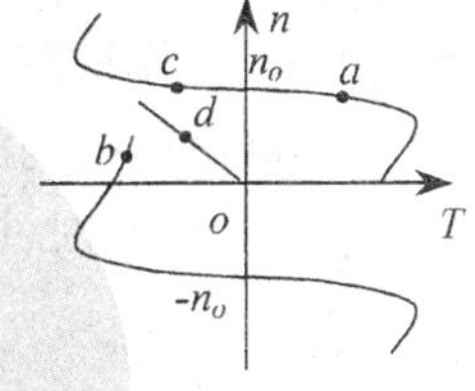

图 1-1-52 三相异步电动机电动运行和制动运行时的机械特性

电气制动根据其产生的条件和方法的不同，可分为反接制动、能耗制动和回馈制动等三种。

(1) 三相异步电动机反接制动的工况分析

异步电动机反接制动分为电源反接制动和倒拉反接制动两种。反接制动时，转子的转向与定子旋转磁场的转向相反，即 n 与 n_0 的转向相反，因此电动机分别运行于正转电动特性曲线向第Ⅳ象限的延伸段，或反转电动特性曲线向第Ⅱ象限的延伸段。

①电源反接制动

当交流异步电动机运行在电动状态时（$n<n_0, 0<s<1$），将电动机三相电源的任意两相对调，则相序改变，气隙旋转磁场的方向随即改变，而转子因惯性仍保持着原来的转向不变。结果使转子绕组切割气隙磁场的方向改变，从而转子中感应电势和电流的相位变成相反，产生的电磁转矩 T 方向亦变成相反，成为制动转矩。图 1-1-53 的曲线③是鼠笼式异步电动机的反接制动特性，曲线②为绕线式异步电动机转子串制动电阻时的反接制动特性。

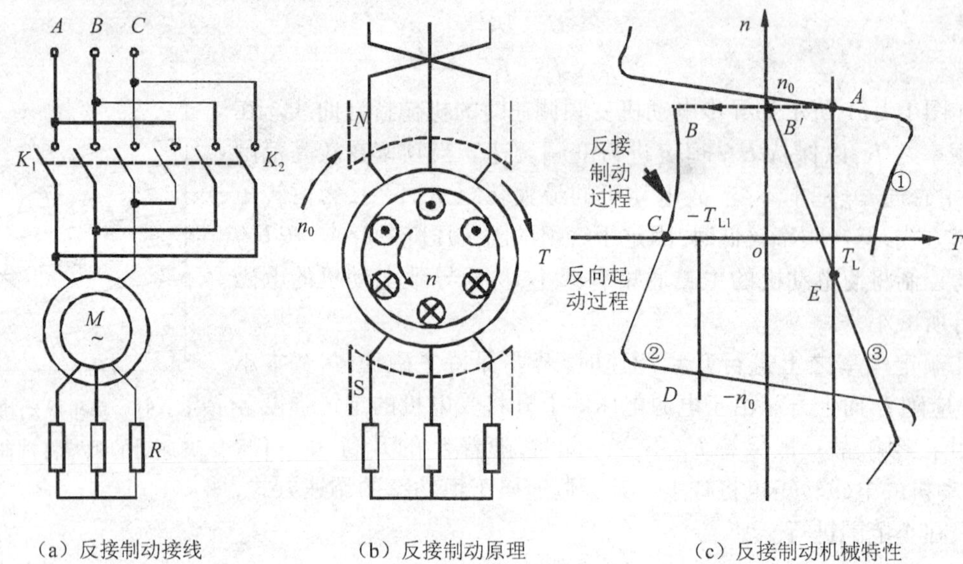

(a) 反接制动接线　　(b) 反接制动原理　　(c) 反接制动机械特性

图 1-1-53　反接制动接线、原理及机械特性曲线

设鼠笼式异步电动机带一负载 T_L 在 A 点上正向稳定运行。现将三相电源的任意两相对调,则电动机所运行的机械特性将由曲线①变为曲线②。由于转子的惯性作用,其转速不能突变,因此电动机将由曲线①的 A 点切换到曲线②的 B 点运行。此时电动机的电磁转矩 T 因旋转磁场的方向变成相反而变为负值,成为制动转矩。根据拖动系统运动方程式,此时 $T-T_L=\triangle T<0$,电动机在 T 和 T_L 的共同作用下,沿曲线②迅速减速,直到 $n=0$(C 点)。如果制动的目的是为了使电动机迅速反转,则停转后,电动机会自行反向起动(等于反向运行时的起动),直至与负载平衡,工作反向电动状态的 D 点;如果制动的目的是为了迅速停车,则在接近 C 点时,应立即切断电动机的电源,以防止电动机反向起动。

在电源反接制动时,电动机的转差率为

$$s=\frac{-n_0-n}{-n_0}=\frac{n_0+n}{n_0}>1 \tag{1-69}$$

此时转子感应电势 $E_{2s}=sE_2$ 很大,因而电流转子及定子电流也很大(比起动时还大)。故对绕线式异步电动机,在电源反接制动时,必须在转子回路中串入足够大的制动电阻,以限制冲击电流,同时也产生增大制动转矩的效果。而对于大容量或频繁起动的鼠笼式异步电动机,应避免其运行于电源反接制动状态。

②倒拉反接制动

电动机因外力矩作用而形成转子的转向与旋转磁场的转向相反的制动运行称为倒拉反接制动。图 1-1-53 为绕线式异步电动机带位能性负载的特性曲线。若电动机原来带负载正转电动状态稳定运行于曲线①的 A 点,当转子回路中串入足够大的电阻,以使电动机的特性曲线变软,其工作点由曲线①的点转移到曲线③的 B' 点。由于在 B' 点电动机的电磁转矩小于负载转矩(位能性负载),转子将减速至零。由于此时电磁转矩仍小于负载转矩,故转子继续被负载拉着转动,从而进入倒拉反接制动。随着电动机反转速度的增大,其制动性质的电磁转矩也随之增大(与旋转磁场的转向相反),直到 E 点时,$T=T_L$,$\triangle T=0$,系统稳定运行。如果电动机原来处于静止状态,在转子串入足够大的电阻的情况下起动,则由于其起动转矩小于位能性负载转矩 T_L,转子将被负载倒拉直接进入倒拉反接制动状态,最后同样稳定运行于 E 点。

交流异步电动机的倒拉反接制动通常是在增大转子回路电阻的情况下才能实现，故只适用于绕线式异步电动机，船舶中应用较少。

倒拉反接制动时，电动机的转差率为

$$s=\frac{n_0-(-n)}{n_0}=\frac{n_0+n}{n_0}>1 \tag{1-70}$$

由此可见，无论是电源反接制动还是倒拉反接制动，其特点是 $s>1$。说明异步电动机不仅从轴上吸取拖动系统的机械功率转换成电功率，同时又从电网吸取电功率，两者都消耗在转子回路的电阻中。

(2)三相异步电动机的能耗制动的工况分析

异步电动机的能耗制动有他激和自激两种形式。所谓他激能耗制动，是在电动机电动运行时，将定子绕组与三相电源断开，并同时在定子三相绕组的任意两端加上一个直流激磁电源，使定子绕组在空间产生一静止磁场。转子在此磁场中旋转时，感应出交流电势并形成转子电流，转子电流与此磁场相互作用产生与转速方向相反的电磁转矩，从而使电动机进入制动运行状态。

异步电动机能耗制动的机械特性曲线如图 1-1-54 所示。因为能耗制动时，定子磁场是一直流恒定磁场，同步转速 $n_0=0$，所以特性曲线通过原点；又因 $T\propto U_2$，当直流激磁电压的数值不同时，在同样转速情况下产生的电磁制动转矩大小也不同，图 1-1-54 中曲线①的激磁电压小于曲线②的激磁电压。从图中还可看到，转速越低制动电磁转矩越小，转速降至零时制动转矩亦为零。对于绕线式异步电动机的能耗制动，可在转子回路串电阻以限止制动电流，但特性曲线硬度将下降如图 1-1-54 中曲线③所示。

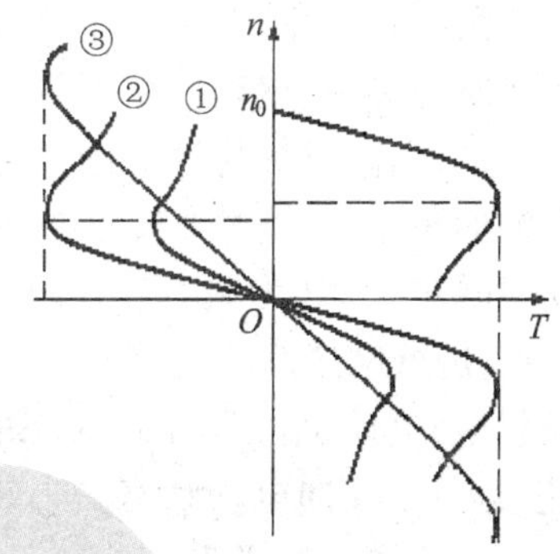

图 1-1-54 异步电动机能耗制动的机械特性曲线

异步电动机能耗制动时相当于一台他励发电机，电动机依靠拖动系统储存的动能或位能发电，电能消耗在转子回路的总电阻上。

异步电动机自激能耗制动的方法是在定子绕组与三相电源断开的同时将三相绕组接上三相对称电容器，这时电动机可看作一台单独运行的异步发电机，电容器用来供给电机无功功率，以建立磁场。

异步电动机的能耗制动有两种用途：可以用于实现拖动系统的加速停车；实现位能性负载的匀速运行。

(3)三相异步电动机回馈制动的工况分析

当异步电动机的转子转速高于其定子旋转磁场的转速(即 $|n|>|n_0|$)时，因转子导体切割定子磁场的方向改变而使得电磁转矩的方向与转子转速方向转变，电动机进入回馈制动运行状态。回馈制动时，因 $|n|>|n_0|$，故电动机的转差率为

$$s=\frac{n_0-n}{n_0}<0 \tag{1-71}$$

转子感应电势 $E_{2s}=sE_2$ 改变了方向，因而电机处于发电机运行状态，将轴上输入的机械能转换成电能回馈给电网。

回馈制动时，异步电动机将运行于第Ⅰ象限正向电动特性曲线向第Ⅱ象限的延伸部分，或

第Ⅲ象限反向电动特性曲线向第Ⅳ象限的延伸部分。

异步电动机在下列两种情况下将会因$|n|>|n_0|$而进入回馈制动运行：

①调速过程中出现的回馈制动

异步电动机在运行过程中，当电源频率降低或极对数增加而使得定子旋转磁场的同步转速突然下降，而转子转速因惯性不能突变，从而导致$n>n_0$。

设电动机稳定运行在图 1-1-55 所示负载特性曲线①的 a 点，同步转速突然下降使电动机运行的特性变为曲线②。此时，电动机由 a 点瞬时转移到曲线②上的 b 点运行，使得 $n>n_0$，电磁转矩 T 变为负值，电动机进入回馈制动状态。T 与 T_L共同作用使电动机由 b 点沿曲线②减速。到达 c 点时，$n=n_0$，$T=0$，但由于 T_L的作用，使电动机继续减速，进入电动状态。这样电磁转矩方向重新变正，并逐渐增大，到达 d 点时，$T=T_L$，$\triangle T=0$，于是电动机在 d 点稳定运行。

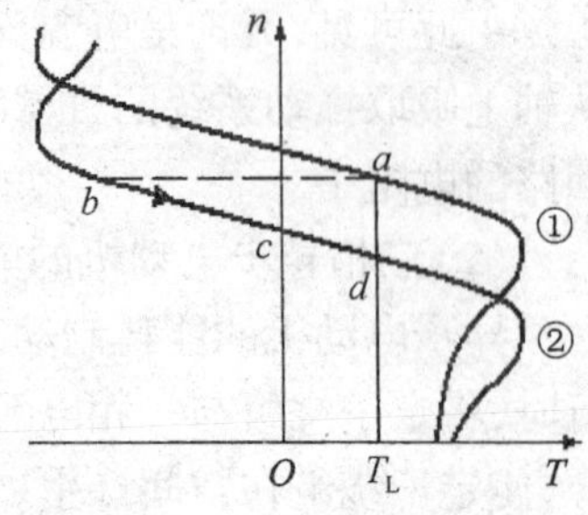

图 1-1-55　异步电动机调速过程中的回馈制动

②位能性负载作用下产生的回馈制动

图 1-1-56 中，对于位能性负载 T_L（上升时为 T_{L1}，下降时为 T_{L2}），电动机在正转 A 点运行时，将电动机反向起动，则其机械特性为图中曲线②。突然切换三相电源的相序，并同时在转子中串入电阻，此时电动机的电磁转矩 $T<0$（为顺时针方向），工作点从 A 点转移到 B 点，进行反接制动，直到转速为零时（C 点），由于保持供电，电动机在 T 与 T_L共同的作用下反向起动并加速，运行于反向电动状态。当转速达到反向的同步转速$-n_0$ 时，$T=0$，但 $T-T_L=\triangle T<0$，电动机继续反向加速，使得转子的转速高于旋转磁场的同步转速，电动机进入反向的回馈制动状态。此时电磁转矩也由原来的顺时针方向变为逆时针方向，并逐渐增大；到达 D 点时，$T=T_L$，$\triangle T=0$，至此电动机在 D 点稳定运行于回馈制动状态，其转速绝对值高于同步转速。这时的负载起着原动机作用，拖着异步电动机作发电机运行；而电动机则对位能性负载起着制动作用，限制其速度，并保持平衡。交流异步电动机这种回馈制动的方法较为简单，又极为经济。船舶甲板机械的电力拖动中广泛使用回馈制动来实现对位能性负载的“等速下降”，如起货机的等速落货、锚机深水等速抛锚等。

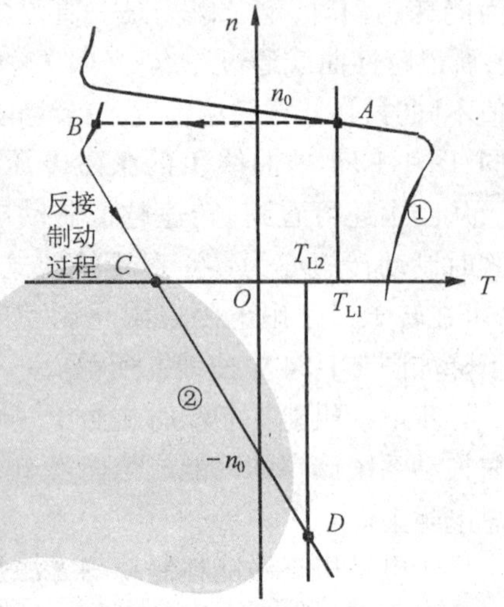

图 1-1-56　绕线式异步电动机的回馈制动

9.三相异步电动机的基本保护环节

船舶电力拖动控制装置中，继电-接触控制系统通常用来完成电动机的起动、制动、反转、调速等自动控制功能。当系统发生故障时，控制线路必须要有相应的保护环节，能及时切断主电路，保障电气设备安全无损。对电动机控制而言，须具备四种基本保护：短路电流保护，过载保护（或过电流保护），欠电压保护（包括零电压保护）以及对三相交流电动机缺相保护，对方向有要求的电机还需要相序保护控制。

如图 1-1-57 所示为三相交流异步电动机直接起动控制电路，采用交流磁力起动器。合上

隔离开关 QS，控制电路有电，此时停止指示灯 HL_1（红色）亮，按下起动按钮 SB_1，接触器线圈 KM 通电，衔铁被吸合，主触头 KM 闭合，电动机定子绕组接到三相电源上，电动机起动运转。接触器 KM 的辅触头也同时闭合，这样当松开起动按钮 SB_1后，接触器线圈仍能通电，保证了电动机的持续运行。接触器的另两个辅触头分别断开停止指示灯 HL_1，接通运行指示灯 HL_2（绿色），起动过程结束。停车时，按停止按钮 SB_2，接触器线圈 KM 失电，衔铁释放，主触头 KM 断开，电动机定子绕组与电网脱开，电动机停转。同时接触器的辅触头亦都复位，运行指示灯 HL_2 灭，停止指示灯 HL_1亮。

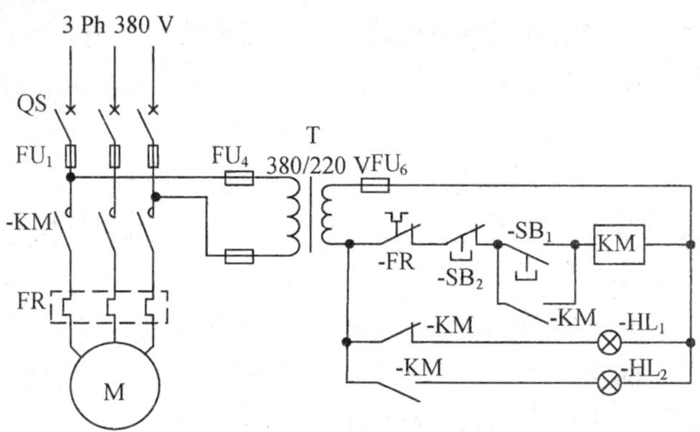

图 1-1-57　三相交流异步电动机直接起动控制电路

（1）短路电流保护

在图 1-1-57 所示的交流磁力起动器中，主电路和控制电路上都装有熔断器 FU，以实现短路保护。空气断路器也带有短路保护的功能，即在发生短路时，断路器能自动脱扣动作，将短路源与电网隔离。

由于电机绕组、连接导线的绝缘损坏、控制电器动作程序出现故障或误操作等，均有可能出现短路故障。巨大的短路电流将严重损坏电动机或其他电气设备，甚至危及电网。所以，短路时，熔断器 FU 应立即动作，短路电流越大，熔断时间越短。

（2）过载保护

如图 1-1-57 所示的交流磁力起动器中装有热继电器 FR，当电动机过载时，热继电器的脱扣机构动作，其对应的常闭触头 FR 打开，接触器线圈 KM 失电，主辅触头复位，电动机停转，防止了电动机因长期过载而发热烧坏。这类热继电器实现的过载保护，又称为热保护。

热继电器的过载保护与熔断器的短路保护有本质上的区别，使用时必须配合好。由于热继电器热惯性元件的关系，当电路中出现短时过电流、过载时，热继电器并不马上动作，旨在避开电动机起动、制动、调速等过渡过程的冲击电流。当瞬时过电流很大，超过熔断器的整定值时，应由熔断器来切断主电路。而当电动机长期过载时，热继电器才动作，起到过载保护的作用，而此时熔断器则不应动作。

通常与过载保护类似的另一种保护是过电流保护，亦称短时过载保护，是通过无延时的电磁式电流继电器来实现。过电流继电器的线圈串在主电路中，继电器的动作电流值可根据需要来整定。当主电路发生短时过电流，电流值超过其动作值时，过电流继电器动作，切断相关的控制电路，使电动机停转。

过电流保护常用于限流起动的直流电动机和绕线式异步电动机。对于直接起动的鼠笼式异步电动机，由于无法设置合适的过电流整定值，一般不采用过电流保护，而采用由热继电器来实现的长延时过载保护。

起货机、锚机在重负荷高速挡广泛地采用过电流保护。例如当锚机运行在起锚高速挡时,过电流继电器监测主电路的电流,若电流超过其起锚高速挡额定电流值时,控制线路自动切换,使锚机自动退到中速挡工作。

(3)零电压和欠电压保护

电动机在运行时由于电源电压突然消失致使电动机停车,那么在电源电压一旦恢复时,电动机将会猝不及防地自行起动,危及安全。为此,必须设置保护环节防止电源电压恢复时电动机自行起动,即零电压保护。另外在电动机运转时,电源电压过低会引起电动机转速下降甚至堵转,在负载转矩一定时电动机电流将急剧增大引起过电流。此外,电压过低将会引起一些电气设备释放,造成控制电路工作不正常。因此,在电压下降到最小允许值时需要切断电源,这就是欠电压保护。

零电压保护和欠电压保护一般可由同一电器来实现。在由按钮作为主令电器的控制线路中,一般由线路中的接触器兼作零压和欠压保护,而不另设专用的零压和欠压保护电器。如图1-1-57 中所示,由接触器 KM 来实现该保护。

在由主令控制器作为主令电器的控制线路中,还须设置专用的主令零位保护,即主令不在零位时送电,控制回路不能得电工作。锚机和起货机的控制线路中,均设有零压、欠压和主令零位保护环节,防止设备一供电就出现自行运行的危险情况。

(4)缺相保护

三相交流异步电动机运行时,任一相断线(或失电),会造成单相运行,此时电动机为了得到同样的电磁转矩以克服负载转矩,定子电流将大大超过其额定电流,导致电机发热烧坏;缺相运行的电机,还伴随着剧烈的电磁振动和机械振动。在这种情况下,图 1-1-57 中的热继电器 FR 起着缺相保护的作用,控制断开接触器,使电动机停转。

一般热继电器的发热元件串接在三相主电路的任意两相之中,在任一相发生断路故障时,必然导致另两相电流的大幅度增加,被热继电器所检测到后而动作。

(5)其他保护

有些控制系统为了防止生产机械运行超速,如电梯、卷扬机等提升设备,在线路中都设置了超速保护。一般用离心开关,也有用测速发电机等来完成的。

除上述保护外,控制系统中还有其他各种保护,如超行程保护、超压保护、超温保护等,都是在控制电路中串入一个受行程、压力、温度等参数控制的触点来实现的。另外,常用的互锁和连锁控制,也可算作一种保护措施。

(二)三相同步电动机

1.三相同步电动机的结构

按照结构型式分类,同步电机可以分为旋转电枢式和旋转磁极式两类。

旋转电枢式是电枢装设在转子上,主磁极装设在定子上。这种结构在小容量同步电机中得到一定的应用。

旋转磁极式的主磁极装设在转子上,电枢装设在定子上。对于高压、大容量的同步电机,通常采用旋转磁极式结构。由于励磁部分的容量和电压常较电枢小得多,电刷和集电环的负载就大为减轻,工作条件得以改善。目前,旋转磁极式结构已成为中、大型同步电机的基本结构形式。

在旋转磁极式电机中,按照主极的形状,又可分成隐极式和凸极式,如图 1-1-58 所示。隐

极式转子做成圆柱形，气隙是均匀的；凸极式转子有明显的凸出的磁极，气隙是不均匀的。

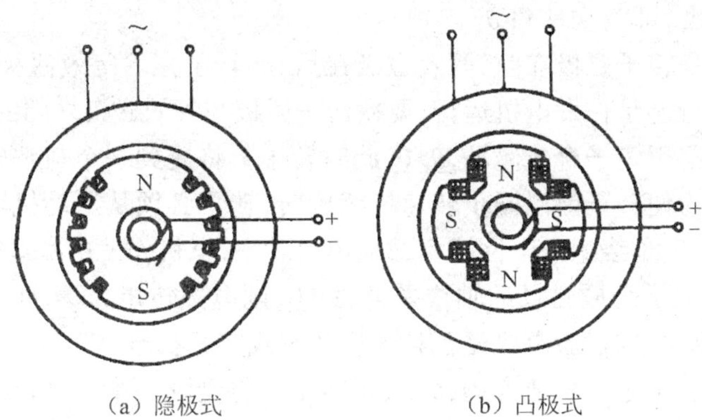

图 1-1-58　旋转磁极式同步电机两种主极的结构

对于高速的同步电机（转速为 3 000 r/min 及以上），从转子机械强度和妥善地固定励磁绕组考虑，采用励磁绕组分布于转子表面槽内的隐极式结构较为可靠；对于低速电机（转速为 1 000 r/min 及以下），转子的离心力较小，故采用制造简单、励磁绕组集中安放的凸极式结构较为合理。大型同步发电机通常采用汽轮机或水轮机作为原动机来拖动。由于汽轮机是一种高速原动机，所以汽轮发电机一般采用隐极式结构。水轮机则是一种低速原动机，所以水轮发电机一般都是凸极式结构。由内燃机拖动的同步发电机以及同步补偿机、同步电动机等，大多做成凸极式，亦有少数两极的高速同步电动机做成隐极式的。

凸极同步电机通常分为卧式（横式）和立式两种结构。绝大部分同步电动机、同步补偿机和用内燃机或冲击式水轮机拖动的同步发电机都采用卧式结构。低速、大容量的水轮发电机和大型水泵电动机则采用立式结构。

卧式同步电机的定子结构与感应电机基本相同，定子亦由机座、铁芯和定子绕组等部件组成；转子则由主磁极、磁轭、励磁绕组、集电环和转轴等部件组成。

除励磁绕组外，同步电机的转子上还常装有阻尼绕组。阻尼绕组与笼型感应电机转子的笼形绕组结构相似，由插入主极极靴槽中的铜条和两端的端环焊成一个闭合绕组。在同步发电机中，阻尼绕组起抑制转子转速振荡的作用；在同步电动机和补偿机中，主要作为起动绕组用。

2.三相同步电动机的工作原理

（1）同步电动机的基本原理

当同步电机的定子（电枢）绕组中通过对称的三相电流时，定子将产生一个以同步转速的旋转磁场。稳态情况下，转子转速亦是同步转速，于是定子旋转磁场恒与直流励磁的转子主极磁场保持相对静止，它们之间相互作用并产生电磁转矩，进行能量转换。同步电机有三种运行状态：发电机、电动机和补偿机。发电机把机械能转换为电能，电动机把电能转换为机械能，补偿机中没有有功功率的转换，专门发出或吸收无功功率、调节电网的功率因数。分析表明，同步电机运行于哪一种状态，主要取决于定子合成磁场（对应产生的是电枢电压）与转子主磁场（空载电动势）之间的夹角 θ，θ 称为功率角。如图 1-1-59 所示，同步电动

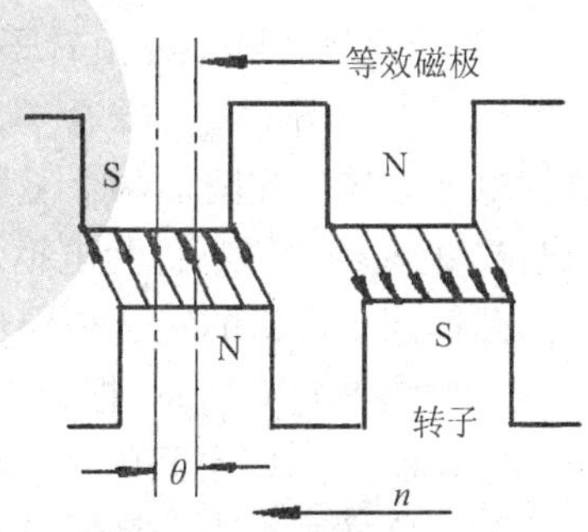

图 1-1-59　功率角 θ 的空间含义

机的运行可以看成定子的等效磁极拖着转子磁极以同步转速 n 旋转,稳定运行时,定子磁极与转子始终相差一个角度,即为功率角 θ。

同步发电机运行是转子磁极在前,等效磁极在后,即转子拖着等效磁极旋转。由此可见,同步电机作电动机运行还是作发电机运行,要视转子磁极与等效磁极之间的相对位置来决定。

若转子主磁场超前于定子合成磁场,$\theta>0$,此时转子上将受到一个与其旋转方向相反的制动性质的电磁转矩。为使转子能以同步转速持续旋转,转子必须从原动机输入驱动转矩。此时转子输入机械功率,定子绕组向电网或负载输出电功率,电机作发电机运行。

若转子主磁场与定子合成磁场的轴线重合,$\theta=0$,则电磁转矩为零,此时电机不需要有功功率的转换,但仍需要建立磁场,电机处于补偿机状态或空载状态。

若转子主磁场滞后于定子合成磁场,$\theta<0$,则转子上将受到一个与其转向相同的驱动性质的电磁转矩,如图 1-1-59 所示,此时定子从电网吸收电功率,转子可拖动负载而输出机械功率,电机作为电动机运行。

(2)转子励磁方式

转子主磁场决定了空载电动势的大小,控制转子励磁即可控制空载电动势。转子励磁方式有直流励磁和整流器励磁两种,直流励磁机提供直流直接向同步电机转子供电,且与同步电机同轴安装,一起转动。整流器励磁可分为静止式和旋转式。现多采用取消集电环的旋转整流器励磁系统,此系统的主励磁机是与主发电机同轴连接的旋转电枢式三相同步发电机,电枢的交流输出经与主轴一起旋转的不可控整流器(俗称旋转二极管或旋转整流桥)整流后,直接送到主发电机的转子励磁绕组,供给其励磁。因为主励磁机的电枢、整流装置与主发电机的励磁绕组三者为同轴旋转,不再需要集电环和电刷装置,所以这种系统又称为无刷励磁系统。无刷励磁系统运行比较可靠,这种系统大多用于大、中容量的汽轮发电机、补偿机以及在防燃、防爆等特殊环境中工作的同步电动机。

(3)电枢反应

当同步发电机输出端接上三相对称负载后,在定子三相电枢绕组及负载中将产生三相对称电流。而通有三相对称电流的三相对称绕组将产生一个圆形旋转磁场,在同步发电机中称为电枢旋转磁通 Φ_a。电枢磁通同样穿过定、转子铁芯及其气隙而构成闭合磁回路,其旋转速度与转子磁极一致,即为电枢感应电动势频率对应的速度。由于电枢感应电动势和电流取决于主磁极的旋转方向,而电枢磁场的旋转方向取决于三相定子绕组中的负载电流的相序,因此电枢磁场不仅与主磁极磁场速度相等,且方向相同,两者相对静止,做同步旋转。但两者在空间却可能是定子旋转磁场在前(电动机),或在后(发电机),一道旋转。同步发电机负载运行时,其旋转磁场实际上是由转子主磁极磁通 Φ_0 和定子电枢磁通 Φ_a 合成而得的。合成磁通 Φ 的磁轴及大小与主磁极磁通 Φ_0 相比都发生一定的变化。这种电枢磁场对磁极磁场的影响,称为电枢反应。空间上两个磁场矢量叠加,形成一个气隙磁场。这种旋转的电枢磁场对磁极(励磁)主磁场的影响称为电枢反应。

凸极同步电机的转子和异步电机转子明显不同,所以在磁动势和磁通分析方面有很大的不同。如图 1-1-60 所示,把转子一个 N 极和与其相邻的一个 S 极的中心线称为纵轴,或称为 d 轴;与纵轴相距 90°空间电角度的地方称为横轴,或称为 q 轴。显然 d 轴与 q 轴都随着转子一同旋转。这样励磁磁动势便设定为作用在 d 轴方向,产生的磁通如图 1-1-61 所示。

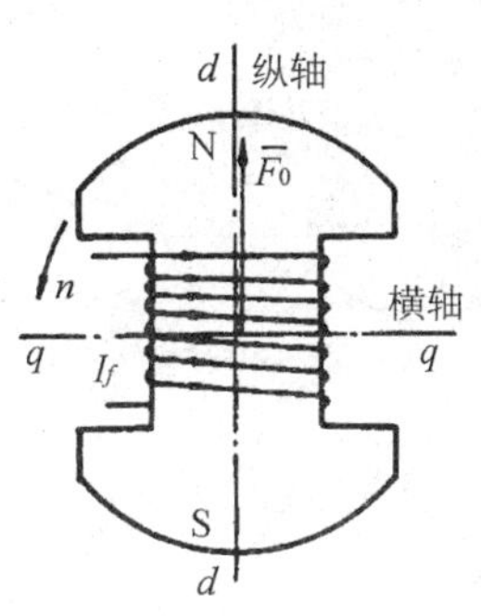

图 1-1-60　同步电机的空载磁动势和交轴与直轴

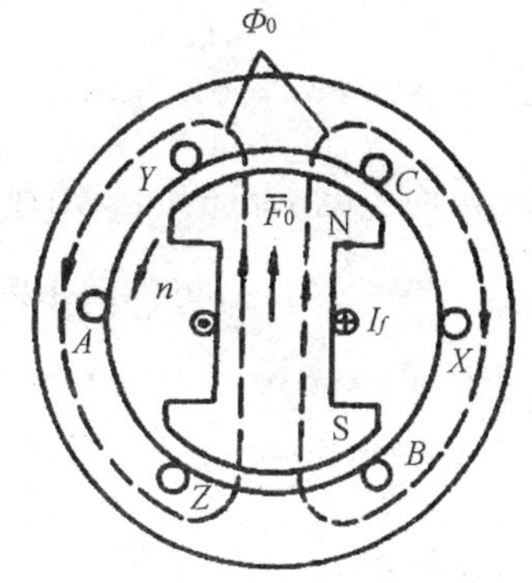

图 1-1-61　同步电机的空载磁通 Φ_0

由励磁电流产生的磁通叫励磁磁通(空载磁通),用 Φ_0 表示。显然 Φ_0 经过的磁路是依纵轴对称的磁路,并且 Φ_0 随着转子一起旋转。定子绕组切割 Φ_0,并在其中感应电势 e,称为空载电势,显然定子绕组的空载电势与励磁电流有关。

当同步电动机驱动负载以后,通过电枢绕组的三相电流产生三相合成旋转磁场(这点与异步电机相同),对原转子磁场产生一定的影响,并使气隙磁场产生显著变化,这就是同步电机的电枢反应。由于同步电动机运行原理是定子绕组产生的磁极吸引转子磁极转动,那么同步电动机的转向亦是旋转磁场的转向,转速为同步转速。同步电动机带上负载以后,其定子磁动势与转子磁动势虽然均为同步转速旋转,但是二者在空间位置却不一定不变,大部分情况是定子磁动势在前,转子磁动势在后(但是也会随运行状态而变),其差角即为前述的功率角 θ。最终电动机定子的感应电动势取决于电枢反应后的磁场。带动负载运行后,因负载电流与外部电压的方向存在偏差,电枢电流与电枢电压即为功率因数角,用于表示电枢电压和电枢电流之间的相位关系。同步电机从电网取的功率为 $P_1=3UI\cos\varphi$,显然功率因数角无论正负,P_1 均大于 0,同步电机从电网取得功率,电机运行于电动机状态。一般功率因数角为正,电动机是感性负载,通过调节励磁电流,可以使励磁处于过励状态,此时电动机在功率因数角为负,体现的是电流超前其内部感应电动势,呈现容性。

3.三相同步电动机的负载特性

(1)功率方程

同步电动机带负载运行时,若转子励磁损耗 $p_f=I_f^2R_f$ 由另外的直流电源供给,同步电动机从电网吸收的有功功率为 $P_1=3UI\cos\varphi$,扣除定子的铜损耗 $p_{Cu}=3I^2R_1$,其余部分为电磁功率 P_{em},即

$$P_{em}=P_1-p_{Cu}=3UI\cos\varphi-p_{Cu} \tag{1-72}$$

从电磁功率中扣除定子铁耗 p_{Fe} 和机械损耗 p_m 后,其余部分转变为机械功率输出给负载,即

$$P_{em}-P_{Fe}-P_m=P_2 \tag{1-73}$$

式中,铁损耗 p_{Fe} 与机械摩擦损耗 p_m 之和称为空载损耗 P_0,即 $P_0=P_{Fe}+P_m$。

式(1-72)和式(1-73)联合表明了电动机的功率传递关系,称为功率方程。通常同步电动机的转子直流励磁功率也应计入总损耗之中。

(2)转矩方程

根据电磁功率,可以比较方便地计算同步电机的电磁转矩,即

$$T_{em}=\frac{P_{em}}{\Omega} \tag{1-74}$$

式中,$\Omega=\frac{2\pi n}{60}$是同步电动机的同步角速度。

根据功率方程式(1-73)可得同步电动机的转矩方程为

$$\frac{P_2}{\Omega}=\frac{P_{em}}{\Omega}-\frac{p_0}{\Omega}$$

$$T_2=T_{em}-T_0 \tag{1-75}$$

式中,T_0 为空载转矩。

根据推算,可得电磁转矩为

$$T_{em}=3\frac{E_0U}{\Omega X_d}\sin\theta+\frac{3U^2(X_d-X_q)}{2\Omega X_qX_d}\sin2\theta \tag{1-76}$$

式中,X_d 称为直轴同步电抗;X_q 称为交轴同步电抗。对同一台电机,X_d 和 X_q 都是常数,可以用试验和计算的方法求得,E_0 为空载感应电动势。

式(1-76)被称为矩角方程。

(3)同步电动机的功角特性

当定子加额定电压,励磁电流 I_f 不变,空载 Φ_0 和 E_0 均为常数时(以下在讨论同步电动机特性和运行时,没有特别说明这一条件不变),同步电动机的电磁功率 P_{em} 与功率角 θ 的关系,称为同步电动机的功角特性,即 $P_{em}=f(\theta)$。同步电动机的功角特性是同步电机重要特性之一。结合式(1-74)和式(1-76)可得同步电机对应的电磁功率方程为:

$$P_{em}=T_{em}\Omega=3\frac{E_0U}{X_d}\sin\theta+3\frac{U^2(X_d-X_q)}{2X_dX_q}\sin2\theta \tag{1-77}$$

式(1-77)被称为功角特性方程。从式(1-77)可见,当电机参数 X_d、X_q 为已知时,电磁功率 P_{em}与功率角 θ 之间的关系可以很方便地确定,而且 P_{em}由两部分组成,前一部分为励磁电磁功率,显然与励磁电动势 E_0 成正比,即与励磁电流 I_f 大小有关。第二项是由 $X_d\neq X_q$ 引起,也就是因电机转子是凸极引起的,因此称为凸极电磁功率。即使同步电动机没有励磁电流($I_f=0$,$E_0=0$),只要转子为凸极时(即存在 $X_d\neq X_q$),凸极电磁功率就会出现。当电机气隙均匀时,例如隐极式同步电机,$X_d=X_q$,不存在凸极电磁功率。

当定子加额定电压,励磁电流 I_f 不变,Φ_0 和 E_0 均为常数时,同步电动机的电磁转矩 T_{em}与功率角 θ 的关系称为同步电动机的矩角特性,即 $T_{em}=f(\theta)$,这个特性与功角特性仅差一个电机旋转角速度 Ω,对于同步电机 Ω 是常数。这样式(1-76)表示的矩角特性曲线与功角曲线式(1-77)有相同的形状,之间只差一个比例尺。根据式(1-76)和式(1-77)绘出凸极同步电动机的功角特性矩角曲线,如图 1-1-62 所示。

图 1-1-62 中曲线 1 为励磁电磁功率与 θ 的关系曲线,曲线 2 为凸极电磁功率与 θ 的关系曲线,曲线 3 为合成的总电磁功率 P_{em} 与 θ 的关系曲线 $P_{em}=f(\theta)$,可见 P_{em} 的最大电磁功率 P_{max}对应于 θ 小于 90°的地方。

对于隐极式同步电机,$X_q=X_d=X_c$,于是电磁功率为

$$P_{em}=3\frac{E_0U}{X_c}\sin\theta \tag{1-78}$$

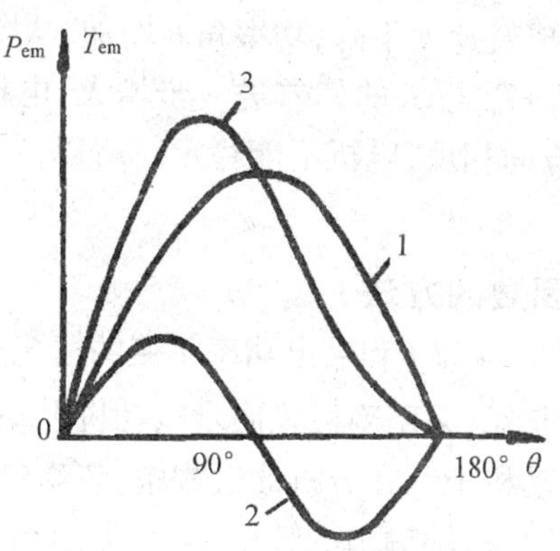

图 1-1-62　凸极同步电动机的功角特性曲线

显然隐极式同步电动机的功角特性没有凸极电磁功率这一项。其最大电磁功率为

$$P_{max}=3\frac{E_0U}{X_c} \tag{1-79}$$

凸极同步电动机的电磁转矩 T_{em}与功率角 θ 的关系也可画出来，其形状如图 1-1-63 所示。

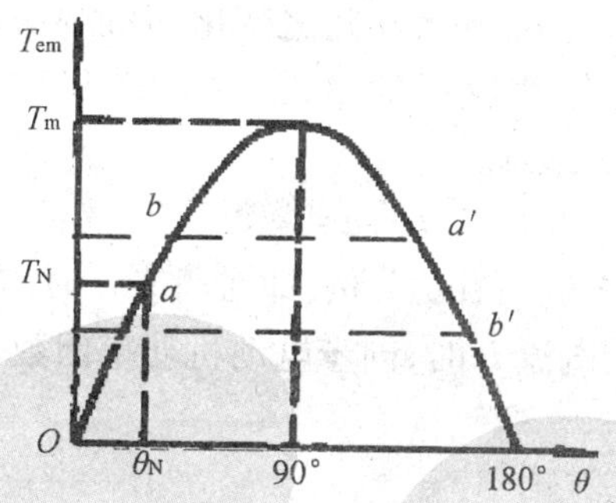

图 1-1-63　隐极式同步电动机的矩角特性

对于隐极式同步电机，在某固定励磁电流条件下，根据式(1-76)可以得到隐极式同步电动机电磁转矩 T_{em}与功率角 θ 的关系为

$$T_{em}=3\frac{E_0U}{\Omega X_c}\sin\theta \tag{1-80}$$

其最大电磁转矩 T_m 为

$$T_m=3\frac{E_0U}{\Omega X_c} \tag{1-81}$$

根据式(1-80)，可以绘出隐极式同步电动机的矩角特性，与图 1-1-63 所示一样。

(4)同步电机的工作特性

假设矩角特性最大转矩点的功率角 θ 称为 θ_M，显然隐极式电机的 θ_M等于 90°，凸极式电机的 θ_M小于 90°。

如图 1-1-63 所示，如果 $0<\theta<\theta_M$，a 点稳定工作时，电磁转矩 $T=T_N=T_L+T_0$，$n=n_0$，$\theta=\theta_N$。此时，假设负载转矩 T_L增加，则因 $T_L+T_0>T$，造成转速 n 下降，定子与转子的相对位置功率角 θ 增加，从图中可见，电机的转矩 T 增加，工作点上升到 b 点，重新建立 $T=T_N=T_L+T_0$ 的平衡，转速保持不变，但是 $\theta=\theta_b>\theta_N$。

如果 $\theta_M<\theta<180°$，a'点稳定工作时，电磁转矩 $T=T_N=T_L+T_0$，$n=n_0$，$\theta=\theta_N$。此时，假设负载

转矩 T_L增加，则因 $T_L+T_0>T$，造成转速 n 下降，功率角 θ 增加，从图中可见，工作点向 b'点变化，电机的电磁转矩 T 反而下降，T_L+T_0 与 T 的偏差进一步增大，电机转速进一步下降，直至电机功差角 θ 大于 180°，造成转矩方向相反，电机不能稳定。所以，同步电机合适的工作区域为功率角 0 到最大的功率角 θ_M。

4.提高同步电动机功率因数的方法

在同步电动机的定子电压 U、频率 f 和输出功率不变的情况下，改变它的励磁电流 I_f，就能调节它的功率因数。为了简单起见，采用隐极式同步电动机电动势相量图来进行分析，所得结论完全可以用在凸极式同步电动机上。在分析的过程中，忽略电动机的各种损耗。

同步电动机输出功率不变时，转轴输出的转矩 T_2 不变，由于忽略了空载损耗，同步电动机的电磁转矩也为常数，即

$$T_{em}=3\frac{E_0U}{\Omega X_c}\sin\theta=\text{常数} \tag{1-82}$$

从式(1-82)可见，定子电压 U、频率 f 以及 X_c 均为常数时，$E_0\sin\theta$ 必为常数，即

$$E_0\sin\theta=\text{常数} \tag{1-83}$$

当改变励磁电流 I_f 时，电动势 E_0 的大小随之变化，但必须满足式(1-83)的条件。当负载转矩不变时，在忽略电动机的各种损耗的情况下，电动机的输入功率 P_1 不变，即 $P_1=3UI\cos\varphi=$常数，由于电压 U 不变，必有

$$I\cos\varphi=\text{常数} \tag{1-84}$$

式(1-84)就是电动机定子电流的有功分量，即在调节 I_f 时，有功电流保持不变。

根据分析可知，当改变励磁电流 I_f 时，同步电动机功率因数 $\cos\varphi$ 的变化规律可分为下列三种情况：

(1)正常励磁状态

当励磁电流 I_f 的大小使定子电流与电压同相位时，称为正常励磁状态，可使 $\dot{U}$ 和$\dot{I}_2$相量同相($\varphi=0$)。这时，同步电动机只从电网吸收有功功率，不吸收无功功率。这种情况下运行的同步电动机像纯电阻负载，功率因数 $\cos\varphi=1$。

(2)欠励磁状态

当励磁电流 I_f 比正常励磁电流小时，称为欠励磁状态。同步电动机除了从电网吸收有功功率外，还要从电网吸收滞后的无功功率。这种情况下运行的同步电动机像是个电阻电感负载。

由于电网已经供应了大量的如异步电动机、变压器等滞后性无功功率的负载，为了不给电网增加无功功率的负担，所以同步电动机很少采用这种运行方式。

(3)过励磁状态

当励磁电流 I_f 比正常励磁电流大时，称为过励磁状态。同步电动机除了从电网吸收有功功率外，还要从电网吸收超前的无功功率，即为感性负载提供无功功率。这种情况下运行的同步电动机，像是一个电阻电容负载。可见，过励磁状态下的同步电动机对改善电网的功率因数有很大的好处。

从电机磁场的观点出发，同步电动机功率因数可调的原因是，同步电动机的磁场由定子边电枢反应磁通 Φ_a和转子边励磁磁通 Φ_0 共同建立。当转子侧欠励磁时，定子边需要从电源输入更多的滞后无功功率建立磁场，使定子边呈滞后功率因数；当转子边正常励磁，不需要定子

边提供无功功率，定子边便呈纯电阻性；当转子边过励磁时，定子边反而要吸收领先性无功功率或者说从电源送入领先性的无功功率，定子边便呈领先性的功率因数。所以同步电动机功率因数完全可以通过人为调节励磁电流 I_f，改变励磁磁动势的大小来实现。

从上述分析可知，调节同步电动机的励磁电流 I_f，可改变其定子电流的无功分量和功率因数，这是同步电动机一种天赋可贵的特性。而异步电动机运行时，电网必须向电动机提供感性的励磁电流，不能调节，以免使电网功率因数变坏。如果将同步电动机与异步电动机接入同一电网，并使同步电动机运行于过励磁状态，电网可同时提供容性与感性的无功电流，两者互相补偿，从而改善电网的功率因数。

有时，为了改善电网的功率因数，可使同步电动机不带负载，浮接在电网上而运行于过励磁状态。这样运行的同步电动机，称为同步补偿机，这种措施可改善电网功率因数，提高供电质量，降低线路损耗。

四、三相发电机

现代运输船舶均采用三相交流同步发电机作为主电源设备。交流同步发电机是一种将原动机发出的机械能转换成电能的能量转换装置。通常使用中速柴油发电机组，有的也配有转速较高的汽轮机发电机组。

1.三相发电机的结构、转子的类型和基本励磁方式

（1）三相交流同步发电机的构造

同步电机由定子和转子两大部分组成。定子铁芯，转子铁芯和定、转子间的气隙构成同步电机的磁路。以转子绕组形式分类，有旋转电枢式和旋转磁极式。对于高压、大容量的同步电机，通常采用旋转磁极式结构，即主磁极装设在转子上，电枢装设在定子上。由于励磁部分的容量和电压较电枢小得多，励磁负载就大为减轻，工作条件得以改善。目前，旋转磁极式结构已成为包括船舶发电机在内的大中型同步电机的基本结构形式。

①定子电枢构造

定子为电枢的同步电机，定子铁芯是由硅钢片叠成。定子铁芯槽内嵌放的三相对称绕组也是依次相差 120°空间电角度或 120°/p 空间机械角度，其中 p 为极对数。三相绕组又称电枢绕组，电力发电机基本上都采用 Y 连接。

定子结构由铁芯、绕组以及机座、端盖等附件组成，与异步电机定子基本相同。甚至相同机座号时，若与异步机互换定子，仍然可以运行。与异步电机的主要区别是尺寸方面，相同外形情况下，同步电机通常容量较大，而异步机的容量相对较小。从表面上看，同步机机壳表面较光滑，无散热片，而异步机则表面带有散热槽。

②转子

旋转磁极式同步发电机的转子有两种结构形式：一种有明显的磁极，称为凸极式，如图 1-1-64 所示；另一种转子为一个圆柱体，表面上开有槽，无明显的磁极，称为隐极式，如图 1-1-65 所示。而两种转子绕组均是直流绕组，通以直流电流，产生恒定的磁极主磁通，并随原动机的运转而形成旋转磁动势。

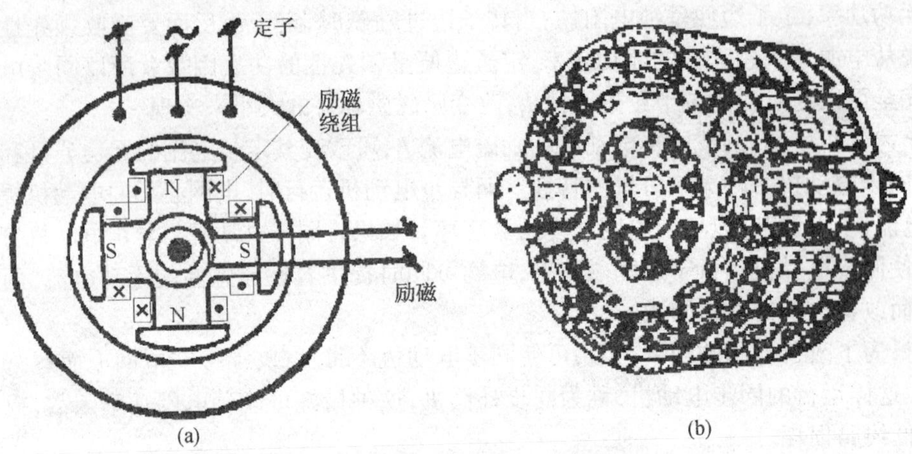

图 1-1-64　凸极式同步电动机及其转子绕组

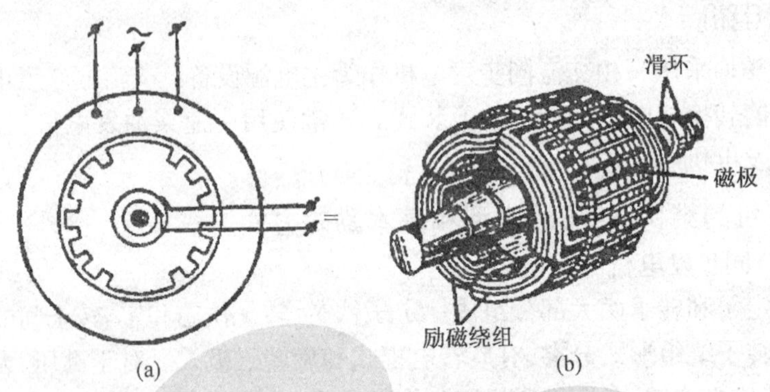

图 1-1-65　隐极式同步电机及其转子绕组

同步发电机的转子可以采用凸极式，也可以采用隐极式。由于水轮机、低速柴油机的转速较低（转速为 1 000 r/min 及以下），通常把发电机的转子做成凸极式的；对于汽轮发电机，包括中高速柴油发电机，由于转速较高（转速为 1 500 r/min 乃至 3 000 r/min 以上），为了很好地固定励磁绕组，通常把发电机的转子做成隐极式的。无论是隐极式转子还是凸极式转子，其磁极均以 N—S—N—S 极顺序排放，励磁绕组的两个出线端分别接到固定在转轴上彼此绝缘的两个滑环上或旋转整流器的直流侧上，以产生磁极主磁通。对应的励磁供电可以通过固定的电刷装置与滑环的滑动接触将直流电流引入励磁绕组中，或通过自带的励磁机整流后向励磁绕组供电。

为了降低转子表面线速度，隐极式转子通常制成细长的圆柱体。隐极式转子的磁极一般为一对极或二对极。通常凸极式同步发电机的转子可制成一对极、二对极、三对极等，每个磁极上套放励磁绕组。

（2）三相交流同步发电机的励磁方式

按同步发电机的励磁电源的不同有两种基本类型，即自励和他励。设有专用励磁电源的称为他励方式。目前船舶同步发电机都采用自励形式，其直流励磁电流由自身输出的交流电经过整流并调节后获得。各磁极励磁线圈构成同步电机的直流电路，各励磁线圈之间的连接极性应使得所产生的磁极极性 N、S 相邻。为从外部将直流励磁电流引入旋转的励磁线圈中，须将励磁绕组的两个出线端分别接到固定在转轴上的两个滑环上。两个滑环彼此绝缘并对轴绝缘。通过固定的电刷装置与滑环的滑动接触将直流电流引入励磁线圈。

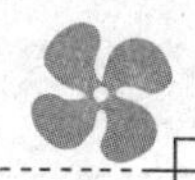

为降低滑环和碳刷装置带来的维护保养问题，近年来无刷发电机得到推广和使用。与普通发电机组相比，除具有相同的同步主发电机外，无刷发电机还由中频交流励磁机和旋转整流器组成。交流励磁机的转子和旋转整流器与发电机转子连在同一根轴上，故无刷发电机的轴向尺寸较长。通常同步发电机采用旋转磁极式，交流励磁机采用旋转电枢式。由于是同轴旋转，这样交流励磁机发出的交流电经同轴的旋转整流器整流成直流电，再送至同轴的主发电机励磁绕组，因此取代了碳刷与滑环。

(3)同步发电机的自励起压

自励同步发电机是目前船舶上使用最多的交流发电机。这种同步发电机的励磁电流不是由外来的直流电源供给的，而是取之于同步发电机本身输出的一部分，经过适当的整流变换后供给的。根据负载电流的大小及相位共同对发电机励磁进行调整的同步发电机称为相复励自励恒压同步发电机。自励同步发电机自励回路的单相原理如图 1-1-66 所示。由于维护管理简便，增加了可靠性，在船舶上得到了广泛的应用。

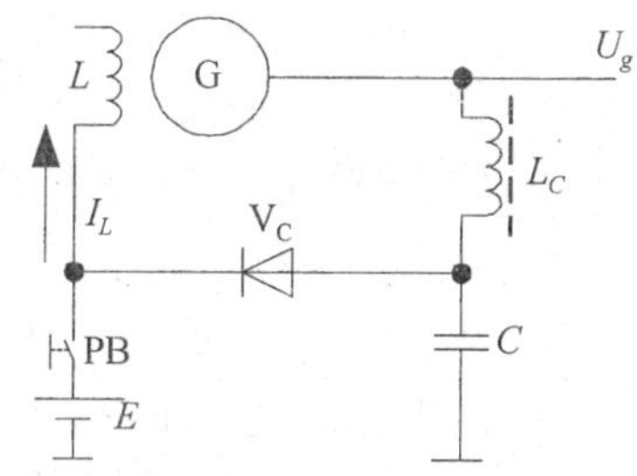

图 1-1-66　自励同步发电机自励回路的单相原理

自励发电机(在转速达到额定值、输出端断开的情况下)利用本身的剩磁，通过磁电作用而建立起电压的过程称为发电机的自励起压。由于磁滞现象，在转子磁极上留有剩磁。如图 1-1-67 所示，曲线 1 为同步发电机空载特性曲线，即同步发电机空载运行时，其定子绕组输出端电压 $U_0(E_0)$ 与励磁电流 I_f的关系称为同步发电机的空载特性；曲线 2 为自励回路的理想励磁特性曲线，即励磁电流与当前发电机提供的电压之间的关系。当发电机组起动时，发电机定子绕组将感生剩磁电压 E_r，E_r加在自励回路上，经过整流，在发电机励磁绕组 L 中产生一定的励磁电流 I_{L1}；I_{L1}将在转子中产生对应的磁通，这一磁通在发电机定子绕组中感生更大的电压 U_1；通过自励回路又在 L 中产生 I_{L2}，I_{L2}又感生更高的电压 U_2……如此循环，构成正反馈，逐渐提高发电机的空载电压，最后到达稳定点 A，此时发电机电压即为空载电压 U_0。

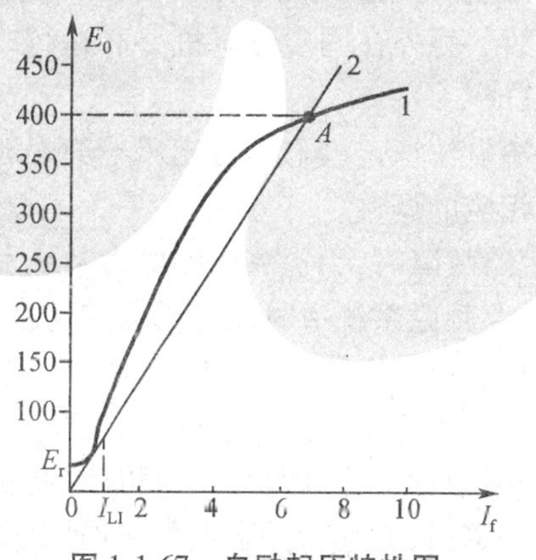

图 1-1-67　自励起压特性图

同步发电机自励起压过程是一种正反馈过程，整个过程并无外来输入量。要完成自励起压，必须具备下列条件：

①发电机必须有足够的剩磁，这是自励的必要条件。新造的发电机无剩磁，长期不运行的发电机剩磁也会消失，这时可用其他直流电源进行充磁，注意直流电源充磁的磁场要与原剩磁一致。

②要使自励过程构成正反馈，由剩磁电势所产生的电流建立的励磁磁势必须与剩磁方向相同。所以整流装置直流侧的极性与励磁绕组所要求的极性必须一致。

③适当整定励磁回路阻抗，使励磁特性与空载特性配合恰当，获得空载电压 U_0。

(4) 自励起压存在的实际问题及措施

对于自励同步发电机，上述自励起压过程只是一种理想状况。实际上，由于自励回路是一个非线性电路，在起压过程中其阻抗是变化的，是由整流二极管的正向导通电阻、碳刷与滑环的接触电阻及励磁绕组的直流电阻所组成的。起压初始阶段因剩磁电压所产生的励磁电流很小，故整流二极管的正向电阻和碳刷与滑环的接触电阻都呈高阻状态。以后随着电压增加，励磁电流增大，回路呈低阻状态。所以实际励磁在起压时，由于初始电压不够高，可能无法克服高阻状态，励磁电流不能提高，发电机不能起压。此时通常可采用如下方法：

①提高发电机的剩磁电压。即给励磁回路充磁，当发电机靠本身建压失败时，按下主配电板发电机控制屏上的充磁按钮，临时充磁来提高剩磁电压，从而实现起压。

②降低伏安特性。实际工作中采取措施减少碳刷与滑环的接触电阻，以降低励磁回路电阻，使得剩磁产生的电压能够产生足够的电流以进一步提高电压。

③利用复励电流帮助起压。在起压时临时短接一下主电路，利用短路产生的复励电流帮助起压或利用升压变压器来向励磁回路供电起压。这两种方法，电压一旦建立应立即切除升压变压器或打开主电路，但操作不容易，实际上很少使用。

2. 自动电压调节系统的工作原理

船舶电站容量与陆地相比较小，当电网上的负荷发生变化时，电网电压波动较大，电网电压的稳定性取决于同步发电机的励磁调整装置的性能。励磁调整装置是同步发电机的重要组成部分，它的主要任务是根据发电机各种运行工况向同步发电机提供一个可调的励磁电流，以保持同步发电机的输出电压为额定值，同时保持船舶电力系统的稳定运行。

在船舶电站的实际运行工况中，由于负载电流的经常变化而导致发电机的输出电压也随之变化。当船舶电网电压偏离额定值而降低时，用电设备的效率会降低，偏离额定值较大时（电压下降幅度较大），运行状况会恶化，可能导致设备损坏或相关保护电器动作，使发电机跳闸而造成全船停电的严重事故。另外在同步发电机并联运行时，励磁电流的变化会影响并联运行同步发电机的无功功率分配。

为了维持同步发电机的端电压恒定（额定电压）及合理分配发电机间的无功功率，发电机的励磁电流必须适时地做出相应的调整。

此外，在船舶电网发生短路故障时，为提高船舶电力系统发电机并联运行的稳定和某些保护继电器动作的可靠性，亦需要励磁系统适时地进行强行励磁。

综上所述，励磁自动调整装置的任务可归纳为：

①在船舶电力系统正常运行工况下，维持电网电压在某一容许范围内；

②在船舶同步发电机并联运行时，合理分配发电机间的无功功率；

③在船舶电网发生短路故障时，有强行励磁功能，加速短路后恢复速度，保持电力系统运行的稳定性和继电器保护装置动作的可靠性。

(1)励磁自动调整装置的技术指标

在负载变动时,励磁调压装置维持发电机端电压的恒定存在一个调整过程,如图 1-1-68 所示。图 1-1-68 中在 t_0 时突加负载使电压瞬时下降到 U'_{min}。由于调压装置的作用,使端电压在 t_F 时恢复到接近额定电压 U_N 的数值 U_{min} 稳定工作。此后,在 t_0' 时突卸负载,使电压瞬时上升到 U'_{max}。由于调压装置的作用,在 t_F' 时电压恢复到 U_{max} 稳定工作。为了保证供电质量,电压调整必须满足两个基本技术指标——静态(稳态)指标和动态(瞬态)指标的要求。

①发电机稳态电压变化率。中国船级社《钢质海船入级规范》中对稳态指标规定为:“交流发电机连同其励磁系统,应能在负载自空载至额定负载范围内,且其功率因数为额定值情况下,保持其稳态电压的变化值在额定电压的±2.5%以内。应急发电机可允许为±3.5%以内。”

发电机稳态电压变化率可按下式计算:

$$\Delta U\% = \frac{U_{max}(\text{或 } U_{min}) - U_N}{U_N} \times 100\% \tag{1-85}$$

式中,U_{max}——在规定的负载变化范围内,发电机输出端的最大稳态电压;

U_{min}——在规定的负载变化范围内,发电机输出端的最小稳态电压;

U_N——发电机的额定电压。

②发电机动态特性有两个指标:其一是当电网负载突变后电压的最大波动值,称为动态电压调整率;另一个是指自负载突变时,从电压发生波动开始到电压恢复到稳定值所需要的时间,称为电压波动恢复时间。

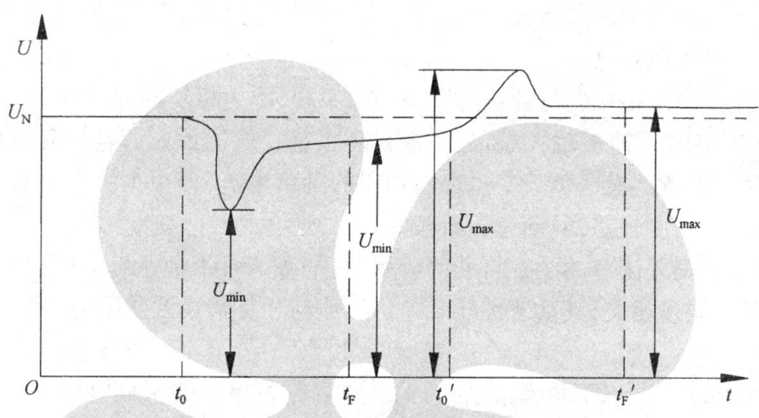

图 1-1-68　电压调整过程曲线

中国船级社《钢质海船入级规范》对动态指标规定为:“交流发电机在负载为空载、转速为额定转速、电压接近额定值的状态下,突加或突卸 60%额定电流及功率因数不超过 0.4(滞后)的对称负载时,瞬态电压值跌落应不低于额定电压的 85%,或瞬态电压值上升应不超过额定电压的 120%,而电压恢复到与最后稳定值相差 3%以内所需的时间,则不应超过 1.5 s。”

发电机动态电压变化率可按下式计算:

$$\Delta U_d\% = \frac{U'_{max}(\text{或 } U'_{min}) - U_0}{U_N} \times 100\% \tag{1-86}$$

式中,U'_{max}——动态过程中的最大电压;

U'_{min}——动态过程中的最小电压;

U_N——额定电压;

U_0——突卸或突加负载前的电压。

中国船级社《钢质海船入级规范》对并联运行的各交流发电机组的无功功率的分配要求为："并联运行的各交流发电机组均应能稳定运行，且当负载在总额定负载的 20%~100%范围内变化时，各机组所承担的无功负载与总无功负载按机组定额比例分配值之差，应不超过下列数值中的较小者：(a)最大机组额定无功功率的±10%；(b)最小机组额定无功功率的±25%。"

(2)励磁自动调整装置的分类

船用同步发电机励磁自动调整装置种类繁多，目前主要采用的有：不可控相复励自励装置；可控相复励自励装置；可控硅励磁自动调整装置；用于无刷发电机的励磁自动调整装置等。

尽管同步发电机各种励磁调整方式和工作原理有所不同，但是其励磁调整方法大都是按照电压偏差(ΔU)、负载电流(I)、电流相位(φ)这三个原则来实现的。依被检测量的不同可分为：按电压偏差调整；按负载电流大小及相位调整；按电压偏差、电流大小及相位的复合调整。

同步发电机是由直流电流励磁建立磁场，需要提供直流励磁电源，其类型有旋转电机励磁系统和静止励磁系统。

(3)励磁自动调节系统的调节原理

励磁电源由与发电机同轴旋转的励磁(发电)机提供，对主发电机而言，这是由发电机本身以外的电源供电的励磁系统，称为他励系统。可通过调节励磁机的励磁电流来调节主发电机的励磁电流，达到调节主发电机的电压。目前船舶大多采用交流励磁机，再通过与主发电机同轴旋转的旋转整流器为主发电机提供直流励磁电流，即常见的无刷发电机。

如果发电机的励磁电源由发电机本身提供的励磁系统提供，则称之为自励系统。这种励磁系统主要由变压器和整流器组成，无转动结构，称为静止励磁系统，但是需要通过碳刷和滑环向发电机的励磁线圈供电。

按负载电流大小及相位进行补偿的励磁调节系统，称为相复励调节，被调量虽然是发电机的电压，但没有反馈到系统的输入端，是一个开环系统。通过预先调整好变压器的变比、电抗器的气隙和匝数，系统再根据负载变化提供相应的励磁电流，即根据负载状态来控制被调量。其特点是稳态调节精度较差，但动态性能较好。

仅按机端电压偏差调节的励磁自动调节系统(简称 AVR)的特点是电压闭环调节，静态性能较好，但与负载间接相关，其动态性能较差。一般与相复励装置联用构成综合调节系统。

①励磁调节特性

励磁自动调节系统(以下称调节系统)的被调量是发电机的机端电压 U，由于发电机的负载电流大小及其相位变化引起 U 的变化，调节系统的任务是要把被调量调到所要求的值上。

假定原来的电压为 U_N，由于电流变化到 I_N 引起电压变化，这时调节系统参与调节。同步发电机端电压随无功电流变化的关系，称为发电机的电压调节特性，如图 1-1-69 所示。曲线 1 的调节特性是定值的，无论电流如何变化，被调量的稳定值是始终不变的，称为无差特性。曲线 2 调节特性是变值的，每一电流值都有一新的稳定值与之对应，称为有差特性。被调量电压 U 随负载电流 I 的变化而变化的程度称为调差系数或调差程度，用调节特性的斜率来表示：

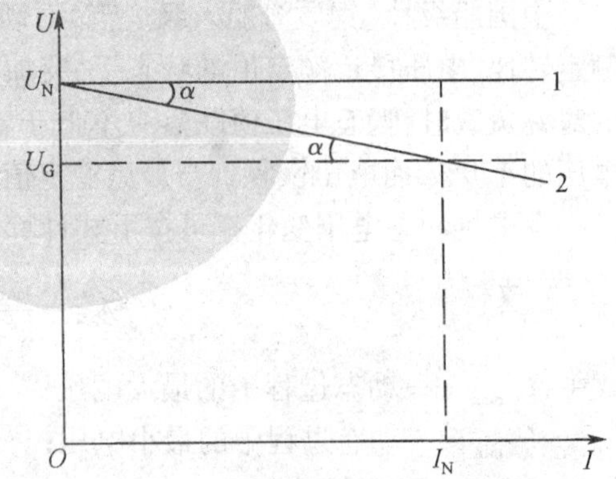

图 1-1-69　发电机的电压调节特性

1—无差调节特性；2—有差调节特性

$$k_c = \frac{U_N - U_G}{U_N} = \tan\alpha \tag{1-87}$$

式中，U_G——在 $I=0$ 时的额定值；

U_N——在 $I=I_N$ 时被调量的实际值；

k_c——调差系数。

为了方便计算，一般用百分比来表示：

$$k_c\% = \frac{U_N - U_G}{U_N} \times 100 \tag{1-88}$$

调节系统在发电机单机运行时要维持电压在一定水平上，在并联运行时要实现无功功率的分配调节。在单机运行时调差系数表现为负载变化时的电压调节精度，即稳态电压调整率，表示了原动机转速和发电机功率因数在规定范围内变化时，负载从零增加到额定值时发电机电压的变化率。对主发电机，规范要求在±2.5%以内；对应急主发电机，规范要求在±3.5%以内；带 AVR 的调节系统可以达到±1%以内。单机运行时要求 ΔU 越小越好，最好是无差特性；而发电机并联运行时，各发电机的调差特性必须是有差特性，且要求各机在无功负载变化情况下有相同的、至少是接近的调差系数。

②电压偏差调节原理

按发电机电压偏差调节的系统，其被测量是发电机的端电压 U_G，被调量也是机端电压 U_G，这样的自动调节系统称为“闭环系统”，如图 1-1-70 的方框图表示。发电机端电压 U 在扰动的作用下偏离给定的范围，给定单元的给定值 U_g 与测量单元测得的 U_f 相比较，得出偏差量 ΔU，经放大为 $K\Delta U$，输入调节单元处理，输出适宜调节发电机电压的控制信号 U_c，使机端电压 U 恢复到给定的范围内。

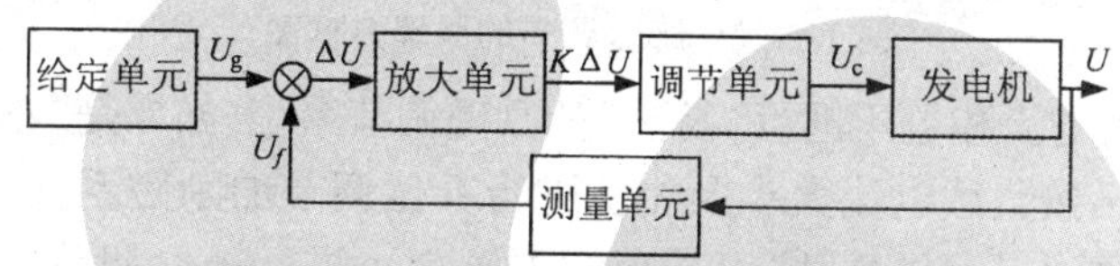

图 1-1-70 电压偏差调节原理方框图

按偏差调节的系统，调节作用只与机端电压的偏差有关，而与产生扰动的原因无关，其静态特性即调整精度较好；而动态过程是一个周期性的振荡过程，动态特性较差。

③负载电流大小及相位调节原理

由于引起电压变化的主要原因是负载电流大小及相位的变化，只要预先找出发电机电压随负载电流大小及相位变化的规律，并按此规律调节补偿发电机所需的励磁电流，就可以维持机端电压在一定水平上。图 1-1-71 是按负载电流大小及相位调节的原理方框图。测量出负载电流 I 和相对机端电压 U 的相位，得到 I_f 经信号变换输出控制信号 U_c，调节发电机励磁电流，使机端电压恒定。发电机的励磁电流是由发电机的电压和负载电流两个分量相量叠加合成的，故称为“相复励”系统。

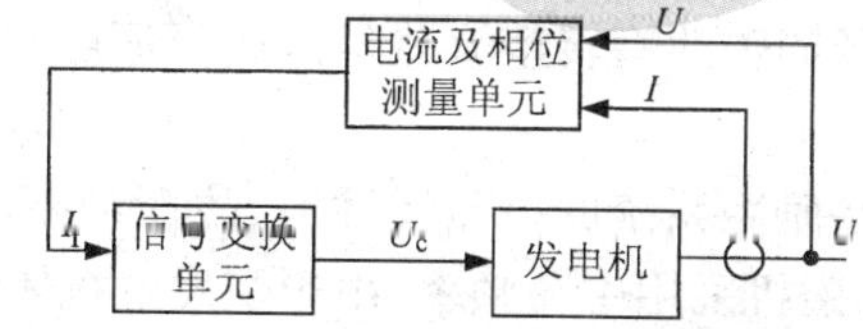

图 1-1-71 负载电流大小及相位调节原理方框图

相复励调节系统的被调量是发电机电压 U，而被测量是负载电流 I 和相对发电机端电压 U 的相位。每一个负载电流的大小和相位都有一个既定的输出控制信号 U_c 与之对应，这个既定的信号是由调节系统的设计和初次试验调整所确定的。在既定的转速和温度等条件下，发电机端电压是既定的。但是由于转速或温度变化等其他扰动引起的电压偏离，调节系统就无法响应，因此静态特性较差。这种对电压的变化不加以控制的励磁系统一般称为“不可控相复励”系统，或称为“开环调节”系统，其动态过程没有振荡过程，因此动态稳定性好。

④综合调节原理

按发电机电压偏差调节的励磁自动调节系统，静态性能好，动态性能差；按负载电流大小及相位进行补偿调节的励磁系统，动态性能好，静态性能差。综合这两种调节方法，既按负载电流大小及相位进行补偿，又按机端电压偏差校正，可以取长补短获得较好的调节效果。

图 1-1-72 是综合调节的原理方框图。图 1-1-71 所述的相复励系统的信号变换输出是不可控的，现在加上电压自动调节部分控制，使相复励的装置输出“可控”，用这种原理构成的励磁调节装置称为“可控相复励”装置。这种类型的励磁调节系统的动态性能由相复励部分实现，静态性能的不足则由电压自动调节部分校正。

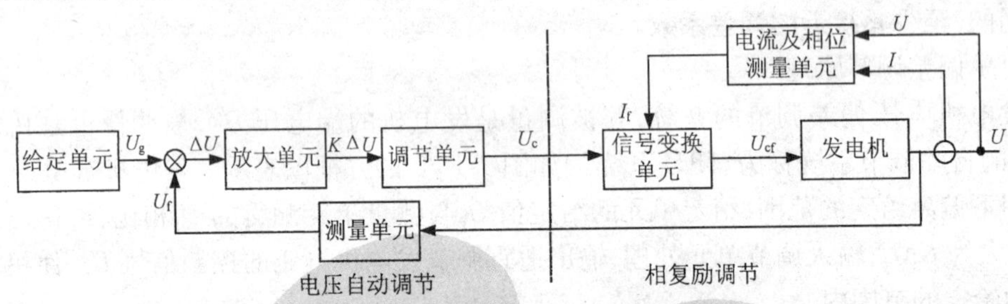

图 1-1-72　综合调节的原理方框图

需要指出的是，用电流和电压进行“复励”的励磁调节系统，如果是“不可控”的，就必须是“相复励”，即必须包括按负载电流大小及相位进行补偿调节的励磁系统，才能满足发电机端电压在一定水平上的要求。而“复励”只按负载电流大小进行补偿调节，与电流的相位无关，不能满足要求。如果是“可控”的，则“相复励”或“复励”都可以配套使用。

3.无刷发电机的励磁系统

自励恒压同步发电机的励磁电流，需通过碳刷和滑环引进发电机励磁绕组。碳刷与滑环磨损的碳粉既脏又会导致发电机绝缘下降，故需要经常做维护、清洁保养工作；产生的电火花（干扰电磁波）不仅会影响无线电通信，而且是自动化机舱发生误报警、误动作的主要干扰信号源之一。解决这一问题的措施是同步发电机采用无刷励磁系统，也就是发电机的励磁电流由励磁机提供，对主发电机而言，属于他励形式。

无刷发电机通常是由同步发电机、中频交流励磁机和旋转整流器组成。交流励磁机的转子和旋转整流器与发电机转子是在同一根轴上，故无刷发电机的轴向尺寸略长。

通常同步发电机采用旋转磁极式，交流励磁机采用旋转电枢式。由于是同轴旋转，这样交流励磁机发出的中频交流电经同轴的旋转整流器整流成直流电，再送至同轴的发电机励磁绕组，因此取代了碳刷与滑环。

无刷发电机的不足之处是励磁系统的电磁惯性大，故而动态特性相对较差。为了提高动态特性，采取的措施是交流励磁机采用中频频率，由于受发电机体积尺寸与所需励磁功率的制约，大多数船用无刷发电机励磁机的频率在 100~150 Hz。另外无刷发电机对旋转整流器的制

造和安装工艺要求较高。

(1)无刷励磁方式

目前船用无刷发电机多采用可控复励励磁的方式，如图 1-1-73 所示，其特点是交流励磁机有两套励磁绕组 WE_1 与 WE_2。从电力电流互感器副边获得的与发电机负载电流成正比的二次电流，经整流桥向 WE_1 绕组提供适量的励磁功率；由发电机的出线端经过自动电压调节器 AVR 向另一个绕组 WE_2 提供一定的励磁功率(原理与直接可控励磁方式相同)。

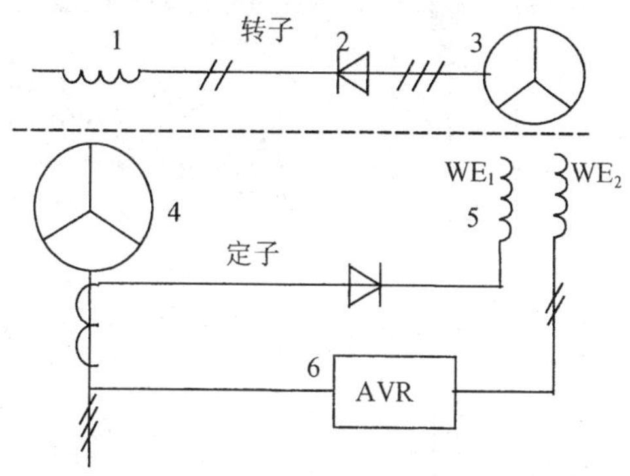

图 1-1-73　可控复励励磁方式

1—发电机转子绕组；2—旋转整流器；3—励磁机转子；4—发电机定子绕组；
5—励磁机定子励磁绕组；6—自动电压调整器

励磁绕组 WE_1 的励磁电流与负载电流的变化成正比，即具有电流复励的作用，因而动态性能优良。由于增设了电力电流互感器，因此相应成本和体积都有所增加。

这两种励磁方式中的 AVR 形式通常是可控硅调压装置与可控相复励调压装置两种类型。但采用可控相复励形式的动态特性要好些。

对于无刷发电机也曾有过三次谐波、带旋转可控硅等其他几种形式的励磁方式。这些方式工艺复杂、成本太高，均未形成无刷发电机的主流形式。

(2)无刷发电机励磁控制实例

如图 1-1-74 所示为无刷发电机自动电压调节器系统图，属于可控相复励类型。

图 1-1-74 中 RT 为移相电抗器，CT 为电流互感器，由 R 相和 T 相叠加而成，与移相电抗器构成相复励结构，CCT 为 AVR 控制用电流互感器，AVR 为电压自动调节器，EX 为励磁发电机，F_1 为发电机的励磁线圈，S_{i1} 为旋转二极管整流桥，S_1 为压敏保护，F_2 为无刷发电机励磁机的励磁绕组，S_{i2} 为励磁调节整流桥，S_2 为压敏保护，R_C 为压敏电阻，VR 为远程电压设定微调，ACB、AUX、CONT 为主开关常闭辅助触点。

相复励部分采用电流叠加形式，励磁电流中的电压分量取自 R、T 间线电压，通过移相电抗器获得，电流分量取自 R、T 间线电流。AVR 的作用是通过控制 AVR 内部与端子 AB 并联的带串联电感的两个反向并联可控硅 SCR_1、SCR_2 的触发角来控制整流桥 S_{i2} 前的电压，即控制了励磁绕组的励磁电流。AVR 的 k_2 和 l_2 端子与其他发电机的 AVR 中的电流互感器信号连接，在多机同步运行时，检测电流差来控制无功功率的分配，其辅助触点 ACB、AUX、CONT 在主开关断开时闭合，主开关闭合后断开。发电机相复励部分调压原理前面已有详细的介绍，虽然该系统采用的是线电压、线电流，与相电压、相电流有所差别，但基本分析方法是一样的。

(3)轴带发电机的结构和工作原理

船舶轴带发电装置是由船舶主机驱动发电机供电的装置，利用了主机富裕功率来达到节

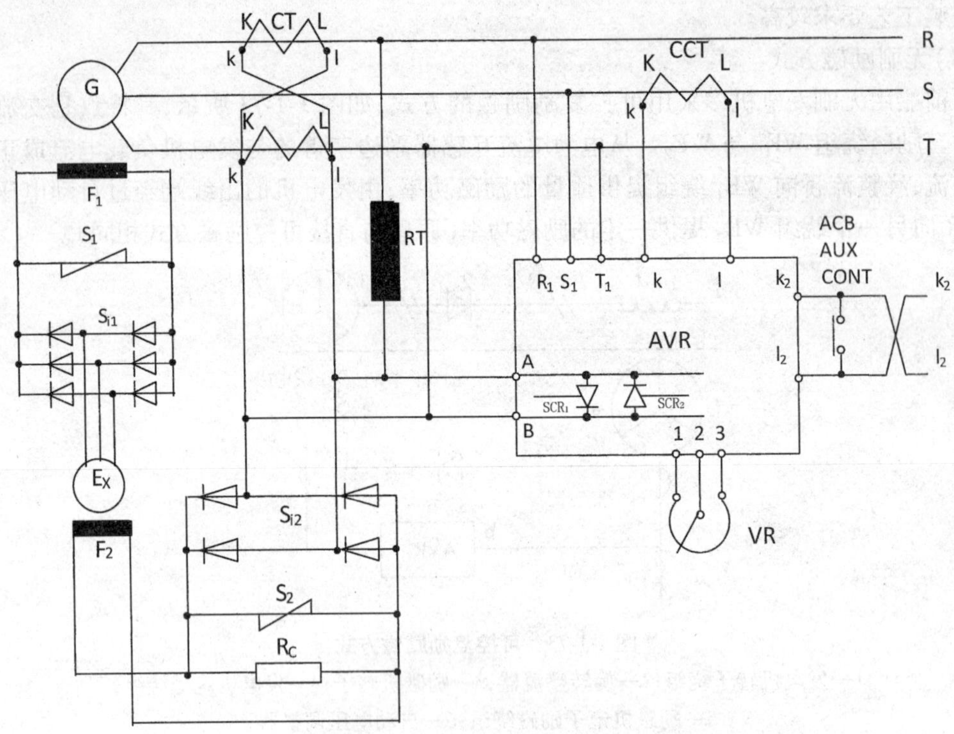

图 1-1-74　无刷发电机自动电压调节器系统图

能的目的。最近几年来新造的定航班集装箱船、矿砂船、散装液货船大多数安装了轴带发电机系统。其主要优点体现在以下几个方面：

①节省燃料和燃料费用。由于主机以劣质燃料油作为燃料，热效率高、经济性好。

②降低辅助柴油机组的运行时间和消耗，减少了相应的维修工作量和维修费用。

③减少滑油消耗。船舶在航行中不使用副柴油发动机组，也就减少其消耗的滑油。

④有利于机舱的布置。由于副柴油发动机组总的工作时间缩短，故可选用较高速的柴油发动机组。使用轴带发电机时，往往会减少一台副机，节省了机舱的空间。

⑤改善机舱工作环境。降低机舱的噪声，同时也减少了机舱的热源。

轴带发电机系统也存在一些缺点：

①船舶在港作业时，不能用轴带发电机供电，仍需要副柴油发动机组供电。

②对于交流电制的船舶，若非恒定转速的主机，则必须采取特殊措施，保证电网频率的恒定，故使整个系统变得较为复杂。

③一次投资（即造船成本）较大，虽然可以从营运成本降低的好处中得到补偿，但是这个补偿和轴带发电机的功率有关（功率越大越好），还与运行时间的主机利用率（即船舶在一年中航行的时间）有关。

轴带发电机可以布置在柴油机自由端或是齿轮端，采用传动齿轮进行传动。轴带发电机除了作为发电机外，即 PTO（POWER TAKE OUT）模式，有些船舶在紧急情况下还可作为电动机，也即 PTI（POWER TAKE IN）模式。由于油船泄漏引起的后果十分严重，为防止船舶因主推进器失效而引起油品泄漏的严重污染，现代船舶采用动力装置冗余配置。其中最常见的方式是利用轴带发电机，在主推进装置失效时，将主机与齿轮箱脱开，轴带发电机作为电动机。此时，以柴油发电机的电力带动螺旋桨实现船舶应急推进。

船用轴带发电装置是由船舶主机通过变速装置直接驱动一台发电机供电。根据螺旋桨形式的不同,轴带发电机可分为定距桨(FPP)和调距桨(CPP)两种轴带发电装置。大型船舶多采用定距桨和轴带发电机装置组成(FPP+S/G)的系统,其频率补偿分为无频率补偿型 S/G 系统和频率补偿型 S/C 系统,其中无频率补偿型 S/G 系统是由主机和定距螺旋桨的推进系统驱动,主机转速未采取机械或电气的措施进行调节,由于轴带发电机的频率随主机转速而变化,这种轴带发电机系统只能在其频率不超出船舶规范允许范围时才可使用。而频率补偿型 S/C 系统中,采用机械或电气的控制手段使船舶电网的频率保持稳定。

频率补偿型系统常采用电力稳频型,在远洋船舶中应用相对较多。发电装置系统框图如图 1-1-75 所示,其主要组成及工作原理如下:

①主回路有功通道:图中的轴带发电机 1(SG)、晶闸管整流器 2、直流平滑滤波电抗器 3、晶闸管逆变器 4 和交流电抗器 5 构成主回路有功通道。励磁变压器 9 和晶闸管整流器 7 是轴带发电机励磁电流调节电路。

②无功通道:由具有自动调压器(AVR)的同步调相机 6(也称同步补偿机 SC)构成,由电动机 M 带动。运行时,调相机轴上既不需要原动机也不带机械负载,专门利用同步电机能通过改变励磁电流而改变其无功功率的特性来调节供电系统的无功功率,与用于改善功率因数的电容起同样的作用。在轴带发电机系统的调相机除输出无功功率外,还有维持系统电压、频率等作用。

③控制器:频率和逆变角控制器 8 调节和控制系统频率和有功功率。交流电抗器滤除交流谐波,使输出电压更接近于正弦波,也有限制短路电流的作用。

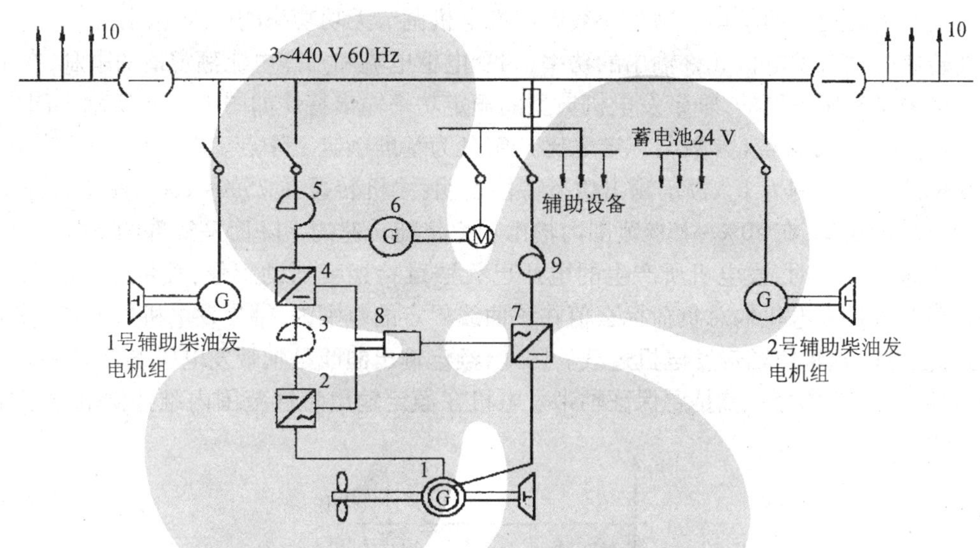

图 1-1-75 发电装置系统框图

1—轴带发电机;2,7—晶闸管整流器;3—直流平滑滤波电抗器;4—晶闸管逆变器;5—交流电抗器;6—同步调相机;8—频率和逆变角控制器;9—励磁变压器;10—负载

调相机在系统开始起动时是靠同轴的异步电动机拖动,作为同步发电机运行,在自动调压器(AVR)的作用下建立起正常频率的额定电压。系统的电压和频率就决定于调相机的电压和频率,以调相机的频率控制触发逆变器。在频率和逆变角控制器 8 的作用下,当轴带发电机的逆变器已输出与调相机相同的电压和频率时,调相机的异步电动机将被自动从辅助发电机

电网上断开，而此时补偿机则由逆变器提供功率，并使之继续保持与逆变器并联运行。这时调相机就相当于两台并联运行同步发电机中的一台原动机失去动力的同步发电机，是处于逆功率下的电动机运行状态。

如果轴带发电机系统与辅助发电机并车，由于两者特性相差太大，在并车后应快速控制辅助发电机解列，由轴带发电机独立运行供电。由于逆变器将直流变成交流是靠晶闸管的开关作用完成的，逆变器输出的交流电压和电流每半波都是同时导通和关断，没有落后电流的通路，因此电压和电流同相位，只输出有功功率。所以轴带发电机的逆变器向电网负载输出有功功率，由调相机向负载输出无功功率。这就类似于两台同样的柴油发电机并联时，将有功功率全部转移给一台发电机，并通过调节励磁电流将全部无功功率转移给另一台发电机的供电情况。

系统频率的调节是用改变轴带发电机的励磁电流来实现的，增加励磁电流，轴带发电机的电压升高，逆变器的输入电压升高，输出功率增加，因电网负载一定，故使调相机的输入功率增加，转速增加，频率上升。

系统有功负载平衡的调节，是当电网负载的有功功率增加时，首先引起调相机有功电流的增加，使其转速和频率下降，也即靠调相机动能的减少暂时提供有功功率。但与此同时，频率控制器根据频率的变化增加发电机的励磁电流（而不是直接控制主机油门），使逆变器输出的有功功率增加来与电网负载的有功功率平衡，并恢复额定频率。

系统负载无功功率平衡的调节，是当负载无功功率变化时，调相机输出的无功电流随之变化，从而引起电压（即电网电压）变化，而自动调压器 AVR 相应地改变它的励磁电流以保持电压的恒定和无功功率的平衡。这与一般同步发电机调节无功功率的原理相同。

变转速的轴带发电机允许输出的功率，因受电枢电流和励磁电流额定值的限制，在不同的转速范围内是有所不同的，轴带发电机典型的额定功率输出特性如图 1-1-76 所示。图中 $P=1$ 和 $n=1$ 这一点为标幺值（参数与标定之比），定义为基准额定工作点。在这一点，所有电流、电压及功率的标幺值均为 1。额定输出功率特性表明：主机转速在 75%～100%额定转速范围内可以输出额定功率；在 40%～75%范围内输出功率将随转速的下降而呈线性的下降；当转速低于额定转速的 40%时，发电机所产生的电压已无法维持逆变器的工作，轴带发电机系统停止工作。只要轴带发电机的总负荷标幺值在该曲线界定的范围内，轴带发电机保证能正常运行。若越过此曲线，则将使轴带发电机过载。因此，额定输出曲线是轴带发电机设计的一个主要依据，控制系统的任务之一就是要保证轴带发电机在额定输出特性范围内维持供电频率在一定的范围内。

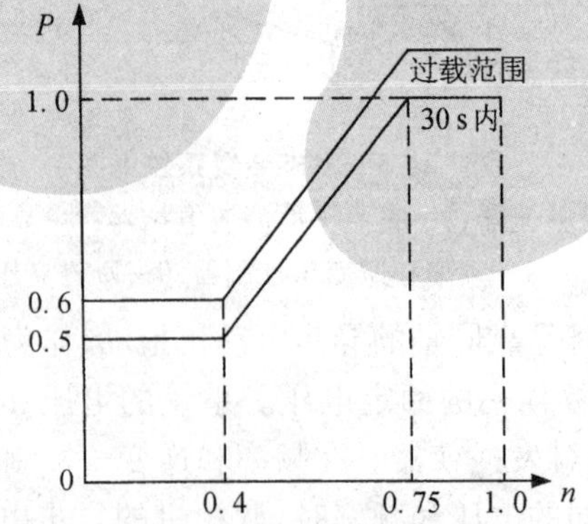

图 1-1-76　轴带发电机典型的额定功率输出特性

轴带发电机操作流程图如图 1-1-77 所示。轴带发电机与辅助发电机并联和转换平常通过全自动进行。如果是手动并车，其整步合闸、负载转移和辅助柴油发电机的解列与一般的手动准同步并车操作相同。经自动频率预调，有功通道的主开关储能，观察整步灯，满足并车条件时按下合闸按钮。操作调速开关进行负载转移，辅助发电机组解列、停机。

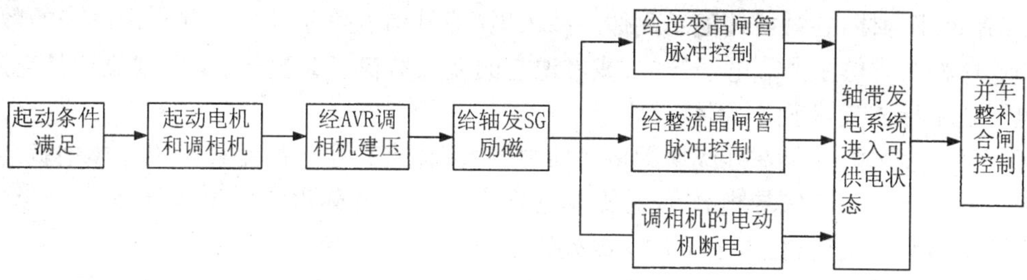

图 1-1-77　轴带发电机操作流程图

船舶在进、出港口和靠、离码头时一般都不使用轴带发电机，而是使用辅助柴油发电机。如果轴带发电机要与辅助柴油发电机长期并联运行，要求轴带发电机系统中的频率变换器的控制电路具有与调速器相同的特性，因此在选用轴带发电机组时，一般不考虑连续并联运行的要求。但是，船舶在航行中需临时停车，或在进、出港时，必须考虑与辅助柴油发电机组进行带电转换，带电转换必须在主机额定转速的 60%~110%的范围内方可进行。主机在紧急停车和紧急倒车时，可以采用两种转换方法：一种是主机转速降到 60%以下，采用失电转换；另一种是主机转速维持在额定转速的 60%，待供电转换为辅助柴油发电机后再快速降低主机转速。若来不及带电转换就要求主机停车，此时只能使用应急电源。

第二节　电子技术基础

自然界的物质按照导电性能，可以分为导体、绝缘体和半导体三类。所谓的半导体，就是它的导电能力介于导体和绝缘体之间的材料，例如硅、锗、硒及许多金属氧化物和硫化物等。完全纯净的、具有晶体结构的半导体，称为本征半导体。由于其载流子数目极少，其导电性能很差；但是随着温度升高，载流子的数目增多，半导体的导电性能变好。所以，温度对半导体器件性能影响很大。

用于动力回路的电子元器件为电力电子器件，用于逻辑和微机中的电子元器件可实现各种逻辑控制、程序控制，还可实现各种信号的采集与转换。

一、电子元器件及其特性

半导体的导电能力随着外界条件（如温度变化、光照）的不同而有很大的差别。如果在纯净的半导体中掺入微量的某种杂质，其导电能力就可几十万甚至几百万倍地增加，正是由于这种独特的性质，半导体得到了广泛的应用。半导体的特性有热敏性、光敏性、掺杂性。

热敏性：当环境温度升高时，导电能力显著增强。利用该特性可做成温度敏感元件，如热敏电阻。

光敏性：当受到光照时，导电能力明显变化。利用该特性可做成各种光敏元件，如光敏电阻、光敏二极管、光敏三极管等。

掺杂性：如果在本征半导体中掺入微量的杂质（某种元素），其导电能力明显改变。利用该特性可做成各种不同用途的半导体器件，如二极管、三极管和晶闸管等。这也是半导体广泛应用的最重要原因。

根据掺杂元素的不同，杂质半导体分为两类：

(1) N 型半导体：在硅或锗的单晶体中掺入磷（或其他五价元素），可使自由电子的数目大量增加。这种半导体主要靠电子导电，或者说它的多数载流子是电子，少数载流子是空穴，故称为电子型半导体或 N 型半导体。

(2) P 型半导体：如果在硅或锗的单晶体中掺入硼（或其他三价元素），半导体中就会形成大量的空穴。这种以空穴导电作为主要导电方式的半导体称为空穴半导体或 P 型半导体。其中空穴是多数载流子，自由电子是少数载流子。

不论是 N 型半导体还是 P 型半导体，虽然掺杂造成了半导体中的多数载流子，但并不使半导体导电，即整个晶体对外仍呈中性。在一块晶片上，采取特定的掺杂工艺方法，在两边分别形成 P 型半导体和 N 型半导体，它们的交界面就形成一个特殊的薄层，称为 PN 结。PN 结是构成各种半导体器件的基础，其基本特性是外加电压正向导通，反向截止。

（一）二极管

1.二极管的构成与伏安特性

将 PN 结加上相应的电极引线并进行封装，就成为半导体二极管。二极管有点接触型和面接触型两类。点接触型二极管（一般为锗管）如图 1-2-1(a) 所示。它的 PN 结的结面积很小，结电容也小，不能通过较大电流，但高频性能好，一般适用于高频和小功率电路。面接触型二极管（一般为硅管）如图 1-2-1(b) 所示。它的 PN 结的结面积大，结电容也大，可通过较大电流（可达上千安培），因其工作频率较低，一般用于整流电路。平面型二极管如图 1-2-1(c) 所示，可用作大功率整流管和数字电路中的开关管。二极管的表示符号如图 1-2-1(d) 所示。

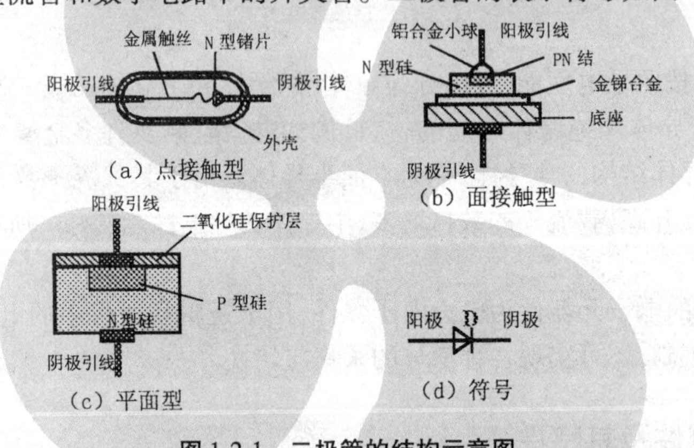

图 1-2-1　二极管的结构示意图

二极管是一个 PN 结，具有单向导电特性。它的外部特性用二极管的端电压和二极管中电流的对应关系曲线来表示，这就是二极管的伏安特性，如图 1-2-2 所示。

当外加电压很低时，外加电压不足以克服 PN 结内电场对多数载流子扩散运动的阻力，故正向电流很小，几乎为零。当正向电压超过一定数值时，内电场被大大削弱，电流增长很快。这个一定数值的正向电压称为“死区电压”，其大小与材料与环境温度有关，温度升高，死区电压减小。通常，硅管的死区电压约为 0.5 V，锗管约为 0.2 V。

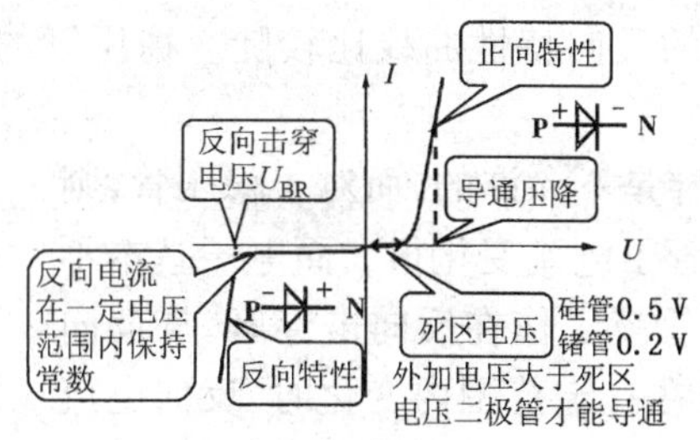

图 1-2-2　二极管的伏安特性

在二极管上加反向电压时，由于少数载流子的漂移运动，形成很小的反向电流。它有两个特点：一是随温度的上升增长很快；二是在一定范围内，反向电流基本恒定，与反向电压高低无关，故称为反向饱和电流。但当外加反向电压超过一定数值（U_{BR}）时，反向电流将突然增大，PN 结被反向击穿，这种击穿称为电击穿，电击穿是可逆的。如果 PN 结产生大量的热会导致热击穿，而热击穿是不可逆的。击穿时加在二极管上的反向电压称为反向击穿电压。

2.二极管的主要参数

（1）正向平均电流 I_F

正向平均电流是指二极管长时间使用时，在规定的环境和散热条件下，其允许流过的最大工频正弦半波电流的平均值。当电流超过允许值时，将由于 PN 结过热而使二极管损坏。

（2）反向工作峰值电压 U_{RWM}

反向工作峰值电压是保证二极管不被击穿的反向最大电压，一般是反向击穿电压的一半或 2/3。

（3）反向峰值电流 I_{RM}

反向峰值电流是指二极管加上反向峰值电压时的反向电流值。反向电流大，说明二极管的单向导电性能差，并且受温度的影响大。硅管的反向电流一般在几微安以下。

3.二极管的选用

二极管的应用范围很广，主要都是利用其单向导电性，可广泛用于整流、检波、元件保护和脉冲数字电路中。

选择时，正向平均电流应按不低于实际电路有效值的原则来选取，并应留有一定的裕量。额定电流大的二极管工作时通常需加装散热片或采用其他冷却措施。

二极管的反向工作峰值电压一般至少是实际电压峰值的两倍以上，二极管标称的额定电压 U_{RR}一般取反向工作峰值电压的 80%。显然，U_{RR}远小于二极管的反向击穿电压 U_{BR}。

因为结电容的存在，二极管从导通状态过渡到截止状态的过程时间称为反向恢复时间，按照反向恢复特性的不同，一般在 5 μs 以上的称整流二极管，也就是普通二极管。但一般整流二极管的正向电流定额和反向电压定额可以达到很高。反向恢复过程很短的二极管称快恢复二极管（一般在 5 μs 以下），从性能上可分为快速恢复和超快速恢复两个等级。后者甚至在 100 ns 以下，有的达到 20~30 ns。

二极管的反向电流受温度的影响，温度越高反向电流越大。所以使用中特别需要注意二极管的环境温度和本身工作产生的高温。

4.稳压管的基本特性

稳压管是一种特殊的面接触型二极管。其外形和内部结构与整流用二极管相似，二者的伏安特性也类似，只是稳压管的反向特性曲线比较陡。稳压管的符号和特性曲线如图 1-2-3 所示。

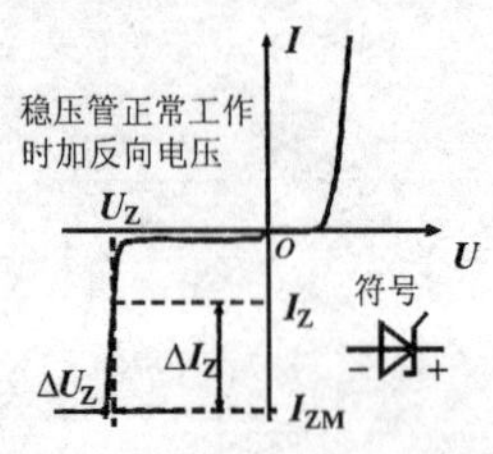

图 1-2-3　稳压管的符号和曲线特性

对于普通二极管，反向击穿是不允许的，而对于稳压管，则正是利用它反向击穿情况下，管子电流变化很大而电压基本不变这一特性。换句话说，稳压管就工作在反向击穿区，从反向特性曲线可以看到，反向电压在一定范围内变化时，反向电流很小。当反向电压增大到击穿电压 U_Z时，反向电流突然剧增，稳压管反向击穿。此后，电流虽然在很大范围内变化，但稳压管两端的电压变化很小。稳压管在电路中能起稳压作用，实际使用时，必须串联适当的限流电阻，确定电流在它的允许范围内。同时由于其功率较小，只适于一些信号电路中的稳压。典型的稳压电路如图 1-2-4 所示，其输入电压 U_1 经过限流电阻 R，与稳压管 D_Z构成回路，负载 R_L与稳压管并联，显然输出电压 U_0 等于稳压管的稳压值 U_Z。在稳压管正常稳压范围内，稳压值 U_Z不变，稳压管的电流可以在较大范围内变化，所以输入电压 U_I的增大，造成稳压管的电流增大，但输出电压仍然稳定。通常 $U_I = 2U_0 \sim 3U_0$。

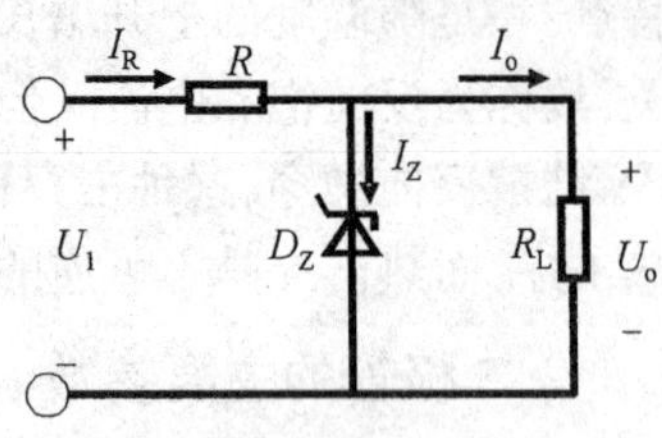

图 1-2-4　典型的稳压电路

（二）双极型晶体管

双极性晶体管（半导体三极管）是最重要的一种半导体器件，最主要的作用是电流放大和线路开关。晶体管是电子设备的关键元件，是组成各种放大电路的核心。

1.晶体管的基本结构

晶体管分为 NPN 型或 PNP 型，其结构示意图和表示符号如图 1-2-5 所示。图 1-2-6 是常见三极管的外形示例。

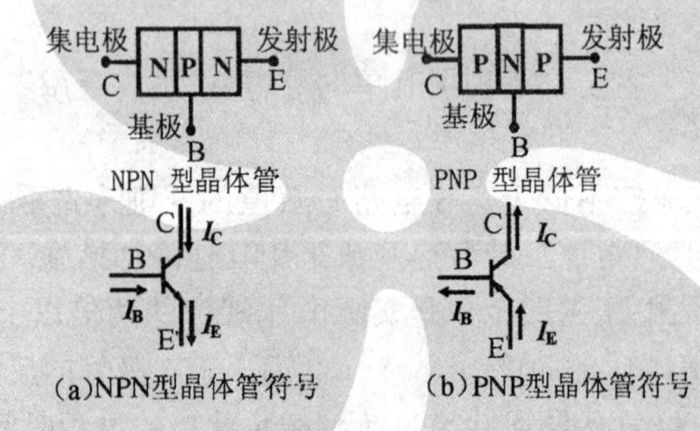

图 1-2-5　晶体管结构示意图和表示符号

如图 1-2-5 所示，各种晶体管都分成基区、发射区和集电区，分别引出基极 B、发射极 E 和集电极 C。每个晶体管都有两个 PN 结。基区和发射区之间的结称为发射结，基区和集电区之间的结称为集电结。

硅管多为 NPN 型，锗管多为 PNP 型。两者在符号上的差别在发射极箭头的方向，代表发射结在正向接法下的电流方向。NPN 型和 PNP 型晶体管的工作原理类似，仅在使用时电源极性连接不同。

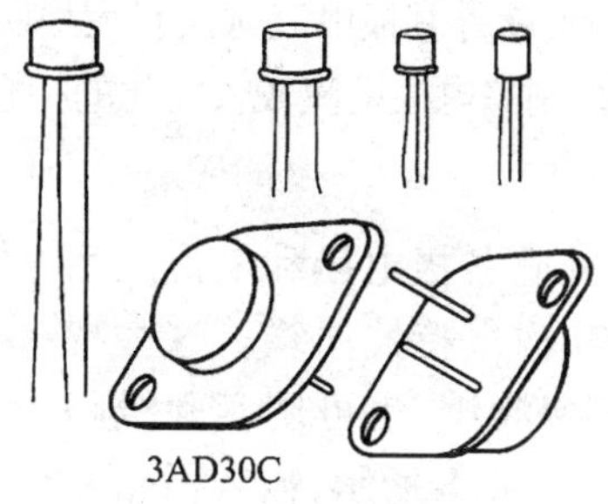

图 1-2-6　常见三极管的外形示例

2.晶体管的电流放大工作原理

晶体管的结构特点是其中基区很薄(几微米至几十微米),掺杂较少,对载流子起控制作用;发射区掺杂的浓度高于集电区,发射电子或空穴多数载流子;集电区面积大,便于收集发射极送出的载流子,这是晶体管具有电流放大作用的内部条件。

但要实现放大还需一定的外部条件,这就是发射结必须加正向电压(正向偏置)和集电结加反向电压(反向偏置),接成如图 1-2-7 所示的晶体管电流放大电路。图 1-2-7 中有两个回路:基极电源 U_{BB}、基极电阻 R_B和晶体管发射结构成的回路为输入回路;由集电极电源 U_{CC},集电极电阻 R_C和晶体管集电结构成的回路为输出回路。其中发射极作为两回路的公共点,该接法称为晶体管的共发射极放大电路。在共发射极电路中,当调节基极电阻使基极电流 I_B增大时,集电极电流 I_C也随着在更大的幅度上成正比地增大。采用晶体管为 3DG6C,$U_{CE}=6$ V,测得 I_C、I_E随 I_B变化的试验数据如表 1-2-1 所示,表示共发射极电路各电极电流关系及电流放大的作用。

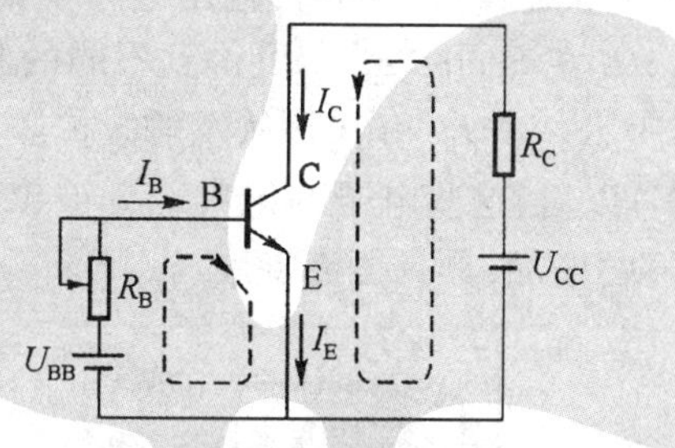

图 1-2-7　晶体管电流放大电路

表 1-2-1　测得 I_C、I_E 随 I_B 变化的试验数据

I_B(μA)	0	10	20	30	40	50
I_C(mA)	≈0	0.43	0.88	1.33	1.78	2.22
I_E(mA)	≈0	0.44	0.90	1.36	1.82	2.27

从试验数据可以看出,当 U_{CE}保持一定时,有:

(1)三个电极电流关系为:$I_E=I_B+I_C$,符合基尔霍夫定律。

(2)$I_C \gg I_B$,$I_C \approx I_E$。

(3)$\Delta I_C \gg \Delta I_B$,并且$\dfrac{\Delta I_C}{\Delta I_B} \gg 1$,由于$\beta=\dfrac{\Delta I_C}{\Delta I_B}$在不同 I_B时的值基本为常数,称β为晶体管的交流电流放大系数,俗称(电流)放大倍数。

晶体管的“电流放大作用”实质上就是基极电流对比它大一两个数量级的集电极电流有“控制作用”。这种基极电流的微小变化控制集电极电流较大变化的特性称为晶体管的电流放大作用。

3.晶体管的特性曲线

晶体管特性曲线反映的是晶体管各极电压和电流之间的相互关系，分为输入特性曲线和输出特性曲线。这些特性曲线可用晶体管特性图示仪直接测试，也可用实验线路测绘。共射放大特性测试电路如图 1-2-8 所示，输入回路发射极接有电压表，串接有微安电流表，利用可调电阻 R_B 可以调节基极电流，并可记录基极电流和电压间的关系；输出回路同样在集电极和发射极间接有电压表，串接有毫安表，用于观察与记录 C、E 极间的电压和电流的关系。

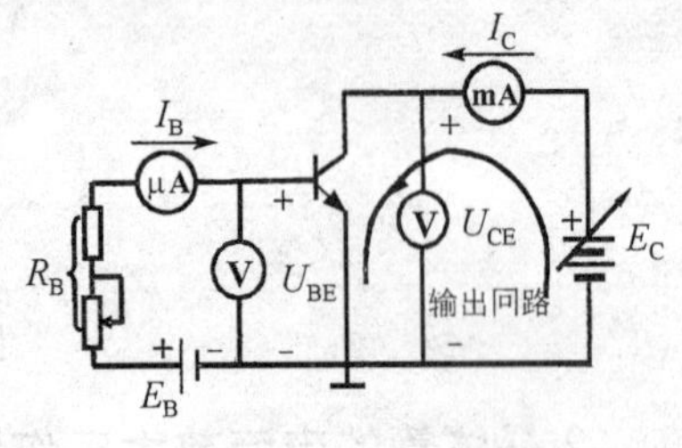

图 1-2-8　共射放大特性测试电路

（1）输入特性曲线

输入特性曲线是指当集-射极电压 U_{CE} 为常数时，输入回路中基极电流 I_B 与基-射极电压 U_{BE} 之间的关系曲线 $I_B=f(U_{BE})$。如图 1-2-9 所示，晶体管的输入特性曲线与二极管的伏安特性相似，也有一段死区。只有当发射结外加电压大于死区电压时，晶体管才会出现 I_B。硅管的死区电压约为 0.5 V，锗管的死区电压约为 0.2 V。正常工作情况下，NPN 型硅管的发射结电压 U_{BE} 为 0.6～0.7 V，PNP 型锗管的 U_{BE} 为-0.2～-0.3 V。

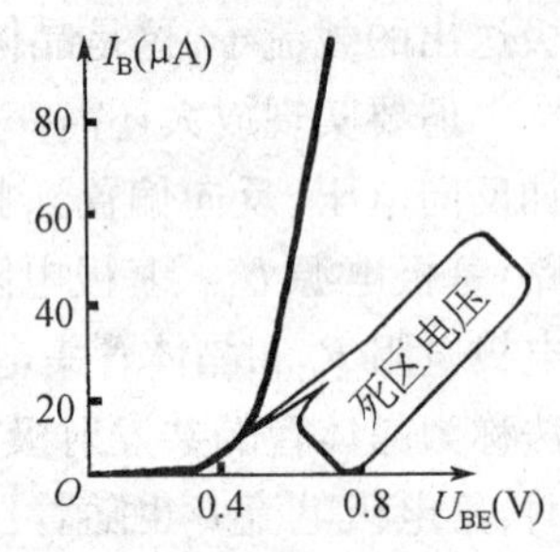

图 1-2-9　输入特性曲线

（2）输出特性曲线

输出特性曲线是指当基极电流 I_B 为常数时，输出电路中集电集电流 I_C 与集-射极电压之间 U_{CE} 的关系曲线 $I_C=f(U_{CE})$。在不同的 I_B 下，可得到不同的曲线，所以晶体管的输出特性曲线是一组曲线，如图 1-2-10 所示。当 I_B 一定时，从发射区扩散到基区的电子数大致是一定的。当 U_{CE} 超过一定数值（约 1 V）以后，这些电子的绝大部分被拉入集电区而形成 I_C，所以当 U_{CE} 继续升高时，I_C 也不再有明显的增加，具有恒流特性。

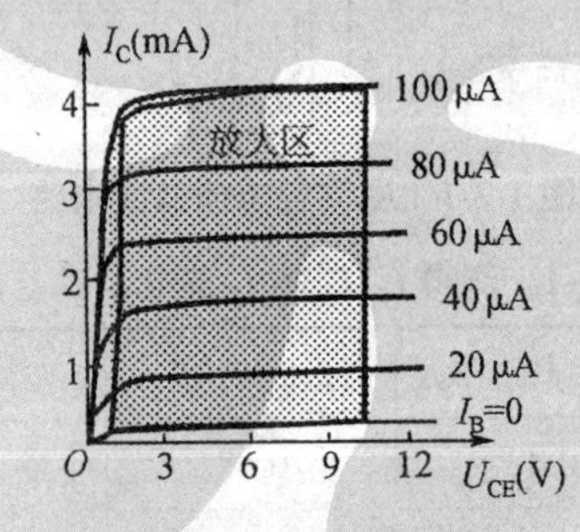

图 1-2-10　输出特性曲线

如图 1-2-10 所示，当 I_B 增大时，相应的 I_C 也增大，曲线上移，而且 I_C 比 I_B 增加多得多，这就是晶体管的电流放大作用。通常，晶体管的输出特性曲线分为三个工作区。

①截止区

$I_B=0$ 的曲线以下的区域称为截止区。$I_B=0$ 时，$I_C=I_{CEO}$（对于硅管，I_{CEO} 为微安级）。对 NPN 型硅管而言，当 $U_{BE}<0.5$ V 时，即已开始截止。但为可靠截止，常使 $U_{BE}<0$，截止时集电结也处于反向偏置。

②放大区

输出特性曲线的近于水平部分是放大区，因为 I_C 和 I_B 成正比关系，$I_C=\bar{\beta}I_B$，所以放大区也称为线性区。$\bar{\beta}$ 被称为直流放大倍数，和 β 的含义略不同，但在特性曲线近于平行等距并且 I_{CEO} 较小的情况下，两者数值接近。晶体管工作在放大状态时，发射结处于正向偏置，集电结处于反向偏置，对 NPN 型管而言，即 $U_{BE}>0$，$U_{BC}<0$。

③饱和区

当 $U_{CE}<U_{BE}$ 时，集电结处于正向偏置；晶体管工作于饱和状态。在饱和区，I_B 的变化对 I_C 的影响较小，I_C 基本不变，两者不成正比，放大区的 $\bar{\beta}$ 不能适用于饱和区。饱和时，发射结也处于正向偏置，即 $U_{BE}>0$，$U_{BC}>0$。

4.晶体管的三种工作状态及其使用

从图 1-2-10 晶体管的输出特性曲线中可将晶体管分为三个工作区，即截止区、放大区和饱和区。从晶体管的三个工作区域可以看到，晶体管主要有电流放大作用，放大区是晶体管在信号放大电路中使用的区域；而截止区和饱和区则是在逻辑电路中广泛使用。在截止区工作时，相当于 C、E 间断开；而在饱和区工作时，C、E 间电压 U_{CE} 很小，相当于导通。即当晶体管交替地工作在截止和饱和导通状态时，集-射极间相当于一个开关，并且是相当于受基极电流 I_B 控制的开关，如同受线圈电流控制的继电器触点一样。I_B 很小或为 0 时，晶体管截止，相当于开关断开；而控制 I_B 较大时，晶体管则饱和，相当于开关接通。

晶体管的开关作用广泛应用于脉冲数字电路，也应用于控制系统作电子开关。这种开关是一种无触点开关，工作频率高，速度快，寿命长。

无论哪种使用区域，晶体管的主要参数，特别是集电极最大允许耗散功率 P_{CM}、集电极最大允许电流 I_{CM}、集-射极反向击穿电压 $U_{(BR)CEO}$ 等参数要控制在一定范围内，确保晶体管的工作安全。另外，由于晶体管受温度影响大，使用环境要充分考虑。

(三)场效应晶体管

场效应晶体管分为结型和绝缘栅型，但通常主要指绝缘栅型中的 MOS 型(Metal Oxide Semiconductor FET)。绝缘栅场效应管也有两种结构形式，分别是 N 沟道型和 P 沟道型。无论是什么沟道，均可分为增强型和耗尽型两种，外接三个引脚分别是漏极(D)、源极(S)和栅极(G)。常用的是 N 沟道增强型。如图 1-2-11(a)所示，利用 U_{GS} 来控制"感应电荷"的多少，U_{GS} 越大，D、S 间导通电阻越小，导通电流越大。所以改变 U_{GS} 可以改变由这些"感应电荷"形成的导电沟道的状况，然后达到控制漏极电流的目的。

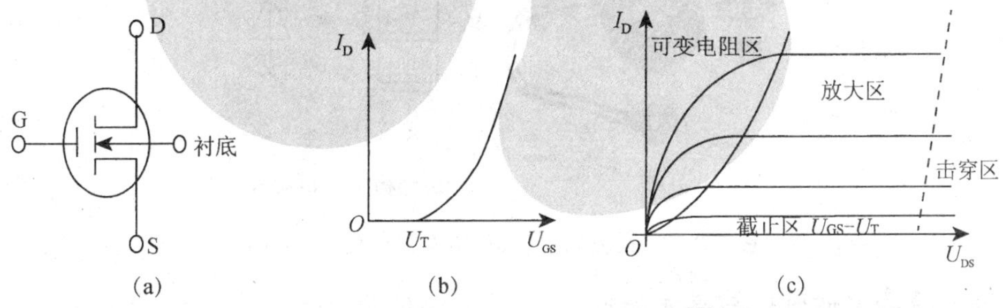

图 1-2-11　绝缘栅型场效应管的特性曲线(以 N 沟道增强型 MOS 场效应管为例)

其转移特性曲线如图 1-2-11(b)所示；其输出特性曲线如图 1-2-11(c)所示，分为 4 个区：

可变电阻区、放大区、截止区和击穿区。

使用中只控制使其截止或导通，当漏源极间接正电压，栅极和源极间电压为零时，漏源极之间无电流流过，此时为截止状态；在栅极和源极之间加正电压 U_{GS}，当 U_{GS} 大于某一电压值 U_T 时，漏极和源极导电，此时为导通状态。而 U_T 称为开启电压（或阈值电压），U_{GS} 超过 U_T 越多，导电能力越强，漏极电流 I_D 越大。

由于不存在少子储存效应，因而其关断过程是非常迅速的。其开关时间在 10～100 ns 之间，其工作频率可达 100 kHz 以上，是主要电力电子器件中最高的。虽然使用电压控制，与电流无关，但在开关过程中需要对输入电容充放电，仍需要一定的驱动功率，开关频率越高，所需要的驱动功率越大。

MOSFET 是用栅极电压来控制漏极电流的，其特点有：

（1）场效应管是电压控制器件，它通过 U_{GS} 来控制 I_D。

（2）输入电阻很高，需要的驱动功率小，驱动电路简单。

（3）开关速度快，工作频率高。

（4）热稳定性好，抗辐射能力强。

（5）电流容量小，耐压低，多用于功率不超过 10 kW 的电力电子装置。

（四）单向可控硅

单向可控硅（SCR）也称晶闸管（GTR），又称作晶闸管整流器。由于其能承受的电压和电流容量目前仍然是电力电子器件中最高的，而且工作可靠，因此在需要大容量的应用场合仍然具有比较重要的地位。

1.晶闸管的基本结构

晶闸管的外形有螺栓式和平板式两种，图 1-2-12 是晶闸管的外形、结构和电气图形符号。如图 1-2-12（b）所示，晶闸管具有三个 PN 结的四层结构，其管芯是 $P_1N_1P_2N_2$ 四层半导体，形成 3 个 PN 结 J_1、J_2 和 J_3。从最外面的 P 层和 N 层引出两个电极，分别为阳极 A 和阴极 K，从中间的 P 型引出控制极 K。

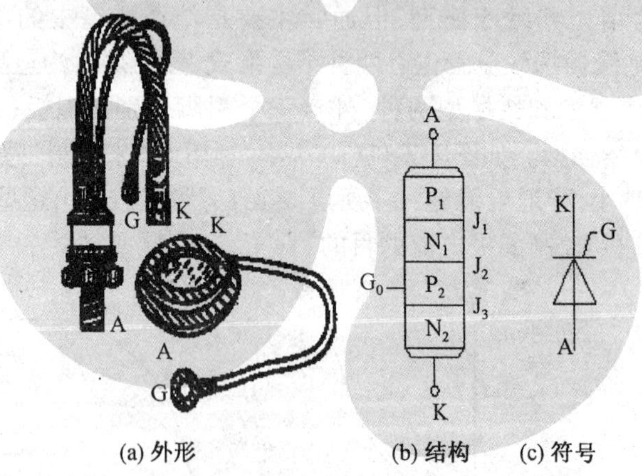

(a) 外形　(b) 结构　(c) 符号

图 1-2-12　晶闸管的外形、结构和电气图形符号

2.晶闸管的工作原理与基本特性

根据晶体管的等效电路，将晶闸管当成双晶体管，配以外围电路，如图 1-2-13 所示为晶闸管的双晶体模型和工作原理，初始状态，$I_G=0$，$I_A=0$，晶闸管处于截止状态。但开关 S 合上，晶

闸管的门极电流 I_G 增大，即晶闸管的 I_{B2} 增大，使得 I_{C2} 增大，即第一级的 I_{B1} 增大，经过放大后，使 I_{C1} 增大，而 I_{C1} 的增大作用在第二级晶体管的基级，使 I_{b2} 再次增大，以此反复，晶闸管处于正反馈，电流快速饱和，进入完全导通状态，而此后，门极的电流 I_G 即使为 0，也不影响电路的导通状态。根据以上分析，晶体管具备如下几个特性：

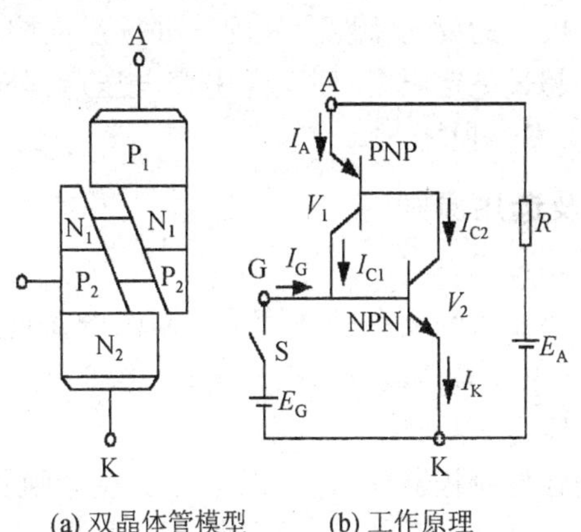

(a) 双晶体管模型　　(b) 工作原理

图 1-2-13　晶闸管的双晶体模型和工作原理

（1）晶闸管导通需具备两个条件。①在晶闸管的阳极与阴极之间加上正向电压。当晶闸管承受反向电压时，不论门极是否有触发电流，晶闸管都不会导通。②在晶闸管的门极与阴极之间也加上正向电压和电流。即当晶闸管承受正向电压时，仅在门极有触发电流的情况下晶闸管才能开通。

（2）晶闸管一旦导通，门极即失去控制作用，即不论门极触发电流是否还存在，晶闸管都保持导通，故晶闸管为半控型器件。

（3）为使晶闸管关断，必须使其阳极电流减小到一定数值以下，这只有用使阳极电压减小到零或反向的方法来实现。

晶闸管的伏安特性如图 1-2-14 所示，当 $I_G = 0$ 时，如果在器件两端施加正向电压，则晶闸管处于正向阻断状态，只有很小的正向漏电流流过。如果正向电压超过临界极限即正向转折电压 U_{BO}，则漏电流急剧增大，器件开通。该导通不受门极电流控制，并很容易造成晶闸管的不可恢复性击穿而使元件损坏，使用中需要避免。

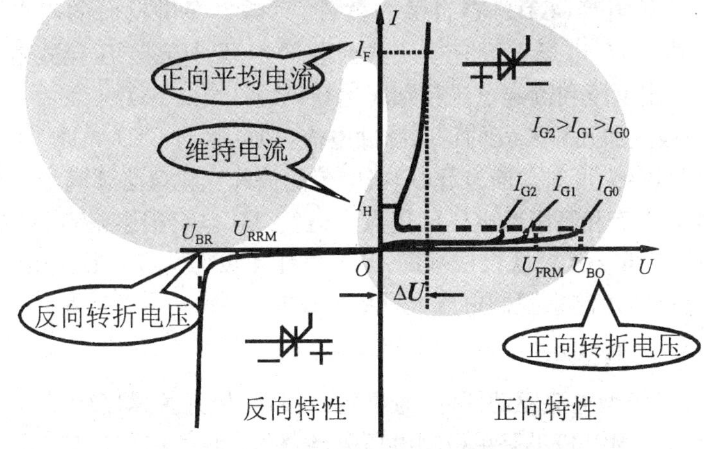

图 1-2-14　晶闸管的伏安特性

随着门极电流幅值的增大,正向转折电压降低,如图 1-2-14 所示。晶闸管本身导通时的压降很小,在 1 V 左右。导通后门极电流不再起作用,晶闸管保持导通。但是如果门极电流为零,并且阳极电流降至接近于零的某一数值 I_H以下,则晶闸管又回到正向阻断状态,而 I_H称为维持电流。

其反向伏安特性类似二极管的反向特性。晶闸管处于反向阻断状态时,只有极小的反向漏电流通过。但当反向电压超过一定限度,到反向击穿电压后,外电路如无限制措施,则反向漏电流急剧增大,导致晶闸管发热损坏。

3.晶闸管的主要参数及选用原则

(1)正向重复峰值电压 U_{FRM}

正向重复峰值电压是在控制极断路和晶闸管正向阻断的条件下,可以重复加在晶闸管两端的正向峰值电压,称为正向重复峰值电压。按规定,此电压为正向转折电压 U_{BO}的 80%。

(2)反向重复峰值电压 U_{RRM}

反向重复峰值电压就是在控制极断路时,可以重复加在晶闸管上的反向峰值电压。按规定,此电压为反向转折电压 U_{BR}的 80%。

通常取晶闸管的 U_{DRM}和 U_{RRM}中较小的标值作为该器件的额定电压。选用时,一般取额定电压为:正常工作时,晶闸管能够承受实际电路峰值电压的 2~3 倍。

(3)正向平均电流 I_F

正向平均电流指在环境温度不大于 40℃和规定的散热条件下,晶闸管可以连续通过的工频正弦半波电流(在一个周期内的)平均值。该值并不是一成不变的,它受环境温度、散热条件、元件导通角等因素的影响。该参数即为晶闸管标称的额定电流。

使用时应按有效值相等的原则来选取晶闸管的额定电流。流过晶闸管的电流波形不同,其波形系数也不同,实际应用中,应根据电流有效值相同的原则进行换算,通常选用晶闸管时,电流选择应取 1.5~2 倍,留有安全裕量。

(4)维持电流 I_H

在规定的环境温度和控制极断路时,维持元件继续导通的最小电流称为维持电流 I_H。当晶闸管的正向电流小于这个电流时,晶闸管将自动关断。

(五)门极可关断开关晶闸管

门极可关断开关晶闸管(GTO)是自关断器件,只需要提供反向的门极电流即可关断。GTO 通常采用压接式封装,市场上没有模块式封装的产品,外形与压接式普通晶闸管一样。目前厂商可以提供额定电压和额定电流分别高达 6 kV/6 kA 的 GTO。

一般在 GTO 门极上加几百毫安的正向脉冲电流,即可驱动 GTO 导通。但要使其关断,这需要提供反向门极电流,为可靠关断,反向门极电流的值和变化率必须满足一定的要求。

GTO 具有高通态电流和高阻断电压的优点,不过 GTO 也有很多缺点,包括关断吸收电路体积大(因电压上升率 dv_T/dt 较低),成本高;开关损耗和吸收电路的损耗比较大;门极驱动电路复杂;还需要使用吸收电路来限制电流上升率 di_T/dt。

(六)绝缘栅双极晶体管

GTR 和 GTO 是双极型电流驱动器件,通流能力很强,但开关速度较低,所需驱动功率大,驱动电路复杂。而电力 MOSFET 是单极型电压驱动器件,开关速度快,输入阻抗高,热稳定性好,所需驱动功率小而且驱动电路简单。如图 1-2-15 所示,绝缘栅双极晶体管(Insulated-Gate-

Bipolar Transistor，简称 IGBT 或 IGT）综合了 GTR 和 MOSFET 的优点，因而具有良好的特性。如图 1-2-16（a）和（b）所示，IGBT 的结构是三端器件，具有栅极 G、集电极 C 和发射极 E，由 N 沟道的场效应晶体管 MOSFET 与双极型晶体管 BJT 组合而成。简化等效电路表明，IGBT 是用 GTR 与 MOSFET 的组合结构，相当于一个由 MOSFET 驱动的厚基区 PNP 晶体管。如图 1-2-17 所示为几种常见 IGBT 的外形图。

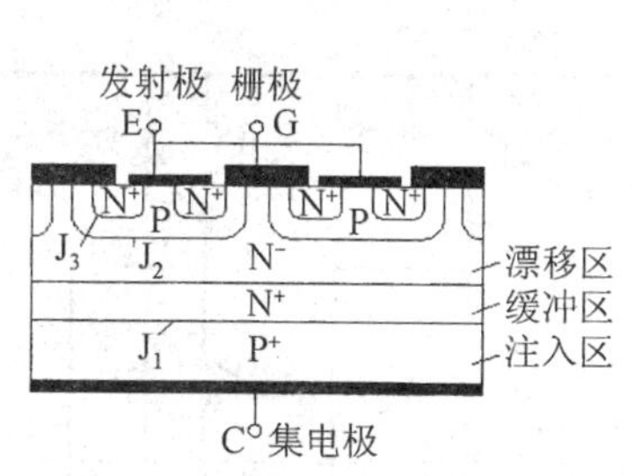

图 1-2-15　IGBT 的结构图

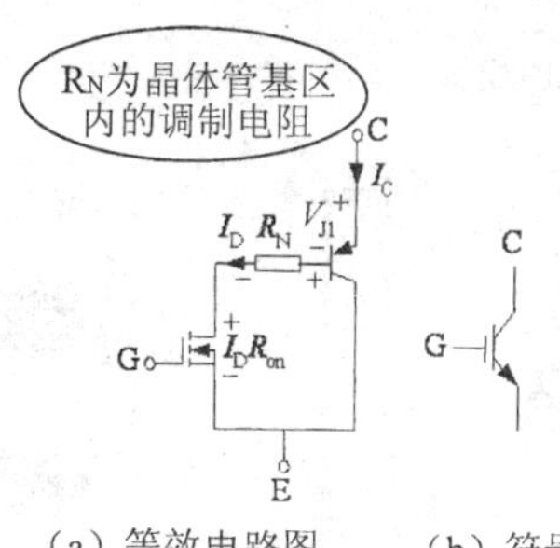

图 1-2-16　IGBT 的等效电路和符号图

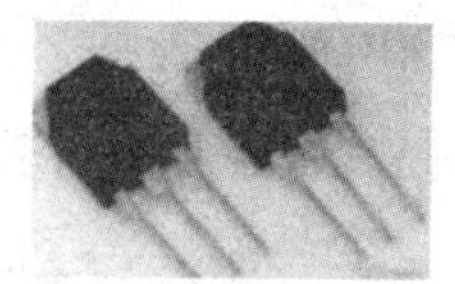

(a)插脚封装

(b)模块型

(c)平板压接构件

图 1-2-17　几种常见 IGBT 的外形图

由于 IGBT 在导通时只有一种极性的载流子（多子）参与导电，是单极型晶体管，且 IGBT 是电压控制型器件，+15 V 的栅极电压即可使其导通，0 V 电压即可关断。不过在应用中，为了提高 IGBT 的抗干扰能力，通常采用几伏的负栅极电压来使其关断。当 IGBT 完全导通或关断后，则不再需要栅极电流来驱动了。不过由于栅极和发射极间存在寄生电容，在 IGBT 开关切换的暂态过程中，需要几安的栅极峰值电流。

绝大多数的大功率 IGBT 都采用模块式封装，一些小功率的 IGBT 常成组集成在一起，并加上智能控制，构成智能功率模块 IPM。如图 1-2-18 所示的是几种常见 IGBT 模块的外形及其构件的主回路图。

大部分的 IGBT 厂家为了解决驱动问题，都生产了与其配套的混合集成驱动电路。这些芯片往往将驱动和保护一同考虑，使得驱动电路中有保护功能。在使用装置的场合，如果驱动电路中的栅极回路不合适或者栅极回路完全不能工作时（栅极处于开路状态），若在主回路上加上电压，则 IGBT 就会损坏，为防止这类损坏情况发生，应在栅极-发射极之间接一只 10 kΩ 左右的电阻为宜。操作中尽量避免人体触碰器件，避免因静电造成的损坏。

用于大容量逆变器等控制大电流场合使用 IGBT 模块时，可以使用多个器件并联。并联时，要使每个器件流过均等的电流是非常重要的，如果一旦电流平衡被破坏，那么电流过于集中的那个器件将可能被损坏。影响 IGBT 模块的导通电阻取决于器件的静态驱动电压 $U_{CE(sat)}$，所以挑选器件的 $U_{CE(sat)}$ 相同的 IGBT 模块并联是很重要的。由于 IGBT 模块导通电阻具有正温度系数，即温度越高，其导通电阻越大，并联运行时的电流会减小，所以 IGBT 模块具有并联自动均流的功能。

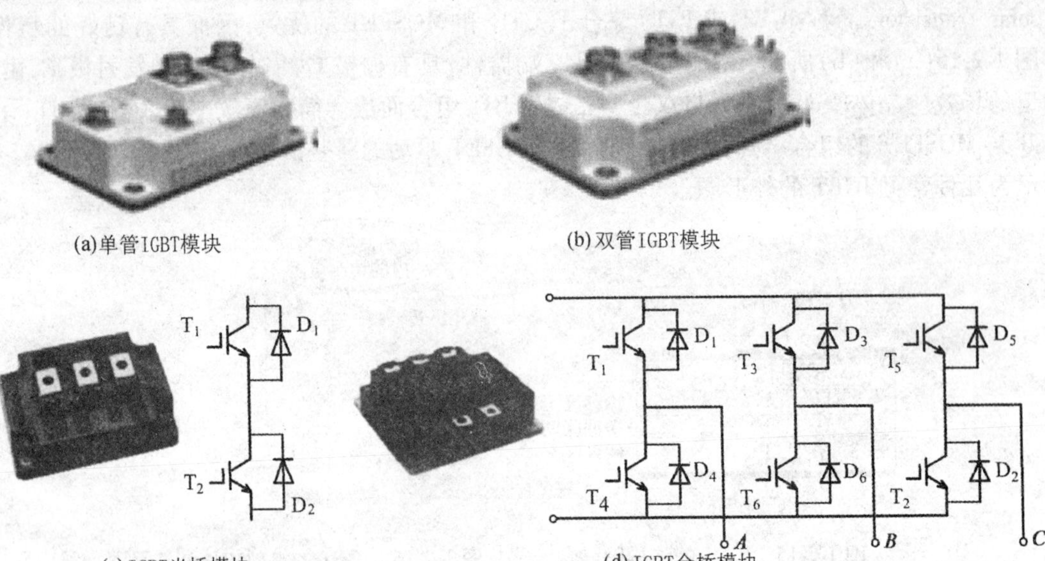

图 1-2-18　几种常见 IGBT 模块的外形及其构件的主回路图

其他注意事项有保存半导体原件的场所的温度，应保持在常温常湿状态，不应偏离太大。常温的规定为 5~35 ℃，常湿的规定为 45%~75%。

（七）集成电路的优点

集成电路是相对于分立元件电路而言的，就是把整个电路的各个元件以及相互之间的连接同时制造在一块半导体芯片上，组成一个不可分割的整体。集成电路与分立元件电路比较，体积更小、重量更轻，功耗更低。因为减少了电路的焊接点而提高了工作的可靠性，而且价格也更便宜，集成电路促进了各个科学技术领域先进技术的发展。

按集成度高低分类，集成电路有小规模、大规模和超大规模之分。目前的超大规模集成电路，如 CPU 等，每块芯片上制有上百万个元件，而芯片面积只有几十平方毫米。就功能而言，有数字集成电路和模拟集成电路。数字集成电路有基本逻辑电路、触发电路、微处理器、存储器、通信电路、外围接口电路等，而模拟集成电路又有集成运算放大器、集成功率放大器、集成稳压电源和集成数模和模数转换器等许多种。集成运算放大器是一种具有很高放大倍数的多级直接耦合放大电路。是发展最早、应用最广泛的一种模拟集成电路。集成运算放大器与外部电阻、电容、半导体器件等构成闭环电路后，能对各种模拟信号进行比例、加法、减法、微分、积分、对数、反对数、乘法和除法等运算。实现集成运算放大器的线性应用，其特征是电路结构上存在从输出端到反向输入端的负反馈支路，与输入比较后的偏差输入信号幅度足够小，以保证集成运算放大器的输出处于最大输出电压的线性范围内。如果集成运算放大器处于开环（无反馈）或存在从输出端到同相输入端的正反馈支路，输出总是处于饱和状态，即输出要么正的最大，要么负的最大，则该电路为集成运算放大器的非线性应用。

二、逻辑和数字集成电路

在数字电路中，门电路是最基本的逻辑元件，它的应用极为广泛。所谓“门”，就是一种开关，在一定条件下它能允许信号通过；条件不满足，信号就通不过。因此，门电路的输入信号与输出信号之间存在一定的逻辑关系，所以门电路又称为逻辑门电路。基本逻辑门电路有与门、或门和非门。

在分析逻辑电路时只用两种相反的工作状态，并用 1 和 0 来代表。例如：开关动作为 1，一般图示位置为 0；电灯亮为 1，暗为 0；晶体管截止为 1，饱和为 0；信号的高电位为 1，低电位为 0，等等。1 是 0 的反面，0 也是 1 的反面。用逻辑关系式表示，则为 $1=\bar{0}$ 或 $0=\bar{1}$。

电路的输入和输出信号都是用电位（或称电平）的高低来表示的，而电位的高低则用 1 和 0 两种状态来区别。若规定高电位为 1，低电位为 0，称为正逻辑系统。若规定低电位为 1，高电位为 0，则称为负逻辑系统。习惯上默认使用的都是正逻辑。

（一）基本逻辑门和推导逻辑门

1.与逻辑

只有决定事物结果的全部条件同时具备时，结果才会发生，这种因果关系（或称逻辑关系）就是与逻辑。

在图 1-2-19（a）中，开关 A 和 B 串联，只有当 A 与 B 同时接通时（条件），电灯 Y 才亮（结果）。这两个串联开关所组成的就是一个与门电路，通常称“有 0 出 0，全 1 出 1”。与逻辑关系可用下式表示

$$Y=A \cdot B \tag{1-89}$$

其逻辑符号如图 1-2-19（b）所示。

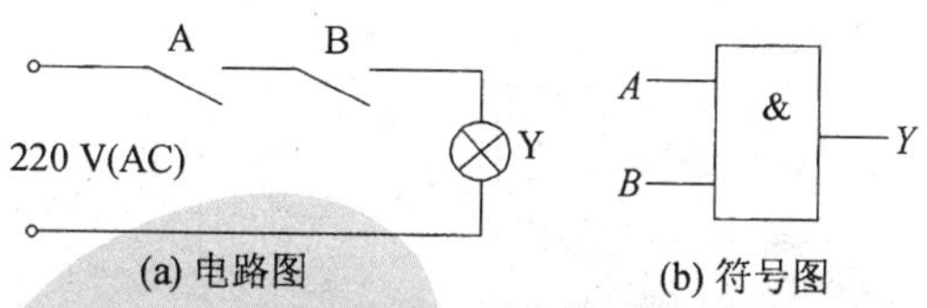

图 1-2-19　逻辑与开关电路及与门符号图

2.或逻辑

在决定事物结果的几个条件中只要有一个或一个以上条件具备时，结果就会发生，这种因果关系就是或逻辑。

在图 1-2-20（a）中，开关 A 和 B 并联，当 A 接通或 B 接通，或 A 和 B 同时接通时，电灯都亮。这两个并联开关所组成的就是一个或门电路，通常称“有 1 出 1，全 0 出 0”。或逻辑关系可用下式表示

$$Y=A+B \tag{1-90}$$

其逻辑符号如图 1-2-20（b）所示。

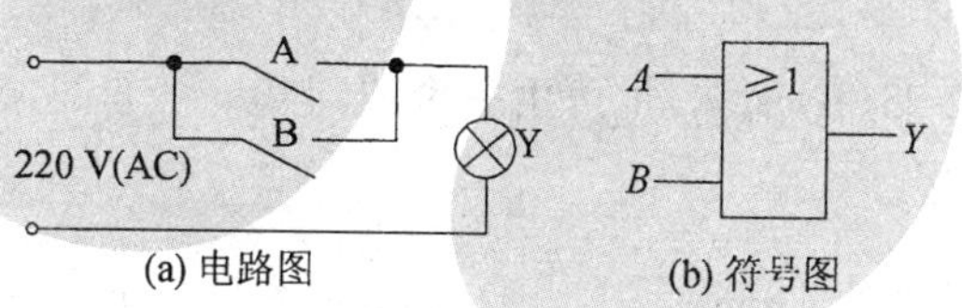

图 1-2-20　逻辑或开关电路及或门符号图

3.非逻辑

条件具备了，结果不发生；而条件不具备时，结果却发生了，这种因果关系就是非逻辑。

在图 1-2-21（a）中，开关 A 为图示位置未动作时，电灯 Y 是亮的；而开关 A 动作时，状态与

图示相反，电灯 Y 熄灭。这个常闭开关与等所组成的就是一个非门电路，通常称“进 1 出 0，进 0 出 1”。非逻辑关系可用下式表示

$$Y=\bar{A} \tag{1-91}$$

其逻辑符号如图 1-2-21(b)所示。

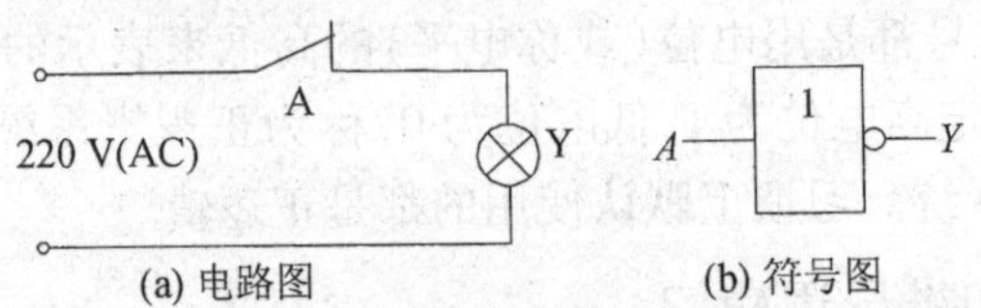

图 1-2-21　逻辑非开关电路及非门符号图

4.与非门电路

与非门由“与”门和“非”门连接而成。其功能是当输入变量全为 1 时，输出为 0；当输入变量有一个或几个为 0 时，输出为 1。简言之，即“全 1 出 0，有 0 出 1”，与“与”门的逻辑功能正好相反。与非门电路的逻辑电路图、符号如图 1-2-22(a)所示，前半部由两个二极管构成的是与门电路，后半部由三极管构成的电路为非门电路。与非门最为常用，其逻辑关系式为

$$Y=\overline{A \cdot B} \tag{1-92}$$

其逻辑符号如图 1-2-22(b)所示，也可由一个与门和一个非门共同组成。

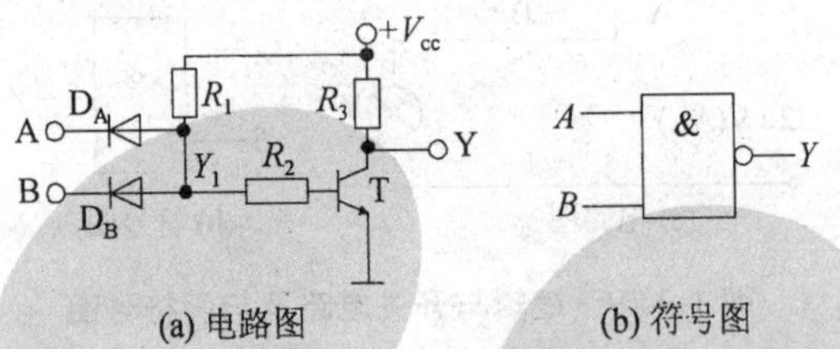

图 1-2-22　逻辑与非二极管电路及与非门符号图

5.或非门电路

或非门由“或”门和“非”门连接而成。其功能是当输入变量全为 0 时，输出为 1；当输入变量有一个或几个为 1 时，输出为 0。简言之，即“全 0 出 1，有 1 出 0”，与“或”门的逻辑功能正好相反。或非门电路的逻辑电路图、符号如图 1-2-23 所示，前半部由两个二极管构成的是或门电路，后半部由三极管构成的电路为非门电路。或非门也是较为常用的逻辑，其逻辑关系式为

$$Y=\overline{A+B} \tag{1-93}$$

其逻辑符号如图 1-2-23(b)所示，也可由一个或门和一个非门共同组成。

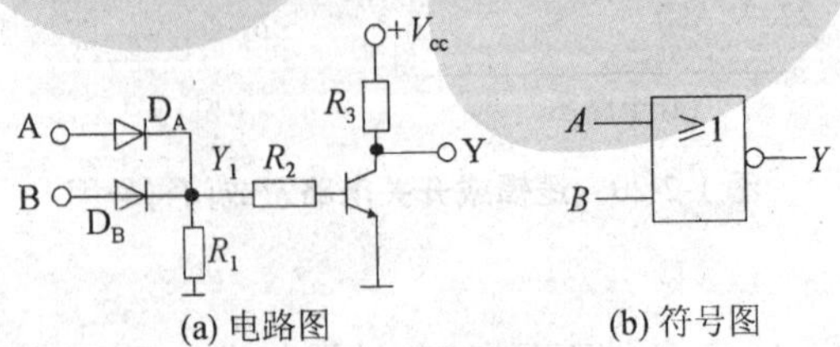

图 1-2-23　逻辑或非二极管电路及或非门符号图

为了便于比较，现将五种常用的逻辑门电路列于表 1-2-2 中，可以将这些逻辑门电路组合起来构成各种形形色色的组合逻辑电路，以实现各种不同的逻辑控制功能。

表 1-2-2　五种常用的逻辑门电路对比表

逻辑门		与	或	非	与非	或非
图形符号		&	≥1	1	&	≥1
逻辑表达式 / 输入变量		$Y=A\cdot B$	$Y=A+B$	$Y=\overline{A}$	$Y=\overline{A\cdot B}$	$Y=\overline{A+B}$
A	B	Y	Y	Y	Y	Y
0	0	0	0	1	1	1
0	1	0	1	1	1	0
1	0	0	1	0	1	0
1	1	1	1	0	0	0

（二）布尔代数

如表 1-2-2 所示的输入变量与输出之间的列表关系称为真值表，实际应用中多用表达式，即逻辑代数或称布尔代数来分析和计算，它是分析与设计逻辑电路的数学工具。虽然和普通代数一样也用字母（A，B，C，…）表示变量，但变量的取值只有“1”和“0”两种，即所谓逻辑“1”和逻辑“0”，在这里不是数字符号，而是代表两种相反的逻辑状态。逻辑代数所表示的是逻辑关系，而不是数量关系，这是与普通代数本质上的区别。

在逻辑代数中只有逻辑乘（“与”运算）、逻辑加（“或”运算）和求反（“非”运算）三种基本运算。根据这三种基本运算可以推导出逻辑运算的一些法则，并在此基础上将组合逻辑进行简化后来分析或作图。

1.基本运算法则

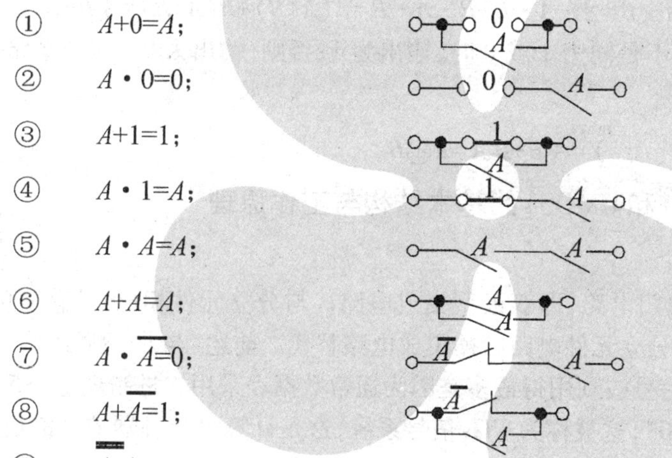

① $A+0=A$；

② $A\cdot 0=0$；

③ $A+1=1$；

④ $A\cdot 1=A$；

⑤ $A\cdot A=A$；

⑥ $A+A=A$；

⑦ $A\cdot\overline{A}=0$；

⑧ $A+\overline{A}=1$；

⑨ $\overline{\overline{A}}=1$；

交换律：$A\cdot B=B\cdot A$；$A+B=B+A$；

结合律：$ABC=(AB)C=A(BC)$；$A+B+C=(A+B)+C=A+(B+C)$；

分配律：$A(B+C)=AB+BC$；$A+(BC)=(A+B)(A+C)$；

吸收律：$A(A+B)=A$；$A(\overline{A}+B)=AB$；$A+AB=A$；$A+\overline{A}B=A+B$；

反演律：$\overline{AB}=\overline{A}+\overline{B}$；$\overline{A+B}=\overline{A}\cdot\overline{B}$

2.简单组合逻辑电路的分析

由逻辑状态表写出的逻辑式，以及由此而画出的逻辑图，往往比较复杂。如果经过化简，就可以少用元器件，可靠性也因而提高。

分析组合逻辑电路的步骤大致如下：

已知逻辑图→写逻辑式→运用逻辑代数化简或变换→列逻辑状态表→分析逻辑功能。如图 1-2-24 所示电路，从输入端到输出端，依次写出各个门的逻辑式，最后写出输出变量 Y 的逻辑式：

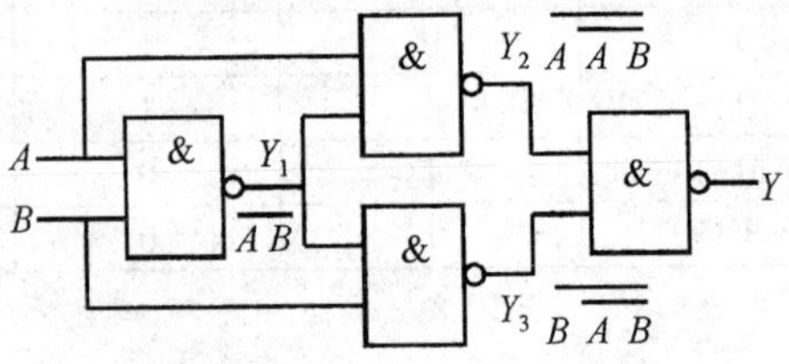

图 1-2-24　组合逻辑电路图

$$\left.\begin{aligned}Y_1&=\overline{A\cdot B}\\Y_2&=\overline{A\cdot\overline{A\cdot B}}\\Y_3&=\overline{B\cdot\overline{A\cdot B}}\\Y&=\overline{Y_1\cdot Y_2}\end{aligned}\right\}\tag{1-94}$$

化简表达式(1-94)，可得

$$Y=\overline{Y_1\cdot Y_2}=\overline{\overline{A\cdot\overline{A\cdot B}}\cdot\overline{B\cdot\overline{A\cdot B}}}=A\cdot\overline{A\cdot B}+B\cdot\overline{A\cdot B}=A(\overline{A}+\overline{B})+B(\overline{A}+\overline{B})=A\,\overline{B}+B\,\overline{A}$$

分析上式：当输入端 A 和 B 不是同为 1 或 0 时，输出为 1；否则，输出为 0。这种电路称为异或门电路。逻辑式也可写成

$$Y=A\,\overline{B}+B\,\overline{A}=A\oplus B\tag{1-95}$$

（三）数字集成电路（TTL 和 CMOS）的基本结构与工作原理

1.TTL 电路

TTL 是三极管—三极管逻辑门电路，即双极型集成电路。与分立元件相比，具有速度快、可靠性高和微型化等优点，目前分立元件电路已被集成电路替代。前述“与非”和“或非”门电路即为 TTL 门电路。TTL 电平信号被利用得最多是因为通常数据表采用二进制规定，+5 V 等价于逻辑“1”，0 V 等价于逻辑“0”，这被称为 TTL 信号系统，这是计算机处理器控制的设备内部各部分之间通信的标准技术。TTL 输出高电平>2.4 V，输出低电平<0.4 V。在室温下，一般输出高电平是 3.5 V，输出低电平是 0.2 V。最小输入高电平和最大输入低电平：输入高电平≥2.0 V，输入低电平≤0.8 V，噪声容限是 0.4 V。一个标准的与非门 TTL 逻辑电路如图 1-2-25 所示，A、B、C 三个输入通过多发射极三极管去控制 T_2 基极电位，只要有一个输入电平为低（0 V），则 T_2 基极电位低，通过 T_2 的反向放大作用去驱动 T_4 导通，T_5 截止，使得输出 Z 电位由 V_{CC} 提供电流（拉电流）。如果三个输入均为高电位，则 T_2 导通，T_5 导通，T_4 截止，输出 Z 通

过 T_5 放掉电位(灌电流),所以电路构成与非门。

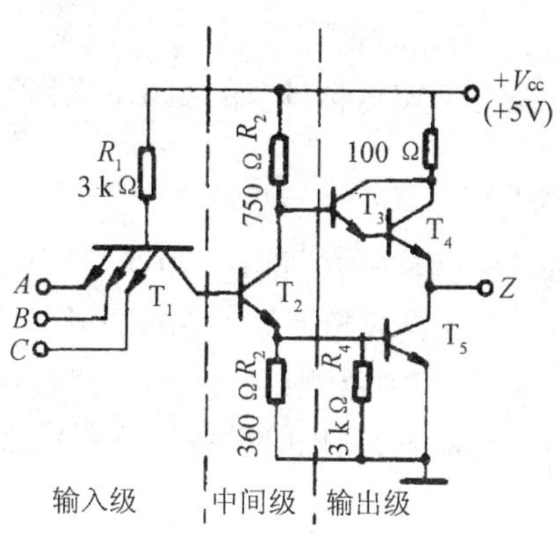

图 1-2-25　一个标准的与非门 TTL 逻辑电路

TTL 电平信号对于计算机处理器控制的设备内部的数据传输是很理想的,首先 TTL 数据传输对于电源的要求不高、热损耗也较低,另外 TTL 电平信号直接与集成电路连接,不需要价格昂贵的线路驱动器以及接收器电路;再者,计算机处理器控制的设备内部的数据传输是在高速下进行的,而 TTL 接口的操作恰能满足这个要求。但是 TTL 型通信常采用并行数据传输方式,不适宜远距离传输;另外,TTL 电路是电流控制器件,相对 CMOS 功耗大。

2.CMOS 电路

CMOS 电路是互补型金属氧化物半导体电路(Complementary Metal-Oxide-Semiconductor)的英文字头缩写,由绝缘场效应晶体管组成,由于只有一种载流子,因而是一种单极型晶体管集成电路,如图 1-2-26 所示,其基本结构是一个 N 沟道 MOS 管(下部)和一个 P 沟道 MOS 管(上部),构成反相器电路,以推挽形式工作,能实现一定逻辑功能的集成电路,简称 CMOS 单元电路。当输入低电平($A=V_{ss}$)时,PMOS 管导通,NMOS 管截止,输出高电平。当输入高电平($A=V_{DD}$)时,PMOS 管截止,NMOS 管导通,输出为低电平。两管如单刀双掷开关一样交替工作,构成反相器。

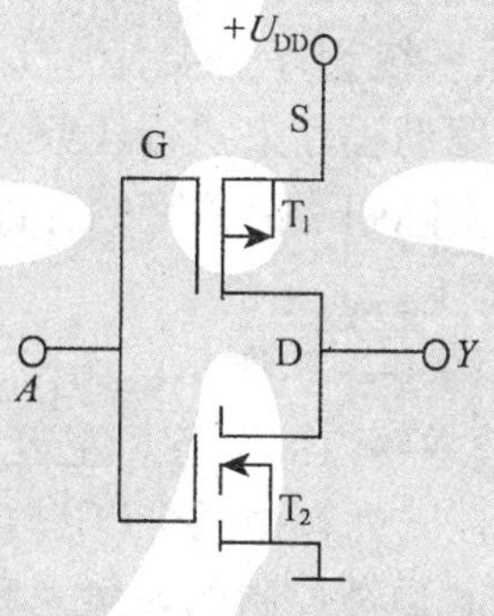

图 1-2-26　CMOS 逻辑电路图

通过电路扩展,可以很容易实现各种逻辑电路,如与非门、或非门等电路。

CMOS 电路的特点是:①静态功耗低,每门功耗为纳瓦级;②逻辑摆幅大,近似等于电源电压;③抗干扰能力强;④可在较广泛的电源电压范围内工作,便于与其他电路接口;⑤速度快,门延迟时间达纳秒级;⑥在模拟电路中其性能也较好。

CMOS 逻辑门电路是在 TTL 电路问世之后开发出的第二种广泛应用的数字集成器件,CMOS 电路的性能已超越 TTL 而成为占主导地位的逻辑器件。CMOS 电路的工作速度可与

TTL 相比较,而功耗和抗干扰能力则远优于 TTL。此外,几乎所有的超大规模存储器件,以及 PLD 器件都采用 CMOS 工艺制造,且费用较低。早期生产的 CMOS 门电路为 4000 系列,随后发展为 4000B 系列。当前与 TTL 兼容的 CMOS 器件,如 74HCT 系列等可与 TTL 器件交换使用。

三、微处理器及其外围接口

微型计算机(Microcomputer)产生于 20 世纪 70 年代初期,其中央处理器(Central Processing Unit,简称 CPU)采用了大规模或超大规模集成电路技术。到 20 世纪 70 年代中期,微型计算机就开始应用于船舶机舱的集中监测系统。如今,微机技术已经渗透到船舶自动化领域的方方面面,从单台设备的自动控制,到机舱设备的分布式监控,再到全船的网络化管理,都已经离不开微型计算机。

微型计算机系统是以微型计算机为核心,再配以相应的外围设备、电源、辅助电路和控制微型计算机工作的软件而构成的完整的计算机系统。

在计算机中,数据和程序均以二进制代码的形式不加区别地存放在存储器中,存放位置由地址指定,地址码本身也为二进制。控制器是根据存放在存储器中的指令序列,即根据程序来工作,并由一个程序计数器控制指令的执行。控制器具有判断能力,能以计算结果为基础,选择不同的动作流程。

微型计算机软件是为了运行、管理和维护微型计算机而编制的各种程序的总和。软件和硬件是微型计算机系统不可分离的两个重要组成部分。微机通过逐条地从存储器中取出程序中的指令,并执行指令规定的操作而实现某种特定的功能。

微型计算机软件包括系统软件和应用软件。系统软件是指不需要用户干预的,为其他程序的开发、调试以及运行等建立一个良好环境的程序。系统软件主要包括操作系统(OS)和系统应用程序。操作系统是控制微型计算机的资源(如 CPU、存储器及 I/O 设备等),使应用程序得以自动执行的程序,是一套复杂的系统程序,用于提供人-机接口和管理、调度计算机的所有硬件与软件资源。其中最为重要的核心部分是常驻监控程序,微机起动后常驻监控程序始终存放在内存中,它接收用户命令,并执行相应的操作。操作系还包括用于执行 I/O 操作的 I/O 驱动程序,每当用户程序或其他系统程序需要使用 I/O 设备时,通常并不是该程序执行 I/O操作,而是由操作系统利用 I/O 驱动程序来执行任务。

应用软件就是用户为解决各种实际问题而编写的各种程序。可用来编写用户软件的语言有机器语言、汇编语言和高级语言等。

典型的微型计算机控制系统如图 1-2-27 所示。图中间是微处理器(CPU)以及组成内存的 ROM 和 RAM,这是微型计算机的主要内部设备。左边为计算机的外部设备,其中包括打印机(PR)、显示屏(CRT)、键盘(KB)以及外存储磁带(CS)或软盘硬盘,它们各自通过相应的接口才能与计算机的内部总线相连。右边被控制的对象总称为用户,有 4 种形式:模拟量、数字量、开关量及脉冲量。

在图右边的通道中,包括输入通道和输出通道。输入通道配有各种传感器,如模拟量传感器、数字量传感器、开关量传感器和脉冲量传感器。输出通道则可以产生相应的控制量,如模拟量输出、数字量输出、开关量输出和脉冲量输出。

在图中每个外围设备和每个外部设备都要用到接口电路。对于外部设备来说,每种设备都有专用的接口电路。对于外围设备来说,因用户对象较多样化,所以常用一些通用的接口器件。

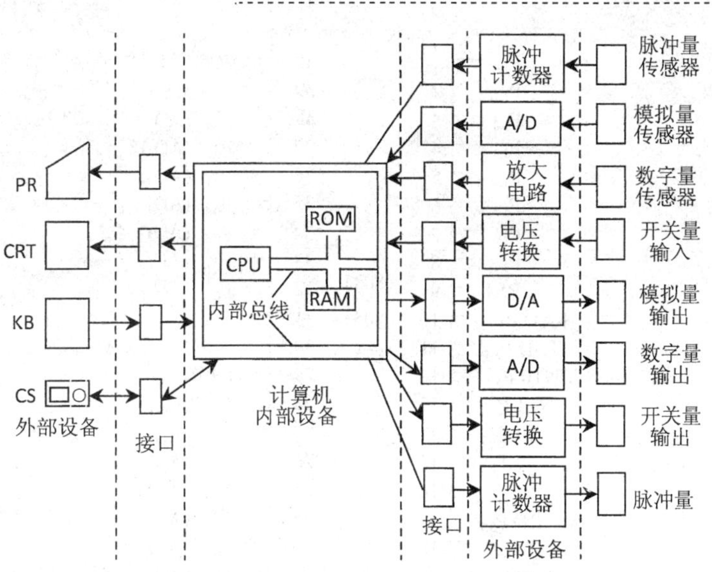

图 1-2-27 典型的微型计算机控制系统

图 1-2-27 是微型计算机控制系统的典型结构。针对具体应用对象,可能有变化,如输入设备只有一个,输出设备也只有一个的情况等。也就是说实际的微型计算机控制系统的结构基本上是以图 1-2-27 为蓝本的。

(一)单片机基础知识

单片机在智能化仪器仪表、家用电器和其他各种嵌入式系统中获得了广泛的应用。船舶机舱的很多控制和检测仪表都采用了单片机技术。单片机的类型很多,但以 MCS-51 系列单片机使用较早、应用最普及。

1.MCS-51 单片机内部总体结构

MCS-51 系列单片机是在一块芯片中集成了 CPU、RAM、ROM、输入/输出接口、系统总线等基本部件构成微型计算机基本部件的 8 位单片机,主要包括:针对控制应用而优化的 8 位 CPU、128 字节的片上数据 RAM、64 kB 的数据存储器寻址空间、64 kB 的程序存储器寻址空间、4 kB 的片上程序存储器(单片机 8031 无)、2 个 16 位定时器/计数器、32 根双向和单独可寻址的 I/O 线、全双工的 UART、2 个优先级的 5 向量中断结构、广泛的布尔处理(单位逻辑)能力、片上时钟振荡器。

2.MCS-51 单片机外部引脚

MCS-51 系列单片机的基本型号为 8031、8051 和 8751。它们在内部结构及应用特性方面存在一些差异,如 8051 和 8751 包含内部程序存储器,对于小型应用系统,无须外挂程序存储器。但它们的引脚与指令系统完全兼容,图 1-2-28 给出了 MCS-51 双列直插式封装的引脚名称及分配情况。

(1)电源及时钟引脚

8031 的工作电源是 5VDC。*V*cc(40 脚)和 *V*ss(20 脚)为电源引脚,用于接入工作电源,其中 *V*cc 接电源+5VDC,*V*ss 接地。

计算机的工作是在时钟脉冲控制下有序进行的。XTAL1 和 XTAL2 为时钟引脚,它们外接振荡晶体与片内的电路构成振荡器,为单片机提供时钟控制信号。

引脚名称	脚号	8031 / 8051 / 8751	脚号	引脚名称
$P_{1.0}$	1		40	VCC
$P_{1.1}$	2		39	$P_{0.0}$(AD_0)
$P_{1.2}$	3		38	$P_{0.1}$ (AD_1)
$P_{1.3}$	4		37	$P_{0.2}$ (AD_2)
$P_{1.4}$	5		36	$P_{0.3}$ (AD_3)
$P_{1.5}$	6		35	$P_{0.4}$ (AD_4)
$P_{1.6}$	7		34	$P_{0.5}$ (AD_5)
$P_{1.7}$	8		33	$P_{0.6}$ (AD_6)
RST	9	8031	32	$P_{0.7}$ (AD_7)
RXD $P_{3.0}$	10	8051	31	$\overline{\text{EA}}$
$\overline{\text{TXD}}$ $P_{3.1}$	11	8751	30	ALE
$\overline{\text{INT0}}$ $P_{3.2}$	12		29	$\overline{\text{PSEN}}$
INT1 $P_{3.3}$	13		28	$P_{2.7}$ (A_{15})
T0 $P_{3.4}$	14		27	$P_{2.6}$ (A_{14})
$\overline{\text{T1}}$ $P_{3.5}$	15		26	$P_{2.5}$ (A_{13})
$\overline{\text{WR}}$ $P_{3.6}$	16		25	$P_{2.4}$ (A_{12})
$\overline{\text{RD}}$ $P_{3.7}$	17		24	$P_{2.3}$ (A_{11})
XTAL2	18		23	$P_{2.2}$ (A_{10})
XTAL1	19		22	$P_{2.1}$ (A_9)
VSS	20		21	$P_{2.0}$ (A_8)

图 1-2-28　MCS-51 双列直插式封装的引脚名称及分配情况

(2)控制引脚

控制引脚提供控制信号,有的还具有复用功能,即在不同情况下具有不同的功能。

①RST(9 脚):复位信号引脚。当振荡器运行时,在此引脚上加上一定时长的高电平将使单片机复位(RESET),即恢复到出厂时的默认状态。

②ALE(30 脚):地址锁存允许。当访问单片机外部存储器时,ALE 输出脉冲的下跳沿用于地址锁存控制。

③$\overline{\text{PSEN}}$(29 脚):外部程序存储器的读选通信号。当 CPU 从外部程序存储器取指令或数据时,$\overline{\text{PSEN}}$有效(低电平),以实现对外部程序的读操作。

④$\overline{\text{EA}}$(31 脚):当$\overline{\text{EA}}$保持低电平时,CPU 只访问外部程序存储器。对于 8031 来说,因其无内部程序存储器,所以该脚必须接地。

(3)I/O 口引脚

MCS-51 单片机共有 4 个 8 位的 I/O 口,分别为 P_0、P_1、P_2 和 P_3。从图 1-2-28 中可以看出,每个 I/O 口都占用了 8 根引脚。每根引脚上出现的电平可以是高电平(代表二进制数"1"),也可以出现低电平(代表二进制数"0"),因此每个 I/O 口各引脚状态组合在一起就表示一个 8 位的二进制数。$P_{X.7}$(X=0~3)代表 8 位二进制数的最高位,$P_{X.0}$(X=0~3)代表最低位。除常规的 I/O 功能外,除 P1 口外,其他口都有第二功能,具体由硬件$\overline{\text{EA}}$位和内部状态位来决定。

除了直接定义 P_0 口作为输入输出信号外,在单片机需要扩展外围存储器等器件时,$\overline{\text{EA}}$为低,P_0 口可定义为地址数据总线。在 8031 中,由于没有内部程序存储器,程序代码必须存储在外部存储器中,CPU 必然要通过 P_0 口输出地址信息,找到相应的地址单元,并将其中的程序代码(二进制数)通过 P_0 口输入。因此,在 8031 中,P_0 口被用作地址总线(低 8 位)及数据总线的分时复用口,在访问(读或写,即输入或输出)外部存储器或外部设备时,分时地切换为地址总线低 8 位和数据总线。正因为这个缘故,$P_{0.7}$~$P_{0.0}$通常记作 $AD_{0.7}$~$AD_{0.0}$(Address Data)。

P_2 口$\overline{EA}$为低时，被用作高8位地址口，其输出高8位地址 $A_{15} \sim A_8$，$A_{15} \sim A_8$与 P_0 口输出的经锁存分离的低8位地址 $A_7 \sim A_0$ 一起形成16位地址信息 $A_{15} \sim A_0$。

P_3口被用作多用途端口，除用作通用的输入输出外，其每一位都可以有第二功能，具体功能如表1-2-3所示。

表1-2-3 8031单片机 P_3口引脚功能表

引脚	功能
$P_{3.0}$	RXD—串行输入（数据接收）口
$P_{3.1}$	TXD—串行输出（数据发送）口
$P_{3.2}$	$\overline{INT0}$—外部中断0输入线
$P_{3.3}$	$\overline{INT1}$—外部中断1输入线
$P_{3.4}$	T0—定时器0外部输入
$P_{3.5}$	T1—定时器1外部输入
$P_{3.6}$	$\overline{WR}$—外部数据存储器写选通信号输出
$P_{3.7}$	$\overline{RD}$—外部数据存储器读选通信号输入

（二）为嵌入式应用程序和对事件的实时响应而设计的微控制器

自计算机技术从20世纪90年代进入充满机遇的“后PC”时代以来，控制系统正在向网络化、数字化迅猛发展，这使得控制技术与嵌入式技术的结合更加紧密。现代工业对控制系统的可扩展性、可管理性和易用性提出了越来越高的要求，这使得常规仪表逐渐被以嵌入式系统为核心的计算机控制系统所替代。

1.嵌入式系统的定义

所谓嵌入式系统（Embedded System），实际上是“嵌入式计算机系统”的简称，它是相对于通用计算机系统而言的。国际电气与电子工程师协会（IEEE）对嵌入式系统的定义为：嵌入式系统是用来控制或监视机器、装置或工厂等大规模系统的设备。可以看出此定义是从应用方面考虑的。国内对嵌入式系统的一般定义为：嵌入式系统是以应用为中心，以计算机技术为基础，软件硬件可裁剪，适应应用系统对功能、可靠性、成本、体积、功耗严格要求的专用计算机系统。

嵌入式系统是软件和硬件的综合体，其涵盖范围和领域都十分广泛，几乎包括了我们周围的所有电器设备，如电视机顶盒、掌上PDA、移动计算设备、多媒体设备、医疗仪器乃至路由器、交换机等。

嵌入式系统是将先进的计算机技术、半导体技术和电子技术与各个行业的具体应用相结合的产物。这一点就决定了它必然是一个技术密集、资金密集、高度分散、不断创新的知识集成系统。嵌入式系统的最大特点是其目的性或针对性，即每一套嵌入式系统的开发设计都有其特殊的应用场合与特定功能，这也是嵌入式系统与通用计算机系统的主要区别。由于嵌入式系统是为特定的目的而设计的，且常常受到空间、成本、存储、带宽等的限制，因此它必须最大限度地在硬件上和软件上“量身定做”以提高效率，从而带来缩短开发周期、降低成本等好处。

2.嵌入式系统的构成

嵌入式系统由硬件和软件两大部分组成。硬件包括微处理器、存储器、外部设备和I/O端口、图形控制器等;软件部分包括操作系统和应用程序。以下重点介绍嵌入式处理器和嵌入式操作系统。

(1)嵌入式处理器

嵌入式系统的核心部件是各种类型的嵌入式处理器,目前据不完全统计,全世界嵌入式处理器的品种总量已经超过1 000多种,流行体系结构有30多个系列,其中8051体系的占多半。生产8051单片机的半导体厂家有20多个,共350多种衍生产品,仅Philips就有近100种。现在几乎每个半导体制造商都生产嵌入式处理器,越来越多的公司有自己的处理器设计部门。嵌入式处理器的寻址空间一般从64 kB到16 MB,处理速度从0.1 MIPS到2 000 MIPS,常用封装从8个引脚到144个引脚。根据其现状,嵌入式处理器可以分成下面几类:

①嵌入式微处理器(Embedded Microprocessor Unit,简称EMPU)

嵌入式微处理器的基础是通用计算机中的CPU。在应用中,将微处理器装配在专门设计的电路板上,只保留和嵌入式应用有关的母板功能,这样可以大幅度减小系统体积和功耗。为了满足嵌入式应用的特殊要求,嵌入式微处理器虽然在功能上和标准微处理器基本是一样的,但在工作温度、抗电磁干扰、可靠性等方面一般都做了各种增强。

和工业控制计算机相比,嵌入式微处理器具有体积小、重量轻、成本低、可靠性高的优点,嵌入式微处理器目前主要有Am186/88、386EX、SC-400、Power PC、68000、MIPS、ARM系列等。

②嵌入式微控制器(Microcontroller Unit,简称MCU)

嵌入式微控制器又称单片机,顾名思义,就是将整个计算机系统集成到一块芯片中。嵌入式微控制器一般以某一种微处理器内核为核心,芯片内部集成ROM/EPROM、RAM、总线、总线逻辑、定时/计数器、WatchDog、I/O、串行口、脉宽调制输出、A/D、D/A、Flash RAM、EEPROM等各种必要功能和外设。为适应不同的应用需求,一般一个系列的单片机具有多种衍生产品,每种衍生产品的处理器内核都是一样的,不同的是存储器和外设的配置及封装。这样可以使单片机最大限度地和应用需求相匹配,从而减少功耗和成本。

和嵌入式微处理器相比,微控制器的最大特点是单片化,体积大大减小,从而使功耗和成本下降、可靠性提高。微控制器是目前嵌入式系统工业的主流。微控制器的片上外设资源一般比较丰富,适合于控制,因此称为微控制器。嵌入式微控制器目前的品种和数量最多,比较有代表性的通用系列包括8051、P51XA、MCS-251、MCS-96/196/296、C166/167、MC68HC05/11/12/16、68300等。

③嵌入式DSP处理器(Embedded Digital Signal Processor,简称EDSP)

DSP处理器对系统结构和指令进行了特殊设计,使其适合于执行DSP算法,编译效率较高,指令执行速度也较高。在数字滤波、FFT、谱分析等方面DSP算法正在大量进入嵌入式领域,DSP应用正从在通用单片机中以普通指令实现DSP功能,过渡到采用嵌入式DSP处理器。嵌入式DSP处理器比较有代表性的产品是Texas Instruments的TMS320系列和Motorola的DSP56000系列。

④嵌入式片上系统(System On Chip,简称SOC)

随着EDI的推广和VLSI设计的普及化,以及半导体工艺的迅速发展,在一个硅片上已经可以实现一个更为复杂的系统,这就是SOC。各种通用处理器内核将作为SOC设计公司的标准库,和许多其他嵌入式系统外设一样,成为VLSI设计中一种标准的器件,用标准的VHDL等

语言描述，存储在器件库中。用户只需定义出其整个应用系统，仿真通过后就可以将设计图交给半导体工厂制作样品。这样除个别无法集成的器件以外，整个嵌入式系统大部分均可集成到一块或几块芯片中去，应用系统电路板将变得很简洁，对于减小体积和功耗、提高可靠性非常有利。

SOC 可以分为通用和专用两类。通用系列包括 Infineon(Siemens)的 TriCore，Motorola 的 M-Core，某些 ARM 系列器件，Echelon 和 Motorola 联合研制的 Neuron 芯片等。专用 SOC 一般专用于某个或某类系统中，不为一般用户所知。一个有代表性的产品是 Philips 的 Smart XA，它将 XA 单片机内核和支持超过 2 048 位复杂 RSA 算法的 CCU 单元制作在一块硅片上，形成一个可加载 JAVA 或 C 语言的专用的 SOC，可用于公众互联网如 Internet 安全方面。

(2)嵌入式操作系统

嵌入式操作系统(Embedded Operating System，简称 EOS)是指用于嵌入式系统的操作系统。嵌入式操作系统是一种用途广泛的系统软件，通常包括与硬件相关的底层驱动软件、系统内核、设备驱动接口、通信协议、图形界面、标准化浏览器等。嵌入式操作系统负责嵌入式系统的全部软、硬件资源的分配、任务调度，控制、协调开发活动。它必须体现其所在系统的特征，能够通过装卸某些模块来达到系统所要求的功能。目前在嵌入式领域广泛使用的操作系统有：嵌入式 Linux、Windows Embedded、VxWorks 等，以及应用在智能手机和平板电脑的 Android、iOS 等。

①VxWorks

VxWorks 是美国风河公司(WindRiver)于 1983 年设计开发的一种实时嵌入式操作系统(RTOS)，是目前嵌入式系统中使用最广泛、市场占有率最高的操作系统。它支持多种处理器，如 x86、i960、Sun Sparc、Motorola MC68xxx、MIPS RX000、POWER PC 等。

VxWork 以其良好的持续发展能力、高性能的内核、友好的用户开发环境、高可靠性和实时性被广泛地应用在通信、军事、航空、航天等高精尖技术及实时性要求极高的领域中，如卫星通信、军事演习、弹道制导、飞机导航等。VxWorks 的实时性做得非常好，其系统本身的开销也很小，进程调度、进程间通信、中断处理等系统公用程序精练而有效，延迟很短。VxWorks 提供的多任务机制中对任务的控制采用了占先式(Preemptive Priority Scheduling)和轮转调度(Round-Robin Scheduling)机制，充分保证了可靠的实时性，使同样的硬件配置能满足更强的实时性要求，为应用的开发留下了更大的余地。

②Windows CE

Microsoft Windows CE 是从整体上为有限资源的平台设计的多线程、完整优先权、多任务的操作系统。它的模块化设计允许它对从掌上电脑到专用的工业控制器的用户电子设备进行定制。

Windows CE 操作系统的基本核心需要至少 200 kB 的 ROM。它支持 Win32 API 的子集，支持多种的用户界面硬件，同时提供熟悉的开发模式和工具。它有五个主要的模块：内核模块、内核系统接口模块、文件系统模块、图形窗口和事件子系统模块、通信模块。

Windows CE 操作系统提供与 PC 类似的界面和主要应用程序，使熟悉 PC 机 Windows 系统的用户能很快掌握它的使用。

③嵌入式 Linux

自由免费软件 Linux 是一个类似于 Unix 的操作系统。嵌入式 Linux 由于代码开放及强大的网络功能，在嵌入式产品的开发中具备巨大的潜力。由于其内核代码完全开放，不同领域和

不同层次的用户可以根据自己的应用需要方便地对内核进行改造,以低成本设计开发出满足自己需要的嵌入式系统。而且嵌入式 Linux 具备一整套工具链,容易自行建立嵌入式系统的开发环境和交叉运行环境,可以跨越嵌入式系统开发中仿真工具的障碍。此外,嵌入式 Linux 具有广泛的硬件支持特性,无论是 RISC 还是 CISC、32 位还是 64 位等各种处理器,嵌入式 Linux 都能运行。嵌入式 Linux 支持各种主流硬件设备和最新硬件技术,甚至可以在没有存储管理单元(MMU)的处理器上运行(如 μCLinux),这意味着嵌入式 Linux 未来将具有更广泛的应用前景。

除上述常见的操作系统外,还可偶尔见到 Nucleus 实时操作系统和 QNX 实时可扩充的操作系统。

(三)典型的输入和输出设备的接口电路

输入和输出设备是计算机系统的重要组成部分,计算机通过它们与外界进行数据信息交换。微机 I/O 接口技术是采用硬件与软件相结合的方法,确保微处理器 CPU 与外界进行最佳耦合与匹配,以便在 CPU 与外界之间实现高效、可靠的信息交换。CPU 与外设之间交换信息包括数据信息、状态信息和控制信息,接口电路的功能主要包括速度匹配、地址译码和设备选择、电平和功率的匹配、模拟量和数字量转换、信息串并行传送的转换及为 CPU 提供外部设备的状态等。

一个典型的 8031 单片机系统 I/O 接口结构如图 1-2-29 所示,由图中可见,CPU 与外设不是直接相连,中间不必经过 I/O 接口。CPU 通过数据总线(DB)、地址总线(AB)和控制总线(CB)与 I/O 接口连接,以实现与外设交换数据信息、状态信息和控制信息。

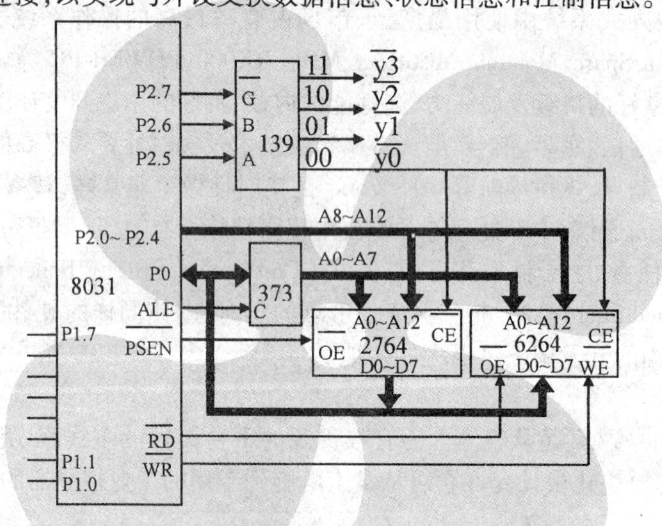

图 1-2-29 一个典型的 8031 单片机系统 I/O 接口结构

需要注意强调的是,状态信息和控制信息通常也是通过数据总线(DB)传送的。在接口电路中,一般都设有数据寄存器、状态寄存器和控制寄存器,分别对这 3 种不同性质的信息进行锁存和处理。因此,一个外设往往要占用几个端口,如数据端口、状态端口、控制端口等。

1.开关量输入

在船舶机舱中,开关量往往来自操作台或控制箱的按钮、转换开关、继电器或来自现场的行程开关等的触点,而且伴有不同的电平输出和干扰噪声,因此必须经过电平转换电路,将触点的通断转换成计算机电路能够接受的逻辑电平,同时还要考虑滤波、去抖动以及信号隔离等

措施，常用的微机工作电平是 TTL。

各种微处理系统的输入电路大多都相同，主要有两种类型：一种是直流（12～24 V）输入，另一种是交流（100～120 V）、（200～240 V）输入。

如图 1-2-30 所示为微机直流输入接口电路，微处理系统输入电路有光电耦合器隔离，并设有 RC 滤波器，可以消除输入触点的抖动和外部噪声干扰。当输入开关闭合时，一次电路中有电流流过，输入指示 LED 灯亮，光电耦合器被激励，三极管从截止状态变为饱和导通状态，这一状态经滤波电路和输入选择器由 I/O 总线进行输入。

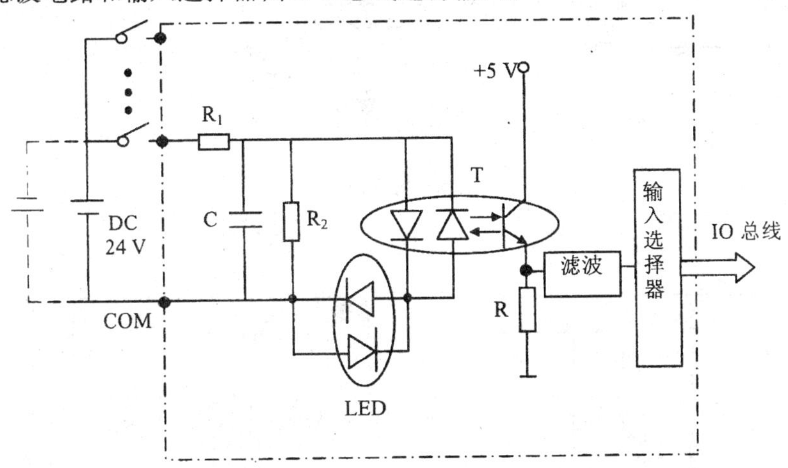

图 1-2-30　微机直流输入接口电路

如果采用的是双向光耦，则外部接线没有极性要求，即公共端子 COM 既可以接在电源的正极，也可以接在负极，即该接口可作为交流输入接口。如果采用单个光耦，则只能选择使用直流输入。

2. 开关量输出

如继电器、电磁阀、发光二极管等开关量输出用于控制外部设备的起停或进行状态指示等。通常有晶体管输出、电子无触点开关输出和继电器输出等几种形式。为保证计算机安全、可靠的工作，输出部分要加光电隔离电路，同时为了驱动继电器或其他执行部件，输出通道一般都要设置功率放大电路。

如图 1-2-31 所示为几种典型的开关量输出电路。其中，图 1-2-31（a）为采用 373 锁存器作为输出接口的 TTL 电平输出电路，输出可以直接驱动发光二极管等低功率负载。锁存器的时钟端 C 由片选线和写信号经或非门控制，输出控制端$\overline{\text{OC}}$接地，输入端来自 CPU 数据总线，输出端经光电隔离后控制 8 个指示灯的状态。当计算机对片选地址执行写操作时，片选线和写信号$\overline{\text{WR}}$同时为 0，或非门输出 1，将来自数据总线的写出内容送入锁存器，由于输出控制端接地，使得锁存器输出端始终有效，因此送入锁存器的内容直接到达输出端，经光电隔离后控制各个指示灯的状态。

从图 1-2-31（a）不难看出，输出字节中，状态为 0 的位将使相应的指示灯点亮，状态为 1 的位则使指示灯熄灭。以 D7 位为例，若 D7 = 0，则 Q7 = 0，光电隔离器中的发光管点亮，与其配对的三极管导通，集电极接地，指示灯 H7 点亮；反之，若 D7 = 1，则 Q7 = 1，发光管关断，三极管截止，指示灯 H7 熄灭。

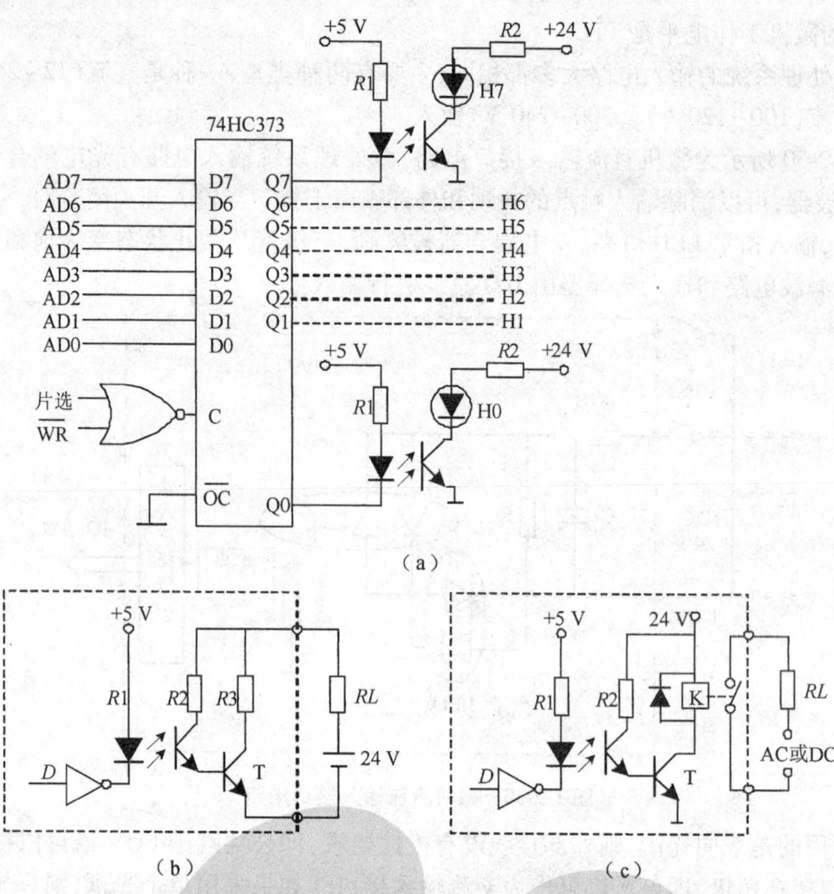

图 1-2-31　几种典型的开关量输出电路

图 1-2-31(b)为开关量的晶体管输出原理，D 端为输出接口电路输出的某个字节位，或为 0，或为 1。若 D=1，则经反相后使光电隔离器中的发光管点亮，与其配对的三极管导通，三极管 T 也导通，负载 RL 得电；反之，三极管 T 截止，RL 失电。它适用于控制板外供电的继电器和电磁阀等的电磁线圈，板外电源必须是直流电源。晶体管输出只能带直流负载，且电源方向有极性要求。其驱动能力较弱，不适用于直接带继电器、接触器和电磁阀等大容量负载。但响应速度较快（约为 0.2 ms），无触点，寿命长。

图 1-2-31(c)为开关量的继电器输出原理。其与晶体管输出的区别在于三极管 T 驱动的是继电器 K，对板外输出的是继电器 K 的触点。由于是触点输出，外界负载 RL 既可以是直流电源也可以是交流电源。继电器输出对外提供的是无源干触点，适用于驱动大、小容量的交、直流负载，对直流负载的接线无极性要求。缺点是响应速度（即通断速度）较慢（约为 10 ms），且触点寿命有限制。

晶闸管输出接口采用了光触发型双向晶闸管，适用于驱动交流负载。适用的交流电压范围较宽，负载能力强，可直接驱动各种大容量设备，响应时间短（约为 1 ms），无触点，寿命长。该光控的双向晶闸管即俗称的固态继电器。

3.射频设备

射频技术（RF）是 Radio Frequency 的缩写，是一种非接触式的自动识别技术，通过射频信号自动识别目标对象并获取相关数据，识别工作无须人工干预，可工作于各种恶劣环境。RF

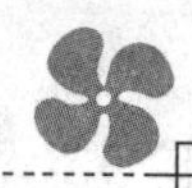

技术可识别高速运动物体并可同时识别多个标签,操作快捷方便。较常见的应用有无线射频识别(Radio Frequency Identification,简称 RFID),常称为感应式电子晶片或近接卡、感应卡、非接触卡、电子标签、电子条码等。其原理为由扫描器发射一特定频率的无线电波能量给接收器,用以驱动接收器电路将内部的代码送出,此时扫描器便接收此代码。电子标签即为 RFID,有的称射频标签、射频识别。RFID 技术具有条形码所不具备的防水、防磁、耐高温、使用寿命长、读取距离大、标签上数据可以加密、存储数据容量更大、存储信息更改自如等优点。短距离射频产品不怕油渍、灰尘污染等恶劣的环境,可在这样的环境中替代条码,例如用在工厂的流水线上跟踪物体。长距射频产品多用于交通领域,识别距离可达几十米,如自动收费或识别车辆身份等。RFID 解决方案可按照行业进行分类,包括物流、防伪防盗、身份识别、资产管理、动物管理、快捷支付等。

(1)系统组成

最基本的 RFID 系统由三部分组成:

标签(Tag):由耦合元件及芯片组成,每个标签具有唯一的电子编码,附着在物体上标识目标对象。

阅读器(Reader):读取(有时还可以写入)标签信息的设备,可设计为手持式或固定式。

天线(Antenna):在标签和读取器间传递射频信号。

(2)工作原理

电子标签又称为射频标签、应答器、数据载体;阅读器又称为读出装置、扫描器、通信器、读写器(取决于电子标签是否可以无线改写数据)。电子标签与阅读器之间通过耦合元件实现射频信号的空间(无接触)耦合,在耦合通道内,根据时序关系,实现能量的传递、数据的交换。

发生在阅读器和电子标签之间的射频信号的耦合类型有电感耦合和电磁反向散射耦合。电感耦合方式一般适合于低、高频工作的近距离射频识别系统。典型的工作频率有:125 kHz、225 kHz 和 13.56 MHz。识别作用距离小于 1 m,典型作用距离为 10~20 cm。电磁反向散射耦合方式一般适合于超高频、微波工作的远距离射频识别系统。典型的工作频率有:433 MHz,915 MHz,2.45 GHz,5.8 GHz。识别作用距离大于 1 m,典型作用距离为 3~10 m。

4.温度传感器

温度传感器主要用于检测机舱中的各种温度信号,例如各种水温、油温和排气温度等。常用的温度传感器有热电阻式、热电偶式及热敏电阻式三种。

(1)热电阻式温度传感器

热电阻式温度传感器在船上常用于测量冷却水温度和轴承温度等。常见的热电阻有铜热电阻和铂热电阻两种,其电阻值和测量度一一对应,且具有较好的线性关系。例如,Pt100 是船舶机舱常用的铂热电阻,当测量温度为 0 ℃时,电阻值为 100 Ω,而在 100 ℃时的电阻值为 138.5 Ω。忽略非线性的话,其大致关系为 $Rt=100+\alpha t$。常采用电桥电路将被测温度的变化转换成相应的电压输出,需要配置检测电桥和信号调理放大电路。

(2)热电偶式温度传感器

热电偶式温度传感器适用于检测高温的场合,例如应用于主机排气温度的测量等。热电偶式温度传感器的主要种类区别在其热电偶芯(两根偶丝)的材质,材质不同,所输出的电动势也不同,热电偶式温度传感器主要有铂铑 10-铂 S 型、镍铬-镍硅 K 型、镍铬-铜镍 E 型等,测量的范围和精度略有不同。由于测量点为高温,所以热电偶式温度传感器外形设计较长,以确保接线端为冷端,不受被测高温的影响。

(3)热敏电阻式温度传感器

热敏电阻温度传感器是利用半导体的电阻随温度变化的特性制成的，一般适用于-100～300 ℃间的温度及相关参量的测量，也被广泛地应用在控制和电子线路热补偿电路中，如电子温度继电器，电动机、发电机的过热保护等。

半导体热敏电阻种类繁多，按阻值温度系数分，有正温度系数热敏电阻 PTC、负温度系数热敏电阻 NTC 和临界温度系数热敏电阻 CTR。其共同的特性是电阻变化大，但变化为非线性，电阻变化快的温度范围小。PTC 是电阻值随温度升高而增大的热敏电阻，常用作小功率的加热元件，具有自动恒温、限流、只发热不发火等特殊功能，日常生活中电热毯、电蚊香加热盘就可用 PTC 元件制成。而 NTC 是电阻随温度升高而变小的热敏电阻，CTR 具有开关特性和一个温度突变点。使用中需要选择电阻变化灵敏的区域作为被测参数的工作区域。

热敏电阻有很多的良好特性，如电阻温度系数大、灵敏度高，因此引线电阻影响小，与电子仪表组成的测温计可精确地完成温度测量；热敏电阻的结构简单、体积小，热惯性小；稳定性好，寿命长。

热敏电阻的主要特殊参数有：标称阻值是测量温度为 25 ℃时测得的电阻值；电阻温度系数 α(%/℃)是表示热敏电阻温度每变化 1 ℃，其电阻值变化程度的系数(即变化率)，显然温度系数越大，热敏电阻对温度变化的反应越灵敏。

5.湿敏传感器

湿敏元件是最简单的湿度传感器。湿敏元件主要有电阻式、电容式两大类。

湿敏电阻的特点是在基片上覆盖一层用感湿材料制成的膜，当空气中的水蒸气吸附在感湿膜上时，元件的电阻率和电阻值都发生变化，利用这一特性即可测量湿度。

湿敏电容一般是用高分子薄膜电容制成的。当环境湿度发生改变时，湿敏电容的介电常数发生变化，使其电容量也发生变化，其电容变化量与相对湿度成正比。

电子式湿敏传感器的准确度可达 2%RH～3%RH，比干湿球测湿精度高。

湿敏元件的线性度及抗污染性差，在检测环境湿度时，湿敏元件要长期暴露在待测环境中，很容易被污染而影响其测量精度及长期稳定性，这方面没有干湿球测湿方法好。湿度传感器具体包括电阻式氯化锂湿度计、露点式氯化锂湿度计、碳湿敏元件、氧化铝湿度计等，其中氧化铝传感器的突出优点是：体积非常小(例如用于探空仪的湿敏元件厚仅 90 μm、重 12 mg)，灵敏度高(测量下限达-110 ℃露点)，响应速度快(一般在 0.3～3 s 之间)，测量信号直接以电参量的形式输出，大大简化了数据处理程序。

干湿球湿度计的准确度只有 5%RH～7%RH，不但低于电子湿度传感器，而且还取决于干球、湿球两支温度计本身的精度；湿度计必须处于通风状态：只有纱布水套、水质、风速都满足一定要求时，才能达到规定的准确度。而湿度传感器在出厂前都要采用标准湿度发生器来逐支标定，不能使用干湿球湿度计去校对干湿球湿度计。在需要校准时也需要使用精度和可靠度、稳定度更高的湿度计，避免用干湿球湿度计等准确度低的器具去校准或比对精度高的传感器。

(四)数字接口

计算机通信是指计算机与外界的信息传输，既包括计算机与计算机之间的信息传输，也包括计算机与外部设备，如显示器、磁盘和打印机之间的信息传输。信息的实体是数据，因此信息传输最终的表现形式是数据通信。

1.串行外设接口

计算机的数据通信有两种方式，一是并行通信，另一种是串行通信。所谓并行通信，是指采用并行的多根数据线同时传输多位二进制数，一般都以字节（即8位二进制数）为单位。而串行通信则是使用一根数据线，在发送端将字节拆开后按顺序一位一位地传输，接收端逐位接收，接收完后再对字节进行组装复原。串行通信的速度不断提高，被越来越广泛地应用到远距离数据通信中，是目前通信网络中主要采用的数据传输模式。

（1）串行通信的通道形式

串行通信共有以下几种数据通道形式：

①单工通信

单工形式的数据或信号传送是单向的。通信双方中一方固定为发送端，另一方则固定为接收端。单工形式的串行通信，只需要一条数据或信号通道，如图1-2-32(a)所示。例如寻呼台到寻呼机的通信。

②半双工通信

半双工形式的数据或信号传送是双向的，但任何时刻只能由其中的一方发送数据或信号，另一方接收数据或信号。因此半双工形式既可以使用一条数据通道，也可以使用两条数据通道，如图1-2-32(b)所示是采用一条数据通道，两个开关同时向上时，A发B收；两个开关同时向下时，B发A收。

③全双工通信

全双工形式的数据或信号传送也是双向的，且可以同时发送和接收数据或信号。因此，全双工形式的串行通信至少需要两条数据或信号通道，如图1-2-32(c)所示。例如打电话的双方的通信。

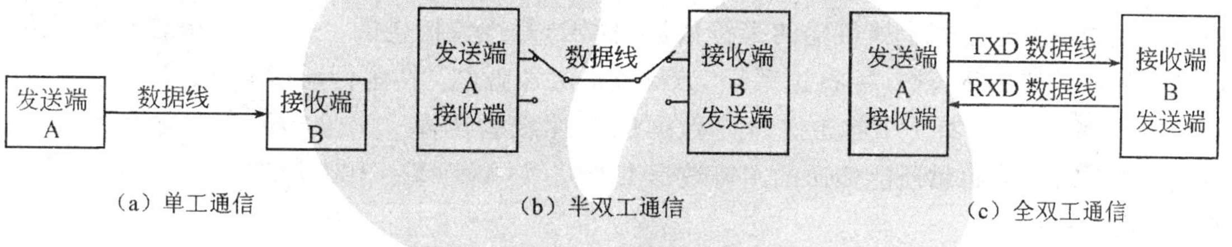

图1-2-32　串行通信数据通道形式

（2）串行通信的分类

根据串行数据的传送方式，串行通信可以分为同步通信和异步通信两类。

①异步通信

在异步通信中，数据通常是以字符(或字节)为单位组成字符帧传送的。字符帧由发送端一帧一帧地发送，通过传输线为接收设备一帧一帧地接收。发送端和接收端可以由各自的时钟来控制数据的发送和接收，这两个时钟源彼此独立，互不同步。但由于该两个时钟频率一致，只要确认发送的开始，即协调发送与接收数据。

具体发送和接收受字符帧格式规定的约束。平时发送线为高电平(逻辑“1”)，表示无信息发送，每当接收端检测到传输线上发送过来的低电平逻辑“0”(字符帧中起始位)时就知道发送端已开始发送，接收端开始以同样的速率接收信号，而当接收端接收到字符帧中停止位时可确认一帧字符信息已发送完毕。

在异步通信中，字符帧格式和波特率是两个重要指标，由用户根据实际情况选定。

a.字符帧(Character Frame)

字符帧也叫数据帧,由起始位、数据位、奇偶校验位和停止位 4 部分组成,如图 1-2-33 所示。

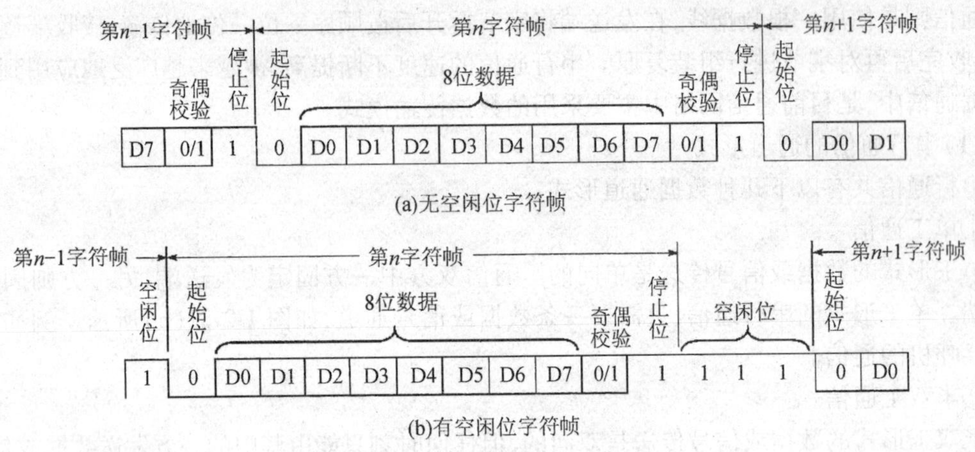

(a)无空闲位字符帧

(b)有空闲位字符帧

图 1-2-33 异步通信的字符帧格式

b.波特率

波特率(Baud rate)的定义为每秒钟传送二进制数码的位数(亦称比特数),单位是 bit/s (bit per second),即位/秒。波特率是串行通信的重要指标,用于表征数据传送的速度。波特率越高,数据传输速度越快。国际上规定了一个标准波特率系列:110、300、600、1 200、1 800、2 400、4 800、9 600、14.4k、19.2k、28.8k、33.6k、56 kbit/s,通常,异步通信的波特率在 50~9 600 bit/s 之间。如 9 600 bit/s,指每秒传送 9 600 bit,包含字符的数位和其他必需的数位,如奇偶校验位等。通信线上所传输的字符数据(代码)是逐位传送的,一个字符由若干位组成,因此每秒所传输的字符数(字符速率)和波特率是两种概念。在串行通信中,假设传送一个字符,包括 12 bit(其中有 1 个起始位,8 个数据位,1 个校验位,2 个停止位),其传输速率(波特率)是 1 200 bit/s,每秒所能传送的字符数是 1 200/(1+8+1+2)= 100 个。

c.错误校验

数据在长距离传送过程中必然会发生各种错误,奇偶校验是一种最常用的校验数据传送错误的方法。奇偶校验分奇校验和偶校验两种。

若采用偶检验,则发送端电路会自动检测发送字符位中"1"的个数,并在奇偶校验位上添加"1"或"0",使得"1"的总和(包括奇偶校验位)为偶数。接收端电路会对字符位和奇偶校验位中"1"的个数加以检测,若"1"的个数为偶数,则表明数据传输正确;若"1"的个数变为奇数,则表明数据在传送过程中出现了错误。

若采用奇校验,则相反。

②同步通信

同步通信是一种连续串行传送数据的通信方式,一次通信只传送一帧信息。发送数据的同时,时钟同步信号同时发送,接收方根据时钟信号同步接收数据。这里的信息帧和异步通信中的字符帧不同,通常含有若干个数据字符。

同步通信的数据传输速率较高,通常可达 56 000 bit/s 或更高。同步通信的缺点是要求发送时钟和接收时钟保持严格同步,故发送时钟除应和发送波特率保持一致外,还要求把它同时

传送到接收端去。

2.通用输入/输出引脚(GPIO)

General Purpose Input Output(通用输入/输出)简称为 GPIO,或总线扩展器。是利用工业标准 I^2C、SMBus 或 SPI 接口简化了 I/O 口的扩展。当微控制器或芯片组没有足够的 I/O 端口,或当系统需要采用远端串行通信或控制时,GPIO 产品能够提供额外的控制和监视功能。每个 GPIO 端口可通过软件分别配置成输入或输出。有的 GPIO 提供推挽式输出或漏极开路输出。

(五)模数转换器(ADC)和数模转换器(DAC)

计算机的模拟量输出是依靠 D/A 转换器来实现的,即计算机以适当的方式把数字量送入 D/A 转换器即可,D/A 转换器会自动地把送来的数字量转换为相应的模拟量输出。

1.数模转换器(DAC)

D/A 转换器的模拟量输出 V_{OUT}与输入数字量 B 的绝对值大小关系可用以下公式计算:

$$V_{OUT}=\frac{B}{2^n}\times V_R$$

式中,V_R 为参考电压,也是 D/A 转换器的量程;B 为数字量,是一个二进制数,通常为 8 位、12 位和 16 位等,D/A 转换器的芯片型号决定;n 为 D/A 转换器的位数。

假设,参考电压为+5 V,则当输入不同的二进制数时,D/A 转换器的输出将是一个从-5~0 V 的电压输出,表 1-2-4 给出了一些转换结果示例。

表 1-2-4　D/A 转换结果示例

数字量输入		模拟量输出
十六进制	二进制	
00H	0000 0000B	0 V
08H	0000 1000B	0.16 V
10H	0001 0000B	0.31 V
7FH	0111 1111B	2.48 V
FFH	1111 1111B	4.98 V

(1)D/A 转换器的性能指标

D/A 转换器的性能指标是选用 DAC(Digital Analog Converter,简称 D/A 转换器)芯片型号的依据,也是衡量芯片质量的重要参数,主要指标有以下四个:

①分辨率

分辨率是指 DAC 输入数字量的最低有效位(Least Significant Bit,简称 LSB)发生变化时,所对应的输出模拟量的变化量。

分辨率反映了 DAC 输出模拟量的最小变化值,它和输入数字量的二进制位数有确定关系。一个 n 位的 DAC 所能分辨的最小电压增量为参考电压值的 2^{-n}倍。例如:参考电压为 5 V 的 8 位 DAC 芯片的分辨率为 $5\times2^{-8}=19.5$ mV;若采用 16 位 DAC,则其分辨率高达 $5\times2^{-16}=76.29$ μV。从表 1-2-4 可用看出,当被转换的数字量达到最大值 FFH 时,模拟量输出的绝对值不到 5 V,这正是由于分辨率的缘故。

②转换精度

转换精度是指满量程时 DAC 的实际模拟输出值和理论值之间的差值。

③偏移量误差

偏移量误差是指输入数字量为零时,输出模拟量对零的偏移值。这种误差通常可以通过DAC 的外接 V_R 和电位计加以调整。

除上述指标外,线性度、转换速度和温度灵敏度也是 DAC 的重要技术参数。

(2)计算机的模拟量输出

计算机的模拟量输出是依靠 D/A 转换器来实现的。即计算机以适当的方式把数字量送入 D/A 转换器即可,D/A 转换器会自动地把送来的数字量转换为相应的模拟量输出。

DAC0832 是一种常用的模拟量输出芯片,是一个 8 位的 DAC 芯片,有多种工作方式。如图 1-2-34 所示为逐次逼近法 A/D 转换法框图,是 DAC0832 的一种用法,在这种连接方式下,只要将数字量送至其输入引脚(DI7～DI0),与之相连的运放器 A 就会输出与该数字量相对应的模拟电压输出。

图 1-2-34 中,锁存端的 C 端由译码电路产生的片选地址信号和计算机的读控制信号 $\overline{WR}$ 联合控制。只要计算机对片选地址进行一次写操作,就能把要输出的数字量存入锁存器中。由于锁存器的输出控制端 $\overline{OC}$ 已接地,因此存入的内容将直接送至 DAC0832 进行 D/A 转换。

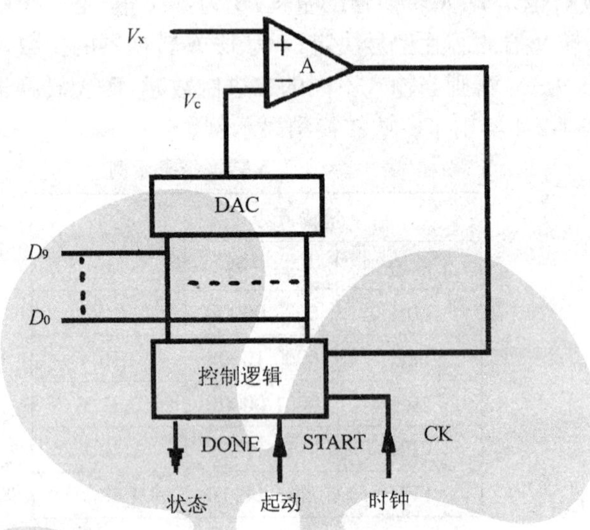

图 1-2-34　逐次逼近法 A/D 转换法框图

2.模数转换器(ADC)

(1)A/D 转换原理

A/D 转换的功能与 D/A 转换相反,它是将连续变化的模拟量信号转换为二进制的数字量信号,便于计算机进行处理。

A/D 转换的实现方法很多,常用的一种方法称为逐次逼近法,图 1-2-34 给出了逐次逼近法的基本原理。其转换的基本思路是,将要转换的模拟电压信号 V_x 送至比较器 A,与 DAC 输出的模拟电压 V_c 进行比较,而 DAC 的输入来自控制逻辑电路的输出。控制逻辑电路先将 10 位二进制数(D_9～D_0)的最高位 D_9 假设为“1”,其余各位假设为“0”,经 D/A 转换后与 V_x 比较,若 $V_x>V_c$,则说明 D_9 位假设正确,保留为“1”;若 $V_x<V_c$,则说明假设错误,将 D_9 位置“0”。并以同样的方法对 D_8～D_0 进行逐位假设和判断,直到最低位为止。最终得到的二进制数即为与 V_x 对应的数字量转换结果。

在逐次比较过程中,每次都要用到 DAC 进行 D/A 转换,DAC 需要一个参考电压。显然,

被转换的模拟电压 V_x 不能超过 DAC 的参考电压,因此这一内部 DAC 的参考电压称作 ADC(Analog Digital Converter,简称 A/D 转换器)的参考电压。假设参考电压为+5 V,V_x=3.75 V,则经逐次比较的结果所转换成的 10 位数字量应为 1100000000(768)。当 10 位均比较完毕时,控制逻辑停止 A/D 转换,这时 10 位二进制数正好与输入的模拟量电压信号 V_x 相对应。

(2)A/D 转换器的性能指标

ADC 的性能指标是正确选用 ADC 芯片的基本依据,也是衡量 ADC 质量的关键问题。ADC 性能指标包括分辨率、转换精度、线性度、偏移误差、温度灵敏度、转换速度和功耗等。

①分辨率

ADC 的分辨率是指为使输出数字量的最低有效位(LSB)发生变化所需输入模拟电压的变化量。但习惯上通常用数字量的位数表示,如 8 位、10 位、12 位、16 位分辨率等。若分辨率为 8 位,则它可以对全量程的 2^{-8}(1/256)增量做出反应。分辨率越高,ADC 对输入量变化的反应越灵敏。

②转换速度

转换速度是指完成一次 A/D 转换所需时间的倒数,是一个很重要的指标。ADC 型号不同,转换速度差别很大。通常,8 位逐次比较式 ADC 的转换时间为 100 μs 左右。

③转换精度

ADC 的转换精度由模拟误差和数字误差组成。模拟误差是比较器、解码网络中电阻值以及基准电压波动等引起的误差。数字误差主要包括丢失码误差和量化误差,前者属于非固定误差,由器件质量决定,后者和 ADC 输出数字量位数有关,位数越多,误差越小。

(3)计算机的模拟量输入

计算机对开关量的输入相对简单,只要对开关量接口芯片进行读操作即可,但对模拟量的输入则要复杂些。

在实际应用中,为了节约硬件成本,往往多个模拟量共用一个 A/D 转换器。但在同一时刻,A/D 转换器只能对一个模拟量进行 A/D 转换。其解决办法通常是采用一个多路转换开关对多路模拟量信号进行分时切换。多路转换开关的结构框图(又称模拟量输入通道框图)如图 1-2-35 所示,图中 IN_7~IN_0 是 8 个模拟量输入通道;EN 是多路转换开关的片选端,高电平有效;A_2~A_0 是 CPU 发出的通道选择信号,经译码器可译出 8 种状态;OUT 是转换开关的输出端,接至 A/D 转换器的输入端。若 $A_2A_1A_0$=000,则经译码后将使电子开关 K_0 闭合,0 号通道 IN_0 的模拟量信号与 OUT 端接通,送至 A/D 转换器进行 A/D 转换;若 $A_2A_1A_0$=101,经译码器使电子开关 K_5 闭合,则选通 5 号通道 IN_5,依此类推。经过多路开关选通的信号往往还要进行放大处理,使之达到与 A/D 转换器工作相适应的电压级别。

如图 1-2-35 所示为模拟量输入通道原理框图,是经常采用的方案。各个组成部分的功能如下:

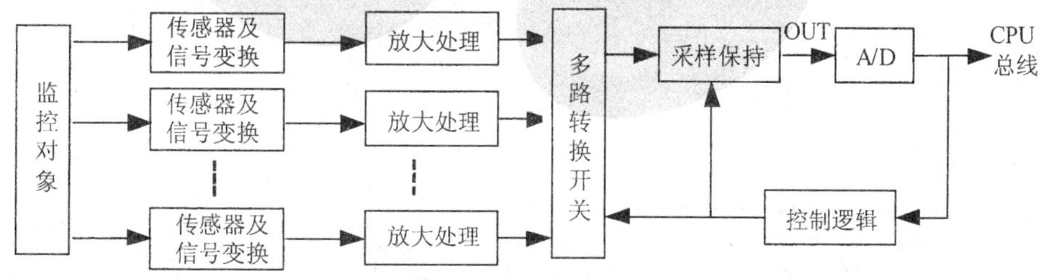

图 1-2-35　模拟量输入通道原理框图

①传感器及信号转换:将来自监控对象的物理量转换为电信号,必要时还必须包含滤波电路和线性补偿电路。

②放大电路:对微弱的电信号进行放大,为后端数据采集提供标准范围。如果各个通道的信号性质相同,例如都是来自 Pt100 传感器的缸套冷却水温度信号,经过放大处理后得到 A/D 转换需要的标准电压信号。

③多路转换开关:多路切换开关也称为多路转换器或采样单元,它的作用是在控制逻辑的协调下把多个输入信号接到放大器或采样保持器,达到 CPU 对各路模拟量进行分时采样的目的。

④采样保持器:可以形象地理解为对模拟信号的暂时存储,以保证在 A/D 转换期间保持采样信号不变,减少采样误差。有些 A/D 转换器自带采样保持功能,此时采样保持器可以省略。

⑤A/D 转换器:即模/数转换,将模拟信号转换为计算机可以识别的二进制数字量。

⑥接口电路:提供模拟输入通道与计算机之间的控制信号和数据传输通路。

第二章
电气与电子控制设备的操作管理

第一节　船舶电工

一、船舶电工材料

电工材料是指用于电气设备的制造、电气设备的安装及相互连接、电气设备的维护、修理、保护的各种材料。船舶常用低压电工材料是指在船舶低压电气设备中常用的电工材料。由于船舶的工作环境比陆地工作环境恶劣得多，所以对船用低压电工材料的性能有其特殊要求。船舶工作环境的主要特点有：

(1)船舶航行区域广阔，气象、海况、气温、湿度变化大。

(2)因海上风浪作用，经常受到摇摆、冲击影响。

(3)舱室内空气不仅带有油雾、霉菌等腐蚀物，而且还含有盐雾，甚至混有爆炸性气体。

(4)主机、辅机等动力机械运行中造成的振动，使某些部位存在共振现象。

(5)船舶舱室容积小，通风差，舱室内湿度较大，易使电气设备的绝缘性能降低。

对船用低压电工材料性能的特殊要求有：

(1)绝缘性能好。要求在工作过程中，不易发生故障，保证设备和人身的安全。

(2)应具有防盐雾、防油雾、防霉菌和防水、防燃、防爆的性能。

(3)应有抗冲击、耐振动、承受摇摆的能力。

(4)应具有抗低温、耐高温以及承受湿度大恶劣环境的能力。

(5)船用低压绝缘材料的温度级别一般为 E 级以上。

船用低压电工材料的种类是很多的，也有多种的分类方法，通常按电磁性质分类的方法比较实用。按电磁性质分类可把低压电工材料分为导电材料、绝缘材料、半导体材料、磁性材料和其他常用的船舶低压电工材料等。绝缘材料，是指电阻率在 $10^9\ \Omega \cdot cm$ 以上的材料。在电气设备、输电线路和电工仪器仪表中，绝缘材料的作用是将带电部件与其周围的其他部件或带电部件之间相互隔离，也就是绝缘作用，以使电流按所规定的途径流通，并保证设备的安全运行。

(一)船舶常用的导体材料

导体材料即常说的电缆、电线、铜排、接地排等,还有熔体、电磁线等。

1.船舶常用电缆和电线

船舶常用的电缆和电线型号很多,表 2-1-1 列出几种常用电线的型号及性能。

表 2-1-1　几种常用电线的型号及性能

型号	名称	用 途	使用条件		额定电压(V)	
			环境温度(℃)	长期允许工作温度(℃)	交流(50 Hz)	直流
AV	聚氯乙烯绝缘仪表安装线	无线电仪表及电话机等弱电设备线路作安装接线用	-40～+50	+60	250	500
AVR	聚氯乙烯绝缘安装软线	低压弱电流电器、仪表和无线电设备作柔软安装接线用	-40～+50		250	500
AVP-14	聚氯乙烯绝缘及护套屏蔽安装电缆	电信设备作为固定安装连接线	-40～+70		380	500
BV	聚氯乙烯绝缘铜芯线	适用于作室内干燥场所的电气设备、仪表及照明装置的连接线	-40～+50	+60	500	1 000
BVV	聚氯乙烯绝缘和护套铜芯线	适用于作室内干燥及潮湿场所的电气设备、仪表及照明装置的连接线	-40～+50	60	500	1 000
BVR	聚氯乙烯绝缘铜芯软线	适用于作室内干燥场所要求比较软的电气设备、仪表及照明装置的连接线	-40～+50	60	500	1 000

2.电磁线

一般指用于绕制电器、电机绕组和变压器线圈的绝缘导线,所用材料有铜线和铝线两种。其电磁线按表面的绝缘材料分为漆包线、纱包线和纱包漆包线三种。漆包线是在铜导线表面涂以珐琅漆层绝缘的电磁线,其优点是电性能好,导热性好,不吸水、绕制线圈时所占空间小等。其缺点是绝缘层在外机械力作用下易于破损,影响绝缘性能。

3.保护性导电材料

熔体材料主要用于制成各种形式的熔断器,在电路中起到保护电路的作用。常用的熔体材料有铜、银、锌、铅锡合金、铝及其他合金。从性能上讲,银是最合适的熔体材料,但资源很少。铜具有与银最相近的物理性能,因此也被广泛用作熔体材料,但是铜的热电常数比很大,不宜做快速熔断器的熔体。近年来,铝质熔体得到发展,其主要优点是价格低廉,根据其物理性能,特别适合作快速熔断器的熔体。

4.接触性导电材料

船舶上各种电器触头、电位器滑动触头以及开关的触点等都是用接触性导电材料制成的,

材料性能的好坏直接影响到设备的维护保养工作。对这种材料的要求是：

（1）具有足够高的电导率，接触处不易产生电阻较高的氧化物。

（2）机械弹性好、抗拉、抗压、磨损小，使用寿命长。

（3）耐腐蚀、抗电弧侵蚀、接触可靠。

船上常用的接触性导电材料有银铜合金、铜钨合金、硬铜、黄铜和磷铜等材料。

（二）船舶常用的绝缘材料及影响因素

船舶绝缘材料的性能应符合船舶工作条件，具有耐热，抗潮，抗霉，耐酸、碱、盐、油和长期使用等特点。

1.绝缘材料的性能指标

（1）耐压：绝缘材料都在一定的电压下工作，工作电压过高会加速老化。

（2）耐热性能好：工作于电气设备（电机、电器、电热器等）周围和温度较高场合（如锅炉舱等）的绝缘材料，由于设备和周围环境温度的升高，将使绝缘材料的温度随之升高。绝缘材料受热后将发生软化、熔化、挥发、灼焦、开裂、脆化、电阻率降低、损耗增加、老化和热击穿等一系列性能与形态的变化，因而要求绝缘材料的导热性好、热导率高，同时具有足够的热稳定性。

（3）耐潮、抗霉性能好：船舶绝缘材料经常受到霉菌的侵袭，使材料丧失绝缘性能。当遭霉菌侵袭后，轻者使绝缘材料表面呈现白霉点，重者可长出白色绒毛状的霉菌，导致绝缘性能变差甚至击穿。当温度为 20~30 ℃，相对湿度为 85%~100%时，最适宜霉菌的生长。为了提高防霉性能，在船用绝缘材料中往往用加入防霉剂的方法来杀死或抑制霉菌的生长。有些电器设备往往增设必要的加热环节，提高材料防潮防霉的性能。

（4）机械强度高：船舶绝缘材料因受到机械力的影响（如振动、压挤、拉伸等），会使绝缘材料产生裂纹、起层皮、变形和破损等，因此要注意选择机械强度高的绝缘材料。

2.绝缘材料的耐热等级

每种绝缘材料都有一个最高温度的限制，称为最高容许温度，在此温度下长期工作时，材料的性质不发生显著变化，能够可靠工作至设计寿命。按照各种绝缘材料的最高容许温度将其划分为 7 个耐热等级，如表 2-1-2 所示为绝缘材料温度等级。

表 2-1-2　绝缘材料温度等级

耐热等级	容许工作温度（℃）	主要绝缘材料
Y	90	以未浸渍过的棉纱、丝、再生纤维素、醋酸纤维素和聚酰胺为基础的纺织品、纸、纸板、木质板、低燃点的塑料等
A	105	用植物油改良天然树脂漆、虫胶等浸渍或覆盖过的棉纱、丝、再生纤维素、聚酰胺为基础的纺织品、纸、纸板、木质板，如漆布、漆丝、漆包线等
E	120	有机填料的塑料、高强度漆包线、乙酸乙烯漆包线、玻璃布、油性树脂漆、以再生纤维素纸和布为基础的层压制品
B	130	聚酯薄膜、经树脂胶合或浸渍、涂覆的云母、玻璃纤维、石棉等以及聚酯漆、聚酯漆包线

(续 表)

耐热等级	容许工作温度(℃)	主要绝缘材料
F	155	以有机纤维材料补强和不补强的云母制品、玻璃丝和石棉;以玻璃丝和石棉纤维为基础的层压制品;以无机材料补强和不补强的云母制品
H	180	以无机材料补强或不补强的云母制品;加厚的 F 级材料;复合云母、有机硅云母制品、硅有机漆、复合玻璃布、复合薄膜等
C	180 以上	不采用任何有机黏合剂浸渍的无机物制品,如石英、石棉、云母、玻璃和陶瓷材料等

随时了解运行中电气设备的工作温度对船舶电气管理人员来说是重要的,但要准确测出电器设备工作时的温度是比较困难的。用不同的测温方法测得的温度往往不同,如电阻法只能测得温度的平均值,酒精温度计测得可接触到的表面的温度,红外点温计可非接触测量表面温度,都不是最高温度,所以,设备最高温度常用测量值加 10~20 ℃。

3.船舶常用的绝缘材料

绝缘材料有固体绝缘材料、液体绝缘材料和气体绝缘材料。船上用的绝缘材料主要是固体绝缘材料和液体绝缘材料两类。

(1)船舶常用的固体绝缘材料

固体绝缘材料包括绝缘布、绝缘带、各种绝缘纸和薄膜、衬垫用的各种绝缘板、绝缘套管等。这些绝缘材料在维修船舶电气设备时是经常用到的。对这些材料的一般要求是,要有较高的电气绝缘强度,耐热、耐潮、阻燃,有些材料应具有柔韧性,机械性能方面应具有一定的抗拉强度,导热良好,并且温度变化时对其性能无较大影响。

(2)船舶常用的液体绝缘材料

液体绝缘材料主要是绝缘漆及稀释用的溶剂。绝缘漆是以合成树脂或天然树脂等为基漆(成膜物质)与某些辅助材料(溶剂、稀释剂、填料和颜料等)组成。一般船用电气设备对绝缘性能要求较高,相应使用的绝缘漆也有较高的要求。常用的绝缘漆分为浸渍用的清漆(即浸渍漆)和覆盖用的磁漆(即覆盖漆)两种。

浸渍漆:浸渍漆主要用于浸渍电机、电器的线圈和绝缘零部件,以填充其间隙和微孔,固化后能在浸渍物表面形成连续平整的漆膜,并使线圈黏结成一结实的整体,提高绝缘结构的耐潮性、导热性、电击穿强度和机械强度等。

覆盖漆:船舶常用的覆盖漆是内含填料或颜色的磁漆,用于涂覆经浸渍处理的线圈和绝缘零部件,在其表面形成连续而厚度均匀的漆膜作为绝缘保护层,以防机械损伤和受大气、润滑油、化学物品等的侵蚀。因此要求覆盖漆具有干燥快、附着力强、漆膜坚硬、机械强度高以及耐潮、耐油、耐腐蚀、耐电弧等特性。

常用溶剂:上述各种绝缘清漆在浸渍时都需稀释到一定浓度,其所用的溶剂及稀释剂应选用正确;否则会起化学变化而变质。在使用各种绝缘漆及其稀释溶剂时,应按照说明书的要求进行,特别是一些外国产品,更应仔细阅读说明书。

(三)阻燃的概念及阻燃材料在船舶的应用

阻燃材料是能够抑制或者延滞燃烧而自己并不容易燃烧的材料。阻燃材料主要分为有机

和无机阻燃材料及卤素和非卤阻燃材料。如图 2-1-1 所示为高阻燃材料做成的电线接头。

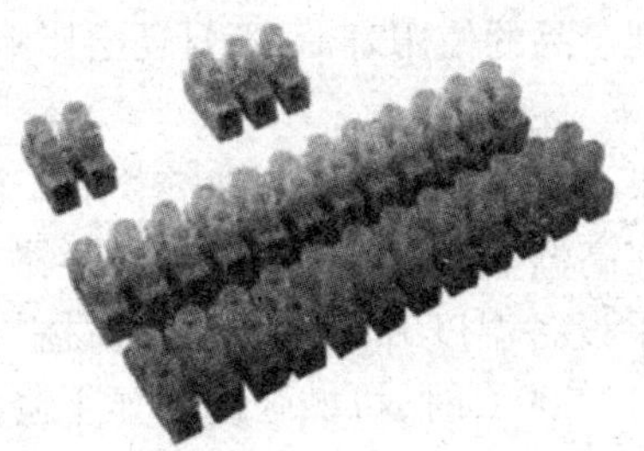

图 2-1-1　高阻燃材料做成的电线接头

有机材料是以卤系(溴系和氯系)、氮系和红磷及化合物为代表的一些阻燃剂,无机材料主要分为三氧化二锑、氢氧化镁、氢氧化铝,硅系等阻燃体系。

除了一些无毒无害的无机阻燃剂,如氢氧化镁、氢氧化铝等,卤系(溴系和氯系)等有机阻燃剂的应用也十分广泛,主要原因是卤系阻燃剂的添加量相对来说比较少,特别是溴系阻燃剂的阻燃效率特别高,但卤素阻燃剂在燃烧时易生成大量的烟和有毒且具腐蚀性的气体,对电路系统开关和其金属物件会造成腐蚀,对人体呼吸道和其器官会造成严重危害。现有阻燃材料的制品主要可分为阻燃织物、阻燃化学纤维、阻燃塑料、阻燃橡胶、防火涂料、阻燃木质材料及阻燃纸、无机不燃填充材料等。

(四)环境变化对机电设备的影响及应采取的措施

1.温湿度对机电设备的影响

一般情况下,高温高湿环境容易引起电气设备的故障,这是由于温度、湿度过高,易造成电气设备的绝缘强度降低。

(1)湿度对电气设备的影响

潮湿的空气将使电力设备中的导电金属、导磁硅钢片,以及金属外壳锈蚀,将降低设备的性能和使用寿命,甚至造成电气故障。电子设备在工作时对空气中的湿度要求为 45%左右,一旦空气中的湿度标准超过这个数值时,电子设备的工作状态可能就会变得不稳定,并且电子设备还可能面临随时被毁坏的危险。在相对湿度大于 50%的工作环境下,空气中的湿气就会直接附着在电子设备主板表面,随着时间增长,主板表面会汇聚越来越多的湿气,这些湿气不但会降低电子设备内部主板的绝缘性,而且在突然通电的条件下电子设备中的电子元件会面临烧毁或电子线路被击穿的可能,最终会造成电子设备无法正常进行工作。此外,将电子设备长时间地放置在过度潮湿的空气中时,电子设备中的不少电子元件自身也容易出现被腐蚀现象,如此一来就容易造成电子元件内部线路由于接触不良而不能稳定工作的现象,甚至还可能使某些电子元件发生漏电事故。

潮湿的空气有利于霉菌的生长,特别是海上有盐雾的湿气。如果通风不好将会加快霉菌的生长速度。霉菌中含有大量的水分,使设备的绝缘性能将大大降低。对一些多孔的绝缘材料,霉菌根部还能深入到材料的内部,造成绝缘击穿。霉菌的代谢过程中所分泌出的酸性物质与绝缘材料相互作用,也会使设备绝缘性能下降。

(2)温度对电气设备的影响

①高温对设备的影响:设备由于内部损耗使设备具有一定的温度。如果周围环境温度过高,或空气流动性差,使设备的热量不能及时散开,将会使设备由于过热跳闸,甚至烧坏设备。

配电箱内的半导体电子产品,如剩余电流动作保护器、电子型计量表等,在高温下运行时其特性严重变化,不仅会严重影响到产品的使用寿命,而且还会影响到保护器性能的稳定性和动作的可靠性,以及计量的准确性。

②高温对绝缘的影响:如果设备温度上升超过一定数值,绝缘漆等绝缘材料特性会变化,绝缘材料的耐压会急剧下降;在高温下运行的无功补偿电容器、熔断器也会缩短寿命。

③高温对导体的影响:如果设备温度升高过大,金属材料会软化,机械强度将明显下降。如铜金属材料长期工作温度超过200℃时,机械强度明显下降。铝金属材料的机械强度也与温度密切相关,通常铝的长期工作温度不宜超过90℃,短时工作温度不宜超过120℃。温度过高,有机绝缘材料将会变脆老化,绝缘性能下降,甚至击穿。

④高温对电接触的影响:电接触不良是导致许多电气设备故障的重要原因,而电接触部分的温度对电接触的良好性影响极大。温度过高,电接触两导体表面会剧烈氧化,接触电阻明显增加,造成导体及其附件(零部件)温度升高,触头甚至可能发生熔焊。由弹簧压紧的触头,在温度升高后,弹簧压力降低,电接触的稳定性变差,容易造成电气故障。

⑤高温对电子设备的影响:高温是许多电子元器件的大敌,高温可使半导体元件热击穿。因为温度升高,电子激活程度加剧,使本来不导电的半导体导通;高温使电子元器件的性能变差,如在偏高的温度下,电子元件的反向导电电流增加,放大倍数减小等。

2.针对温度及湿度对电气设备的影响采取的措施

运行人员应对环境给以密切关注,并采取相应措施控制工作环境的温度和湿度,比如说使用空调来降温除湿,从而保证电气设备安全运行。

电气设备长时间运行后停机时,因温度降低很容易在设备内部各处结露,容易造成设备绝缘性降低。所以机电设备往往配有防潮加热器,并处于自动工作状态,设备一停止,防潮加热器将自动投入工作,对设备温度下降过快进行抑制。

当然,空气要是太过干燥,也不利于电子设备的安全工作,毕竟在空气湿度极为干燥的情况下,静电现象随时都可能发生。如电气管理人员稍微不注意,人体表面的静电现象就能把电子设备主板中的电子元器件击穿,严重时还能导致火灾事故发生。

为防范高温对电气设备造成的影响,需采取措施如下:

(1)对温度过高的一些金属设备采取隔热板降温措施,利用现有条件,对温度过高的金属设备采取冷却风机冷却,有冷却水的采取水冷却等进行降温。

(2)利用一切停机机会,对一些重要设备的主回路元件(如断路器、接触器等)进行紧固,以防电接触两导体表面剧烈氧化,接触电阻明显增加等,使主回路元件接触不良而导致电气设备故障,保证电接触稳定,减小电气故障率。

(3)加强岗位巡检,对现场设备定期巡检,认真做好有关记录,重点观察温度过高的设备。对现场设备定期检查润滑部位,适当补加润滑油,避免因设备断油造成温度过高。

(五)定期检查所有电气连接的重要性

船舶电气设备运行中常见的故障是接触不良,这是由于船舶运行中设备和船体都有较大的振动,电气设备所处的船舶主推进设备、辅机设备运行中都会产生较大的振动,包括高频和低频的振动。加上高温环境对接触点电阻也有重大影响,所以船舶电气设备需要定期检查所有电气连接,并定期上紧每一个接点,尤其是大电流的接点,避免大接点出现接触电阻变大,造成发热甚至烧损器件的严重故障。

（六）船用电气设备的特殊设计要求

船舶的环境条件比陆地差，船舶电气设备的损坏及绝缘性能与船舶航行的区域、空气温度、空气中的盐雾、油雾有直接关系，船舶的摇摆与振动也会造成电气设备的损坏。船用环境条件的特殊性决定了对船用电气设备的特殊要求，选用的规范和规则不同，要求的性能指标也略有不同。一般船用电气设备工作条件是：周围空气温度最高值不高于+40℃（特殊场合+45℃），周围空气温度最低值不低于-25℃（主要是指无防护的甲板设备），有海上潮湿空气影响，有盐雾影响，有油雾影响，有霉菌影响，倾斜≤22.5°，摇摆≤22.5°，有振动，有冲击（指船舶正常营运时产生的冲击）。具体设备标准可以参考中国船级社《钢质海船入级规范》中的要求。一些电气相关的要求如下：

1.电气间隙和爬电距离

电气设备的不同电位的带电部件之间、带电部件与其接地金属外壳之间，无论沿表面或通过空气，计及绝缘材料性质和使用条件，应足以承受其工作电压。为此，有关规范和规则均规定了最小电气间隙和爬电距离，一般而言，船舶电气要求比一般的要高一个等级。

2.盐雾、油雾和霉菌

由于电气设备的使用环境会受到盐雾、油雾和霉菌的影响，所以必须充分考虑耐腐蚀和不使绝缘性能变坏的措施。例如电气设备的材料和绝缘材料应考虑防盐雾、油雾和霉菌。船舶电气在绝缘等级和耐热等级上要求较高，设备和材料的制作工艺要求也要高一个等级。

3.爆炸性气体环境条件

在爆炸性气体条件下工作的船舶电气设备，必须满足有关爆炸性气体环境电气设备的要求，例如 IEC 相关的出版物。防爆型式和标志为：隔爆型—d；增安型—e；本质安全型—ia，ib；正压型—p；充油型—o；充砂型—q；无火花型—n；特殊型—s。

一般来讲，船舶通常使用下列四种类型的防爆电气设备：

（1）本质安全型“ia，ib”是指在正常运行或发生故障情况下产生的火花或热效应，均不能点燃爆炸性混合物的电气设备。

（2）隔爆型“d”是指在电气设备内部发生爆炸时，不致引起外部爆炸性混合物爆炸的电气设备。

（3）增安型“e”是指在正常运行时不产生火花、电弧或高温的电气设备上采取措施，以提高其安全程度。

（4）正压型“p”是指内外壳之间充入正压的清洁空气，惰性气体或连续通入清洁空气来阻止爆炸混合气体和物质进入壳内的电气设备。

一般船舶的油漆间、蓄电池间和油泵间等有爆炸危险处所中，需要安装的合格防爆电气设备，其类级别和温度组别应不低于相关船级社的规定。

4.外壳防护等级

电气设备的外壳防护型式，应符合 IEC60529 号出版物《外壳防护等级分类》或与其等效的国家标准的规定。表示防护等级的标志由特征字母 IP 及后面加两位数字组成。船舶电气设备采用何种防护等级，是由电气设备的安装位置决定，按 IEC60529-2001 的要求，各安装位置中船舶电气设备防护等级的最低要求，如表 2-1-3 所示。

表 2-1-3　防护等级的最低要求(符合 IEC60529)①

(1)安装位置举例	(2)安装位置的状况	(3)按防护等级的设计	(4)设备【“×”同第(3)栏；“—”不推荐】							
			配电板控制装置电动机起动器	发电机	电动机	变流器	灯具	电热器	电炊具	附具(例如开关、接线盒)
油船②	有爆炸危险	隔爆安全型③	—	—	—	—	×	—	—	×
氨制冷机房			—	—	—	—	×	—	—	×
蓄电池室			—	—	—	—	×	—	—	×
油漆储藏室			—	—	—	—	×	—	—	×
气焊瓶储藏室			—	—	—	—	×	—	—	×
危险货舱			—	—	—	—	×	—	—	×
含有闪点为 60 ℃或 60 ℃以下油的管路或管隧			—	—	—	—	×	—	—	×
干燥的居住处所	仅有接触带电部件的危险	IP20	×	—	×	×	×	×	×	×
干燥的控制室			×	—	×	×	×	×	×	×
盆浴室和淋浴室	增加了液滴和(或)机械损伤危险③	IP34	—	—	—	—	×	IP44	—	IP55
滑铁板以下的机炉室④			—	—	IP44	—	×	IP44	—	IP55
闭式燃油分离室			IP44	—	IP44	—	×	IP44	—	IP55
闭式滑油分离室			IP44	—	IP44	—	×	IP44	—	IP55
压载泵室			IP44	—	×	×	IP34	×	—	IP55
冷藏室			IP44	—	×	—	IP34	×	—	IP55
厨房和洗衣室			IP44	—	×	×	IP34	×	×	×
双层底中轴隧或管隧	有液体喷射危险，有灰尘，有严重的机械损伤，有腐蚀性烟雾	IP55	×	—	×	×	×	×	—	IP56
一般货舱⑤		IP55	—	—	—	—	×	×	—	×
露天甲板⑤	有大量液体的危险	IP56	×	—	×	—	IP55	×	—	×

注：①如设备本身达不到防护要求，则应采取措施或选择安装位置来保证达到本表规定的防护等级。

②油船具体见 IEC92-502 号出版物，附录 A。

③在 IEC79 号出版物：《用于爆炸气体环境中的电气设备》中提到的合格安全型设备用于露天甲板上货其可能潮湿的住所时，可以提出附加的外壳要求。上述示例可作为指南。

④滑铁板以下的机舱、闭式燃油和滑油分离器室或要求安装合格安全型设备的处所中不应安装电源插座。

⑤对于有危险性尘埃的安装位置而言，合格的防护等级是 IP66 或隔爆安全型。

5.船舶电气设备技术参数的特殊要求

由于船舶电力系统具有电站容量小、电压和频率波动大、短路电流大和环境恶劣等特点，相应的电气设备的具体参数与一般设备有较大区别，在设计时需要考虑的余量和承受能力要

高很多。如船舶空气断路器的失压保护值为 $30U_e$~$70\% U_e$，但是一般在岸上的电网电压是稳定的，岸基设备的失压保护为 $90\% U_e$；船舶发电机的过载能力可达 2 倍额定值，电动机冲击电流、耐堵转能力是一般同类电机的数倍。所以针对具体设备，船舶电气设备在设计时需要另外单独计算相关技术参数，有些重要参数船级社还需要相关计算文件的提交，如船舶短路电流的计算。另外，为保证船舶安全运行，还需要对重要的保护参数定期测试检验，如发电机的过载、逆功率等保护动作值。

二、船舶电缆

(一) 电缆结构

船用电缆主要由导电芯线、绝缘层、护套和铠装层等组成，电缆结构如图 2-1-2 所示。由于电缆要适用于船上的不同场合，所以其结构和选用的材料也随之有所变化。

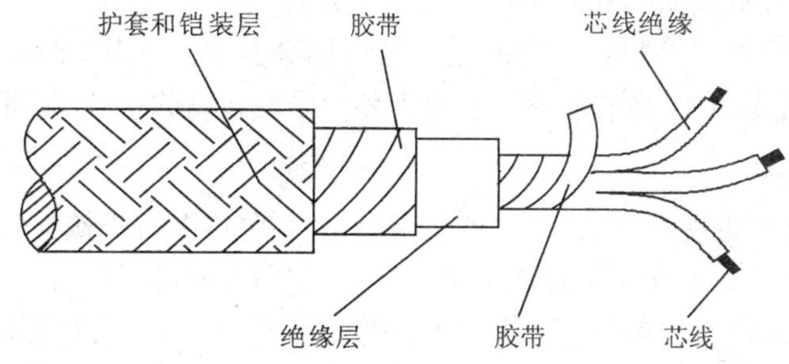

图 2-1-2　电缆结构

1.导电芯线

电缆的导电芯线是传导电能的路径。其一般由多股软铜线绞合而成，一般不少于 7 根，其表面大多进行镀锡处理，能防止芯线的腐蚀和氧化，并增强其导电性能。

2.芯线分类

(1) 按芯线数量来分类，可分为单芯电缆、双芯电缆、三芯电缆和多芯电缆。导电芯线的横截面积越大，其载流量就越大。

(2) 按芯线柔软程度来分类，可分为一般结构、软结构和特软结构三种，用来满足不同场合的工作需要。

一般结构适合于固定敷设的电缆。软结构适合于一般性移动设备的电缆。特软结构适合于移动频繁或使用中经常发生回转设备的电缆。横截面积相同的导电芯线，组成的股数越多，电缆就越软。

3.对芯线的强度要求

(1) 跨越舱室较多的大长度电缆的导电芯线截面积应不小于 0.75 mm^2。

(2) 只有同一舱室的电子设备之间才可以采用 0.3 mm^2 以下的电缆。因其强度较低，所以在敷设时要注意防护。

4.绝缘层

绝缘层的作用是隔离各导电芯线，以防止芯线对地或相线间短路。常用绝缘材料如下：

(1) 丁苯-天然橡皮：长期允许工作温度为+70 ℃。适合于各种普通规格的电缆，应用较为广泛。

(2)丁基绝缘橡皮：具有良好的耐老化、耐潮湿、耐海水及酸碱腐蚀等性能，其长期允许工作温度为+80 ℃。

(3)乙丙绝缘橡皮：具有良好的耐老化性能，绝缘性能优良，其长期允许工作温度为+80 ℃。

(4)聚氯乙烯：具有良好的防潮性能，其电气性能优良、机械强度高、重量轻、工艺简单、价格比较便宜。普通型聚氯乙烯的长期允许工作温度为+65 ℃，耐热型聚氯乙烯的长期允许工作温度为+80 ℃。

(5)硅橡皮：电气性能优良、耐温性能优异，长期允许工作温度为+180 ℃，适用于电机引线或特种电缆。

绝缘层材料的选择与应用应考虑以下几个方面：

(1)绝缘层的耐压决定着电缆的额定电压，故其耐压值应不小于线路的额定电压。

(2)低介电常数和低介质损耗的绝缘层可用于高频电缆。

(3)绝缘层的耐温特性决定着电缆的适用条件和载流量。比如，截面积相同而绝缘层耐温特性不同的两种电缆，耐温高的电缆可适用于环境温度较高的场合，并可提高载流量。

5.电缆护套

护套的作用是保护电缆免受油、水等的化学腐蚀，增强电缆抗机械损伤的能力。有镀层编织的铠装层能起到电屏蔽的作用。常用护套和铠装层材料的性能如下：

(1)氯丁橡胶：是非燃性橡胶材料，具有较高的机械强度，并且有良好的耐大气、日光老化及耐腐蚀性能，但耐油性能较差。适于油雾较少的场合或舱外敷设。

(2)硫化丁聚物：是丁腈橡胶与聚氯乙烯的复合物。具有弹性较好、机械强度高、耐磨、耐油、耐水、耐老化且阻燃的特性，适于油雾较多的机舱内敷设。

(3)聚氯乙烯塑料：具有优良的耐化学腐蚀和耐油、耐潮性能，具有较高的机械强度，并且重量轻、工艺简单、价格便宜。适于大多数场合的电缆敷设。

(4)氯硫化聚乙烯：具有较高的气候适应性，耐潮、耐化学腐蚀性能，还具有着色稳定性好、热稳定性好、质地细密、重量轻、极柔软等特点。适于大多数场合的电缆敷设。

(5)铠装层：有钢丝编织护套和铜丝编织护套两种。一般在其外层加有镀层，以防止被腐蚀，并有利于电缆外壳的接地。

护套和铠装层材料的选择与应用应考虑以下几个因素：

(1)护套应具有耐潮、耐油、阻燃、耐寒及耐老化等性能。

(2)机舱等油、水较多的场所应选用橡胶或塑料且有钢丝编织的护套。

(3)卫生间等经常冲水的场所应选用聚氯乙烯塑料护套或氯丁橡胶护套。

(4)冷藏舱室应选用铅护套或氯丁橡胶护套，不宜用塑料护套。

(5)无线电通信等舱室应选用氯丁橡胶并具有铜丝编织的护套。

(6)蓄电池室、油漆间等有腐蚀性气体的场所，应选用聚氯乙烯塑料护套。

(二)电缆的使用方法

船舶控制设备的自动化程度越高，其上所用电缆的数量就越多。由于电缆承受着输送电力、传递信号和控制各种运行的繁重任务，所以如何经济合理地选择船用电缆是十分重要的。

1.确定电缆的型号

电缆型号的确定，首先要充分考虑不同型号或类别船舶的特殊要求，然后再依据电缆的用

途、敷设位置及工作条件来确定。即根据电缆是用于动力网络还是用于控制或弱电网络、是舱室内敷设还是露天敷设、是否有防爆要求、是固定敷设还是用于移动设备等方面来确定。

2.确定电缆的截面

根据负载的工作制、电源种类、电缆芯数、负荷的实际情况计算出总的负载工作电流。即要充分考虑负载设备是连续工作制还是断续工作制、电源是交流还是直流、负载的同时工作系数等因素。电缆芯线截面是由所载电流的大小决定的,电缆的允许最大载流量应大于该电缆的最大可能工作电流,以保证温升不超过允许值。根据最大工作电流查相应的电缆载流量表来选择电缆截面。

确定电缆芯线截面时还要注意如下几点:

(1)发电机至总配电板的连接电缆,依据发电机的额定电流来选择。

(2)电动机的连接电缆,应按电动机的额定电流来选择。

(3)分配电板的连接电缆,应考虑负荷系数及同时工作系数,但要有一定的余量。

(4)单或双芯电缆的截面应大于 1 mm^2,多芯电缆每芯的截面应大于 0.8 mm^2,以满足机械强度的要求。

(5)为了敷设方便,截面大于 120 mm^2 时,则宜采用两根较小截面电缆并联的方式来代替。

(6)三相交流线制中,原则上采用三芯电缆。若截面较大时,可采用多根三芯电缆并联使用的方式。但不宜采用有金属护套的电缆,以防止涡流发热。

(7)进入蓄电池室的连接电缆应采用单芯电缆,以有利于接线。

(8)选择多芯电缆时,应留有备用芯线。一般实用电缆为 2~4 芯时,备用 1 根;实用电缆为 5~17 芯时,备用 1~3 根;实用电缆为 18~48 芯时,备用 3~5 根。

(9)信号电缆不能与控制电缆、电力电缆等共用一根多芯电缆,以防止相互干扰。

电缆的标称载流量是电缆在标准环境温度下确定的。由于电缆所处环境温度、工作条件的差异及电缆穿管、捆扎等的影响,电缆的实际温度往往很高,如果电缆仍按其标称载流量工作,则会导致电缆过热而不能正常工作,故应对所选用电缆的截面积进行适当的修正。

3.电缆的切割

电缆引入设备前,按引入方式及芯线长度的要求保留好足够长度的电缆后,即可将多余的电缆切除,并剥掉一定长度的电缆护套或铠装层,以避免造成设备内器件的损坏或短路。同时由于设备内的空间有限,芯线的长度必须适当,不能过长。

在电缆的具体切割时,不得损伤芯线的绝缘,并要保证电缆引入设备时芯线有必要的长度;电缆引入设备的进口处且靠近设备内壁一侧的绝缘护套应保留 3~5 mm;对内部空间较宽敞的设备(主配电板、分电箱等),其护套可保留至接线柱附近再剥去;金属编织护套切割后,应在切割处包以 2~3 层塑料带扎紧,以防编织护套松散。

4.电缆芯线的套管包扎及标记

切割后的电缆,由于芯线与绝缘间、芯线内部、绝缘与护套间都存在着缝隙,易使潮气或腐蚀性气体渗入而降低电缆的绝缘性能,从而会缩短电缆的使用年限。另外,由于船舶环境条件差,其中的高温、凝露、盐雾及霉菌等也会加速电缆绝缘层的老化;船舶电缆的芯线必须要进行套管或包覆处理。

电缆芯线的端头处应有与图纸相对应的标记,以便于设备故障的检查与维修。芯线标记

上的符号应清晰、整齐、耐久而不褪色，通常选用与芯线绝缘层外径相符的白色塑料套管切割而成，上面的字符可用打字机打印或用特种墨水手写，且印好后的塑料管应放入 50～60 ℃的烘箱内干燥 10～15 min。设备内芯线标记套管应排列整齐。

5.电缆的敷设工艺

电缆敷设的线路应尽可能平直和易于检修，冷藏舱、锅炉舱等处的电缆应全部明线敷设；电缆敷设应防止机械损伤；电缆应尽量远离热源敷设；电缆敷设应尽量避免潮气凝结、滴水和有油水浸入的场所，进入有潮气凝结、滴水和有油水侵入的场所时，必须采用电缆填料函，并应有填料密封；电缆一般不应穿越水舱，如无法避免时，可用单根无缝钢管穿管敷设，管子及其与舱壁的焊接均应保证水密并应有防腐措施；电缆严禁穿越油舱；电缆与船壳板、防火隔堵及甲板的敷设间距应不小于 20 mm，与双层底及滑油、燃油柜的敷设间距应不小于 50 mm；在磁罗经安装中心 1 m 范围内的直流馈电线，必须采用双芯电缆；为了便于电缆的敷设与检修，电缆线路周围应留有一定的空间；电缆的弯曲半径应符合要求；具有不同允许温度的电缆不应成束敷设在一起；否则所有电缆的允许工作温度应以允许工作温度最低的一根为准；主用和应急用的干线、馈电线，主用和备用馈线等均应远离分开敷设；桅杆、吊杆上敷设的电缆原则上敷设在桅杆、吊杆的背面，在不妨碍人员上下的情况下尽量靠近梯子，以利于敷设与维修，敷设的电缆不应靠近扶手，以免发生触电事故。

三、船舶电气操作与管理

（一）安全制动器、卷闸的操作管理

电动机的机械制动是采用电磁制动器来实现的，常见的有圆盘式和抱闸式两种。

1.圆盘式电磁制动器

如图 2-1-3（a）所示，当电动机运转时，电磁刹车线圈通电产生吸力，将静摩擦片（即电磁铁的衔铁）吸住，而与动摩擦片相脱开，使电动机可自由旋转。停车时，刹车线圈失电，静摩擦片被反作用弹簧紧压到安装在电动机轴上的动摩擦片上，产生摩擦力矩，迫使电动机停转，如图 2-1-3（b）所示。而制动器间隙的测量往往是在制动状态下测量的，这就要求在制动状态下测量衔铁与静摩擦面的间隙。实际设备中常在此处留有测试工艺孔。

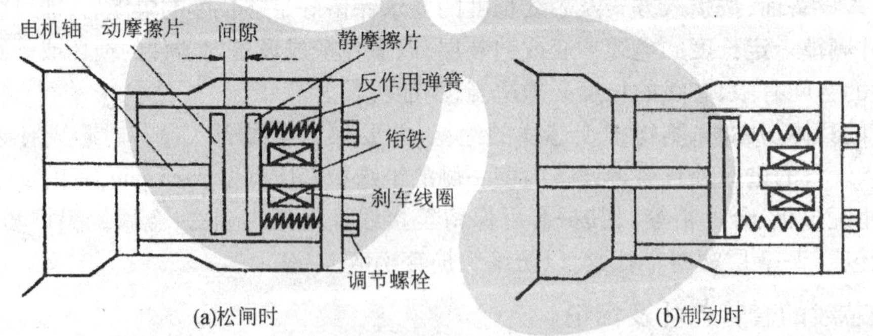

图 2-1-3　圆盘式电磁制动器

2.抱闸式电磁制动器

抱闸式电磁制动器又叫电磁抱闸，其制动原理与圆盘式电磁制动器相仿，但制动的方向是在径向，制动力矩更大，由制动电磁铁和制动闸瓦制成。当制动电磁铁线圈通电后，产生吸力，

使抱闸闸瓦松开，电动机便能自由转动；当线圈断电时，闸瓦在弹簧力作用下，将电动机闸轮刹住，使电动机迅速停转。

3.电磁制动器的调整

调整电磁制动器外壳上的螺栓，用于改变弹簧反作用力，但必须注意所有螺栓要均匀调节；否则会造成摩擦片歪斜、气隙不均匀，出现噪声和振动。电磁制动器的调整方法如下：

(1)首先应测量间隙，然后才可按测量结果做相应调整。

(2)制动圆盘与电磁铁铁芯间的间隙调整是通过圆盘制动器端盖上的调节螺丝进行调整的。

(3)适当的间隙为 0.6~2 mm，但应以额定负荷时既能刹住车而制动器又不冒黑烟为准。间隙过小，容易造成松闸时静、动摩擦片之间的擦碰；间隙过大，则在制动时产生较大机械碰撞。

4.卷闸的操作管理

船舶常用的卷闸设备有机舱行车、甲板舷梯机、救生艇操作的吊艇机等，其共同的特点是电动机自带制动功能，不用另外单独的电磁制动器。这里以机舱行车的起升电机为例予以说明。

机舱行车的起升电机采用带制动装置的锥形转子电动机。其锥形转子在定子绕组通电后受到一个轴向磁拉力，磁拉力克服弹簧的压力，使锥形转子向松闸方向脱开，风扇形制动轮脱离后端盖，电机转子随后正常运转。断电后，该轴向的磁拉力即消失，在弹簧压力的作用下，风扇制动轮上的锥形制动环刹紧后端盖(或后端罩)因而使转子制动。该装置制动可靠，耐磨性好，使用寿命长。风扇制动轮上的叶片同时起着扇风散热的作用。

保护限位器一般采用机械限位开关，用于防止所吊重物上升(下降)超过极限位置。当电动机所吊重物到达上(下)极限位置时，带动限位杆上的停止块推动(拉动)保护限位器，切断上升(下降)方向上的起升电机电源，重物即停止上升(下降)。按动相反方向的按钮，重物可下降(上升)退出限位状态。正常操作过程中，正反转切换中间需要按停止按钮，有的电气控制回路设计中有互锁保护。即使没有互锁，操作中也应保持中间按停止按钮的习惯。另外，在遇有钢丝绳断裂、轨道严重变形、卷筒裂纹或发现已吊载荷超载时，应紧急停车处理。

(二)甲板绞缆机、锚机和甲板起货机的操作管理

船舶甲板机械的驱动方式有电动式和液压式两大类，其相应的控制回路为电气控制回路和液压控制回路。在电气控制回路中，当代船舶已经引入了可编程控制器和单片机；液压控制方式大多采用电子技术和液压技术相结合的电液复合控制系统，目前在船舶甲板机械控制系统中得到广泛应用。

船舶甲板设备包括锚机、绞缆机、舱盖液压机、起货机、舷梯机、舵机，有的船还配有艏侧推等。甲板设备使用的环境与机舱有很大不同，主要是要防水、防潮和防盐雾，密封性和 IP 等级较高，多数设备带有位能性负载，使用中需要考虑制动措施，包括电动制动和机械制动。另外，由于有的设备长时连续工作，环境空间又比较小，所以还需要考虑强制通风。所以在实际管理中需要仔细观察、深入研究，确保设备稳定可靠运行。

对于电气传动设备的管理与一般电气设备的管理差不多，主要是注意控制箱的维护、电动机的绝缘、相间绝缘、绕组电阻、负载电流、接触器的工作状态检查、控制回路的功能测试，连锁功能的实验、紧急停止控制功能实验、外部传感器的性能检查等。

对于电液控制系统，除电气设备外，还需要注意液压系统的工作状态。液压系统不仅在安装过程中必须按要求对所有元件、管道和油箱进行彻底清洗，而且安装完毕后，充油前还必须对整个系统串油冲洗，清除污染物。使用中发现系统油液污染超标，或需要换用不相容的液压油时，除对油箱等进行清洗外，也需要对系统进行串油冲洗。系统清洗后，需向系统充油，驱除系统内的空气。充油驱气应按说明书的要求进行，系统空气排尽以前，不要让系统油泵长时间运转，以免空气与油液过分混合，不利于空气的放出。更新或修理的系统管路或元件，应在1.5 倍设计压力下进行试验，而且在系统充油后，对系统进行 1.25 倍设计压力的密封性试验。

1.船舶电动甲板机械的工况特点

船舶甲板机械与船舶电站紧密联系。甲板机械中某些电动机单机功率相对发电机的容量而言，占有了较大的权重，拖动电机的起动、制动、运行状态都会直接影响到船舶电网参数的变化。船舶电站的容量基本上根据船舶机电设备总容量确定，一般而言，锚机、绞缆机属于短时工作制。系泊绞缆机和锚机存有较大的峰值载荷，尤其锚机“破土”瞬间，其拉力峰值高达额定负荷的 1.8 倍，因而要求电动机有较大的起动力矩和堵转力矩。船用起货机和大型起重吊车能在额定负荷情况下连续运行 30 min，且能在 1.5 倍超载情况下稳定运行 2 min，起动转矩可达额定力矩值的 2.5 倍，起货机为重复短时工作制。虽然起货机的载荷稳定，但电动机也需要较大的起动转矩，同时为周期循环间歇作业，对电动机负载持续率有明确要求。船用起货机如果配备冷却装置，也可满足长期运行要求。

2.甲板绞缆机、锚机的操作管理

锚机都具有系缆滚筒，供系泊时带缆绳之用，即与绞缆机的作用相同。绞缆机操作方便，但系缆时的受力情况相对比较复杂。开始系缆时受力较大，因为要克服船舶的惯性，当船舶移动后，拉力就逐渐变小。移船锚机操作移船时，由于阻力是稳定的，距离大，时间长，所以电动机的负荷也是相对稳定的。现在有些船舶安装带有张力检测的自动绞缆机，能自动保持缆绳张力恒定，避免发生事故，保护船舶安全，防止码头被撞坏。

一般的航行锚机均采用锚及锚链的重力进行自由落体抛锚，自动抛锚时，利用锚机上的手动带式制动器来控制抛锚的速度。深水锚机由于钢缆不宜频繁承受手动制动力的冲击，而且深度大时速度快，手动控制器不易控制，所以采用电动抛锚，此时电动机是处于制动状态运行。

由于各类船舶的锚机和绞缆机，其拖动控制系统基本是相同的，不论是电动还是液压的锚机和绞缆机，其技术要求也基本相同，可归结为以下几点：

（1）在锚机和绞缆机的控制系统中应具有自动逐级延时起动电路和应急保护电路。

（2）电动机应具有足够大的过载能力（在 30 min 内允许起动 25 次）和堵转情况下能承受堵转电流时间为 1 min（堵转力矩为额定力矩的两倍）的能力。

（3）在电动抛锚时，控制系统因具有稳定的电动制动抛锚功能，所以不建议使用自由落体抛锚。

（4）尽管控制系统采用了电气和机械联合制动，以便在电机转速较低时，机械制动才投入，但在操作中仍然建议避免操作过猛。

（5）对电动液压锚机来讲，应具有独立的电动机驱动。操作管理中应注意液压管路不受其他甲板机械的管路影响；链轮与驱动轴之间应装有离合器，离合器应有可靠的锁紧装置；链轮或卷筒应装有可靠的制动器，制动器刹紧后应能承受锚链断裂负荷 45% 的静拉力；锚链轮上必须装有止链器。

3.甲板起货机的操作管理

20 世纪 80 年代以后，回转式起货机(克令吊)逐渐增多，并且大多采用电动或电动液压型起货机。近年来，随着集装箱船和特种船舶的不断发展，使用变频器直接驱动电动机的起货机逐渐被采用。

电动起货机系统结构紧凑，振动、噪声较小，便于实现自动化和遥控；其缺点是电气线路较为复杂，在管理和维护方面有一定的要求。可采用多电动机拖动或选用各种类型电动机的固有特性或人为特性来满足起货机对电力拖动提出的要求。

电动液压起货机能实现无级平滑调速，加速时间短，具有良好的制动能力，不需要电磁制动器。其调速和换向是在液力机械中进行的，而电动机维持恒速不变，因此可采用控制线路简单的普通鼠笼式异步电动机。其缺点是工作效率低，制造精度要求高，油路管道系统复杂，一旦管路破损和漏油不易修复。

在起货机控制电路中，一般都具有以下几个环节：

(1)利用主令控制器发出控制信号，使起货机按指令的要求工作。

(2)电机的起动和调速环节。虽然控制电动机转速的方法与直流电机采用的方法不同，但控制的原则相同，一般多数采用时间原则，也有采用电流原则等其他方法的。

(3)制动环节。一般采用电气制动与机械制动相联合的刹车制动和防溜钩的电气控制。

(4)保护环节。除了短路、失压、绕组过热、过载、主令零位保护、通风连锁等常规保护环节外，还有对起货机特殊要求的逆转矩控制，防止重载高速(恒功率调速电路)，提升和重载超速落货等保护环节。

一般继电接触器控制的起货机控制电路都具有上述这些环节。电液起货机中的电动机控制部分和电磁阀调速系统也具有上述环节。日常操作维护即管理中应注意以下几个方面：

(1)电源供电正常，主、辅电动机或机构电动机状态良好。

(2)电动机上的电磁制动器间隙正常，动作灵活可靠。

(3)强迫冷却风机工作和连锁功能正常。

(4)油柜油位正常，油质良好，工作中油温适宜，防止泄漏。

(5)设备中的限位开关动作正常，尤其是保护用的限位开关安全有效。

(6)运行前进行空载试验，各机械机构运转平缓，无异常噪声；常规保护测试正常。

(7)运行前负载试验，定期检查超重保护功能；紧急停止及相关安全保护功能定期测试。

(8)运行中操作平缓、动作合理，避免野蛮操作。各设备运行中的温度、振动、电流、噪声等情况注意观察与记录。

(三)在正常操作和紧急运行时对电力和照明供应的要求

1.正常照明系统(主照明系统)

船舶正常照明系统又称为主照明系统，分布在船舶内外各个生活和工作场所，提供各舱室和工作场所以足够的照度。对照明系统的要求是：主配电板上照明汇流排直接向各照明分电箱供电，然后由照明分电箱向邻近舱室或区域的照明灯具供电；照明电压一般为交、直流110 V 或 220 V；不同舱室和处所均有不同的照度要求，应满足中国船级社《钢质海船入级规范》的相关规范；所有照明灯具均应为船用，并设有控制开关。

正常照明是全船的主体照明，由船舶主发电机供电，凡船舶生活和工作所及之处均应照亮。正常照明包括：舱室主照明，如顶灯的大部分；局部或辅助照明，如床灯、壁灯、盥洗灯等；

装卸货强光照明;室内外走道半数以上的照明;各舱室必须备有的插座等。

电风扇、冰箱和舱室取暖器等定额等于或小于0.25 kW的非重要设备也可包括在正常照明系统内。

2.应急照明系统(大应急照明)

应急照明是在主电网发生故障不能工作时投入使用的。应急照明由应急配电板经应急照明分电箱供电,电压可与正常照明相同,也可用低压电。

船舶应急照明系统主要分布于机舱内重要处所,船员和旅客舱室,艇甲板及各人员通道。在主配电板失电、主照明系统故障情况下作应急照明使用。对应急照明系统的要求是:应急发电机通过应急配电板及专用线路供电。对于客船,应急电源的供电时间应大于36 h;对于货船,应急电源供电时间一般应大于18 h。

中国船级社《钢质海船入级规范》有明确规定,客船和500总吨以上的货船,在下列处所必须设置适当数量的应急照明:

(1)重要工作舱室,如驾驶台、消防站、各种控制室等。

(2)各种机器处所,如机舱、舵机舱、应急发电机室等。

(3)通道、逃生口、梯道及乘人电梯内。

(4)放艇、筏处及舷外空间,以及通往艇、筏处的灯光指路标。

(5)众多船员、旅客可能聚集处所和超过16人的居住舱室,尤其是出口。

(6)主配电板、应急配电板前后。

(7)锅炉水位指示灯。

(8)消防员装备储放处所。

(9)为增强旅客在应急状态下对脱险通道的识别,国际海事组织IMO A.752(18)决议规定,对客船的梯道和出口在内的脱险通道全线(包括转弯和岔路口处)距甲板高度不超过0.3 m处要设置低处照明(简称为LLL)系统,该系统可以用电力照明(白炽灯、发光二极管等),或是光致发光指示器。

(10)对载有滚装货的客船,除上述要求外,还必须在所有的旅客公共处所和走廊设有附加应急照明。此照明要求在所有其他电源发生故障和在各种横倾条件下,至少维持3 h;所提供的照明应能照亮逃生设施的周围。

中国船级社《钢质海船入级规范》还规定应急照明不可兼作正常照明,并规定除驾驶台及救生艇、筏存放处的舷外照明外,应急照明电路中不得设就地开关。应急照明灯具上应有明显的标志,或在结构选型上与一般照明灯具不同。

3.临时应急照明(小应急照明)

在主照明和应急照明系统发生故障时,临时应急照明系统应能发挥作用。但是灯点少,无照度要求,灯具涂以红漆标志。临时应急照明主要分布在驾驶台、船舶重要通道、扶梯口和机舱重要处所。具体要求如下:

(1)小应急照明由蓄电池组供电,与主、应急照明系统之间有电气连锁;馈线上不设开关;应能连续供电30 min以上。

(2)对有应急照明系统的船舶一般可不设置临时应急照明,但对客船和应急发电机自动起动不能满足规范要求的货船,还必须设置临时应急照明系统,用以弥补正常与应急电源转换时带来的短时断电,保证船舶与旅客的安全。

(3)临时应急照明的设置地点与应急照明基本相同,但临时应急照明只有在主照明和应急照明都失电时才会照亮。

(4)临时应急照明必须采用蓄电池组供电,并应保证当主电网及应急电网失电或电压降至40%额定值时能自动接通,主电网及应急电网电压恢复时能自动切断。

(5)临时应急照明系统不得采用荧光灯为光源,更不得设置就地开关。

(四)定期检查所有电气连接的重要性

电气线路中,不论是主回路还是二次控制回路所发生的故障都可归结为短路、断路和接地三种情况,均与电气连接密切相关。而船舶电气设备受震动、温度和湿度变化、盐雾等海况影响较大,电气故障的发生多数都是由电气连接故障,如接头松动、脱落、发热、接地、短路等造成,所以日常维护中需要定期检查所有电气连接情况。如果设备不带电,可使用相关工具对连接端子进行紧固检查;如果设备带电工作,可使用红外点温计对主回路大电流连接点进行温度测量,防止主回路接头松动造成发热等故障。

(五)电气干扰的概念及易受电气干扰的设备

电气设备运行时会向外发出电磁干扰,对电网造成谐波污染,干扰其他正在运行的电子设备、电气设备、通信设备等,同时来自空间环境的电磁干扰也会对电网、传输信号、电气设备等产生干扰,使设备输出不受控制;有时设备内部自身运行过程中因温度或其他环境因素造成输出也失去控制;这些电磁干扰反复交叠或设备自身不可控,会使得正常运行的设备经常出现看似没有原因的故障。电磁干扰的存在使得供电质量下降、功率因数降低、绝缘加速老化、噪声增加,造成过压、过流及控制系统误动作、精度降低等,因此干扰问题不容忽视,必须采取有效措施予以解决。一般电气干扰的来源分内部和外部两种。

1.内部干扰

内部干扰指电子设备内部各元部件之间的相互干扰,包括:

(1)工作电源通过线路的分布电容和绝缘电阻产生漏电而造成的干扰。

(2)信号通过地线、电源和传输导线的阻抗互相耦合,或导线之间的互感造成的干扰。

(3)设备或系统内部某些元件发热,影响元件本身或其他元件的稳定性造成的干扰。

(4)大功率和高电压部件产生的磁场、电场通过耦合影响其他部件造成的干扰。

2.外部干扰

外部干扰指电子设备或系统以外的因素对线路、设备或系统的干扰,包括:

(1)外部的高电压、电源通过绝缘漏电而干扰电子线路、设备或系统。

(2)外部大功率设备在空间产生很强的磁场,通过耦合干扰电子线路、设备或系统。

(3)空间电磁对电子线路或系统产生的干扰。

(4)工作环境的不稳定引起电子线路、设备或系统内部元件参数改变造成的干扰。

(5)由工业电网供电的设备和由电网电压通过电源变压器所产生的干扰。

常见的易受干扰的电气设备是二次侧控制系统,尤其是模拟控制电路,但是现在使用的多是数字电路,高频数字电路尤其易受干扰;在计算机控制系统中,CPU及相关的电子设备均为易受干扰设备。二次侧控制回路中的继电器和接触器不容易受到短时、小能量的干扰冲击。相对而言,主动力回路,即一次侧回路相对比较稳定。

(六)常见的干扰源及抑制干扰的方法

1.常见的干扰源

(1)供电电源

工业设备的大型化,使得某些工业生产线装机容量可达几十万千瓦,其中不乏感性负载、变频设备、熔炼设备、电焊机等。大电机的起动,不仅起动电流很大,而且有很低的滞后功率因数,从而造成电网电压大幅波动,波形畸变,甚至形成浪涌;变频调速装置、大功率电水炉、空压机、海水泵等大容量冲击性负载造成电网电压剧烈波动。电网上常有上百伏甚至上千伏尖峰脉冲干扰。外部环境中大电弧电流产生的强大交变磁场、大功率变频器发出的强大磁场以及雷电等,通过空间电磁耦合将干扰引入供电线路,除此之外还有许多因素造成电网谐波污染,其后果是危害同一电网上其他用电设备,严重时会使这些设备无法正常工作。

(2)信号传输过程

信号传输包括控制信号(开关量、模拟量)传输、检测信号传输、通信信号传输。当信号长距离传输时,传输线路屏蔽层或绝缘层损坏或接地系统不合理,信号线与动力线没有分层或分管道敷设等都会造成传输线路中的信号被干扰,造成信号失真,控制系统工作异常。比如,信号线与电源线同管道敷设时,会产生共模、差模电压,从而形成对信号的干扰。

(3)场干扰

在工业现场,电气控制系统常呈现分布式布置,部分集中于主控室内,部分置于各工作点或操作点,检测元件及执行元件处于设备现场,它们均处于工业现场恶劣的电磁环境中。电磁干扰通过电源供电、线路传输、空间电磁耦合直接影响电子设备正常工作,使其中的电平发生变化或产生脉冲干扰。

(4)控制柜内部干扰

控制柜内接触器线圈、继电器线圈、变压器、PLC、变频器等都会向外发出电磁干扰,干扰柜内其他元器件、电子设备的正常工作。变频器输出电源线、中高频输出线等发出电磁干扰,进柜电源线引入干扰等。

2.抗干扰措施

虽然控制系统在设计时已充分考虑了各种干扰因素,但在实际使用中,仍然需要考虑系统可能存在的干扰,为了使控制器稳定地工作,提高整个控制系统的可靠性,在控制系统中采取一些有效的抗干扰措施是非常必要的。常用的抗干扰措施有以下几个方面:

(1)抗电源干扰

①使用隔离变压器:使用隔离变压器将屏蔽层良好接地,对抑制电网中的干扰信号有良好的效果,如果没有隔离变压器,可使用普通变压器。为了改善隔离变压器的抗干扰效果,需要注意两点:一是屏蔽层要良好接地,二是二次侧连接线要使用双绞线,双绞线能减少电源线间干扰。

②使用滤波器:使用滤波器代替隔离变压器,在一定的频率范围内有一定的抗电网干扰作用,但要选择好滤波器的频率范围是困难的。为此,惯用的方法是既使用滤波器,同时又使用隔离变压器。滤液器与隔离变压器连接方法如图 2-1-4 所示。但必须注意,使用时应把滤波器接入电源,然后再用隔离变压器。

③分离供电系统:使用隔离变压器将控制器、I/O 通道和其他设备的供电分离开来,也有助于抗电网干扰。

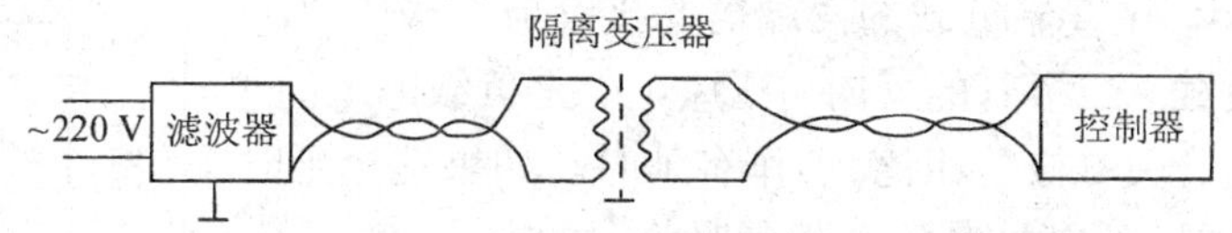

图 2-1-4　滤波器与隔离变压器连接方法

(2)控制系统接地

控制系统接地的作用有：

①控制器与控制柜与大地之间存在着电位差，良好的接地可以减少由电位差引起的干扰电流。

②混入电源和输入、输出信号的干扰，可通过良好的接地引入大地，从而减少干扰的影响。

③良好的接地可以防止由漏电流产生的感应电压。

控制系统的接地方法如图 2-1-5 所示。图 2-1-5(a)为控制器和其他设备分别接地方式，即专用接地，这种接地方法最好；如果做不到每个设备专用接地，也可以使用图 2-1-5(b)的共用接地方式；一般不采用图 2-1-5(c)的串联接地方式，特别应该避免与电动机、变压器等动力设备串联接地。

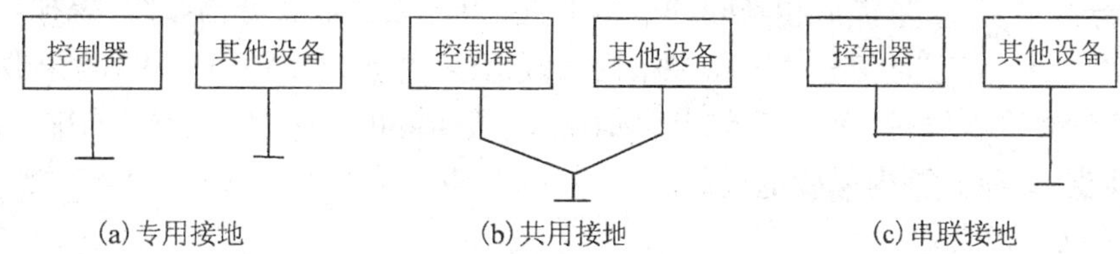

图 2-1-5　控制系统的接地方法

(3)接地注意事项

①接地线应尽量粗，一般用大于 2 mm^2 的线接地。

②接地点应尽量靠近控制器，接地点与控制器间的距离不大于 50 m。

③接地线应尽量避开强电回路和主回路的电线，不能避开时，应垂直相交，应尽量缩短平行走线长度。

(4)防外部信号干扰

①防止输入信号的干扰

除采用滤波器及使控制器良好接地来抑制干扰外，抗输入干扰的措施有：

a.RC 滤波，在输入端两端并接电容 C 和电阻 R(为交流输入信号时)，或并接续流二极管 VD(为直流输入信号)可有效防止输入源含感性元件带来的信号突变。交流输入方式时，C、R 的选择要适当，才能起到较好的效果，一般参考值为：负荷容量在 10 VA 以下一般选用 0.1 μF ±120 Ω；负荷容量在 10 VA 以上，一般选 0.47 μF±47 Ω 比较适宜。有时需要在输入信号对地之间加压敏电阻，在突现高压情况下，压敏电阻导通，释放高压，保护电路。

b.用继电器转换进行中转，实现物理隔离，可防感应电压的干扰。

②防止输出信号的干扰

在交流感性负载的两端并接 C、R 作为浪涌吸收器。如果是交流 100 V 或 220 V，电压功率为 400 VA 左右时，C、R 浪涌吸收器选为 0.47 μF+47 Ω，C、R 越靠近负载，其抗干扰效果越好。

如图 2-1-6 所示,在直流负载的两端需并接续流二极管 VD,二极管也要靠近负载。二极管的反向耐压应至少是负载电压的 4 倍。续流二极管与开关二极管相比,动作有延时。如果这个延时时间是不允许的,同样可用并联 C、R 浪涌吸收器的方法解决。

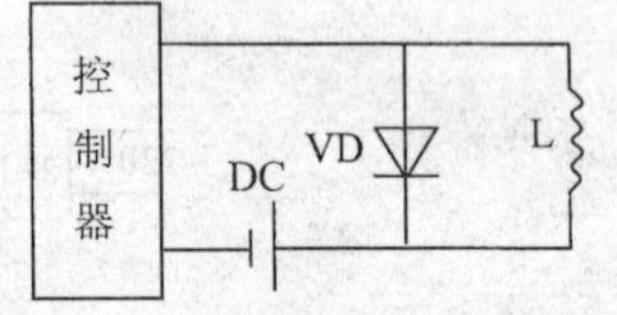

图 2-1-6　直流感应负载的抗干扰

③屏蔽

屏蔽就是对两个空间区域进行金属的隔离,以控制电场、磁场和电磁波由一个区域对另一个区域的感应和辐射。具体地讲,就是用屏蔽体将电子元部件、电路、组合件、电缆或整个系统等外部的干扰源包围起来,防止干扰电磁场向外扩散,用屏蔽体将接收电路、设备或系统包围起来,防止它们受到外界电磁场的影响。屏蔽体对来自导线、电缆、元部件以及电路或系统等外部的干扰电磁波和内部的电磁波均起着吸收能量(涡流损耗)、反射能量(电磁波在屏蔽体上的界面反射)和抵消能量(电磁感应在屏蔽层上产生反向电磁场,可抵消部分干扰电磁波)的作用,所以利用屏蔽体可以非常有效地减弱电磁干扰。

(5)柜内防干扰措施

强电控制器件、弱电控制器件、计算机类(包括 PLC 模块、输入输出控制转换模块等)分盘布置或盘内分区布置,尽量降低相互间的电磁干扰;柜内强弱电线分槽布线,模拟量信号线与开关量信号线分开布线,且信号线不得在槽内反复弯折,尽可能短距离布线。柜内除设置三相铜排外,还需设置零线铜排、保护接地(PE)铜排、屏蔽防静电保护接地(FE)铜排,置于柜体底部,用绝缘架支撑,所有柜内屏蔽电缆的屏蔽层与 FE 铜排应可靠连接。

(6)软件抗干扰措施

电磁干扰错综复杂,硬件上从供电电源、信号传输、接地、合理布线等方面采取措施后仍有不确定的干扰进入系统,这时可通过软件对干扰进行处理。软件抗干扰技术是指系统受干扰后能恢复其正常运行,或输入输出信号受干扰后能识别并剔除干扰信号的一种辅助方法。

①采用软件抑制叠加在输入输出信号上的干扰。对模拟输入信号进行数字滤波,由于数字滤波可采用不同的滤波方法(算数平均值法、中位值法等)或滤波参数,因此与硬件滤波器相比,具有灵活、方便、功能强的特点。对开关量输入信号采取多次重复采集,只有连续两次或两次以上采集的结果完全相同,信号才有效。

②利用指令冗余、软件陷阱、"看门狗"技术等防止电磁干扰引发 CPU 程序乱飞或陷入死循环;发现程序失控后,利用抗干扰软件实现程序恢复正常运行,保证 CPU 抗干扰的能力。

工业现场各种干扰错综复杂,严重影响着自动控制系统的正常运行,甚至会损坏设备、危及人身安全。为此,在设计、施工、调试过程中要充分重视干扰问题的严重性,并根据实际情况,制定合理、有效的抗干扰措施,使干扰最大限度地得到抑制或消除,为系统正常运行提供切实可行的保障。

(七)船上电子系统故障检测的方法

船舶电路控制板的损坏通常是某一个元件损坏,可能是某一个芯片,某一个电容,甚至一个小小的电阻,维修的过程就是找出损坏的元件加以更换。电子产品往往由于一块电路板中个别配件损坏,导致一部分或几个部分不能正常工作,影响整个设备的正常使用,尤其是电源部分,即系统的公用部分,又与外界设备紧密相连,比较容易出现故障,造成整个系统失效。有的设备系统比较复杂,由许多电路板组成,这就要求分析各块电路板的功能,分析输入输出之间的关系,找出发生故障的电路板,再进一步找出元器件的故障。

1.电路板、电子元器件的测试方法

电路板和元器件的测试是通过检测器件的输入输出关系,判断器件能否完成规定的电路过程,属于定性测试。

常见的元器件检测方法有在线测量法、非在线测量法和代换法。由于线路板上的电子元器件在回路中,常常需要根据电路原理图,通过在线检测元器件各管脚的电位信号来判断其好坏。如果还不能判断,只能将被怀疑的器件拆下单独检测,即非在线测量法。单独检测用的仪器仪表很多,常用万用表来测电阻、电容、二极管、三极管等分立器件,对于集成电路则需要专用的集成电路测试仪或逻辑分析仪来测量。如果分析结果不能肯定,则可以采用已知完好的同型号、同规格元器件来代换被测器件,从而可以判断出该器件是否损坏。

将电路板看成是一个元器件,将其输入输出看成是器件的管脚,可采用上述测试器件的方法来测试电路板。除上述测试方法外,还有分隔测试法(又称电路分割法)、信号注入法、直觉检查法、波形观察法等多种方法,有时还需要将几种方法结合到一起来测试。

以下是常用的几种船舶控制电路板的测试方法。

(1)开关电源电路板的测试:开关电源电路板测试的关键脚电压是电源端(Vcc)、激励脉冲输出端、电压检测输入端、电流检测输入端。测量各引脚对地的电压值和电阻值,若与正常值相差较大,在其外围元器件正常的情况下,可以确定是该电路板已损坏。内置大功率开关管的厚膜电路板维修,还可以通过测量开关管 C、B、E 极之间的正、反向电阻值,来判断开关管是否正常。

(2)微处理器电路板的检测:微处理器电路板的关键测试引脚是 V_{DD} 电源端、RESET 复位端、X_{IN} 晶振信号输入端、X_{OUT} 晶振信号输出端及其他各线输入、输出端。在线测量这些关键脚对地的电阻值和电压值,看是否与正常值(可从产品电路图或有关维修资料中查出)相同。不同型号微处理器的 RESET 复位电压也不相同,有的是低电平复位,即在开机瞬间为低电平,复位后维持高电平;有的是高电平复位,即在开关瞬间为高电平,复位后维持低电平。

(3)伺服放大器电路板的测试:用万用表直流电压挡,测量运算放大器输出端与负电源端之间的电压值(在静态时电压值较高)。用手持金属镊子依次点触运算放大器的两个输入端(加入干扰信号),若万用表表针有较大幅度的摆动,则说明该运算放大器完好;若万用表表针不动,则说明运算放大器已损坏。

(4)工业控制电路板的分隔测试:把工业控制电路板与故障相关的电路,合理地、一部分一部分地分隔开来,以便明确故障所在的电路范围的一种故障检查方法。这样通过多次的分隔检查,肯定一部分电路,否定一部分电路,这样一步一步地缩小故障可能发生的所在电路范围,直至找到故障位置。

2.简单电路板的故障分析

电路板故障千奇百怪,如集成 IC 特性变差、功能失效、管脚虚焊、短路、印制电路板连线断裂、电磁信号干扰、环境粉尘影响以及程序丢失等,都能导致故障,所以各种情况都要考虑。由于故障情况复杂,所以不但要围绕器件分析与测试,还要求维修人员增强对故障的综合判断能力。

在进行维修前,首先做好对故障的初步分析,应认真测量相关的器件。如通过检查发现某个器件功能异常,但并不一定就是这个器件坏了,而要再进一步检查周围与之有关的各个器件、各条线路。如果不能确认是否该器件故障,可能的情况下,可以拆下被怀疑的器件,然后单独对其测量,以鉴别是否故障。故障分析工作一般的步骤如下:

(1)向使用人员仔细询问电路板的故障现象,条件允许的话,最好到现场观察一下故障现象,确定一下电路板是否确实有故障,即确认一下电路板是否连接正确、插接牢固、有无更改设置、操作设备的步骤是否正确等,避免因为操作不当而产生误判。另外,需要了解该故障电路板近期内的使用情况。了解该故障是老毛病复发,还是新发症状。以及了解该故障有无修理过,如果修理过应确认修理的经过,更换过的器件等。

(2)仔细观察故障电路板的表面有无明显的故障痕迹:如有无烧焦烧裂的集成 IC 或其元件,线路板是否有断线开裂的痕迹。

(3)根据故障现象初步分析故障分布的可能部位:根据相关资料观察和分析故障电路板在正常状态下时各个测试点的逻辑电平、逻辑波形、指示灯等,了解各个主要器件和功能模块的功能和用途,准备好有关器件的参数手册等,以备随时查阅和分析。

(4)通电测试:通电前,确认故障电路板的电源类型、正负极性、易损器件以及是否存在短路、缺件等问题,初次通电试验时要格外小心,以免加错电源烧坏板子。通电后利用各种检测方法,按照可能性大小的顺序依次检测,逐渐缩小故障的范围。多数情况下的故障往往一时不易发现。例如,某个集成 IC 的温度特性不好,短时间通电或不通电根本无法检查到。这时就需要根据用户所反映的情况,进行反复细致的观察,并延长通电时间观察并检测。

(5)根据电路板的功能区域划分,分析各功能模块的关系并做出简单故障流程图。

(6)按照故障流程图逐级检查,确定具体故障元件。

(7)修复或更换故障元件后,对电路做进一步的检查,确认没有故障后可以通电进行功能试验。另外,故障修复后必须记录全部的维修过程,并进行相关的维修资料归类整理,以便指导以后的维修和故障的防范。

(8)装机试验后如果仍然不正常,应再次检测,直到检修出故障电路板上的所有故障。如果不能确定故障或确定无法修复,应尽快联系生产厂商,尽快购买备件。

(八)微处理器的操作原理和基本功能及其在船舶控制系统中的应用

1.微处理器的组成

一般的微处理器具有中央处理单元(CPU)、存储器、输入/输出模块(I/O)、通信接口和电源等部分,其实质是一种专用的计算机控制系统,具有比一般计算机更强的工业过程接口,具有更适用于控制要求的编程语言。工业用典型的计算机控制系统的结构如图 2-1-7 所示,内核为微机系统,接口电路考虑周全,适应工业控制,外围配合设备的传感器和相关执行装置。

(1)中央处理单元(CPU)

可编程序控制器中常用的 CPU 主要采用通用微处理器或单片机。通用微处理器如 INTEL 公司的 8080、8086、80286、80386 等,单片机如 8031、8096 等。微处理器的档次越高,CPU 的位数越多,运算速度越快,功能指令也越强。

PLC 的硬件是一种模块式的结构,核心部件是中央处理模块。整个可编程序控制器的工作过程都是在 CPU 的统一指挥和协调下进行的。其主要任务是按一定的规律或要求读入被控对象的各种工作状态,然后根据用户所编制的应用程序的要求去处理有关数据,最后再向被控制对象送出相应的控制信号,与被控对象之间的联系是通过各种 I/O 接口实现的。

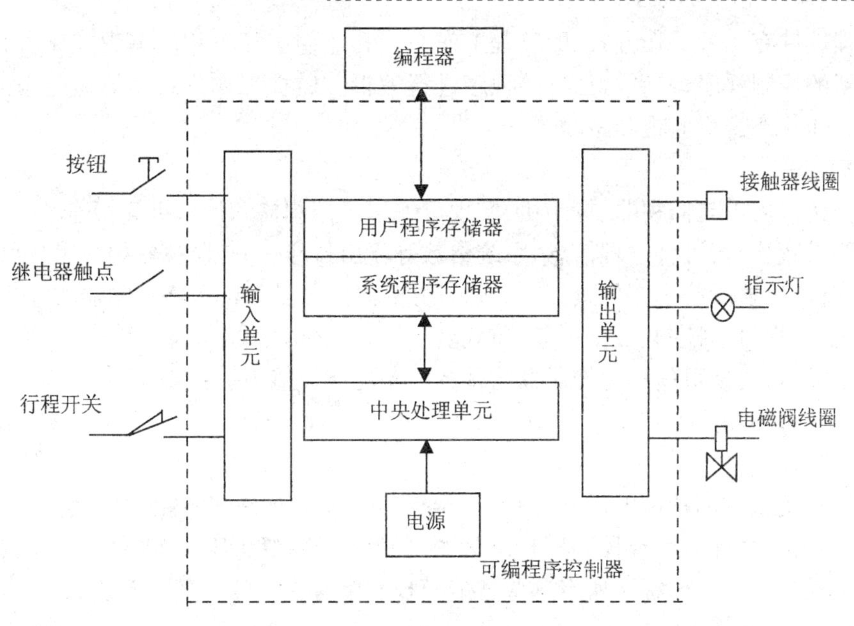

图 2-1-7　工业用典型的计算机控制系统的结构

(2)存储器

微处理器系统的存储器分为两种:系统存储器和用户存储器。系统存储器存放系统管理程序,用户存储器存储用户程序。

常用的存储器有 RAM 和 EPROM、EEPROM。RAM 是一种可进行读写操作的随机存储器,存放用户程序,生成用户数据区,存放在 RAM 中的用户程序可以方便地修改,为防止 RAM 中存放的程序和数据在掉电时丢失,可用锂电池作后备电源。EPROM 和 EEPROM 都是只读存储器,往往用这些类型存储器固化系统管理程序和用户程序。

(3)输入/输出单元(I/O 单元)

实际生产过程中的信号电平多种多样,外部执行机构所需的电平也千差万别,而控制系统的 CPU 所处理的信号电平只能是标准电平,因此需要通过输入输出单元实现这些电平的转换。I/O 单元实际上是微处理器控制系统与被控对象间传递输入输出信号的接口部件。I/O 单元有良好的光电隔离和滤波作用。接到输入接口的输入器件是各种开关、按钮、传感器等。系统的各种输出控制器件往往是电磁阀、接触器、继电器,而继电器有交流型和直流型、高压型和低压型、电压型和电流型之分。

(4)电源

微处理器系统的电源有的选用 220 V,也有很大一部分用直流 24 V 供电。系统内部有一个稳压电源用于对 CPU 单元和 I/O 单元供电,而小型的 PLC 电源往往和 CPU 合为一体,大中型 PLC 都有专门的电源模块。此外,根据控制系统的规模及所允许扩展接口板数,各种电源种类和容量往往是不同的,用户使用和维修时应该注意这一点。

(5)外围设备

微处理器系统的外围设备主要有键盘、显示器、操作面板、人机界面和打印机等。

常用的可编程序控制器 PLC 是工业常用的一种微处理器系统,系统多采用笔记本计算机作为移动编程设备,在计算机上接入适当通信硬件,安装软件包,然后通过编程电缆与 PLC 的通信接口相连,即可在计算机上对 PLC 系统进行编程。

一般编程软件有两种工作方式,即编程工作方式和监控工作方式。编程工作方式的主要功能是输入新的控制程序,或者对已有的程序进行编辑。监控工作方式是对运行中的可编程序控制器的工作状态进行监视和跟踪。

(6)通信接口

通过通信接口可以与监视器、打印机、实现可编程序控制器和计算机等相连。

当与打印机相连时,可将过程信息、系统参数等输出打印;当与监视器相连时,可将过程图像显示出来,既可以显示静态图像,也可以显示动态图像,与其可编程序控制器相连时,可组成多级控制系统,实现过程控制、数据采集等功能。

使用通信接口,可使可编程序控制器与外围设备的连接能力进一步加强,从而也丰富了可编程序控制器的各种功能。

(7)智能I/O

为满足更加复杂控制功能的需要,微处理器控制系统配有许多智能I/O接口。为满足模拟量闭环控制的需要,配有闭环控制模板。为了对频率超过100 Hz的脉冲进行计数和处理,配有高速计数模板及智能模板。所有这些智能模板都带有自己的处理器系统。

2.微处理器的操作原理

微处理器用户程序按先后顺序存放,在没有中断或跳转指令时,从第一条指令开始顺序执行,直到程序结束符出现后又返回到第一条指令,如此周而复始地不断循环执行程序。在工作时采用循环顺序扫描的工作方式。有些情况下也插入中断方式,允许中断正在扫描运行的程序,以处理紧急任务。如图2-1-8所示,在每次扫描过程中还要完成自诊断、与外设通信、读入现场信号、执行用户程序和输出结果等。扫描一次所需要的时间称为扫描周期,是程序运行的重要参数之一,反映程序对输入信号的灵敏度或滞后程度。扫描周期与用户程序的长短和扫描速度有关,通常工业控制要求微处理器的扫描周期在6~30 ms以下。

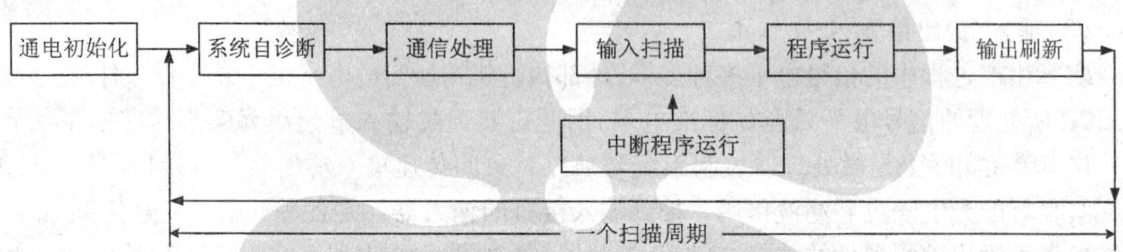

图2-1-8 微处理器系统软件工作流程图

在系统软件的管理下,计算机按图中所画的扫描顺序工作。合上电源后,首先进行自诊断,包括检查系统硬件本身是否正常,将监控定时器复位等。在与外设通信阶段,CPU与其他带微处理器的智能装置通信,响应编程器键入的命令,更新编程器的显示内容。在读入现场信号阶段,CPU对全部的输入通道信号进行采样,并将采样结果储存在内存的输入信息状态区。在执行用户程序阶段,CPU逐条解释和处理用户程序,需要使用输入通道信息时,则从内存的输入信息状态区读入。程序执行以后得出的运算结果,立即送至内存中输出信号状态缓冲区。当全部程序执行完毕,CPU才做向外输出结果的工作,即把输出信号状态缓冲区的内容送至输出通道的对应端口上,经输出模块隔离和功率放大后驱动外部负载。

3.微处理器系统的功能

(1)开关量的控制

开关量的控制是微处理器系统的最基本的控制功能,包括时序、组合、延时、计数、计时等。PLC 控制的输入输出点数可以不受限制,少则十点或几十点,多则成千上万点,并可通过联网来实现控制。

(2)模拟量的闭环控制

对于模拟量的闭环控制系统,除了要有开关量的输入输出点以实现某种顺序或逻辑控制外,还要有模拟量的输入输出点,以便采样输入和调节输出,实现过程控制中的 PID 调节或模糊控制调节,形成闭环系统。这类系统能实现对温度、流量、压力、位移、速度等参量的连续调节与控制。目前除大型、中型 PLC 具有此功能外,一些公司的小型机也具有这种功能。

(3)数字量的智能控制

利用微处理器系统能实现接收和输出高速脉冲的功能,而这个功能在实际中用途很大。在配备相应的传感器(如旋转编码器)或脉冲伺服装置(如环形分配器、功放、步进电机)后,微处理器系统就能实现数字量的智能控制。较高级的 PLC 还专门开发了数字控制模块、运动单元模块等,可实现曲线插补功能。最近新出现的运动控制单元,还提供了数字控制技术的编程语言,为 PLC 进行数字量控制提供了更多方便。

(4)数字采集与监控

由于微处理器在控制现场实现控制,所以把控制现场的数据采集下来,做进一步分析研究是很重要的。对于这种应用,目前较普遍采用的方法是微处理器加上触摸屏,这样既可随时观察采集下来的数据又能及时进行统计分析。有的系统本身就具有数据记录单元,此时可利用一般的便携计算机的存储卡插入到该单元中保存采集到的数据。

(5)联网、通信及集散控制

微处理器的联网、通信能力很强,可实现微处理器之间,与 PLC、与上位计算机之间的联网和通信,由上位计算机来实现对本地微处理器的管理和编程。系统也能与智能仪表、智能执行装置(如变频器等)进行联网和通信,互相交换数据并实施控制。

利用系统的强大联网通信功能,把系统分布到控制现场,实现各微处理器控制站间的通信以及上、下层间的通信,从而实现分散控制、集中管理的目的。

4.在船舶控制系统中的应用

微处理器的控制系统在船舶中的应用已是无处不在,从小型的单个参数调节控制,如冷却水温度调节器、阀门控制机构等,到单个设备的控制,如分油机控制系统、辅锅炉控制系统,再到整个系统的控制,如主机遥控系统、电喷柴油机控制系统,乃至现在已发展到分布式总线控制系统,如报警监视系统、PMS 等。

第二节　电动机操作控制设备的设计特点及系统配置

一、直流电动机的控制和保护设备

现代控制技术对直流电机的控制都选用数字直流电压控制,通过电压的控制可以实现起

动、调速、制动和反向操作,通过一个可控的整流装置即可实现,大幅减少了外围控制设备。不仅数字整流装置可控制直流电机的运行,而且可通过电压、电流等检测,控制整流晶闸管的快速关断,可实现直流电机的保护控制,包括过流、过载等。由于短路故障时间太短,晶闸管可能来不及动作,主回路上一般会配有超快速熔断器以实现短路保护。

应随时保持直流电动机的清洁,尽量防止灰尘、雨水、油污、杂物等进入电动机内部。与交流电机相比,直流电机轴承与润滑、冷却系统等方面的维护保养与交流电机基本相同,但是,直流电动机结构及运行过程中存在的薄弱环节是电刷与换向器部分,因此必须特别注意维护和保养。

换向器表面应保持光洁,不得有机械损伤和火花灼痕。在保证换向器表面质量的条件下,还需要在日常运行中,仔细地观察和监视换向火花。通常情况下,点状、粒状火花(呈白色或微带蓝色和黄色)稀疏而均匀地分布在大部分电刷上,属于正常换向火花。而响声状、火球或飞溅状火花(呈暗黄色、红色或绿色)属于有害火花。当环火状火花发生时,电机不宜继续运行。换向器在负载作用下长期运行后,表面会产生一层坚硬的深褐色薄膜,这层薄膜能够保护换向器表面不受磨损,因此要保护好这层薄膜。

电刷磨损或碎裂时,应更换牌号、尺寸规格都相同的电刷,新电刷装配好后应研磨光滑,保证与换向器表面有80%左右的接触面。需要注意的是电刷一次性更换数量不宜过多,成批更换电刷易破坏原换向器表面的氧化膜。只需将磨短的或有问题的电刷换下即可。在同一台电机上,绝不允许使用不同牌号的电刷,即使同一牌号的电刷,因制造时间不同,性能也有明显差异,所以也不允许使用。

二、交流电动机的控制和保护设备

船舶电力拖动控制装置中,继电-接触控制系统通常用来完成电动机的起动、制动、反转、调速等自动控制功能。当系统发生故障时,控制线路必须要有相应的保护环节,能及时切断主电路,保障电气设备安全无损。对电动机控制而言,须具备四种基本保护:短路电流保护、过载保护(或过电流保护)、欠电压保护(包括零电压保护)以及对三相交流电动机缺相保护,对方向有要求的电机还需要相序保护控制。

三相交流异步电动机最简单的控制是直接起动控制,采用交流磁力起动器,前述如图 1-1-56 所示,具有熔断器和断路器实现的短路电流保护、热继电器 FR 实现的过载保护、由继电器和接触器实现的零电压和欠电压保护及由热继电器实现的缺相保护。还有其他各种保护,在第一章的电动机基本保护中有所叙述。

三、中间继电器、时间继电器、接触器和其他部件组成的简单电路的结构

低压电器有多种不同的分类方法,按使用的系统分类可分为配电电器和控制电器;按操作方式分类可分为手动电器和自动电器;按工作原理分类可分为电磁式电器和非电量控制电器等。

(一)接触器

接触器是利用电磁吸力原理用于频繁地接通和切断大电流电路(即主电路)的开关电器。电磁式接触器按触头控制的电流种类分为直流接触器和交流接触器。两类接触器在触头系统、电磁机构、灭弧装置等方面均有所不同。交流接触器的外形及结构原理如图 2-2-1(a)所示,其电气符号如图 2-2-1(b)所示。

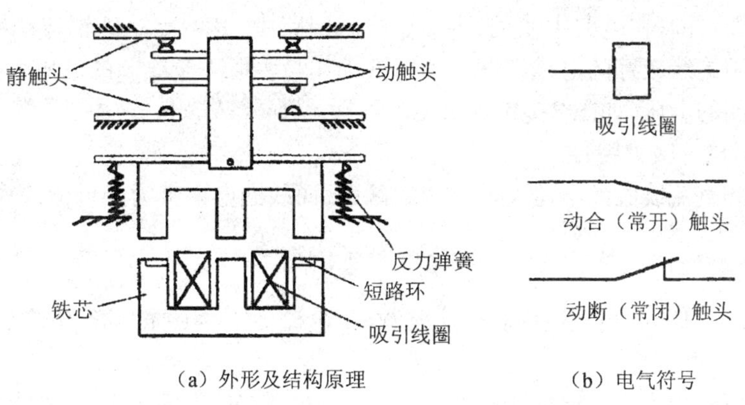

图 2-2-1 交流接触器的外形及结构原理和电气符号

1.电磁机构

电磁机构主要功能是通过电磁感应原理将电能转化成机械能。电磁机构输入的电信号有电压、电流。

(1)电磁机构的结构形式

电磁机构组成为线圈、铁芯(亦称静铁芯)和衔铁(亦称动铁芯),俗称电磁铁,具体有如下几种:

①E 形电磁铁:多用于交流电磁系统,如图 2-2-2(a)所示。

②螺管式电磁铁:多用作索引电磁机构和自动开关的操作电磁机构,少数过电流继电器也采用,如图 2-2-2(b)所示。

③拍合式电磁铁:多用于直流继电器和直流接触器,如图 2-2-2(c)所示。

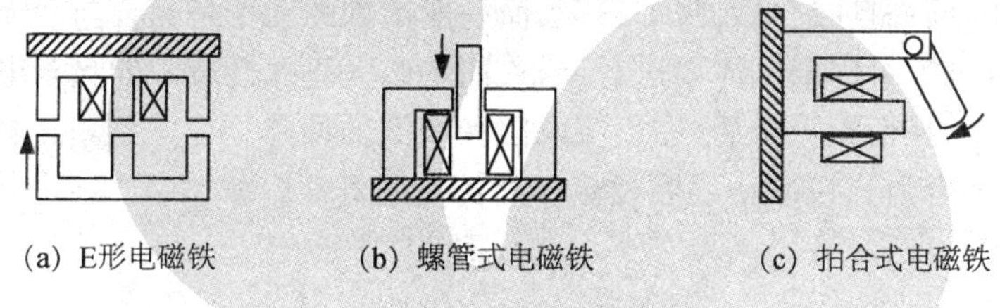

图 2-2-2 电磁机构的结构形式

(2)电磁机构的线圈

线圈可分为电流线圈和电压线圈两种,按交直流电制可分为交流电磁铁的线圈和直流电磁铁的线圈。各自的具体特点如下:

①电流线圈:串接在主电路中使用,其特点是扁铜条带或粗铜线绕制,匝数少,内阻小,流过的是主电路电流。其衔铁动作与否取决于线圈中电流的大小,但是衔铁的动作不改变线圈的电流,如图 2-2-3(a)所示。

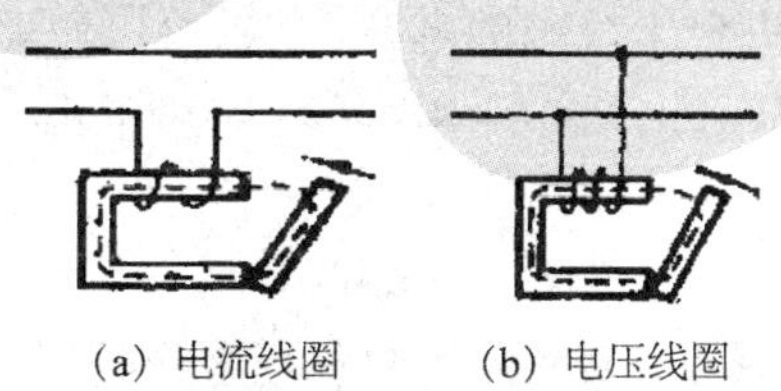

图 2-2-3 电磁机构的电流和电压线圈

②电压线圈：并联在电路中使用，主要在控制回路中，其特点是细铜线绕制，匝数多，阻抗大，电流小，常用绝缘较好的电线绕制。其衔铁动作与否取决于线圈的电压大小。但是衔铁的动作不改变线圈的电压，如图 2-2-3(b)所示。

(3)电磁机构的吸力特性

交流线圈和直流线圈的电磁特性有很大区别，而线圈电磁吸力的近似计算公式为：

$$F=\frac{1}{2\mu_0}B^2S=\frac{1}{2\mu_0}\cdot\frac{\Phi^2}{S} \tag{2-1}$$

式中，$\mu_0=4\pi\times10^{-7}$ H/m，当磁通面积 S 为常数时，电磁力 F 与磁通密度 B 的平方成正比，Φ 为磁通量。

从该式可以看出电磁线圈的电磁吸力与磁通和气隙的关系，其吸力特性与线圈励磁电流种类、线圈连接方式有关。

①直流电压线圈的吸力特性

根据磁路定律 $\Phi=\frac{IN}{R_m}\propto\frac{1}{R_m}$ 可知，直流电压线圈通电后，由于直流流过线圈，线圈没有感应电动势，所以其电流为常数(与磁路的气隙大小无关，取决于线圈的电阻)，有：

$$F=\frac{1}{2\mu_0}\cdot\frac{\Phi^2}{S}\propto\frac{1}{R_m^2}\propto\frac{1}{\delta^2} \tag{2-2}$$

式中，δ 为衔铁间隙，是磁阻的主要部分。

可见吸力 F 与气隙 δ 的平方成反比，所以特性为二次曲线形状，如图 2-2-4 所示，直流电磁机构的衔铁动作不改变线圈电流，所以直流电磁机构也称“恒磁动势”型。直流电压线圈中的电流在衔铁闭合前后不变化时，衔铁闭合前后吸力变化却很大，同样的电流流过线圈，间隙最大时，吸力最小，而一旦吸合后，吸力很大；而一般衔铁的动作是吸合前后需要的吸力变化不大，即需要的吸合电流可以根据需要进行调整，而不必一直保持较大的吸合电流一直作用在线圈上。实际应用中，在衔铁吸合后，在直流电压和线圈的回路中串入经济电阻来减小电流(但能保证有足够的吸合力)，以减小线圈发热和延长使用寿命。

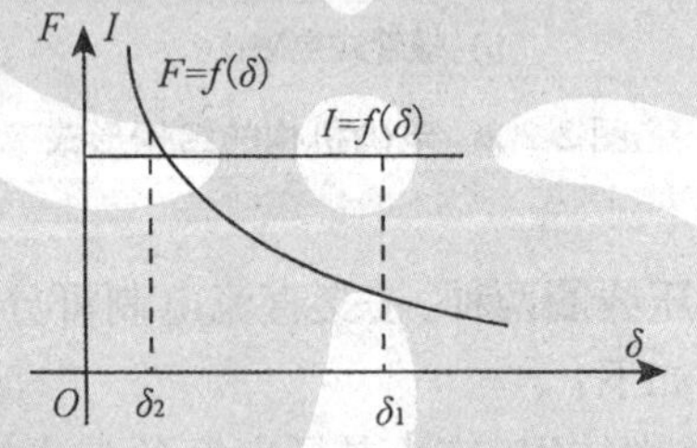

图 2-2-4　直流电磁机构的吸力特性

②交流电压线圈的吸力特性

交流电压线圈的阻抗主要决定于线圈的电抗，电阻可以忽略，线圈通过交流电流时，线圈上感应的电动势约等于外加电压，即：$U\approx E=4.44f\Phi_m N$，可推出

$$\Phi_m=\frac{U}{4.44fN} \tag{2-3}$$

式中，U 为外加交流电压，f 为频率，N 为线圈匝数，Φ_m 为磁通。

当频率、匝数和电压都为常数时，磁通即为常数，而从式(2-1)可以看出，当磁通为常数时，吸力 F 也为常数，由于磁通与间隙无关，所以交流线圈的吸力相对稳定，属“恒磁链”系统。如

图 2-2-5 所示，但是线圈中的电流与间隙有关，线圈的电抗随着间隙的增大而减小，施加相同的电压，不同衔铁间隙的线圈的电流即不同，间隙大的线圈电流大，其关系如图 2-2-5 所示。所以，交流电压线圈在衔铁闭合前后吸力几乎不变化（如考虑漏磁通，随间隙的减少略有增加）；交流电压线圈中的电流在衔铁闭合前后随气隙间隙的减小而减小。衔铁动作与否取决于线圈两端的电压，吸力够大后，衔铁动作；在动作中，交流电磁机构的线圈电流跟着改变，但是如果衔铁被卡住后，为了平衡恒定的磁通或吸力，电流就保持在较大的值上，如时间稍长，线圈会被烧毁。而直流电磁铁在衔铁被卡住后线圈电流不变，是不会烧毁的。

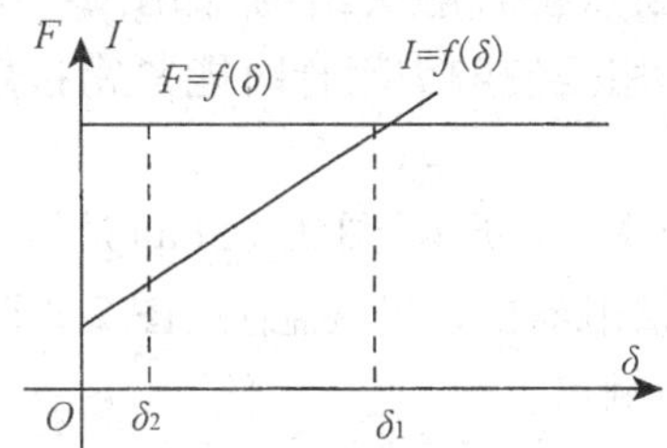

图 2-2-5　交流电磁机构的吸力特性

交流电磁铁的结构也有别于直流电磁铁。交流电磁铁的铁芯由硅钢片叠成，而直流则由整块铸铁制成，这是因为前者接到交流电源上时，在铁芯上会产生涡流损耗而发热，为此采用硅钢片叠成。由于硅钢材料电阻率大，增加了涡流回路的电阻，进一步减少了涡流损耗。而直流电磁铁不存在涡流损耗问题。交流接触器的吸引线圈因具有较大的交流阻抗，故线圈匝数比较少，且采用较粗的漆包铜线绕制，用万用表的电阻挡测量到的阻值较小，一般为 200～300 Ω。相比之下，直流接触器的线圈匝数较多，绕制的漆包线较细，用万用表的电阻挡测量到的阻值较大，一般接近 1 kΩ。交流电磁铁的铁芯端面需要短路环。因为交流电压产生的磁通在一个周期内两次过零，其吸力也过零，使衔铁发生振动，发出噪声，易使电器结构松散、寿命降低，同时使触头接触不良，易于熔焊与烧毁。加装短路环后，线圈电流过零时，短路环中的磁通却不为零，电磁铁仍有吸力。此时虽然吸力的脉动仍然存在，但由于有磁通分相的作用，使合成后的吸力在任一时刻都大于反力，从而使衔铁的振动得以消除。

2.触头系统

电器的执行部分是触头，其作用是分断和接通电路。触头接触形式有点接触、线接触和面接触。其中点接触型导通的电流小，线接触型导通的电流中等，而面接触型导通的电流大，如图 2-2-6 所示。而触头脱开、触头刚接触、触头完全闭合的几种状态位置如图 2-2-7 所示。

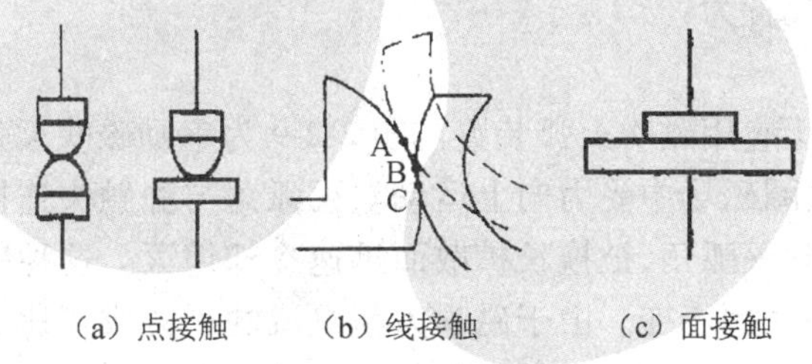

图 2-2-6　触头的接触形式

接触器触头系统的动作受电磁机构控制，包括主触头、辅助触头和触头弹簧。辅助触头根据实际需要连接在控制电路中接通/断开控制电流，触头有常开和常闭两种方式。在吸引线圈无电（衔铁未被吸引）时，处于断开状态的叫常开（动合）触头，当吸引线圈通电，将闭合；反之

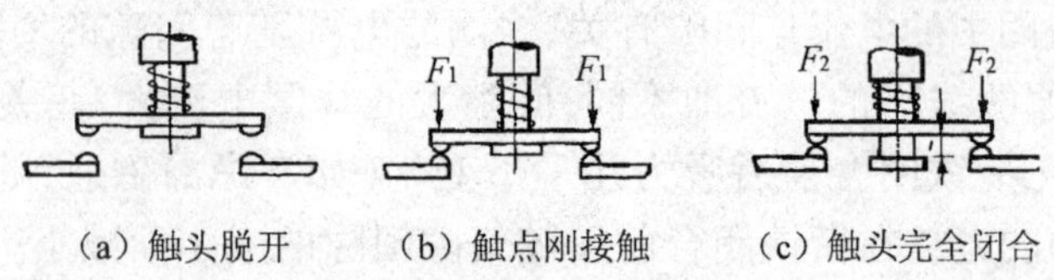

（a）触头脱开　（b）触点刚接触　（c）触头完全闭合

图 2-2-7　触头的状态位置

叫常闭(动断)触头。主触头可制成单极、双极、三极、四极或五极,且多为常开触头;触头的形式多样,交流接触器一般采用双断点桥式触头结构,如图 2-2-7 所示,而直流接触器一般采用单断点指式结构。触头弹簧的作用是使触头闭合时能紧密接触,减少触头间的接触电阻和触头通断时引起的跳动。

交流接触器的电路符号如图 2-2-8 所示,图 2-2-8(a)是接触器的线圈;图 2-2-8(b)是接触器的动合主触点;图 2-2-8(c)是接触器的动断主触点;图 2-2-8(d)是接触器的动合辅助触点;图 2-2-8(e)是接触器的动断辅助触点。

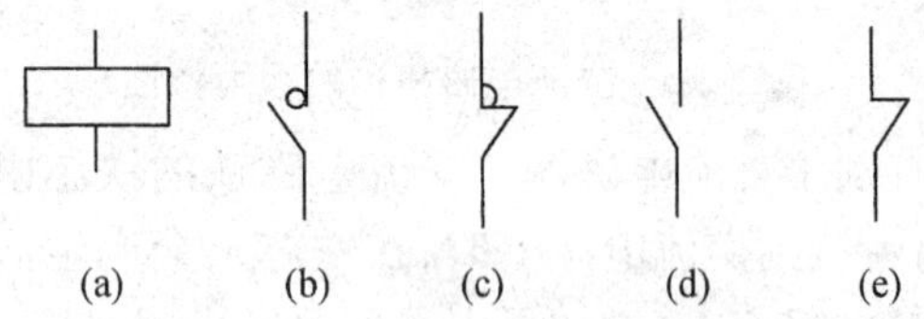

(a)　(b)　(c)　(d)　(e)

图 2-2-8　交流接触器的电路符号

3.灭弧装置

(1)电弧的产生及危害

电器在断开电路时,触头在断开的瞬间形成热电子放射,使空气中的自由电子增多,这些自由电子在触头间的电场作用下,以极高的速度运动,使空气发生电离作用而变成导体。此外电动负载大部分是感性负载,当触头在断开时,电路中产生的自感电势往往要比工作电压高得多,因此空气更易被击穿变成导体,于是,在触头断开时便容易产生电弧。由于电弧产生强大的热量,同时产生的电弧会使切断电路的时间延长,所以电弧易烧坏触头,会降低电器的寿命和电器工作的可靠性。为了减少电弧对触头的损伤作用,延长接触器的使用寿命,须采用灭弧装置在触头断开时可靠熄灭电弧。

(2)灭弧装置

灭弧措施本质上是降低电弧温度和电场强度。常用的灭弧方法有拉长电弧、冷却电弧和电弧分段。常用的灭弧装置为:

①磁吹式灭弧装置

在直流接触器中广泛应用磁吹灭弧装置。图 2-2-9 为串励磁吹灭弧装置原理图。灭弧线圈与触头串联,电弧在线圈磁场中受力向上运动。灭弧角与静触头连接,起引导电弧的作用。电弧由静触头向上转移到灭弧角,被拖长扩散而迅速冷却熄灭。这种串接励磁的优点是当触头电流反向时,磁吹力的作用不变。由于磁吹力与电流的平方成正比,电弧电流越大,吹弧能力就越强。在断开小电流时,由于吹力减弱将造成灭弧困难。

除了上述的串接励磁外,还有并接励磁或永久磁铁励磁法,其优点是能得到恒定的磁吹力,缺点是具有方向性,当触头上电流反向时,磁吹力方向变反。

磁吹灭弧装置的特点是利用电弧电流本身灭弧,电弧电流越大,吹弧能力也越强。

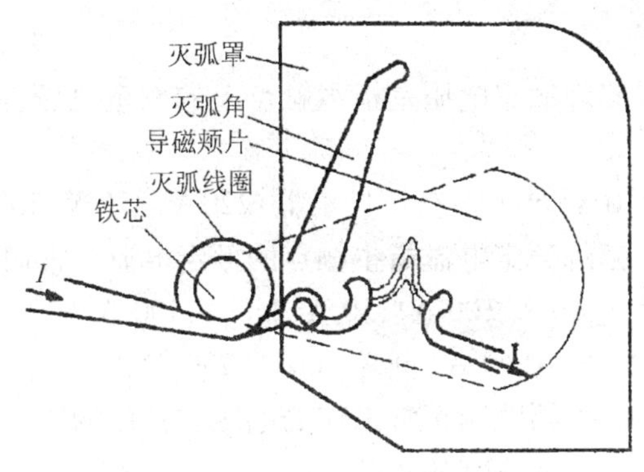

图 2-2-9　串励磁吹灭弧装置原理图

②灭弧栅

灭弧栅由镀铜的铁片(可制成方口形、尖口形或矩形)组成,按一定距离插装在陶瓷灭弧罩内。灭弧罩常采用陶土和石棉水泥等耐高温材料制作,用以降温和隔弧。当触头断开时,电弧在电动力(在铁栅片下,电弧产生的磁通力图从铁片中通过,使电弧受到吸引力而被拉入灭弧栅中)和热空气流的作用下迅速进入灭弧罩内,被相互绝缘的栅片分隔成多段短电弧,这些短电弧被周围介质迅速冷却。此外,由于维持一段电弧燃烧必须要有一定的电压,被分割后的短电弧增大了整个电弧的电压降,从而使电弧很快熄灭。灭弧栅非常适合做交流接触器的灭弧装置,因为交流电过零之后电弧不易再燃。灭弧栅结构如图 2-2-10 所示。

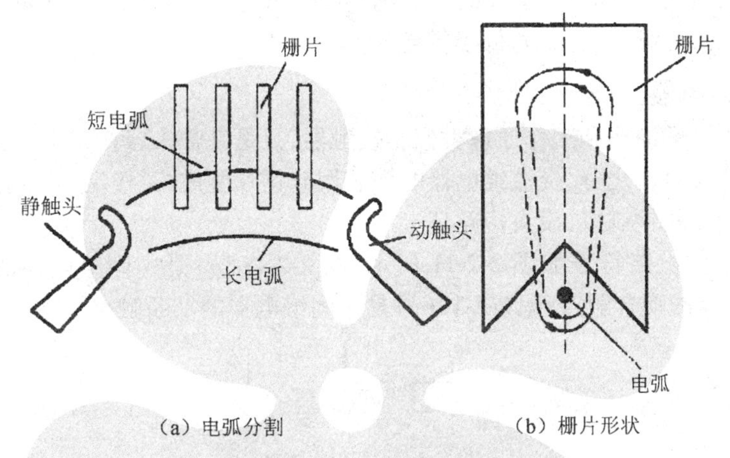

(a) 电弧分割　　(b) 栅片形状

图 2-2-10　灭弧栅结构

4.接触器的调整方法

接触器衔铁所受到的吸力大于其反力时,吸合;而小于其反力时,释放。衔铁的反力包括:反力弹簧的反作用力、可动部分的重力和摩擦力、触头闭合后触头弹簧的反力。通常定义最大的释放力与最小的吸合力之比为返回系数,返回系数 K_f 越接近于 1,电磁机构动作越灵敏。

接触器(或下述的继电器)动作值和释放值的调整可通过整定反力弹簧松紧、非磁性垫片厚度以及气隙的大小来实现。增加非磁性垫片厚度,相当于增加衔铁闭合后的气隙,使释放力提高,但吸合力不变,故返回系数提高。增加衔铁释放后的气隙,则需要的吸合力增大,但释放力不变,故返回系数下降。增加反力弹簧预压力时,接触器的动作值和释放值增加的程度相同,但弹簧的预压力增加后,动作电流增加,使磁路饱和,造成返回系数有所减小。

5.接触器的参数及选用

(1)额定电压:接触器铭牌额定电压是指主触点上的额定电压,简称触点耐压。常用的电压等级为:

直流接触器:220 V、440 V、660 V;交流接触器:220 V、380 V、500 V。

(2)额定电流:接触器铭牌额定电流指主触点的额定电流。常用的电流等级为:

直流接触器:25 A、40 A、60 A、100 A、150 A、250 A、400 A、600 A。

交流接触器:6 A、10 A、20 A、40 A、60 A、100 A、150 A、250 A、400 A、600 A。

(3)线圈的额定电压:接触器线圈正常工作的电压。常用的等级为:

直流线圈:24 V、48 V、110 V、220 V、440 V。

交流线圈:36 V、110 V、127 V、220 V、380 V、440 V。

需要说明的是一般交流负载选用交流接触器,直流负载选用直流接触器,但有些负载需要高速动作时可采用直流吸引线圈的接触器,这是因为直流接触器的动作更快速。常用的额定电压是直流 110 V、220 V;交流 110 V、220 V、380 V、440 V。

(二)继电器

继电器是根据电量(如电流、电压)或非电量(如时间、温度、压力、转速等)的变化而通断控制线路的电器,常用于信号传递和多个电路的扩展控制。按其用途分有控制继电器、保护继电器、中间继电器;按工作原理分有电磁式、感应式、热继电器等;按继电器参数分有电流、电压、速度、压力继电器等;如果按动作时间分则有时间继电器、延时继电器;如按输出形式分,可分为有触点或无触点继电器(也称固态继电器)。

1.电磁式继电器

电磁式继电器的结构和工作原理类似于接触器,只是其触头容量较小,没有灭弧装置。电磁式继电器也有交直流之分,交流继电器的铁芯用硅钢片叠成,磁极端面装有短路铜环。直流继电器的铁芯用整块钢制成,没有短路环。

中间继电器的电路符号如图 2-2-11 所示,图 2-2-11(a)是中间继电器的线圈;图 2-2-11(b)是中间继电器的动合触点;图 2-2-11(c)是中间继电器的动断触点。

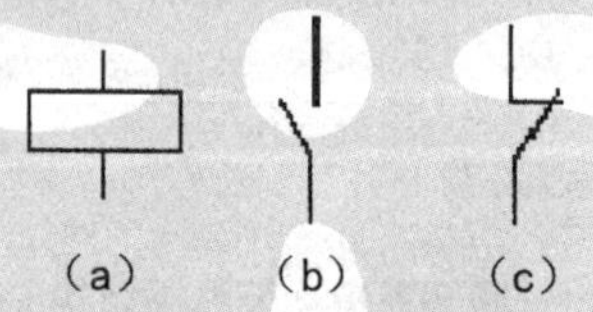

图 2-2-11　中间继电器的电路符号

电磁式继电器装上不同型式的电压线圈或电流线圈,可构成欠电压继电器、过电流继电器等。过电流继电器用作电动机过载运行时的过电流保护,也可以用于其他自动控制电路。过电流继电器的吸引线圈匝数不多,串在主电路中。欠电压继电器的吸引线圈是一只电压线圈,跨接在电源上,当电源电压低于继电器的释放值时,其衔铁在反力作用下释放,触头亦复位,切断控制电路,从而起到欠电压保护作用。

在电磁原理上,带有交流电压线圈的继电器属“恒磁链”系统;而带有交流电流线圈或直流电流、电压线圈的继电器属“恒磁势”系统。

继电器返回系数的定义与接触器相同。普通继电器的返回系数为 0.1~0.4,某些要求反应较灵敏的场合,则需要采用高返回系数的继电器,其返回系数可达 0.8。电磁式继电器的动

作值和释放值的整定方法与接触器相同。

2.时间继电器

时间继电器从继电器得到输入信号起,需要经过一定的延时后才能使触点动作,主要用于需要按时间顺序控制的电路中。有电磁式、空气阻尼式、电动式、钟摆式及半导体式等多种类型。目前在交流电路中延时控制应用较为广泛的是晶体管式时间继电器。根据其在线路中的动作要求,可分为四种类型,各类触头的动作要求及图形符号及延时线圈符号画法如图2-2-12所示。

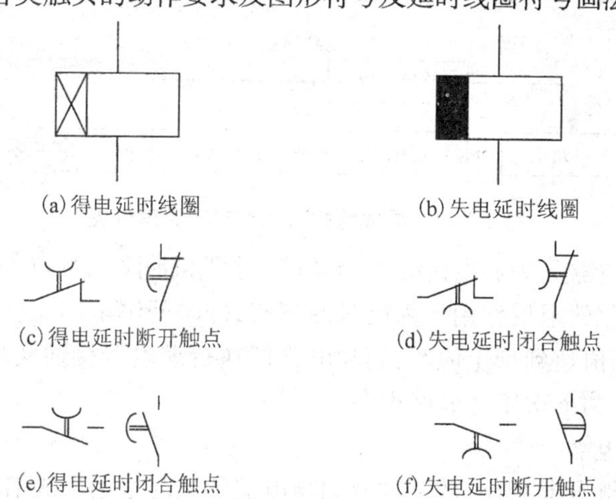

图2-2-12 各类触头的动作要求及图形符号及延时线圈符号画法

(1)空气阻尼式时间继电器

空气阻尼式时间继电器主要由电磁机构、工作触头(微动开关)、气室及传动机构等组成,有通电延时与断电延时两种。

如图2-2-13所示为通电延时型的空气阻尼式时间继电器的结构原理图。当线圈通电时,衔铁被吸引,这时滑块因失去连杆的支托而在反力弹簧的作用下移动,由于橡皮膜运动时受到空气阻尼作用,活塞杆移动缓慢,滑块经过一定时间后,触动微动开关的推杆使其触头动作。当线圈断电时,衔铁在拉紧弹簧的作用下释放,推动活塞,使气室内的空气通过排气阀门迅速排出,触头瞬时复位。

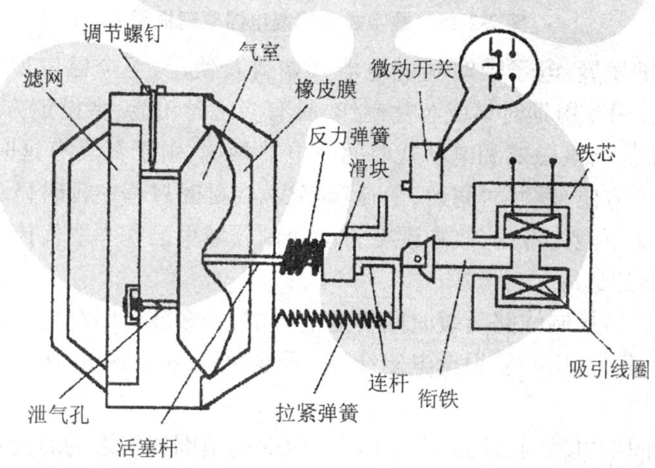

图2-2-13 通电延时型的空气阻尼式时间继电器的结构原理图

延时时间的长短与气室的进气量有关，调节螺钉可整定延时时间，调节范围为0.4~180 s。

(2)电子式时间继电器

电子式时间继电器可分为晶体管式时间继电器和数字式时间继电器。

①晶体管式时间继电器

晶体管式时间继电器除执行继电器外，均由电子元件组成，无机械运动部件，具有延时范围宽、控制功率小、体积小、经久耐用的优点，正日益得到广泛的应用，晶体管式时间继电器原理框图如图2-2-14所示。

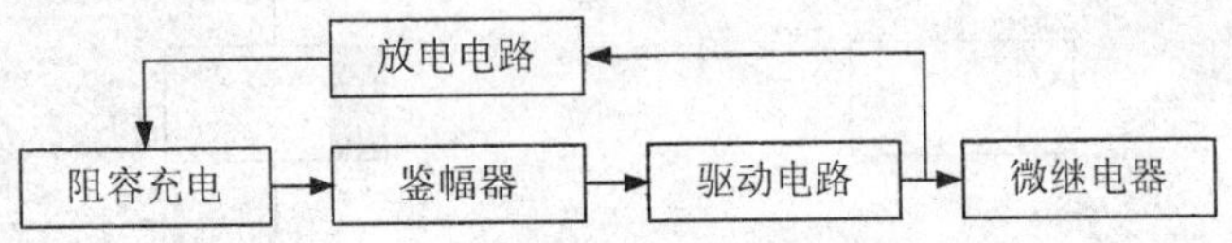

图2-2-14　晶体管式时间继电器原理框图

晶体管式时间继电器分为通电延时型、断电延时型和带瞬动触点的通电延时型。它们均是利用电容对电压变化的阻尼作用作为延时的基础，即时间继电器工作时首先通过电阻对电容充电，待电容上电压值达到预定值时，驱动电路使执行继电器接通实现延时输出，同时自锁并放掉电容上的电荷，为下次工作做好准备。

②数字式时间继电器

与晶体管式时间继电器相比，数字式时间继电器的延时范围可成倍增加，定时精度可提高两个数量级以上，控制功率和体积更小，适用于各种需要精确延时的场合以及各种自动化控制电路中。这类时间继电器功能特别强，有通电延时、断电延时、定时吸合、循环延时4种延时形式，十几种延时范围供用户选择，以及数字显示，这是晶体管式时间继电器所无法比拟的，数字式时间继电器原理框图如图2-2-15所示。

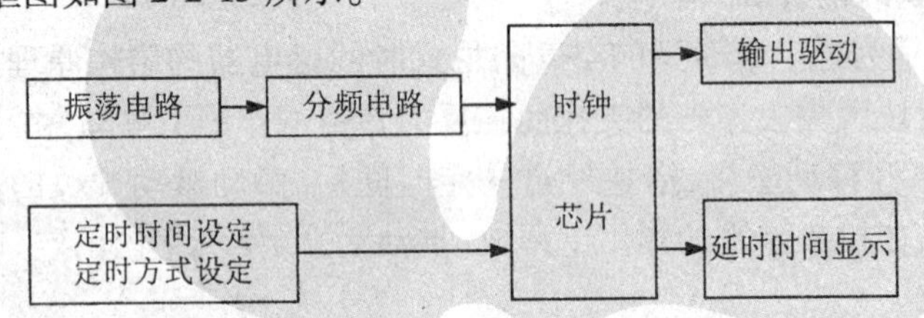

图2-2-15　数字式时间继电器原理框图

随着电子技术的发展，电子式时间继电器开始普及使用，至今已发展到广泛使用通用的CMOS集成电路以及用专用延时集成芯片制作，具有多延时功能、多设定方式、多时基选择、多工作模式、LED显示。与电磁式和电动式时间继电器相比，由于其具有延时精度高、延时范围广、延时方式多、调节方便、返回时间短、消耗功率少、在延时过程中延时显示直观等诸多优点，是传统时间继电器所不能比拟的，故在现今自动控制领域里已基本取代传统的时间继电器。

(3)时间继电器的选用

时间继电器是为所控制线路延缓时间传送信号的，大多数时间继电器是由电磁线圈、延时机构、触点组成。因此，选用时要根据电磁线圈、延时范围、触点数量、额定电流、允许操作频率等电气参数进行选择。

更换或代用时间继电器时，应选用与实际延时时间范围相接近的时间继电器，以保证延时精度和可靠性。

(4)常见故障与处理

①如调节延时的可调电位器内碳膜磨损或进入灰尘,会使延时时间不准确。应用少量电器清洗剂顺着电位器旋柄滴入,并转动旋柄,或对磨损严重的电位器及时更换。

②晶体管损坏、老化,造成延时电路参数改变,会使延时时间不准确,甚至不延时。应拆下继电器进行检修或更换。

③晶体管时间继电器因受震动,使元件焊点松动,插座脱离。应进行仔细检查或重新补焊。

④检查元件的外观有无异常,不要随意拆开外壳进行调换、焊接,以免损坏元件,扩大故障面。在更换或代用时,应用相同型号、相同电压、延时范围接近的晶体管时间继电器。

(三)热继电器

1.热继电器的结构与工作原理

在电力拖动控制系统中,当三相交流电动机出现在长期带负荷欠电压下运行、长期过载运行以及长期单相运行等不正常情况时,会导致电动机绕组严重过热乃至烧坏。为了充分发挥电动机的过载能力,而当电动机一旦出现长时间过载时又能自动切断电路,需要能随过载程度而改变动作时间的电器,这就是热继电器。显然,热继电器在电路中是做三相交流电动机的过载保护用。但须指出的是,由于热继电器中发热元件有热惯性,不同于过电流继电器和熔断器,在电路中不能作为瞬时过载保护,更不能作为短路保护。

按相数来分,热继电器有单相、两相和三相式共三种类型,每种类型按发热元件的额定电流又有不同的规格和型号。三相式热继电器常用于三相交流电动机的过载保护。

热继电器中产生热效应的发热元件应串接于电动机电路中,这样,热继电器便能直接反映电动机的过载电流。如果线路电流较大,可以使用热继电器与电流互感器配合,热继电器按标准的电流互感器二次侧电流选择其设定值。热继电器的感测元件,一般采用双金属片。所谓双金属片,就是将两种线膨胀系数不同的金属片以机械辗压方式使之形成一体。膨胀系数大的称为主动层,膨胀系数小的称为被动层。双金属片受热后产生线膨胀,由于两层金属的线膨胀系数不同,且两层金属又紧密地贴合在一起,因此,使得双金属片向被动层一侧弯曲,由双金属片弯曲产生的机械力便带动触点动作。

双金属片的受热方式有 4 种,即直接受热式、间接受热式、复合受热式和电流互感器受热式。直接受热式是将双金属片当作发热元件,让电流直接通过;间接受热式的发热元件由电阻丝或带制成,绕在双金属片上且与双金属片绝缘;复合受热式介于上述两种方式之间;电流互感器受热式的发热元件不直接串接于电动机电路,而是接于电流互感器的二次侧,这种方式多用于电动机电流比较大的场合,以减少通过发热元件的电流。

如图 2-2-16 所示,热元件 3 通过接线端子 1 串接在电动机定子绕组中,电动机绕组电流即为流过热元件的电流。当电动机正常运行时,热元件产生的热量虽能使双金属片 2 弯曲,但还不足以使继电器动作;当电动机过载时,热元件产生的热量增大,使双金属片弯曲位移增大,经过一定时间后,双金属片弯曲到推动导板 4,并通过补偿双金属片 5 与推杆 14 将触点 6 和 9 分开,触点 6 和 9 为热继电器串于接触器线圈回路的常闭触点,断开后使接触器失电,接触器的常开触点断开电动机的电源以保护电动机。

调节旋钮 11 是一个偏心轮,与支撑件 12 构成一个杠杆,13 是一压簧,转动偏心轮,改变的半径即可改变补偿双金属片 5 与导板 4 的接触距离,因而达到调节整定动作电流的目的。此外,靠调节复位螺钉 8 来改变常开触点 7 的位置使热继电器能工作在手动复位和自动复位

两种工作状态。调试手动复位时,在故障排除后要按下按钮 10 才能使动触点恢复与静触点 6 相接触的位置。

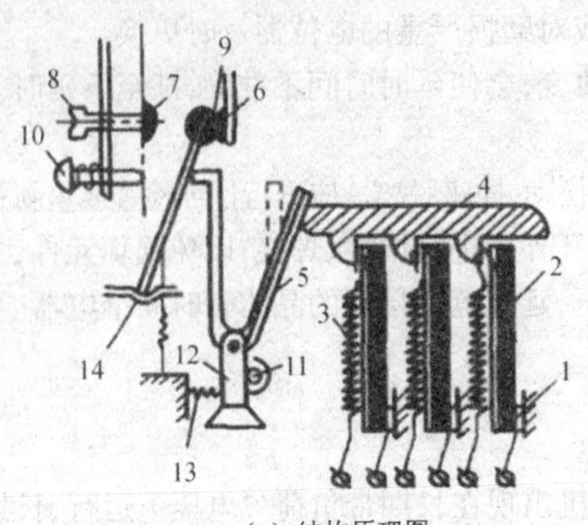

(a)结构原理图

(b)外形图

图 2-2-16 热继电器的结构原理图和外形图

1—接线端子;2—双金属片;3—热元件;4—导板;5—补偿双金属片;6、9—触点;7—常开触点;8—复位螺钉;10—按钮;11—调节旋钮;12—支撑件;13—压簧;14—推杆

热继电器脱扣后,经过一段时间冷却可自动或手动复位,如图 2-2-16(b)所示外形结构中蓝色按钮。

2.热继电器选用要求

一般情况下,按电动机额定电流来选择热继电器;热元件的额定电流应为电动机额定电流的 1.1~1.25 倍;热继电器整定值一般按电动机额定电流的 1.05 倍选取。

对于允许长期过载工作的电动机,当电动机长期过载超过 20%时,热继电器应可靠动作,且热继电器的动作时间应大于电动机长期允许过载及起动的时间,整定值一般取电动机额定电流的 1.2 倍。

热继电器的工作温度与环境温度的温差不应超过 15~25 ℃。

对大功率电动机,为防止热继电器体形过大、误差过大造成误动作,常选用电流互感器与热继电器配合使用。

需要带断相保护时,应选用三相热继电器,确保缺相时能可靠动作;当电动机起动次数频繁时,热继电器可能误动作,所以在控制重复短时工作制的异步电动机时,不宜用热继电器作过载保护。

一般情况下可选用两相结构的热继电器,但有下列情况之一者应选用三相结构的热继电器:

(1)电网电压不平衡。

(2)电动机工作条件恶劣,很少有人看管。

(3)小容量电动机与大容量电动机并联(共用同一组熔断器或供电变压器)。

如果需要更换热继电器,则更换的热继电器与原来热继电器的使用场合应相同;其主要动作性能应该相同,特别是最低动作电流的倍数和整定电流的动作时间要相同。一般热继电器的电流值应等于或接近于电动机铭牌上的额定电流值。更换热继电器后,要经过试验才能投入正式使用。

3.热继电器电流整定值的调整

热继电器电流的整定值应与被保护电机的额定电流一致。若不一致,应转动刻度盘进行调整。需要对热继电器电流整定值进行重新调整的情况有以下几方面：

(1)用电设备操作正常，但热继电器动作频繁。可能原因是热继电器的整定电流值小于被保护设备的额定电流，处理方法是实测用电设备的工作电流，若用电设备的工作电流在额定范围内，应对热继电器电流的整定值进行重新调整，即转动刻度盘的刻度值使之与设备的额定电流相符。

(2)电气设备烧毁，而热继电器未动作。可能原因是热继电器的整定电流值大于被保护设备的额定电流，处理方法是修复并重新启用该设备后，实测用电设备的工作电流，并依据设备的额定电流对热继电器电流的整定值进行重新调整，即转动刻度盘的刻度值使之与设备的额定电流相符。

(3)热继电器的可调整部件固定螺钉松动，不在原整定点上。此时要将螺钉铆紧，并重新进行调整试验。

(4)经过大的短路电流后，双金属片已产生了永久变形。此时要对热继电器进行重新调整或更换。

(5)热继电器久未校验，灰尘堆积或生锈，动作机构不灵。发生此种情况应清除灰尘或锈迹，并重新进行调整。正常情况下应每年进行一次校验。

(四)固态继电器

固态(体)继电器(简称 SSR)是采用固态半导体元件组装而成的一种新颖的无触点开关。固态继电器通常为封装结构，采用塑料、环氧树脂等绝缘防水材料封装。由于固态继电器的接通和断开没有机械接触部件，因而具有控制功率小、开关速度快、工作频率高、使用寿命长、耐振动和抗冲击能力强、动作可靠性高、抗干扰能力强、对电源电压的适应范围广、耐压水平高、噪声低等一系列优点。现在，固体继电器已经在许多自动化控制装置中代替了常规电磁式继电器，尤其在动作频繁、防爆、耐潮和耐腐蚀等特殊场合。固态继电器按切换负载性质分为直流和交流两种，现以使用最为广泛的带有电压过零触发的交流型固态继电器 AC-SSR 为例进行介绍。

如图 2-2-17 所示为固态继电器原理图，当无信号输入时，光电耦合器中的光敏三极管是截止的，电阻 R2 为晶体管 V1 提供基极注入电流，使 V1 管饱和导通，旁路了经由电阻 R4 流入可控硅 V2 的触发电流，故 V2 截止，这时晶体管 V1 经桥式整流电路而引入的电流很小。不足以使双向可控硅管 V3 导通。

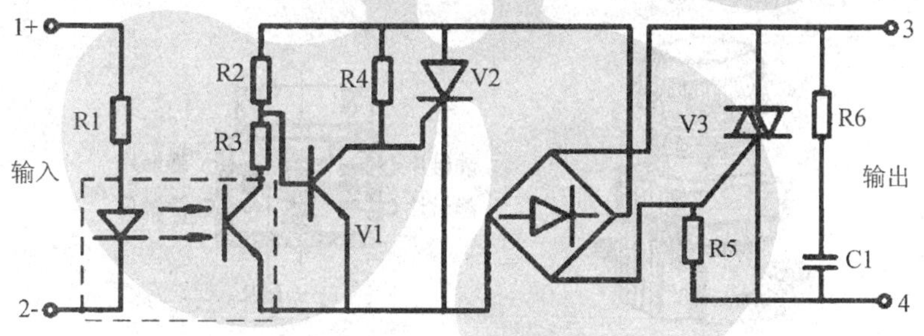

图 2-2-17　固态继电器原理图

有信号时，光电耦合器中的光敏三极管就导通，但只有当交流负载电源电压接近零时，电压值较低，经过整流，R2 和 R3 分压点上的电压不足以使晶体管 V1 导通，而整流电压却经过 R4 为可控硅 V2 提供了触发电流，故 V2 导通，这种状态相当于短路，电流很大，只要达到双向可控硅的导通值，V3 便导通。一旦 V3 导通，不管输入信号是否存在，只有当电流过零时才能

恢复关断。

上述触发过程仅出现在电压过零附近。因而若输入信号电压出现在过零触发点之后,当电阻 R2 和 R3 上的分压值早已超出晶体管 V1 导通需要的程度,V1 导通。从而旁路了可控硅 V2 的触发电流。双向可控硅 V3 在负载电压的这个半波中不再触发,而只有在下半波的电压过零附近,若输入信号仍保留,便自然进入导通状态;若输入信号消失,则不能再导通。在零点附近有一个很小的区域称为死区,死区电压为±10~15 V。电阻 R6(20 Ω)和电容 C1 起浪涌抑制作用。

AC-SSR 固态继电器的控制功率小,在最大输入电压下的最大输入电流为 12~20 mA,能被 TTL 或 CMOS 逻辑集成电路直接驱动,AC-SSR 的输入电压多为 3~32 V,可靠的接通电压为 5~6 V,可靠关断电压在 0.8 V 以下。AC-SSR 能在工频电压下驱动上百安培的负载,具有很大的功率放大作用。

AC-SSR 的转换时间不大于市电周期的一半(即 10 ms),而 DC-SSR 的响应时间小于几十微秒,比电磁继电器的速度提高近千倍。SSR 对系统的干扰小,同时自身抗干扰的能力也强。没有接点跳动,消除了因火花产生的干扰。另外,由于采用了过零触发技术,具有零电压、零电流断开的特性,从而有效地降低了线路中的电压、电流变化率,使对外界的电磁干扰降到最低。此外,输入与输出之间的光电隔离,大大提高了其抗干扰的能力。

SSR 的不足之处是关断后有漏电流,另外,在过载能力方面不如电磁接触器。

SSR 的主要参数:输入参数有输入信号电压、输入电流限制、输入阻抗;输出参数有标称电压和标称电流、断态漏电流、导通电压等。

(五)主令电器

主令电器是切换控制线路的单极或多极电器,其触头容量小,不能切换主电路。主令电器主要包括按钮、选择开关、万能转换开关、行程开关、主令控制器等。

1.按钮开关

按钮开关通常用来接通或断开控制电路,从而控制电动机或其他电气设备的运行。如图 2-2-18(a)所示,将按钮按下时,下面一对原来断开的静触头被动触头接通,而上面一对静触头则被断开。图中位于上面的一对是常闭触头,位于下面的一对是常开触头,原理图如图 2-2-18(b)所示,电路符号如图 2-2-18(c)(d)所示。

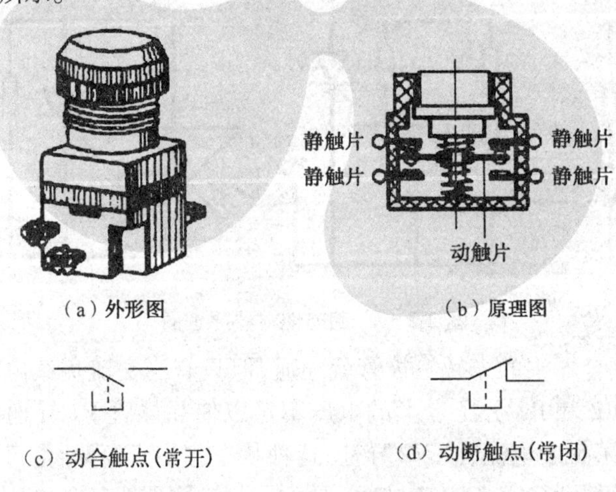

(a)外形图　(b)原理图

(c)动合触点(常开)　(d)动断触点(常闭)

图 2-2-18　按钮开关及电路符号

按钮开关的结构形式根据不同的使用场合有安装式、防护式、防水式、防腐式和钥匙式等。按钮触头的数量从一常闭、一常开到六常闭、六常开不等。按钮颜色为:红色用于停止控制,绿色用于起动运行控制,黑色常用于点动或复位控制;其外形也有一定的含义,如蘑菇头常应于急停控制,带指示灯式按钮兼指示功能,使用钥匙控制用于安全场合,而一般的应用采用平头按钮形式。

2.万能转换开关(多路多极开关)

万能转换开关是一种多触头、多位置,可以控制多个电气回路通断的主令开关,即多路多极开关。图 2-2-19(a)是一种万能转换开关的外形图。转换开关由触头系统、操作机构、转轴、手柄、齿轮啮合机构等部件用螺栓组装成一体。根据使用要求,触头系统可以从一挡增至最多十六挡,每挡内有两对触头,每对触头的接通或断开由套在转轴上的尼龙凸轮推动支架来完成。凸轮的形状决定了触头接通及断开。各触头的闭合规律由图 2-2-19(b)所示的开关位置表来描述,表中开关手柄在某位置时打"X",表示此时触头闭合。

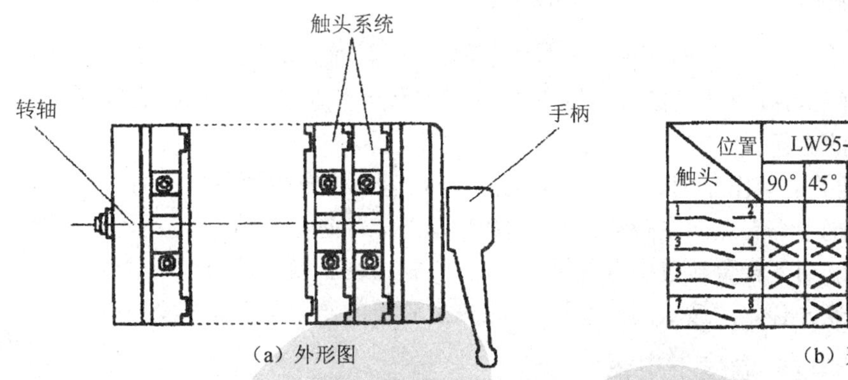

(a) 外形图

触头＼位置	LW95-F5626/2				
	90°	45°	0°	45°	90°
1—2				X	X
3—4	X	X	X	X	
5—6	X	X			
7—8		X	X	X	X

(b) 开关位置表

图 2-2-19　万能转换开关

转换开关有自复位式和定位式两种操作方式。自复位式转换开关当人手离开操作手柄时能自动回复到原始位置;定位式转换开关则每隔 30°或 45°有一个定位。

3.主令控制器

主令控制器是一种多位置、多回路的控制开关,适合于频繁操作并要求有多种控制状态的场合,例如起货机、锚机的控制等。图 2-2-20(a)是结构示意图,一般由触头装置和带有凸轮的轴组成。凸轮位置随手柄工作位置而变动,从而改变了相应的触头闭合或断开状态。图 2-2-20(b)是主令控制器的电路符号及相应的触头通断表。

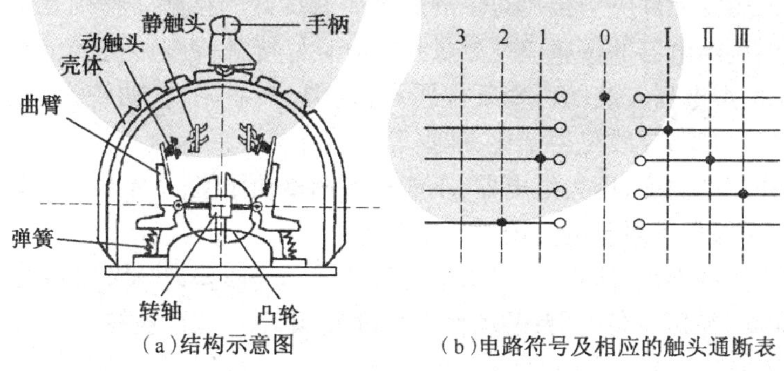

(a)结构示意图　　(b)电路符号及相应的触头通断表

图 2-2-20　主令控制器

4.行程开关

行程开关又称限位开关,是利用机械运动部件的碰撞或接近来控制其触头动作的开关电器。常用型式有按钮式和转臂式两种,行程开关结构和电路符号如图 2-2-21 所示。

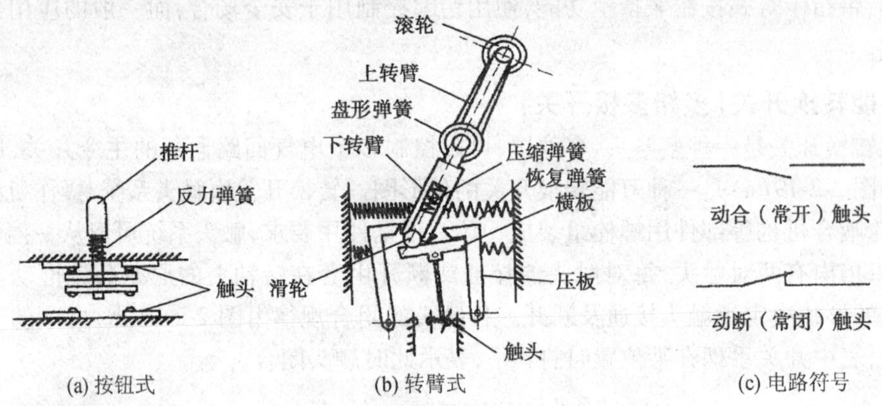

图 2-2-21　行程开关结构和电路符号

按钮式行程开关与按钮开关极其类似,不同之处是依靠机械运动部件碰撞行程开关的推杆,自动控制触头的通断。

转臂式行程开关的动作原理如 2-2-21(b)所示。当运动机械的撞块自右向左推动转臂上的滚轮时,上转臂绕中心支点向左转动,盘形弹簧带动下转臂向右转动,于是滑轮向右滚动,压缩弹簧被压缩储能,当下转臂转过中点并推动压板时,横板在压缩弹簧的作用下迅速顺时针转动,从而使触头迅速分合。当撞块离开滚轮后,在恢复弹簧的作用下触头恢复原态。

(六)压力继电器、温度继电器

在船舶上常用的非电量继电器有:压力继电器和温度继电器,既可作为控制电器,又可作为保护电器,如压力继电器用于辅锅炉的蒸汽压力自动控制,就是一个控制电器。如用于监视主机滑油压力,就是保护电器。温度继电器用于冷却水温度报警,就是一个保护继电器。温度、压力继电器在船舶中用量较大,管理人员应合理选用、调整、维护,才能使其可靠工作。

1.使用与维护要求

压力继电器的取样导管应符合说明书要求,应密封、防止泄漏,重要压力继电器的导管还应配置合适的三通切换阀,以备测试压力开关使用。

温度继电器的感温元件应与被控对象的热源体有良好的接触。特别是主、副柴油机冷却水温度监控用的温度继电器的探棒应与测量孔壁有良好接触;否则会引起动作误差。

由于压力、温度继电器安装的环境条件恶劣(高温、多油泥、振动较大),应经常检查引线是否牢固,接线是否接牢,导线是否老化、破损等。

对于起保护作用的温度、压力继电器,不能轻易调整动作值;一定要调节时,在调节后应做动作值试验,以确保被保护对象的安全。

对于起控制作用的温度、压力继电器,应合理调节动作回差,若动作回差过小,易使被控制设备起、停过于频繁,缩短设备寿命;若动作回差过大,则不能保证被控对象输出在要求的一定范围内变化。

用作保护电器的继电器应每年进行一次校验试验,确保它们的工作可靠。重要的温度、压

力继电器如发生损坏,大都采用更换整个继电器的方法,一般不修理。

2.压力继电器的调整方法

调整压力继电器时,一般可以使用手动液压泵对压力继电器或传感器进行测试,对其控制参数进行调整,使其在设定值动作。压力继电器的调整分为如下两步:

(1)先调下限压力:升高压力后再降压,调节复位压力螺丝,整定触头复位的压力值(下限压力)。

(2)再升压,调节压差螺丝,整定触头动作压力值(上限压力)。

电动差压变送器是将被测量的物理量转化为 4~20 mA 的标准电流输出信号。在转换电路中设有两个电位器分别用于调整零点和量程,当输入信号不变时,顺时针转动两个电位器,均使变送器的输出电流增大,逆时针转动则使输出减少。

3.温度继电器的调整方法

(1)先调下限温度:使被测介质降温,调节复位温度螺丝,整定触头复位的温度值(下限温度)。

(2)再升温,调节温差螺丝,整定触头动作温度值(上限温度)。

四、电动机的转速控制

目前高性能的异步电动机调速系统已显示出逐步取代直流调速的趋势。选择异步电动机调速方法的基本原则是:调速范围广、调速平滑性好、调速设备简单、调速中的损耗小。

根据异步电动机的转速关系式

$$n=n_1(1-s)=\frac{60f_1}{p}(1-s) \tag{2-4}$$

可知,通过改变定子绕组的磁极对数 p 、改变电源频率 f_1 或改变转差率 s,可以实现异步电动机的调速。具体原理已在第一章中有描述。

五、交流电动机转速控制装置的结构和工作原理

对于异步电机的变压变频调速,必须具备能够同时控制电压幅值和频率的交流电源,而电网提供的是恒压恒频的电源,因此应该配置变压变频器,又称 VVVF(Variable Voltage Variable Frequency)装置。变频器从结构上看,可分为交-直-交变频器和交-交变频器。

交-直-交变频器是先将频率固定的交流电整流后变成直流,再经过逆变电路,把直流电逆变成频率连续可调的三相交流电。由于把直流电逆变成交流电较易控制,因此在频率的调节范围,以及变频后电动机特性的改善等方面,交-直-交变频器都具有明显的优势,也是目前使用最多的变频器。

(一)主电路的结构

交-直-交变频器是由 AC/DC、DC/AC 两类基本的变流电路组合形成,如图 2-2-22 所示,由于这类变压变频器在恒频交流电源和变频交流输出之间有一个“中间直流环节”,又称为间接交流变流电路,最主要的优点是输出频率不再受输入电源频率的制约。但当负载电动机需要频繁、快速制动时,通常要求具有再生反馈电力的能力。

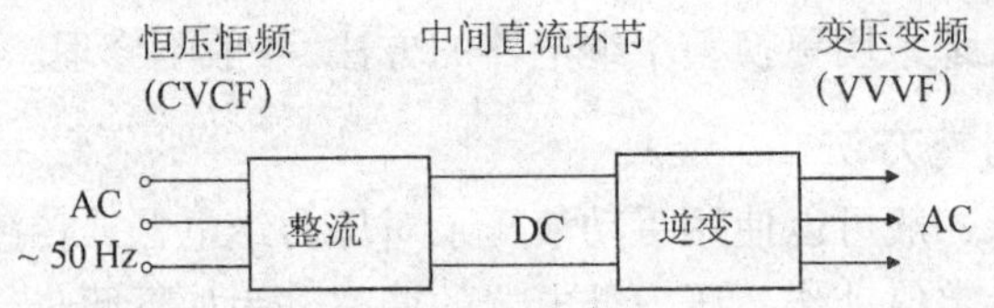

图 2-2-22　交-直-交变频器主回路结构图

具体的整流和逆变电路种类很多，当前应用最广的是由二极管组成可控整流器和由功率开关器件（P-MOSFET，IGBT 等）组成的脉宽调制（PWM）逆变器，简称 PWM 变压变频器。如图 2-2-23 所示，逆变器根据调压调频控制信号生成三相 PWM 信号，控制对应的开关器件，输出电压和频率均可控的三相交流电压。

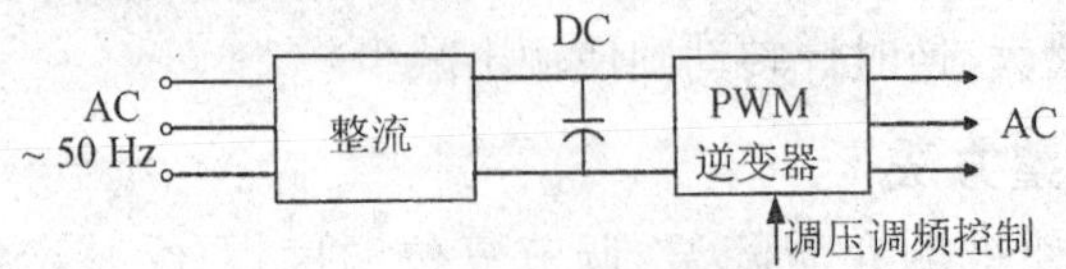

图 2-2-23　PWM 变压变频器

如图 2-2-24 所示为电压型交-直-交变频电路，是最常用的简单变频电路，但是不能再生反馈电力。其整流部分采用的是不可控整流，和电容器之间的直流电压和直流电流极性不变，

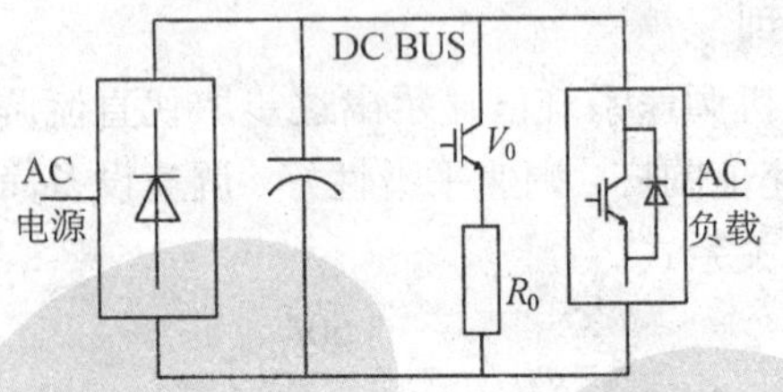

图 2-2-24　电压型交-直-交变频电路

只能由电源向直流电路输送功率，而不能由直流电路向电源反馈电力。但是逆变电路的能量是可以双向流动的，若负载能量反馈到中间直流电路，而又不能反馈回交流电源，将导致电容电压升高，称为泵升电压，泵升电压过高会危及整个电路的安全。为使电路具备再生反馈电力能力，可以使用图 2-2-24 的电路，图中加入一个由电力晶体管 V_0 和能耗电阻 R_0 组成的泵升电压限制电路，当泵升电压超过一定数值时，使 V_0 导通，把从负载反馈的能量消耗在 R_0 上，这种电路可运用于对电动机制动时间有一定要求的调速系统中。

如图 2-2-25 所示为利用晶闸管有源逆变实现再生制动的交-直-交变频器，电路中增加了一套变流电路，使其工作于有源逆变状态，可实现电动机的再生制动；当负载回馈能量时，中间直流电压极性不变，而电流反向，通过控制变流器将电能反馈回电网。

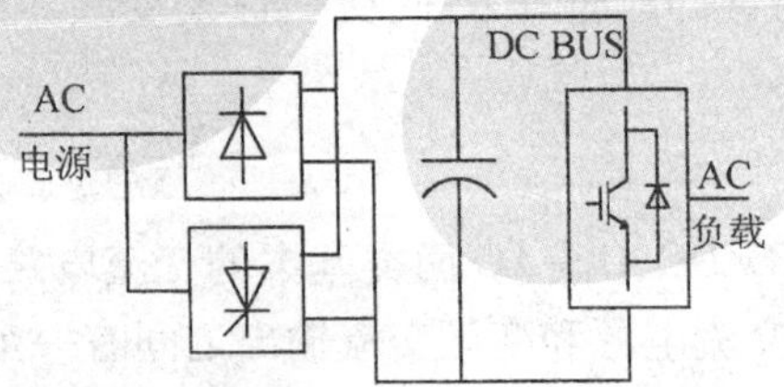

图 2-2-25　利用晶闸管有源逆变实现再生制动的交-直-交变频器

如图 2-2-26 所示为整流电路和逆变电路都采用 PWM 控制的间接交流变流电路，可简称双 PWM 电路，该电路输入输出电流均为正弦波，输入功率因数高，且可实现电动机四象限运

行，但由于整流、逆变部分均为 PWM 控制且需要采用全控型器件，控制较复杂，成本也较高，实际应用不多。

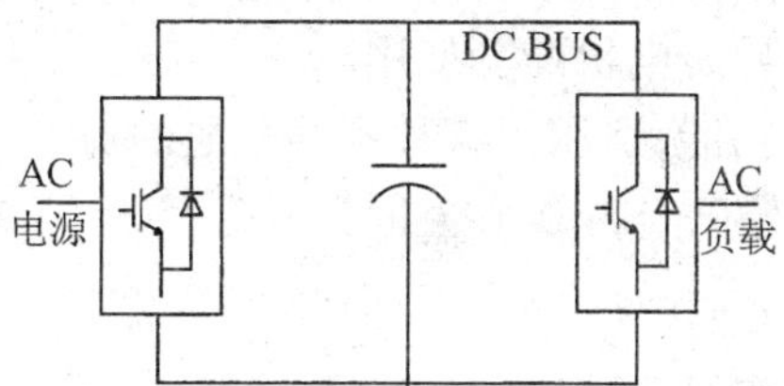

图 2-2-26　整流电路和逆变电路都采用 PWM 控制的间接交流变流电路

（二）变频控制的特点

如图 2-2-27 所示为通用变频器结构组成框图，变频器是中小功率中应用最多的，它之所以应用如此广泛，是由于具有如下一系列的优点：

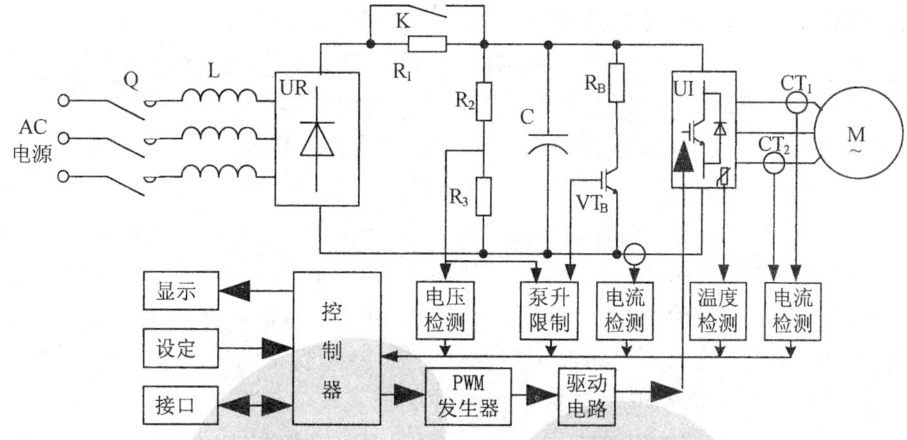

图 2-2-27　通用变频器结构组成框图

（1）在主电路整流和逆变两个单元中，只有逆变单元可控，通过同时调节电压和频率，结构简单。采用全控型的功率开关器件，只需通过驱动电压脉冲进行控制，电路简单，效率高。

（2）输出电压波形虽是一系列的 PWM 波，但由于采用了恰当的 PWM 控制技术，正弦基波的比重较大，影响电机运行的低次谐波受到很大的抑制，因而转矩脉动小，提高了系统的调速范围和稳态性能。

（3）逆变器同时实现调压和调频，动态响应不受中间直流环节滤波器参数的影响，系统的动态性能也得以提高。

（4）采用不可控的二极管整流器，电源侧功率因素较高，且不受逆变输出电压大小的影响。

（5）电路具备能耗制动能力，可以将负载再生的能量通过电力晶体管 V_0 和能耗电阻 R_0 消耗掉，并且可以通过控制 V_0 通断的占空比可控制能耗的速度，实现制动时间的控制。系统可根据负载的不同在不同时刻点实现不同的减速控制，以满足工况的需要。由于电路简单，控制方便，应用中工作比较可靠。

（三）通用变频器结构及接口电路

现代通用变频器大都是采用二极管整流和由快速全控开关器件 IGBT 或功率模块 IPM 组成的 PWM 逆变器，构成交-直-交电压源型变压变频器，采用的变频控制方式多为 V/ f 控制。

内部控制基本采用单片机或专用微处理芯片,完全实现了全数字控制。所谓“通用”,包含着两方面的含义:

(1)可以和通用的鼠笼式异步电机配套使用。

(2)具有多种可供选择的功能,适用于各种不同性质的负载。

由于应用普及,通用变频器已经占领了全世界 0.5~500 kVA 范围内的中、小容量变频调速装置的绝大部分市场。

1.变频器的主要组成和各主要器件的作用

通用变频器构成的异步电动机调速系统主要由电动机和电动机配套的变频器组成,有的还配有滤波电抗器、电流、转速检测等辅助环节。如图 2-2-27 所示为一种典型的数字控制通用变频器-异步电动机调速系统原理图。

从图 2-2-27 可以看出,变频调速系统由主回路和控制回路两大部分组成,其中主电路主要由二极管整流器 UR、PWM 逆变器 UI 和中间直流电路三部分组成,一般都是电压源型的,采用大电容 C 滤波,同时兼有无功功率交换的作用。另有配套的辅助回路,具体为:

(1)限流电阻 R_1:其作用是为了避免大电容 C 在通电瞬间产生过大的充电电流,在整流器和滤波电容间的直流回路上串入限流电阻(或电抗),通上电源时,先限制充电电流,再延时用开关 K 将其短路,以免长期接入时影响变频器的正常工作,并产生附加损耗。

(2)泵升限制电路:由于二极管整流器不能为异步电机的再生制动提供反向电流的通路,所以除特殊情况外,通用变频器一般都用电阻吸收制动能量。减速制动时,异步电机进入发电状态,首先通过逆变器的续流二极管向电容 C 充电,当中间直流回路的电压(通称泵升电压)升高到一定的限制值时,通过泵升限制电路使开关器件导通,将电机释放的动能消耗在制动电阻 R_B上。为了便于散热,制动电阻器常作为附件单独装在变频器机箱外边,而泵升限制开关器件 VT_B视功率不同有不同的安装方式,小功率变频器常安装在本体内,而大功率变频器往往将此器件作为选件配套并另外安装。

(3)进线电抗器 L:二极管整流器虽然是全波整流装置,但由于其输出端有滤波电容存在,因此输入电流呈脉冲波形。这样的电流波形具有较大的谐波分量,使电源受到污染。

为了抑制谐波电流,对于容量较大的 PWM 变频器,都应在输入端设有进线电抗器,有时也可以在整流器和电容器之间串接直流电抗器。进线电抗器还可用来抑制电源电压不平衡对变频器的影响。有的变频器离电动机较远,除选用合适的电缆外,往往在变频器的输出端配上交流输出滤波电抗器。

2.控制回路的基本组成和相关器件的作用

现代 PWM 变频器的控制电路大都是以微处理器为核心的数字电路,其功能主要是接受各种设定信息和指令,再根据它的要求形成驱动逆变器工作的 PWM 信号。微机芯片主要采用 8 位或 16 位的单片机,或用 32 位的 DSP,现在已有应用 RISC 的产品出现。通用变频器主控电路的主要功能具体有:

(1)接受各种信号

①在功能预置阶段,接受对各种功能的预置信号,功能强大的变频器还带有电机模型参数的自动辨识功能。

②接受从键盘或外接输入端子输入的给定信号。

③接受从外接输入端子或通信接口输入的控制信号。

④接受从检测电路输入的检测信号。

⑤接受从保护电路输入的保护执行信号等。

(2)进行最主要的基本运算

①进行矢量控制运算或其他必要的运算。

②实时地计算出 SPWM 波形各切换点的时刻。

(3)输出计算结果

①向逆变模块的驱动电路输出切换信号,使逆变管按给定信号及功能预置的要求输出 SPWM 电压波。

②向显示器输出各种状态和数据信号。

③向外接输出控制端子输出状态或控制信号。

④向保护电路发出保护指令,以让其他保护电路实现更有效的保护。

3.控制电路中配套的相关电路

(1)PWM 信号产生——可以由微机本身的软件产生,由 PWM 端口输出,也可采用专用的 PWM 生成电路芯片。

(2)驱动电路:由于主回路由上下对称 IGBT 组成,其中下桥臂的 IGBT 触发控制极是相对直流 0V 电压的,而上桥臂的 IGBT 控制极是相对输出电机的相线的,并且要求上下桥臂控制极输出应采用互补电路的型式,这就要求控制信号要相互隔离并有足够的驱动力。另外还要考虑控制和保护措施。

(3)检测与保护电路:转速、电压、电流、温度等检测信号经分压、光电隔离、滤波、放大等综合处理后,再进入微处理器系统的 A/D 转换器,输入给 CPU 板作为控制算法的依据,或者作为开关电平产生保护信号和显示信号,以及依此实现各种故障的保护。

(4)键盘与显示:变频器的人机接口,用于参数调整和重要参数实时显示。键盘即控制变频器运行的操作键,是变频器最基本的控制通道。显示部分的主要组成有 LED 显示屏或 LCD 显示屏,主要显示变频器的各种运行数据,如频率、电流、电压等,也可以显示故障原因以及控制端子的状态等。另有 LED 状态指示,用于如各种参数的单位显示、变频器的基本状态如运行、停止或故障等。

(5)外围接口:向外围设备提供各种输入输出接口,除开关量和模拟量的输入输出外,现代变频器都提供由用户选配的现场总线形式通信接口。需要的话,还能通过光纤进行通信。

六、交流电动机改变频率和电压的影响

(一)交流电动机改变频率和电压时对速度的影响

从异步电动机的转速公式(2-4)可知三相异步电动机的调速方法主要包括改变转差率调速和改变旋转磁场的同步转速调速两种方法。前者包括改变电动机定子电源电压、绕线式异步电动机转子回路串电阻、利用转差离合器、串级调速双馈调速(适用于绕线式异步电动机)等;后者包括改变定子绕组极对数(适用于鼠笼式异步电动机)和改变供电电源频率。其中变频调速是交流异步电机最主要的调节方式,改变三相异步电动机电源频率,可以改变旋转磁通势的同步转速,即在负载不变的情况下,改变旋转磁通势同步转速的同时不改变电机的转差率,从而达到调速的目的。如果电源频率连续可调,就可以平滑地调节电动机转速。如图 2-2-28 所示,在负载恒转矩 T_L时,对应不同的频率 f_1 到 f_1'',电机分别稳定运行在 A 点到 D 点。

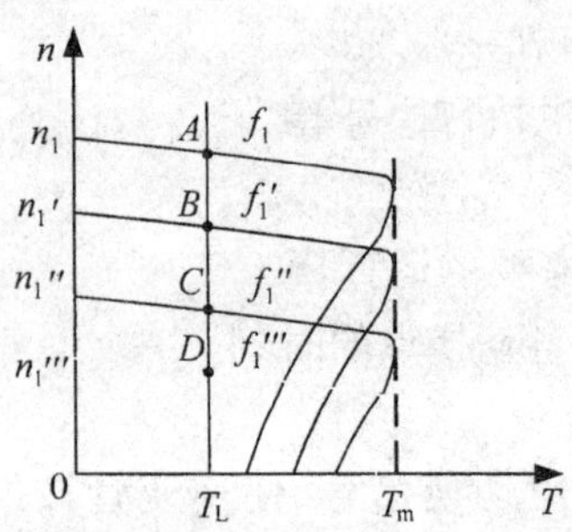

图 2-2-28　负载保持常数时，变频调速的机械特性

（二）交流电动机改变频率和电压时对温度的影响

由电动机的每相绕组的电动势公式 $U\approx E_1=4.44Nf_1\Phi_m k_m$ 可知，若要保持磁通 Φ_m 为定值，则电源电压 U_1 必须随频率的变化做正比变化，即保持 U_1/f_1 为常数，因此，降低电源频率时，必须同时降低电源电压，其目的是在进行电机调速时，保持电机中每极磁通量 Φ_m 为额定值不变。如果磁通太弱，没有充分利用电机的铁芯，是一种浪费；如果过分增大磁通，又会使铁芯饱和，从而导致过大的励磁电流，严重时会因绕组过热而损坏电机。所以变频调速过程中的涡流损耗和磁滞损耗基本不变，电动机的电流取决于电机的负载，所以在低速运行时电机自带的冷却风扇运转也很慢，电机产生的热量不能散掉，所以低速时电机会发热，大功率变频调速电机需要单独配置冷却风扇，实施强迫风冷。

（三）交流电动机改变频率和电压时对扭矩的影响

基频（额定频率）以下的变频调速有三种基本控制方式，分别是：

1.恒电动势频率比的控制方式

由单相绕组 $U\approx E_1=4.4.Nf_1\Phi_m k_m$ 可知，降低电源频率的同时，保持 $\frac{E_1}{f_1}$ = 常数，即保持 Φ_m 为常数，则该调频是恒磁通控制方式。当转差率 s 较小时，例如电机稳定在额定转速附近时，转矩与转差率成正比的关系，此时的机械特性是一根比较平直的斜线。但是随着转速下降，转差率的增加，转矩会由小变大，机械特性曲线出现拐弯，如图 2-2-28 所示为电机的最大转矩 T_m。

在确保 $\frac{E_1}{f_1}$ 为常数的降低频率调速过程中，最大转矩保持为常数，与频率无关，并且最大转矩对应的转速降相等，也就是不同频率的各条机械特性是近似平行的，硬度相同。

在保持 $\frac{E_1}{f_1}$ 常数的恒磁通变频调速时，在相同转速降时的电机电磁转矩基本未变，属于恒转矩性质调速方式。即驱动恒转矩负载时，调速前后的稳定运行状态下转子电流不变。由于磁通不变，转子电流恒定，定子电流同样不变。即有 $T=T_N$，$I_2'=I_2N'$，$I_1=I_{1N}$，被改变的是电源频率 f_1 和电机转速 n_1，而且在变频过程中因转矩 T 不变，转差率 s 与频率 f_1 成反比，由于 $s=K/f_1=\Delta n/n_1$，表明不同频率 f_1 时，虽然电机实际转速不同，但在相同的负载转矩时，转速降基本一样。

2.恒压频比

绕组中的感应电动势是难以直接控制的，当电动势值较高时，可以忽略定子绕组的漏磁阻抗压降，而认为定子相电压 $U_1\approx E_1$，则 U_1/f_1 得常数，这是恒压频比的控制方式。

当降低电源频率时，保持恒压频比为常数的目的，是使每极气隙磁通 Φ_m 为常数。保持 U_1/f_1 = 常数的机械特性曲线如图 2-2-29 所示，当减小 f_1 时，最大转矩不等于常数。随着 f_1 的减小，T_m 减小得不多；但是，当 f_1 较低时，最大转矩 T_m 随着 f_1 的降低而减小了。当频率很低时，T_m 太小将限制电机的带载能力。这时，需要人为地把电压 U_1 抬高一些，即采用定子压降补偿，适当地提高最大转矩 T_m，以增强带载能力。带定子压降补偿的恒压频比控制特性如图 2-2-30 中的 b 线，无补偿的控制特性则为 a 线。补偿后的机械特性曲线如图 2-2-31 所示，低频时的最大转矩得以提高，可近似为恒电动势频率比的控制方式。

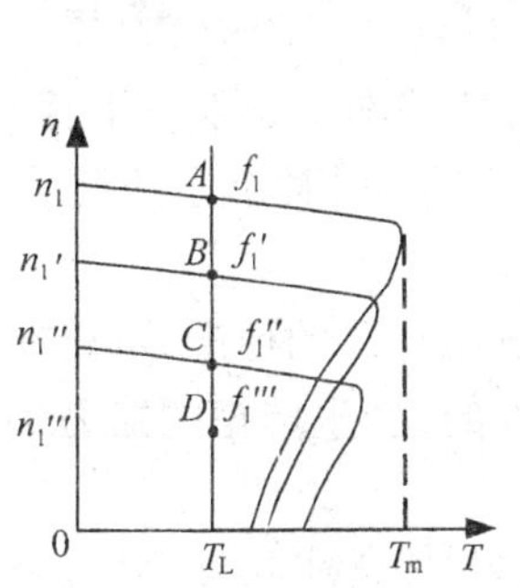

图 2-2-29　恒压频比变频调速机械特性

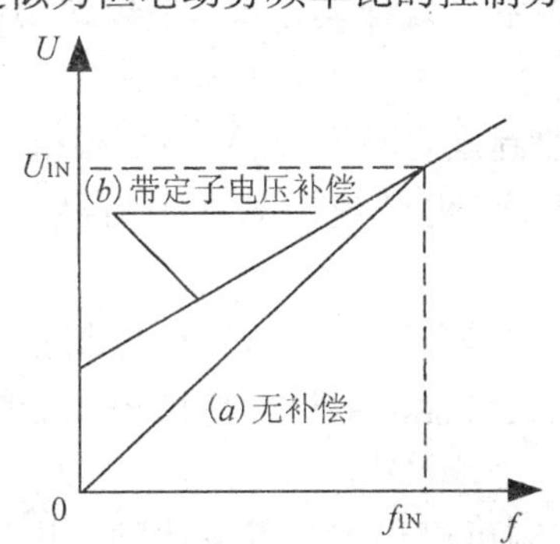

图 2-2-30　带定子压降补偿的恒压频比控制特性

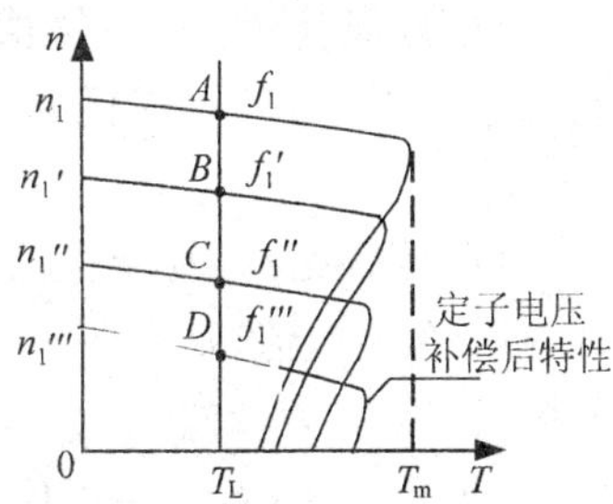

图 2-2-31　带补偿的恒压频比变频调速机械特性

3.转子全磁通的感应电动势频率比的控制方式

如果把电压−频率协调控制中的电压再进一步提高，把转子漏抗上的压降也抵消掉，可得到恒 E_r/f_1 控制。按照电动势和磁通的关系，可以看出，当频率恒定时，电动势与磁通成正比。气隙磁通的感应电动势 E_1 对应于气隙磁通幅值 Φ_m，那么，转子全磁通的感应电动势 E_r 就应该对应于转子全磁通幅值 Φ_{rm}，即有

$$E_r = 4.44 f_1 N_s k_{Ns} \Phi_{rm} \tag{2-5}$$

如果能够按照转子全磁通幅值 Φ_{rm} = 恒值进行控制，就可以获得恒 E_r/f_1 了，而这正是矢量控制系统所遵循的原则，但是需要将电机动态模型进行大量的转换与计算来实现。

假如 E_r/f_1 为常数，而调频调速中负载转矩不变，即电机的输出转矩 T 不变，$s = K/f_1 = \Delta n/n_1$，即 sf_1 为常数，此时的机械特性完全是一条直线，电机转矩与转差率成正比。如图 2-2-32 所示的是三种不同调速方式的机械特性。显然，恒 E_r/f_1 控制的稳态性能最好，可以获得和直流电机一样的线性机械特性。这正是高性能交流变频调速所要求的性能。

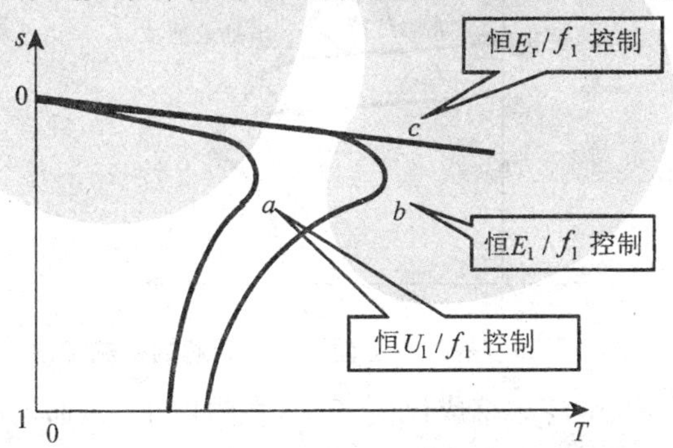

图 2-2-32　三种不同调速方式的机械特性

但是E_r是转子内的感应电动势，无法直接测量。只能通过三相-二相变换，将异步电动机在三相坐标系下的定子交流电流i_a、i_b、i_c等效成两相静止坐标系下的交流电流i_α、i_β，再通过按转子磁场定向旋转变换，等效成同步旋转坐标系下的直流电流I_m、I_t（I_m相当于直流电动机的励磁电流，I_t相当于直流电动机的电枢电流）。所以需要具体的电机参数，计算过程比较复杂。

4.几种控制方式的比较

综上所述，在正弦波供电时，按不同规律实现电压-频率协调控制可得不同类型的机械特性。

（1）恒压频比（U_1/f_1=恒值）控制最容易实现，它的变频机械特性基本上是平行下移，硬度也较好，能够满足一般的调速要求，但低速带载能力有些差强人意，须对定子压降实行补偿。

（2）恒压频比（E_1/f_1=恒值）控制是通常对恒压频比控制实行电压补偿的标准，可以在稳态时达到Φ_m=恒值，从而改善了低速性能。但机械特性还是非线性的，产生转矩的能力仍受到限制。

（3）恒压频比（E_r/f_1=恒值）控制可以得到和直流他励电机一样的线性机械特性，按照转子全磁通Φ_{rm}恒定进行控制，即得E_r/f_1为恒值。而且，在动态中也尽可能保持Φ_{rm}恒定是矢量控制系统的目标，当然实现起来是比较复杂的。

（四）交流电动机改变频率和电压时对输出功率的影响

基频（额定频率）以下的变频调速有个共同的特点，即尽可能保持电机类磁通基本不变，即保持Φ_m为常数，通过不同的方式，力求电动机的最大转矩基本保持稳定，即所谓的恒转矩控制方式，所以此时电动机输出的功率基本上与速度，或者说与频率是成正比的。

但是，升高频率向上调速时，受电源电压和电机绝缘耐压限制，升高电源电压是不允许的，只能保持最高电压不变，由式（2-5）可知，此后频率越高，其磁通越低，因此是一种弱磁升速的方法，类似他励直流电动机弱磁调速。此时的电磁功率可认为$P_m \propto m_1 U_1^2 S$，即正常运行时，若保持I_1额定不变，s变化就很小，可近似认为P_m是不变的，即调速系统属于恒功率调速形式。其机械特性如图2-2-33所示，随着频率的提高，最大转矩渐渐减小，而T_m与n乘积，即最大功率P_m是不变的。

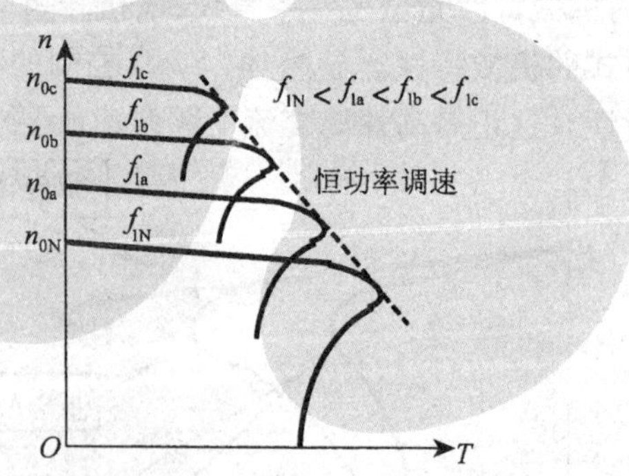

图2-2-33　基频以上恒压变频调速的机械特性

综上所述，基频以下，电压与频率成比例变化；基频以上，磁通与频率基本上成反比变化。三相异步电动机变频调速具有以下几个特点：

（1）从基频向下调速，为恒转矩调速方式；从基频向上调速，近似为恒功率调速方式。

(2)调速范围大。

(3)机械特性较硬,静差率小,相对稳定性好。

(4)运行时转差率小,损耗较小,效率高。

(5)频率可以连续调节,变频调速为无级调速。

(五)交流电动机改变频率和电压时对起动电流和起动时间的影响

由变频调速特性曲线图可知,当电机起动时,控制起动的电机频率和电压可以获得的起动转矩等于最大转矩,可实现最大转矩起动,由于此时电压和频率都较低,所以起动电流也不大,对电网几乎没有冲击。显然,变频起动的力矩和起动需要的时间都可以得到有效的控制。特别是大功率电动机的起动,利用变频起动几乎不会对电网造成过大的冲击,对电源的供电能力要求也大为降低。

第三节　船舶配电系统

供电、配电和用电所组成的独立的船舶电力系统是当代船舶所必备的,随着船舶的大型化和自动化程度的不断提高,用于驱动和控制船用设备的电能需求越来越多,船舶电力系统日趋复杂庞大。

一、船舶电力系统概述

(一)船舶电力系统的组成

船舶电力系统由电源装置、配电装置、电力网和负载按照一定方式连接而成,是船上电能产生、传输、分配和消耗等全部装置和网络的总称,船舶电力系统结构简图如图 2-3-1 所示。

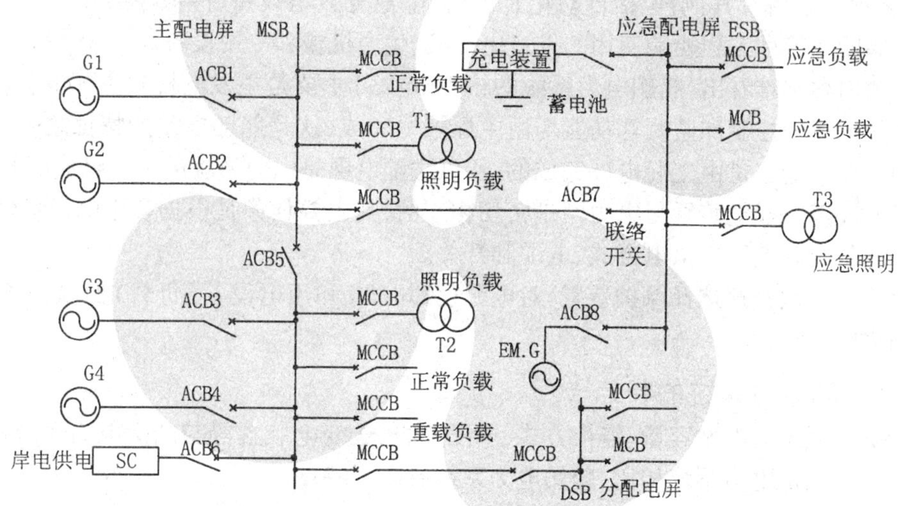

图 2-3-1　船舶电力系统结构简图

MSB-主配电屏;G1～G4-主发电机;T1～T2-变压器;SC-岸电箱;ESB-应急配电屏;EM.G-应急发电机;T3-应急照明变压器;ACB1～ACB8-框架式空气断路器,MCCB-塑壳式空气断路器;MCB-微型断路器

1.电源装置

电源装置是将机械能、化学能等能源转变为电能的装置。目前船舶电源主要是指发电机和蓄电池。

2.配电装置

配电装置是对电源和用电设备进行保护、监测、分配、转换和控制的装置。

3.电力网

电力网是全船电缆电线的总称,也是各种电源和各类用电设备之间的传递环节。船舶电力网根据其所连接的负载性质和类别可以分为动力电网、照明电网、应急电网、低压电网和弱电电网等。

4.负载

船舶电力负载即用电设备,按系统大体可分为以下几类:

(1)动力装置用辅机:包括主机和主锅炉等服务的辅机,如滑油泵、海水冷却泵、淡水冷却泵和鼓风机等。

(2)甲板机械:包括锚机、绞缆机、舵机、起货机、舷梯机和起艇机等。

(3)舱室辅机:包括生活用水泵、消防泵、舱底泵以及为辅锅炉服务的辅机等。

(4)机修机械:包括车床、钻床、电焊机和盘车机等。

(5)冷藏通风:包括空调装置、伙食冷库等用的辅机和通风机等。

(6)厨房设备:包括电灶、电烤炉等厨房机械用设备和电茶炉等。

(7)照明设备:包括机舱照明、住舱照明、甲板照明等照明设备和航行灯、信号灯以及电风扇等。

(8)弱电设备:包括无线电通信、导航和船内通信设备等。

(9)自动化设备及其他:包括自动化装置、蓄电池充放电设备、冷藏集装箱、艏侧推装置,电力推进船舶或特种工程船舶使用的推进电动机、生产机械和专用设备等。

从上述内容不难看出,船舶电力系统的核心(电站)主要是主发电机和主配电屏。这是因为船舶主发电机的控制和监测等功能均由主配电屏完成,这是船舶电站的特征之一。由于船舶配电的主要功能也是由主配电屏完成的,所以主配电屏是电力系统的主要组成部分,是保证供电质量的关键。配电装置与电力网是密切相连的,其主要任务是根据各用电设备(即负载)的性质和容量合理地选择供电方式、电缆和开关。

电力系统必须合理选择保护装置,对电源(发电机)和用电设备(负载)加以保护,提高电力系统的供电连续性。

(二)船舶电力系统的特点

船舶电力系统的电站容量、连接方式、电压等级、送变电装置等与陆上电力系统都有着很大的差别。与陆地电力系统相比,船舶电力系统有以下特点:

1.船舶电站容量相对较小

一般万吨级货船电站总容量大约为1 000 kW,正常运行的发电机组为300~500 kW,相比陆上要小得多。船舶电力系统大多采用多台同容量同类型的发电机组联合供配电,以方便管理维护。正常航行时仅有一台或两台发电机向电网供电,但是要求船舶发电机组有适应负载变化、品质较高的调速和调压装置,在局部突发故障时也能保证船舶安全运行。

2.负载电动机单机容量大

船舶负载电动机单机容量大，如艏侧推电动机，其单机容量可达一台发电机的2/3以上。一般机舱大负载与电站容量之比为1∶5~1∶10。当大容量电动机起动时，同步发电机的电枢反应去磁效应势必会引起电网电压大幅度下降，发电机组的转速（频率）和电压也会大幅波动，因此要求船舶发电机组要有较强的承受过载和强行励磁的能力，能提高船舶电站运行的稳定性。

3.船舶电网的输电距离短

船舶发电设备与用电设备之间的距离很短，线路阻抗低，各处短路电流大。短路电流所产生的电磁机械应力和热应力易使开关、汇流排等设备遭受损伤和破坏。因此，船舶输电电缆采用沿舱壁或舱顶走线，电缆的分支和转接均在配电板（箱）或专设的分线盒内完成，不允许外部有连接点。

当电网某一点发生短路（特别是动力设备）时，就可能直接影响电站的运行。因此各级船舶电网均应设置短路保护环节，并具有选择性，以保证电站供电的连续性。

4.工作环境比较恶劣

海上航行时存在着高温、潮湿、盐雾、霉菌、振动、倾斜等不良因素，影响船舶电气设备的寿命及动作的可靠性。因此，要求船舶电站的发电机、电气元件应当进行三防处理（防潮、防霉菌、防盐雾），并具有抗震、抗倾斜的性能，以保证电站运行的可靠性。

二、主配电屏的结构和组成

配电装置是接受和分配电能，并对电网实现保护的设备。配电装置包括面向主发电机的控制和监测的主配电屏，面向应急发电机控制和监测的应急配电板，面向蓄电池组控制和监测的蓄电池充放电板，以及区域分配电板、岸电箱和交流配电板等。有些配电装置（例如主配电屏、应急配电板和蓄电池充放电板等）还具有对电源装置、用电设备进行测量、保护和控制的功能。船舶主配电屏是船舶电力系统的中枢，担负着对主发电机和用电设备的控制、保护、监测和配电等多种功能，是由各种开关、自动控制与保护装置、测量仪表及互感器、调节和信号指示等电器设备按一定要求组合而成的一个整体。其主要功能是：

（1）正常运行时，手动或自动接通或切断电源至用电设备间的供电网络，对电网供电或停止供电。

（2）测量和监视电力系统的各种电气参数（电压、频率、电流、功率、功率因数、绝缘电阻等）。

（3）调整电力系统的各电气参数值（例如电压、频率的调整）。

（4）当电力系统发生故障或不能正常运行时，保护电路将自动地切断故障电路或发出报警信号。

（5）对电路状态、开关状态以及偏离正常的工作状态进行信号显示。

主配电屏的组成及其功能说明如下：

如图2-3-2所示为一次电力系统图，一般由发电机控制屏、并车屏、负载屏和连接母线四部分组成，负载屏左右分置，有组合起动屏、动力馈电屏和照明馈电屏。

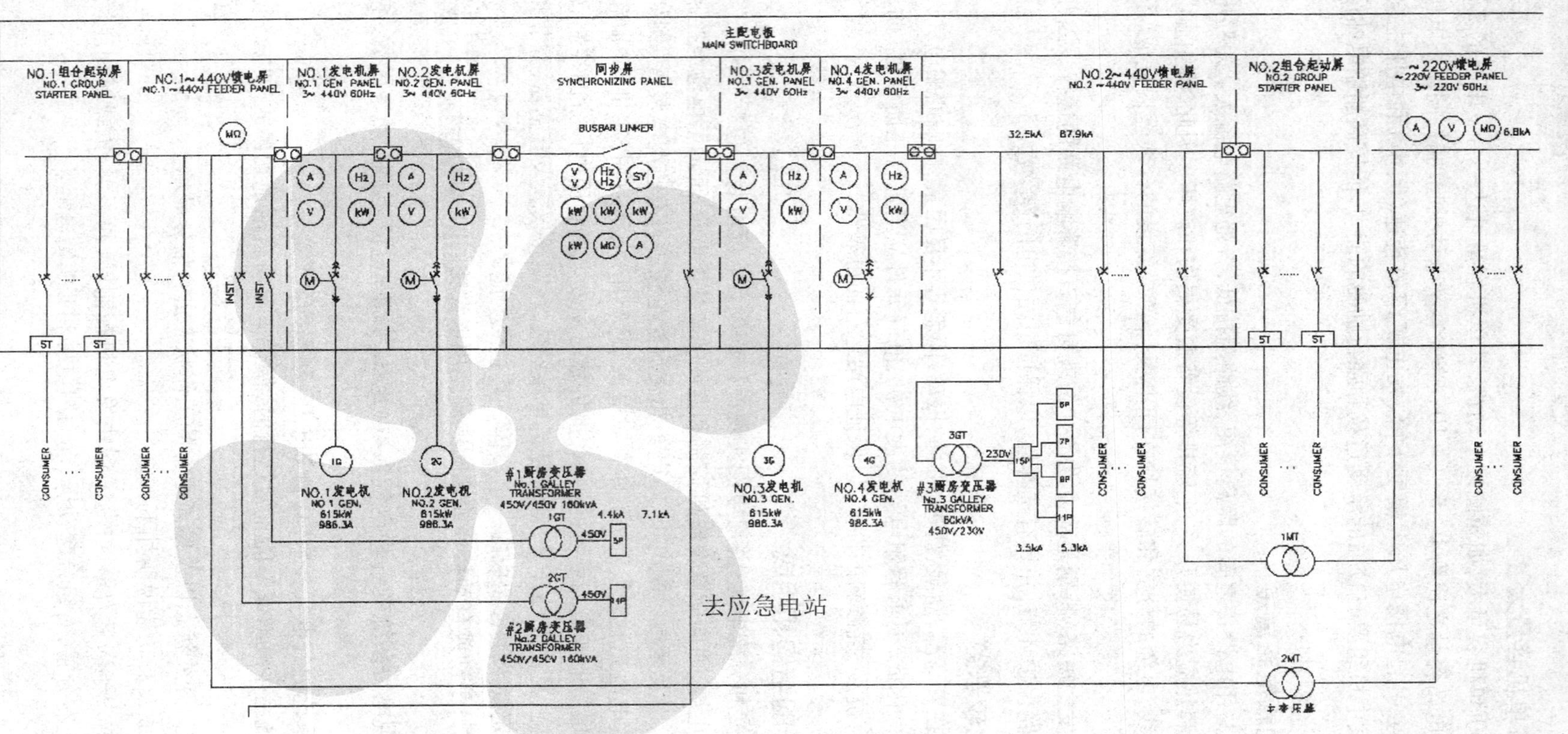

图2-3-2　一次电力系统图

1.发电机控制屏

发电机控制屏用于控制、调节、保护和监测发电机组,每台发电机组均需配有单独的控制屏。发电机的控制屏面板常设计成上、下两部分。上部装有测量仪表、转换开关、指示灯、主要电源开关、原动机的调速开关和按钮等;下部一般安装有发电机主开关,有的船舶也装有发电机励磁控制装置。控制屏内还装有逆功率继电器和仪用互感器等。

(1)电流表及其转换开关,每台发电机一套。可以测量任意一相的负载电流,其上限量程按发电机满载电流的130%~150%进行选择。

(2)电压表及其转换开关,用于测量发电机或汇流排(主开关合闸后)任意两线间的电压,电压表上限量程按发电机的额定电压的120%选择。

(3)交流三相功率表,每台发电机一个。表上能指示出15%的逆功率。

(4)频率表及其转换开关,每台发电机一套。通过转换开关测量汇流排频率和发电机频率,表上均具有10%额定频率的刻度。

(5)必要时,各发电机屏还需安装功率因数表和励磁电流表。

(6)发电机主开关,为发电机控制屏上装设的框架式空气断路器(ACB,又称主开关),是发电机接入电网的操作和保护电器。主开关的额定容量应按发电机的额定电流选择。面板上装有手动合闸按钮和分闸按钮,还有指示发电机与母线接通或断开状态的绿灯(表示接通)、红灯(表示断开)、黄灯(表示开关储能)等指示灯。

(7)发电机控制屏上装有调节发电机电压的励磁变阻器,用于发电机的调压。

2.并车屏

并车屏用于交流发电机组的并联运行、解列等操作。其主要由频率表(电网和待并机)、同步表与同步指示灯及其转换开关、调速开关、合(分)闸按钮、投切顺序选择和转换开关等组成。有的还设有汇流排分段隔离开关、粗同步并车电抗器、自动并车装置等。

对于没有独立并车屏的主配电屏,一般将同步表、同步指示灯及其转换开关装于中间一台发电机控制屏的上部。

(1)电压表及其转换开关一般配备两套。一套用于测量发电机任意两线间的电压,一套用于测量汇流排的电压,电压表上限量程按发电机的额定电压的120%选择。

(2)频率表及其转换开关,通过转换开关测量汇流排频率和发电机频率。表上均具有10%额定频率的刻度。

(3)整步表(又称同步表)及其转换开关,各发电机共用一套。

(4)面板上装有手动合闸按钮以及分闸按钮,还有指示发电机与母线接通或断开状态的绿灯(表示接通)、红灯(表示断开)、黄灯(表示开关储能)等指示灯。

3.负载屏

负载屏的主要功能是对各馈电线路进行控制、监视和保护,通过装在负载屏上的馈电开关(一般为塑壳式自动空气断路器,一些大负载或重要负载也有采用框架式自动空气断路器的)将电能供给船上各用电设备或分配电板。包括动力负载屏和照明负载屏,有些动力负载屏上还装有重要泵浦的组合起动装置。负载屏通常安装有装置式自动空气开关、电压表、电流表及转换开关、绝缘指示灯、兆欧表以及与岸电箱相连的岸电开关。

(1)电流表及其转换开关,可以测量任意一相的负载电流,其上限量程按发电机满载电流的130%~150%选择。

（2）电压表及其转换开关。

（3）交流三相功率表。

（4）兆欧表及其转换开关或电网绝缘监测仪，测量动力网络和照明网络绝缘情况。

（5）现代船舶的主配电屏一般都有组合起动屏，也是负载屏，只不过该屏上的负载都是比较重要的负载，例如主机滑油泵、海水泵、舵机等，在组合起动屏上有相应的起动控制电路，还有测量电流用的电流表及转换开关、指示灯等。在自动化电站中还有重载查询用电器。

（6）负载屏上一般还有与岸电箱相连的岸电开关。有的岸电控制部分还带有电度表、电压表、电流表，以计算由岸电供电的数量和电压、电流量值。岸电主开关的失压脱扣线圈电路中串联着主发电机的常闭辅助触点，只有主电网失电时，岸电开关才能合闸，实现了船电与岸电的互锁。

4.汇流排

配电板上主汇流排及连接部件是铜质的，连接处做了防腐或防氧化处理。汇流排能承受短路时的机械冲击力，其最大允许温升为 45 ℃。

交流汇流排按从上到下（垂直排列），从左到右，从前到后（水平布置）的顺序依次为 A 相、B 相、C 相。汇流排的颜色依次为绿色、黄色、褐色或紫色，中线为浅蓝色（若有接地线则接地线为黄绿相间颜色）。直流汇流排按从上到下（垂直排列），从左到右，从前到后（水平布置）的顺序依次为正极、中线、负极。其正极颜色为红色，负极为蓝色，中线为绿色和黄色相间色。

三、配电系统的总体布局

除上述诸配电屏外，配电系统还包括分配电屏（板）、应急配电屏和岸电箱。

（一）分配电屏

分配电板是由过载保护电器组成的集合体，对额定电流不超过 16 A 的电气设备进行供电的开关板，也称为分电箱，主要有动力分配电板和照明分配电板两种。

区域分配电板由主配电屏或应急配电板馈电，是对耗电大于 16 A 的电气设备进行供电的开关板。

（二）应急配电屏

应急配电屏包括应急发电机配电屏和蓄电池充放电屏。

1.应急发电机配电屏

应急发电机配电屏简称为应急配电屏，用于应急发电机控制和监视，并向应急用电设备供电。其与应急发电机组安装在同一个舱室内，一般位于艇甲板上。应急配电板由应急发电机控制屏和应急配电屏组成，其上面安装的仪器仪表与主配电屏基本相同。应急发电机总是单机运行，所以不需要并车屏、逆功率继电器和同步表。

应急配电板的接线应该保证在主发电机、应急发电机和岸电开关之间具有电气连锁，目的是为了防止非同步合闸（在几个电源之间）。电气连锁主要是通过这些电源开关的辅助触点实现的。如图 2-3-3 所示是船舶主电网与应急电网间单线原理示意图，配电系统的总体布置应满足如下要求：

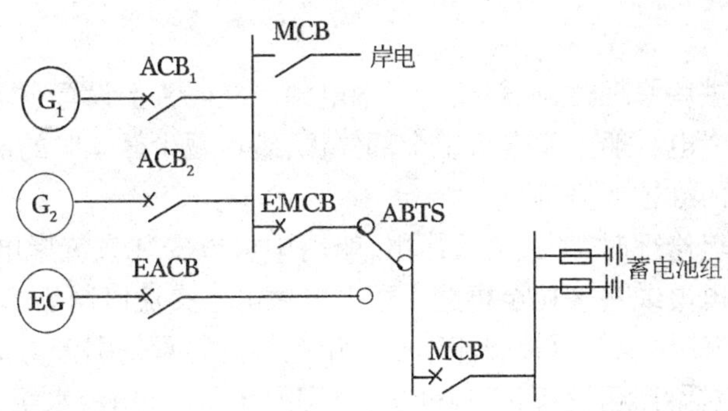

图 2-3-3　船舶主电网与应急电网间的单线原理示意图

(1)应急电网平时可由主配电屏供电,只有在主发电机发生故障或检修时才由应急发电机组供电。

(2)主配电屏通过供电开关(EMCB)和联络开关(ABTS)连通应急配电板,联络开关与应急配电板的主开关之间设有电气连锁,以保证主发电机向电网供电(即主网不失电)时,应急发电机组不工作。

(3)一旦主电网失电,联络开关自动断开,应急发电机组的自动起动装置经延时确认后,自动起动应急发电机组,并自动合闸向应急电网供电。

(4)当主电网恢复供电时,应急发电机主开关立即自动断开,联络开关自动闭合,应急电网恢复由主电网供电,应急发电机组经延时后自动停车。

(5)平时需要检查和试验应急发电机组时,可把应急发电机的工作方式选择开关置于试验位置,此时应急发电机组只能进行空载运行试验;进行效能试验时应将主配电屏上的应急配电板供电开关(EMCB)分闸,使应急发电机组自动起动,并自动合闸向应急电网供电。

有些采用自动管理的应急电站,只有在应急发电机组工作后应急电网才允许转换为由应急发电机供电,以免与主电网发生冲突。

应急电源的容量是根据应急情况下保证旅客和船员安全所必需的用电设备所需要的功率。根据中国船级社《钢质海船入级规范》的规定,应急电源供电范围为:

(1)航行灯及《国际海上避碰规则》所规定的其他各种信号灯。

(2)白昼信号探照灯及无线电测向仪、无线电电台(按国际航行要求)。

(3)各通道、梯道出口处的应急照明,每个登艇处的甲板和舷外应急照明,救生艇、筏,救生浮具储存处的照明。

(4)机舱主机操纵台、仪表盘、主配电盘前、应急发电机室、舵机等处照明。

(5)驾驶台、海图室、无线电室、消防设备控制站的照明。

(6)船员、旅客公共舱室的照明。

(7)紧急集合报警装置。

(8)电动应急消防泵。

(9)固定式潜水舱底泵等。

2.蓄电池充放电屏

船舶小应急照明、操纵仪器和无线电设备的电源均采用蓄电池,船舶设置充放电板对蓄电池进行充电、放电,实现向用电设备正常供电。目前交流电制船舶大多采用整流装置把交流电变为直流电,其主要由电源部分和充放电回路两个部分组成。

(三)岸电箱

船舶停泊码头或进坞修理时,一般接用岸电电源。在码头上设置有与岸电连接的装置,船舶一靠码头即可使用岸电。船上发电机组全部停机,既可减少靠岸时的值班人员数量,又便于对发电机组进行正常的维护或修理。

直流电制船舶进坞修理时,须接直流岸电,船坞中可以安装直流岸电箱,也可以不安装直流岸电箱而将直流岸电电缆直接拉至机舱主配电屏供电。交流电制船舶则无论进坞修理还是停泊码头,都应设置交流岸电箱以接交流岸电。岸电箱的容量依据停泊负载确定,各类船舶的停泊负载不同,通常包括:照明设备、日用设备(日用海水泵、日用淡水泵以及空压机等)、冷藏空调设备、厨房设备、通风机、通信设备、修理机械和娱乐设备等。

设计岸电箱及接岸电的基本要求如下:

1.岸电箱应有的设施

岸电箱内应设有能切断所有绝缘极(相)的断路器或开关加熔断器;指示端电压的指示灯或电表;用于连接软电缆的合适接线端子;对岸电为中性点接地的交流三相系统,应设有接地接线柱,以便将船体接至岸上的接地装置或岸上电网的零点;最重要的是应有监视岸电极性(直流时)和相对船舶配电系统的相序(三相交流时)是否相符的设施;标明船电系统的配电系统的型式、额定电压和频率(对于交流)的铭牌;有时根据船东要求,还应装设电度表。如图 2-3-4 所示为相序指示灯电路图,有三种不同的相序检测指示器电路,两个灯的电路,一般两个灯的颜色不同,用于区分不同的相序接法;一个灯的电路,只能使用一个灯来表示相序是否正确。

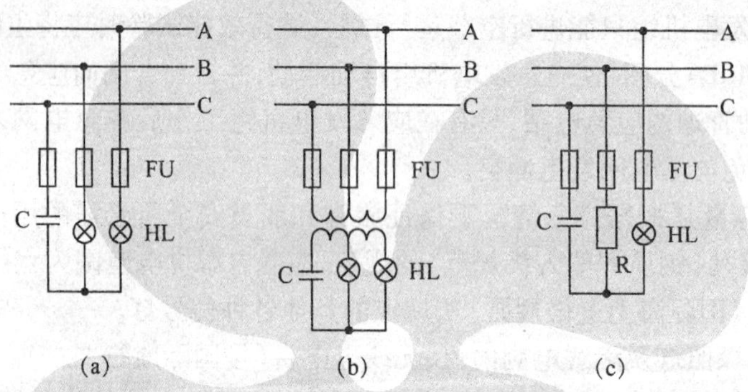

图 2-3-4　相序指示灯电路图

2.接岸电箱时应注意的事项

岸电箱应安装在便于连接来自外部电源软电缆的场所,根据安装的处所,选择合适的外壳防护等级。岸电箱与主配电屏间应以固定敷设的电缆连接,该电缆应有足够的定额。当岸电或(和)船电系统为中性点接地的交流三相系统时,应将船体与岸地相连接。利用船体作导电回路的船舶,在接岸电时,不能以陆地或海水作岸电回路,而应以绝缘的接地线将船体与岸电网络的零点或接地相连。岸电箱内应有连接此电缆的接线柱。

四、配电系统的短路保护元件：断路器和熔断器

（一）断路器

1.断路器的组成与分类

断路器分为高压断路器和低压断路器。高压断路器由以下五个部分组成：通断元件、中间传动机构、操动机构、绝缘支撑件和基座。其中，通断元件是断路器的核心部分，主电路的接通和断开由它来完成。主电路的通断，由操动机构接到操作指令后，经中间传动机构传送到通断元件，通断元件执行命令，使主电路接通或断开。通断元件包括触头、导电部分、灭弧介质和灭弧室等，一般安放在绝缘支撑件上，使带电部分与地绝缘，绝缘支撑件则安装在基座上。这些基本组成部分的结构，随断路器类型不同而异。

按照高压断路器灭弧装置中的灭弧介质来分，高压断路器可分为油断路器、空气断路器、磁吹断路器、真空断路器和六氟化硫断路器。现在工矿企业内常用的是真空断路器和六氟化硫断路器。

低压断路器俗称自动开关或空气开关，用于低压配电中不频繁的通断控制。在电路发生短路、过载或欠电压等故障时，能自动分断故障电路，是一种控制兼保护的电器。

断路器的种类繁多，按其用途和结构特点可分为框架式断路器（也称万能式断路器）、塑壳式（装置式）断路器、直流快速断路器和限流式断路器等。框架式断路器主要用作配电线路的保护开关，框架式断路器的组成如图 2-3-5 所示；而塑壳式断路器除可用作配电线路的保护开关外，还可用作电动机、照明电路及电热电路的控制开关。

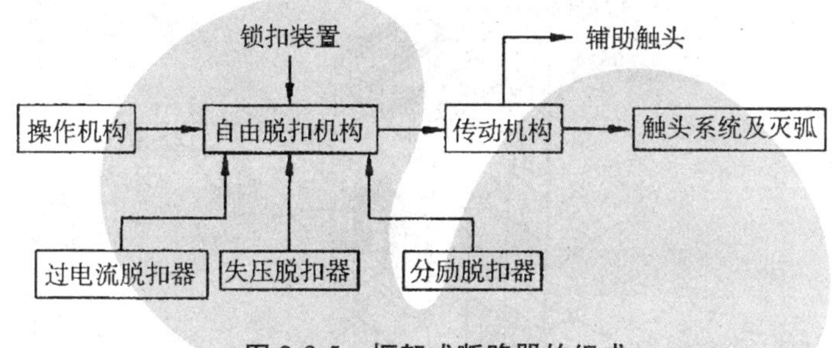

图 2-3-5 框架式断路器的组成

断路器都是由本体和附件组成。本体不带任何附件，但能确保顺利合、分电路，并且在电路或设备发生过载、短路等事故时，具有自动切断故障的功能，而附件作为断路器功能的派生补充，为断路器增加了控制手段，扩大了保护功能，使断路器的使用范围更广、保护功能更齐全、操作和安装方式更多。目前断路器附件已成为断路器不可分割的一个重要部分。但附件并不是越齐全越好，这就要根据具体的控制线路和保护线路来合理地应用附件，避免造成不必要的浪费，同时要分清电压等级、交流或直流、辅助触头的对数等。低压断路器手动开关是最基本的要求，同时能自动进行欠压、失压、过流、过载和短路保护，基本融合了闸刀开关、熔断器、热继电器及欠压继电器的功能。低压断路器按灭弧介质分类，有空气断路器和真空断路器等；按用途分类，有配电用断路器、电动机保护用断路器、照明用断路器和漏电保护断路器等。

2.低压断路器的结构和基本工作原理

（1）低压断路器的结构

低压断路器的结构如图 2-3-6 所示，包括主触点（用于通断主电路）、灭弧装置（灭弧栅片

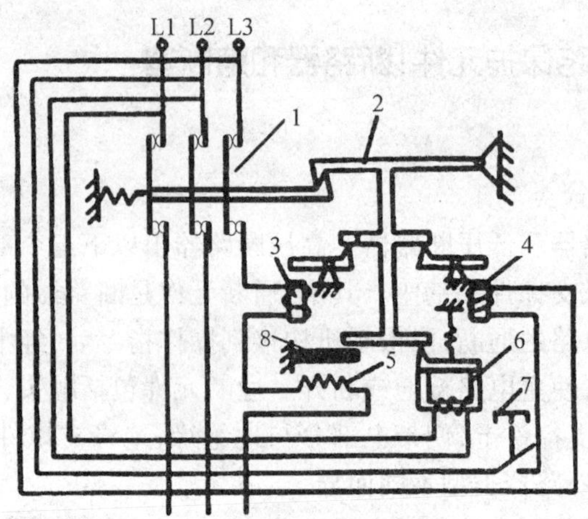

图 2-3-6　低压断路器的结构

1—主触点；2—自由脱扣机构搭钩；3—过电流脱扣器；4—分励脱扣器；5—加热电阻丝；6—欠电压脱扣器；7—分励按钮；8—热脱扣器双金属片

灭弧）、脱扣器、操作机构和保护脱扣机构。如图 2-3-7 所示为接插型塑壳式自动空气断路器外观图。

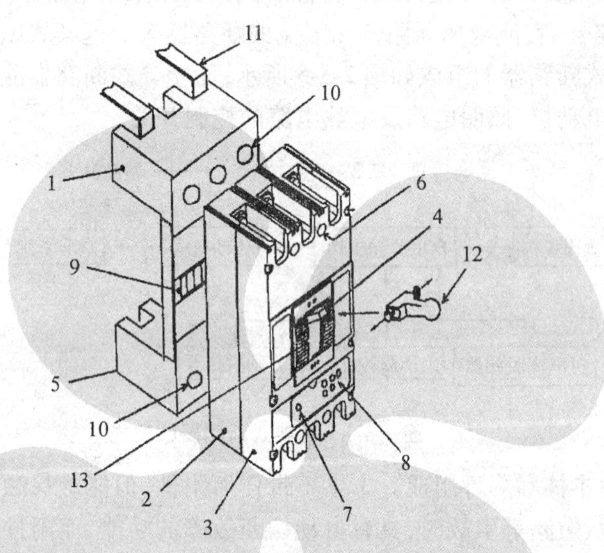

图 2-3-7　接插型塑壳式自动空气断路器外观图

1—电源接线端；2—断路器底座；3—断路器上盖；4—手柄；5—负荷端；6—固定螺丝；7—手动脱扣按钮；8—电磁脱扣调整盘；9—辅助连接块；10—拆卸插件；11—电源端导线；12—延伸接长手柄；13—触头状态指示

（2）工作原理

如图 2-3-6 所示，低压断路器的主触点是靠手动操作或电动合闸的。主触点 1 闭合后，自由脱扣机构搭钩 2 将主触点 1 锁在合闸位置上。过电流脱扣器 3 的线圈和热脱扣器的热元件（加热电阻丝）5 与主电路串联，欠电压脱扣器 6 的线圈和电源并联。当电路发生短路或严重过载时，过电流脱扣器 3 的衔铁吸合，使自由脱扣机构动作，主触点断开主电路。当电路过载时，热脱扣器的热元件发热，使双金属片向上弯曲，推动自由脱扣机构动作。当电路欠电压时，

欠电压脱扣器的衔铁释放，也使自由脱扣机构动作。另外，分励脱扣器4（另选配）则作为远距离控制用，在正常工作时，其线圈是断电的，在需要距离控制时，按下分励按钮7，使线圈通电，衔铁带动自由脱扣机构动作，使主触点断开。

并非每种类型的断路器均具有上述四种脱扣器，应根据断路器的使用场合而定。

（3）主要技术参数

额定电压指断路器在电路中长期工作时的允许电压，通常等于或大于电路的额定电压。

额定电流指断路器在电路中长期工作时的允许持续电流。

通断能力指断路器在规定的电压、频率以及规定的线路参数（交流电路为功率因数，直流电路为时间常数）下，所能接通和分断的短路电流值。

分断时间指切断故障电流所需的时间，包括固有断开时间和燃弧时间。

短路分断电流指断路器发生短路故障，断路器能够可靠分断的最大短路电流值。

瞬动过电流的整定值应取电动机起动电流的2.0~2.5倍。

3.可选配附件

除上述主要器件外，断路器还可以根据需要配置多种附件，具体如下：

（1）内部附件

①辅助触头

辅助触头是与断路器主电路机械上连动的触头，主要用于断路器分、合状态的显示，接在断路器的控制电路中，通过断路器的分合，对其相关电器实施控制或连锁，例如向信号灯、继电器等输出信号。如万能式断路器常配有六对辅助触头（三常开、三常闭）；DW45断路器配有八对辅助触头（四常开、四常闭）。一般辅助触头的约定发热电流小于6 A，其操作次数与断路器的操作总次数相同。

②报警触头

报警触头是用于断路器事故的报警触头，且此触头只有在断路器脱扣分断后才动作，主要用于在断路器的负载出现过载短路或欠电压等故障时自由脱扣，报警触头从原来的常开位置转换成闭合位置，接通辅助线路中的指示灯或电铃、蜂鸣器等，显示或提醒断路器的故障脱扣状态。由于断路器发生因负载故障而自由脱扣故障的概率不高，因而报警触头的寿命是断路器寿命的1/10。报警触头的工作电流一般不会超过1 A。

③分励脱扣器

分励脱扣器是一种用电压源激励的脱扣器，它的电压可与主电路电压无关。分励脱扣器是一种远距离分闸操纵的附件。当电源电压等于额定控制电源电压的70%~110%时，就能可靠分断断路器。分励脱扣器是短时工作制，线圈通电时间一般不能超过1 s；否则线圈会被烧毁。塑壳式断路器为防止线圈烧毁，在分励脱扣线圈串联一个微动开关，当分励脱扣器通过衔铁吸合后，微动开关从常闭状态转换成常开，由于分励脱扣器电源的控制线路被切断，即使人为地按住按钮，分励线圈也始终不再通电，这就避免了线圈烧损情况的产生。当断路器再扣合闸后，微动开关重新处于常闭位置。但有的断路器在出厂时要由用户在分励脱扣器线圈之前串联一组常开触头使用。

④断路器的保护装置

脱扣器是断路器的感应元件，承担接收电路中因出现不正常情况或继电保护，由操作人员发出的信号，通过传递元件使执行元件动作。通常有过流脱扣器、欠压脱扣器、半导体脱扣器等。

(a)过流脱扣器:当出现过电流时,脱扣器动作,使断路器断开。

(b)过载保护脱扣器:当线路电流大于额定电流时,过载保护延时动作,过电流越大,动作时间越短,具有反时限特点。

(c)欠压(失压)脱扣器:当线路上的电压低于某一整定电压或电压消失时,使电磁吸力不足以继续吸合衔铁,在弹簧力的作用下,衔铁的顶板推动脱扣器轴使自动开关断开。欠电压脱扣器是在端电压降至某一规定范围时,使断路器断开的一种脱扣器,当电源电压下降(甚至缓慢下降)到额定工作电压的70%~35%时,欠压脱扣器应动作;在电源电压等于或小于额定工作电压的35%时,欠电压脱扣器应能防止断路器闭合;当电源电压等于或大于85%额定工作电压时,应能保证断路器可靠闭合。因此,当受保护电路中电源电压发生一定的电压降时,脱扣器能自动断开断路器切断电源,使该断路器下的负载电器或电气设备免受欠电压的损坏。使用时,欠电压脱扣器线圈接在断路器电源侧,在欠电压脱扣器通电后,断路器才能合闸;否则断路器合不上闸。

(d)半导体脱扣器是一种具有过载、短路、欠压等保护性能的脱扣器。

(2)外部附件

①电动操作机构

电动操作机构是用于远距离分闸和合闸断路器的一种附件,电动操作机构有电动机操作机构和电磁铁操作机构两种,电动机操作机构适用于塑壳式断路器额定电流 400 A 及以上的断路器和万能式断路器;电磁铁操作机构适用于塑壳断路器额定电流 225 A 及以下的断路器。无论是电磁铁或电动机,它们的吸合和转动方向都是相同的,仅由电动操作机构内部凸轮的位置来达到合闸、分闸的目的。

②释能电磁铁

释能电磁铁适用于万能式断路器有电动机预储能机构(由电动储能机构使其操作弹簧机构储能)。当用户按下按钮,电磁铁线圈激励后,电磁铁闭合使储能弹簧释放,断路器合闸。

③转动操作手柄

转动操作手柄适用于塑壳式断路器,在断路器的盖上装转动操作手柄的机构,手柄的转轴装在机构配合孔内,转轴的另一头穿过抽屉柜的门孔,旋转手柄的把手装在成套装置的门上面所露出的转轴头上,把手的圆形或方形座用螺钉固定在门上,这样的安装能使操作者在门外通过手柄的把手顺时针或逆时针转动,来确保断路器的合闸或分闸。同时转动手柄能保证断路器处于合闸时,柜门不能开启;只有转动手柄处于分闸或再扣,开关板的门才能打开。在紧急情况下,断路器处于“合闸”而需要打开门板时,可按动转动手柄座边上的红色释放按钮。

④加长手柄

加长手柄是一种外部加长手柄,直接装于断路器的手柄上,一般用于 600 A 及以上的大容量断路器上,进行手动分合闸操作。

⑤手柄闭锁装置

手柄闭锁装置是在手柄框上装设卡件,手柄上打孔然后用挂锁锁起来。其主要用于在断路器处于合闸工作状态时,不容许其他人分闸而引起停电事故,或断路器负载侧电路需要维修或不允许通电时,以防被人误将断路器合闸,从而保护维修人员的安全或用电设备的可靠使用。

⑥接线方式

断路器的接线方式有板前、板后、插入式、抽屉式。

(a)板前接线:用户如无特殊要求,均按板前供货,板前接线是常见的接线方式。

(b)板后接线:板后接线的最大特点是可以在更换或维修断路器时,不必重新接线,只需将前级电源断开。由于该结构特殊,产品出厂时已按设计要求配置了专用安装板和安装螺钉及接线螺钉,需要特别注意的是,由于大容量断路器接触的可靠性将直接影响断路器的正常使用,因此安装时必须引起重视,严格按制造厂的要求进行安装。

(c)插入式接线:在成套装置的安装板上,先安装一个断路器的安装座,安装座上有6个插头,断路器的连接板上有6个插座。安装座的面上有连接板或安装座后有螺栓,安装座预先接上电源线和负载线。使用时,将断路器直接插进安装座。如果断路器坏了,只要拔出坏的,换上一只好的即可。插入式接线的更换时间比板前、板后接线要短,且方便。由于插、拔需要一定的人力,因此目前我国的插入式接线产品,其额定电流限制在最大为400 A,从而节省了维修和更换时间。插入式断路器在安装时应检查断路器的插头是否压紧,并应将断路器安全紧固,以减少接触电阻,提高可靠性。

(d)抽屉式接线:断路器的进出抽屉是由摇杆顺时针或逆时针转动的,在主回路和二次回路中均采用了插入式结构,省略了固定式所必需的隔离器,做到一机两用,提高了使用的经济性,同时给操作与维护带来了很大的方便,增加了安全性、可靠性。万能式断路器常使用抽屉式。有的抽屉座的主回路有触刀座,可与NT型熔断路器触刀座通用,这样在应急状态下可直接插入熔断器供电。

4.常用空气断路器及其选用

低压断路器(又称自动开关)是一种不仅可以接通、分断电路,又能对负荷电路进行自动保护的开关电器。当负荷电路发生短路、过载、电压过低等故障时,能自动切断电路,也可用于不频繁地起动电动机以及操作或转换电路。

(1)常用断路器

①框架式断路器:具有高分断能力,有理想的保护特性,常用作船舶发电机主开关。

②塑料外壳式断路器:具有良好的保护特性,安全可靠。

③直流快速断路器:一般是单极,主要用来对半导体元件做过载、短路保护。

④限流式断路器:具有快速动作短路保护的特点。

⑤漏电保护断路器:由断路器和漏电继电器组成,除能起到一般断路器的作用外,还能在出现设备漏电或人身触电时,迅速自动断开故障电路,以保护人身及设备的安全。

(2)断路器的选用

首先根据具体使用条件选择类别,再按电路的额定电流及对保护的要求来选用。当额定电流在600 A以下,短路电流不是很大时,可选用塑料外壳式断路器;如果是短路电流特别大的支路,则应选用限流式断路器;当额定电流比较大时,就应选用框架式断路器;当控制和保护半导体元件时,应选用直流快速断路器;在有漏电保护要求时,应选用漏电保护断路器。

一般选用:

①断路器的额定电流≥负载工作电流。

②断路器的额定电压≥线路或设备的额定电压。

③断路器的脱扣器额定电流≥负载工作电流。

④断路器的极限通断电流≥电路最大短路电流。

⑤断路器欠电压脱扣器额定电压=线路额定电压。

配电用断路器的选用:

①长延时动作电流整定值=(0.8~1)×导线允许载流量。

②3倍长延时电流整定值的可返回时间≥线路中电动机最大起动电流的起动时间。

③短延时动作电流整定值≥1.1×(线路计算负载电流+1.35×电动机起动电流倍数×最大一台电动机额定电流)。

④短延时延时时间按被保护对象的热稳定校核。

⑤瞬时动作电流整定值≥1.1×(线路计算负载电流+电动机起动电流冲击系数×电动机起动电流倍数×最大一台电动机额定电流)。

电动机用断路器的选用:

①长延时电流整定值=电动机额定电流。

②6倍长延时电流整定值的可返回时间≥电动机实际起动时间。

③瞬时整定电流:

鼠笼式电动机瞬时整定电流=(8~15)×脱扣器额定电流;

绕线式电动机瞬时整定电流=(3~6)×脱扣器额定电流。

照明用断路器的选用:

①长延时电流整定值≤线路计算负载电流。

②瞬时动作电流整定值=6×线路计算负载电流。

(二)熔断器

1.熔断器的结构和特征

最简单而又有效的短路保护电器是熔断器,船上常用的有管式和螺旋式,分别如图2-3-8(a)、(b)所示。另外,还有插入式熔断器、有填料封闭管式快速熔断器等。熔断器中的熔片或熔丝用电阻率较高的易熔合金(铅、锡、锌、铝等)制成,或用截面积甚小的良导体(铜、银等)制成,其形状有丝状、片状、带状等。线路正常工作时,熔断器不应熔断;一旦发生短路或严重过载,则立即熔断。

不同熔体材料的热惯性不同。热惯性较大的铅、锡等熔体材料,适用于缓熔;热惯性较小的锌、铝等熔体材料,适用于中熔;而铜、银等热惯性极小,适用于速熔。通常螺旋式熔断器多为缓熔熔断器,而管式熔断器多为中熔或速熔熔断器。熔断器电路符号如图2-3-8(c)所示。

熔断器的保护特性表示熔断器切断电流所需时间与通过熔断器电流的关系,如图2-3-8(d)所示。表现为反时限特性,即当线路电流超过熔断器的额定电流时,线路电流越大,熔断时间越短。

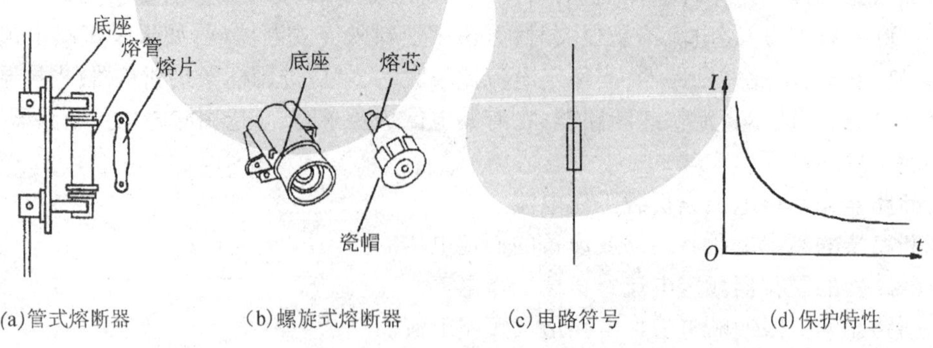

(a)管式熔断器　(b)螺旋式熔断器　(c)电路符号　(d)保护特性

图2-3-8　熔断器的结构和特征

2.熔断器的选用

熔断器的主要参数有:

(1)额定电压:熔断器长期工作时和分断后能够耐受的电压,其值一般等于或大于电气设备的额定电压。

(2)额定电流:主要是熔体的额定电流,指熔体长期通过而不会熔断的电流值;另一个为支持件的额定电流,指熔断器长期工作所允许的温升电流值。

(3)极限分断能力:熔断器在规定的额定电压和功率因数(或时间常数)的条件下,能分断的最大电流值。

熔断器主要根据负载的情况和电路短路电流的大小来选择。对于容量较小的照明线路或电动机的保护,可选用半封闭式熔断器或无填料封闭式熔断器;对于短路电流相当大的电路或有易燃气体的场所,应选用有填料封闭式熔断器;对于晶闸管及硅元件,应选用快速熔断器。

由于各种电气设备都具有一定的过载能力,当过载能力较低时,可允许较长时间运行,而当超过某一过载倍数时,就要求熔体在一定时间内熔断。还有一些设备起动电流很大,如三相异步电动机起动电流是额定电流的 5~7 倍,因此,选择熔体时必须考虑设备的特性。

熔断器熔体在短路电流作用下应可靠熔断,起到应有的保护作用。如果熔体选择偏大,则负载长期过载熔体不能及时熔断;如果熔体选择偏小,在正常负载电流作用下就会熔断。为保证设备的正常运行,必须根据设备的性质合理地选择熔体,要求如下。

①照明支路:熔体额定电流≥支路上所有电灯的工作电流之和。

②单台直接起动电动机:熔体额定电流≥(1.5~2.5)×电动机额定电流。

③配电变压器低压侧:熔体额定电流=(1.0~1.2)×变压器低压侧额定电流。

3.熔断器使用时的注意事项

(1)根据各种电器设备用电情况(电压等级、电流等级、负载变化情况等),在更换熔体时,应按规定换上相同型号、材料、尺寸、电流等级的熔体。

(2)按线路电压等级选用相应电压等级的熔断器,通常熔断器额定电压不应低于线路额定电压。

(3)根据配电系统中可能出现的最大短路电流,选择具有相应分断能力的熔断器。

(4)在电路中,各级熔断器应相应配合,通常要求前一级熔体比后一级熔体的额定电流大 2~3 倍,以免发生越级动作而扩大停电范围。

(5)不能随便改变熔断器的工作方式,在熔体熔断后,应根据熔断管端头上所标明的规格,换上相应的新熔断管。不能用一根熔丝搭在熔管的两端,装入熔断器内继续使用。

(6)作为电动机保护的熔断器,应按要求选择熔丝,而熔断器只能作电动机主回路的短路保护,不能作过载保护。

(7)在接地线路、三相四线制的中性线路、直流电动机的励磁回路中不允许接入熔断器。

五、发电机自动空气断路器的结构和基本保护

自动空气断路器又称自动空气开关。船舶常用的有:框架式(即万能式)自动开关(如国产 DW 型)和装置式自动开关(如国产 DZ 型)。

船用万能式空气断路器用于发电机的主开关,是发电机投入电网的接入部件。在非正常运行情况下,如发生过载、电网短路、发电机欠压等,能自动从电网上断开发电机。

因此它既是开关电器，又是保护电器。装置式自动空气开关一般用作支路、负载屏、照明屏等的开关电器，不同型号的产品具有不同的保护功能，一般都具有短路保护和过载保护。

国内外制造的船用发电机主开关的型式很多，结构不尽相同，但基本原理大同小异，一般都是由触头单片、灭弧装置、自动脱扣机构、操作机构和保护装置组成，框架式断路器的组成如图 2-3-5 所示。

（一）触头和灭弧系统

触头在切断电流时会产生很大的电弧，因此必须具有完善的触头系统，它由主触头、副触头和弧触头组成。主触头承担电路的正常工作电流，弧触头是为了防止主触头断开时产生的电弧烧坏主触头而设置的。在合闸时，弧触头先接通，然后依次是副触头和主触头。而分闸时，主触头先断开，然后是副触头和弧触头，断开电路产生的电弧在弧触头熄灭，自动空气断路器大多采用灭弧栅进行灭弧。

（二）自由脱扣机构

自由脱扣机构的作用是使触头保持完好闭合或迅速断开。如图 2-3-9 所示是一个四连杆自由脱扣机构示意图，是触头系统和操作传动装置之间的联系机构。正常触头闭合状态如图 2-3-9(a) 所示。如图 2-3-9(b) 为分闸位置，由于衔铁动作，使顶杆向上逆动，撞击连杆接点，四连杆刚性连接被破坏，脱扣机构动作，使主触头处于断开状态。图 2-3-9(c) 为准备合闸位置。当脱扣后，需再次合闸时，应先将手柄向下拉，使四连杆机构成为刚性连接状态，做好合闸准备。一旦需要合闸，只需将手柄往上推即可。

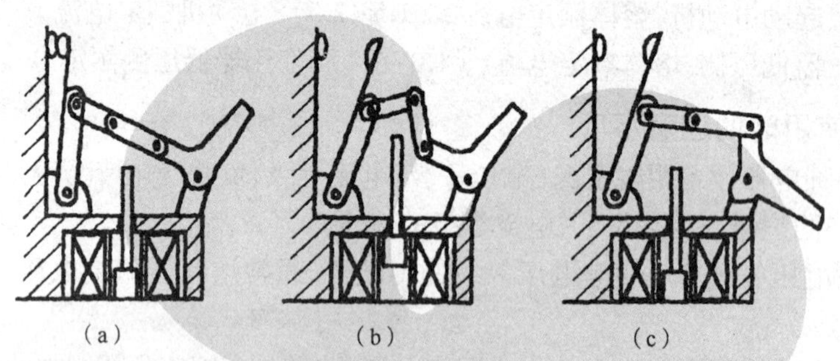

图 2-3-9　四连杆自由脱扣机构示意图

（三）操作机构

操作机构用于控制自由脱扣机构的动作，实现触头闭合或断开。自动空气断路器的操作传动装置常见的有手柄式、连杆式、电磁式、电动式等。但是无论哪一种操作方式，合闸前都必须先将储能弹簧储能、使自由脱扣机构处于“再扣”位置，然后利用储能弹簧释放能量实现合闸。

使用弹簧加载以闭合或断开断路器，可由现场的自动操作装置执行，也可以通过安装有关的附件用电气遥控操作。

1.手动操作

各种类型的自动空气断路器都有手动合闸操作手柄，通常有转动和上下扳动两种型式。主开关合闸前，需首先扳动手柄，使储能弹簧储能，手动按下主开关上的合闸按钮或扳动合闸机构，实现合闸。

各类自动开关都有手动机械脱扣按钮，分闸时，只要按下“分闸”按钮即可实现分闸操作。

尚有一些自动开关,利用扳动手柄储能,使用手动机械合闸按钮合闸。

2.电磁或电动合闸

DW-95、DW-98 型电动合闸采用电磁操作,DW-98 型电磁合闸操作线路原理图如图 2-3-10 所示。发电机建立电压后,交流电压经二极管 D 整流后向电容 C 充电。合闸时,按下按钮

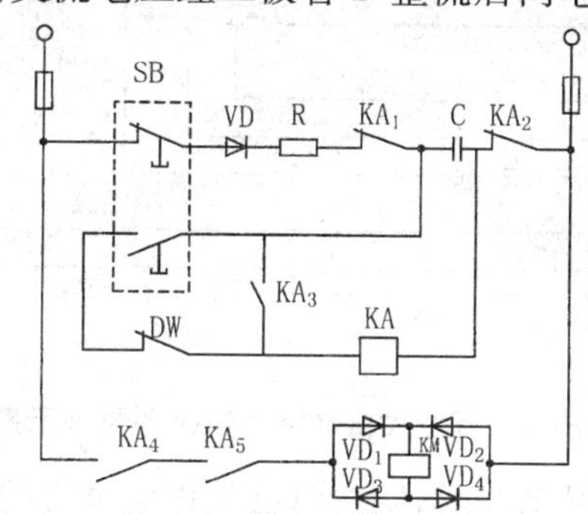

图 2-3-10　DW-98 型电磁合闸操作线路原理图

SB,电容 C 就会对继电器 KA 放电,使 KA 的常开触点 KA_4 和 KA_5 闭合,接通合闸电磁铁线圈 KM,在电磁吸力的作用下储能弹簧拉长储能,自由脱扣机构已处于"再扣"位置。由于电容两端的电压很快下降,因此当下降到继电器 KA 的释放电压时,KA 的常开触点 KA_4 和 KA_5 断开,合闸电磁铁线圈 KM 断电,储能弹簧释放,自由脱扣机构动作实现合闸。合闸后,由于 DW 触点断开,此时再按下按钮 SB,不会再有合闸动作。AH 型电磁合闸线路原理图如图 2-3-11 所示。发电机建立电压后,按下电磁控制开关,继电器 KA_1 通电,其常开触点 KA_1 闭合后继电器 KA_2 有电,其常开触点 KA_2 闭合,合闸线圈 KM 通电,快速将动衔铁吸上,利用动衔铁的质量和速度,通过电磁合闸柱销,对四连杆机构产生一个较大的冲击,推动合闸机构合闸。合闸后,自动开关的辅助常开触点 DW 闭合,继电器 KA_3 通电,其常闭触点 KA_3 断开;继电器 KA_1 断电,其常开触点 KA_1 断开;控制继电器 KA_2 失电,触点 KA_2 断开,从而使合闸线圈 KM 断电,电磁吸力消失,合闸动衔铁恢复原样,为下次合闸准备。

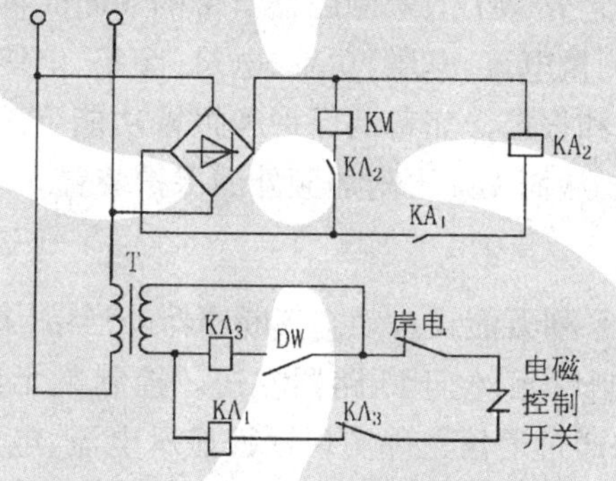

图 2-3-11　AH 型电磁合闸线路原理图

(四)保护装置

万能式自动空气断路器通常设有电流脱扣器、失压脱扣器和分励脱扣器,通过它们对自由脱扣机构的作用来实现对主电路的短路、过载、失压、欠压等保护及遥控分励操作。万能式自动空气断路器原理示意图如图 2-3-12 所示。

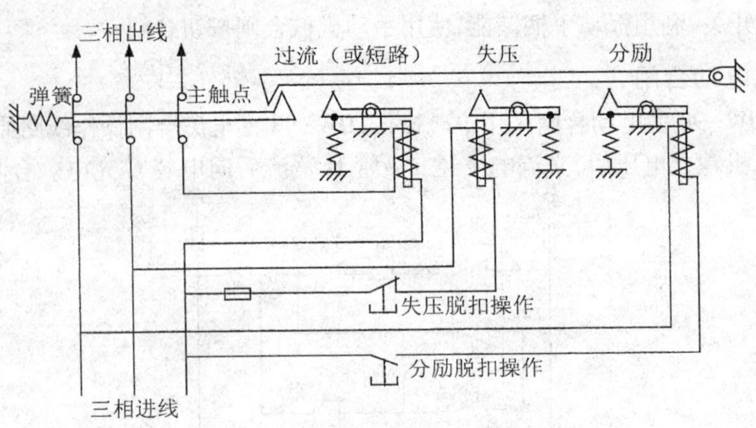

图 2-3-12　万能式自动空气断路器原理示意图

过电流脱扣器一般有电磁式和半导体式，常被用作发电机的短路和过载保护，一般具有反时限延时动作、定时限动作和瞬时动作三种动作特性。当短路故障和过载现象发生时，瞬时或经短路延时或经长延时后接通电磁铁，使过电流脱扣器瞬时动作，开关自动跳闸。延时元件通常采用钟表机构或利用 RC 充放电回路等实现。如 DW-95、DW-98 采用电容充放电延时。

欠压脱扣器一般由一个瞬时动作的电压继电器组成，当线路电压低于规定的整定值时，由于电磁吸力不足而引起继电器释放，通过自由脱扣机构使开关自动跳闸。为避免电网电压瞬时波动产生误动作，可采用延时，延时时间一般为 1~3 s。

分励脱扣器主要用于远距离控制自动开关的断开，当按下"分励脱扣"按钮时，继电器吸合，通过自由脱扣机构将自动开关断开。分励脱扣器主要用于远距离控制自动开关的断开，当按下"分励脱扣"按钮时，继电器吸合，通过自由脱扣机构将自动开关断开。

(五)船用框架式自动空气断路器实例

Masterpact NT/NW 空气断路器额定电流为 630~6 300 A，分断能力为 50~150 kA，可以满足船舶高性能的要求。除此之外，MT/NW 断路器自带的 Micrologic P，H 型控制单元内部集成各种监测和保护功能，可以测量电流、电压、功率、电量、频率、电能质量等各种电气参数，同时也可以对这些参数进行保护和报警。完备的保护和报警功能可广泛应用于配电和电机保护，包括发电机组的逆功率保护，从而无须再附加额外的保护装置。

1.外形结构

如图 2-3-13 所示为 NT 系列万能式自动空气断路器外形结构图，NT 断路器都装配一种随时可以更换的 Micrologic 控制单元，位于断路器左边。控制单元为保护电力系统和负荷而设计。可进行报警信号编程并通过通信选件实现远程显示电流、电压、频率、电能和电能质量的测定，优化供电连续性和能量管理。

2.内部接线

如图 2-3-14 所示为标准 NT 断路器的内部线路图，图中控制单元 Micrologic 内部自带采集断路器前的电压信号，另有外配电压和三相总电流和 Vigi 模块（零线电流检测）的采集端子；通过 Z1~Z5 与上位控制器通信联系；M2C 是两个可编程触点（内部继电器）；M6C 是 6 个可编程的辅助触点接口；SDE2 是带复位按钮的跳闸故障触点输出；SDE1 是跳闸指示触点；MN 是欠压线圈；MX1、MX2 是分闸线圈；XF 是合闸线圈；PF 为合闸就绪触点；MCH 为储能电机；

本体通信模块(图示未画)通过 E1～E6 与外围联系,具体通信协议可选。图 2-3-14 中虚线表示外围器件,各接线端子配有对应的编号。

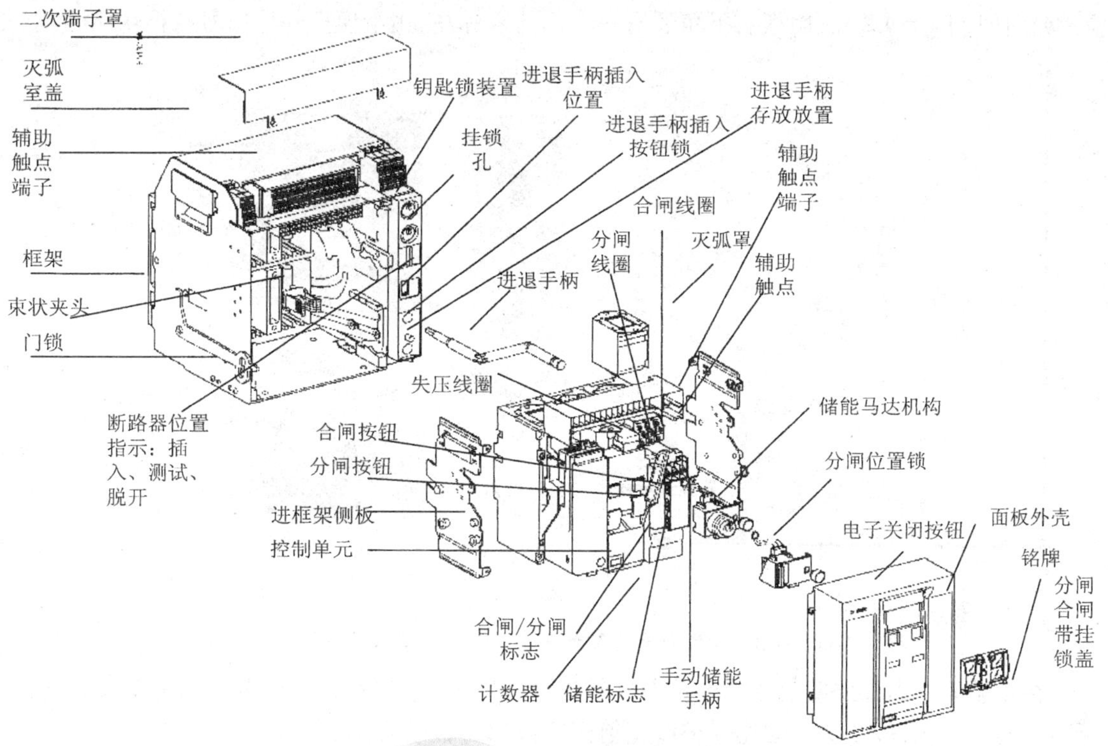

图 2-3-13　NT 系列万能式自动空气断路器外形结构图

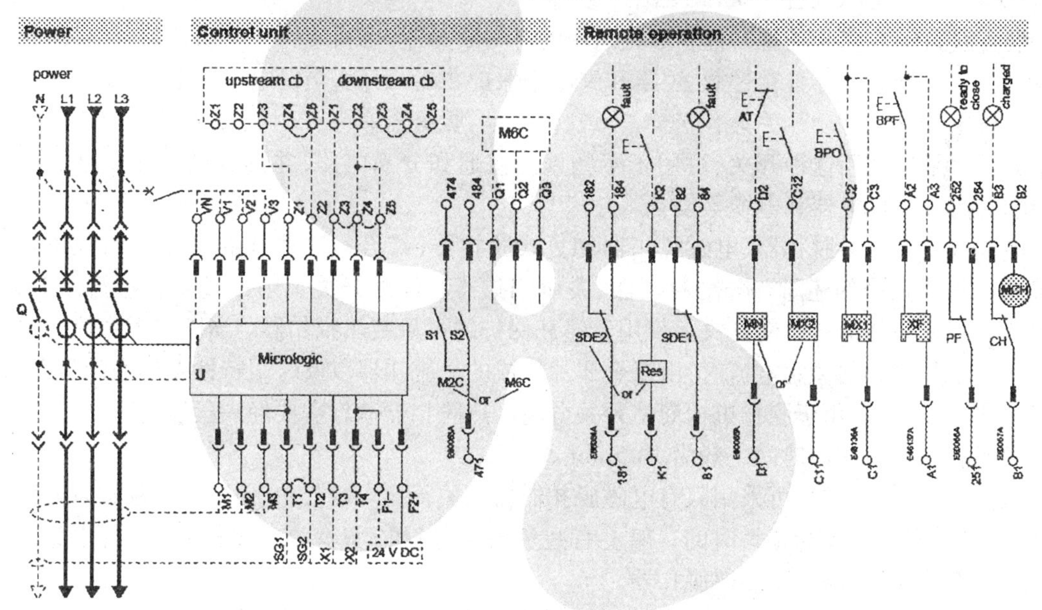

图 2-3-14　标准 NT 断路器的内部线路图

3.保护控制

如图 2-3-15 所示为标准 NT 断路器控制器保护控制曲线图和面板参数设置图,图示设定的断路器的额定电流为 $I_n=2\ 000$ A,负载的长延时设定电流 $I_r=0.5I_n=1\ 000$ A,延时时间 $t_r=$

1 s对应的电流为 $6I_r$,电流大于 I_r后的延时时间值按反时限方法计算,短延时设定电流 $I_{sd}=2I_r=2\ 000$ A,短延时时间 $t_{sd}=0.2$ s,瞬时动作电流 $I_i=2I_n=4\ 000$ A,接地电流设定 $I_g=640$ A,对应的延时时间 $t_g=0.2$ s。面板右下角还有一个插孔未标注,用于模拟外界信号进行功能测试。

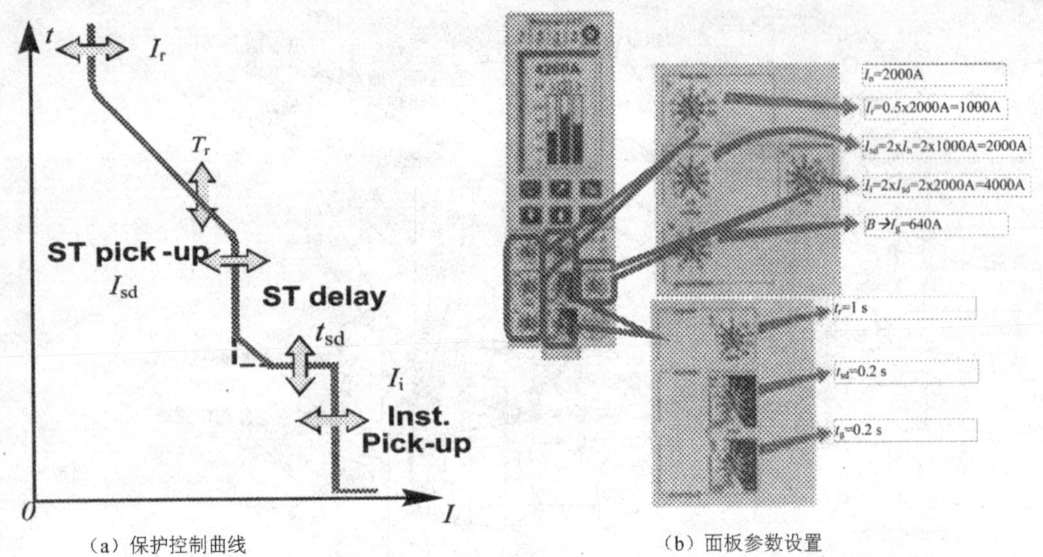

(a)保护控制曲线　　(b)面板参数设置

图 2-3-15　标准 NT 断路器控制器保护控制曲线图和面板参数设置图

在船舶的电力和照明变压器的选择性保护设计中如使用断路器,应考虑保证变压器两侧断路器的完全选择性,瞬时动作保护设定值需要考虑前后级的设定关系。

(六)装置式自动空气断路器

装置式自动空气开关是一种容量相对小的空气断路器,也叫塑壳式自动开关,常简称为自动开关。自动开关同样具有过载、短路和失压等保护功能,因此,当发电机功率较小时,也可用作发电机主开关。自动开关具有安全、美观、体积小、质量轻等特点,主配电屏及分配电板上的配电开关大量地使用这种开关,可用于不频繁的接通和分断电路,并具有过载和短路保护装置,用于保护电机、电器和电缆等设备。

自动开关可带热脱扣器、电磁脱扣器和复式脱扣器(综合电磁脱扣和热脱扣的脱扣器称作复式脱扣器),有的还附有分励脱扣器、失压脱扣器和辅助开关。用作过载和短路保护时,可采用带复式脱扣器的自动开关。仅用于过载保护的可只装热脱扣器。当断路器中流过的电流超过整定的脱扣器额定电流时,由双金属片构成的热脱扣器以反时限特性发热而产生弯曲,达到一定程度时,作用于脱扣机构而使开关分闸。热脱扣器动作后要经一段恢复时间,自动开关方可重新合闸。这段时间一般为 1~5 min。

仅用于短路保护时,可采用只有电磁脱扣器的开关,可在 2~10 倍脱扣器的额定电流范围内整定,动作时间可视为是瞬时的。船上有些负载(如舵机)只允许设置短路保护,因此要求断路器只装电磁脱扣器,不装热脱扣器。

分励脱扣器和失压脱扣器适合遥控用。分励脱扣器通电时,使衔铁动作,自动开关脱扣而分闸。失压脱扣器则是断电时使衔铁动作,自动开关脱扣而分闸。如船上的风机、油泵等通常采用带分励脱扣器的自动开关,控制按钮装于集中控制台、机舱出口等处,当发生火警或其他特殊情况时,可以远距离切断自动开关。

自动开关的合闸可采用手动,亦可采用电磁式或电动机式遥控合闸。

六、协调性保护的概念和船舶配电网络结构

(一)船舶电力系统综合保护的主要功能

(1)使电力系统的各级保护都应按总体系统的要求充分地协调,以便在电力系统发生多重复杂故障时仍具有正确的选择性保护功能。为切断系统中局部故障而采取的保护动作必须局限在最小的范围内,并能有效地防止故障的扩大。

(2)在任何工况下保护动作切除故障电路时,均不应破坏系统工作的稳定性。

(3)保护系统应考虑到故障消除后电力系统功能的恢复和调整。

(4)系统保护功能和船舶电站自动化设施紧密结合,不仅应迅速及时切除故障设备,还应能预警,显示故障发生前的不良状态,用告警的手段改进保护的方式。不少保护装置已经成为系统自动控制的一个重要组成部分,起到了监视、报警、保护(故障控制)的作用。

(二)船舶电力系统保护的内容

(1)船舶发电机的保护:主要有过载、短路、欠压和逆功率等保护。

(2)船舶电力网的保护:主要有过载、短路、岸电相序和断相等保护。

(3)船舶变压器的保护:主要有过载、差动和短路等保护。

(4)船舶用电设备的保护:主要有过载、短路、零压(欠压)和缺相等保护。

(三)船舶电力系统保护装置的基本构成

如图 2-3-16 所示为船舶电力系统综合保护装置的基本构成,现代船舶电力系统的保护通常包括以下几部分:

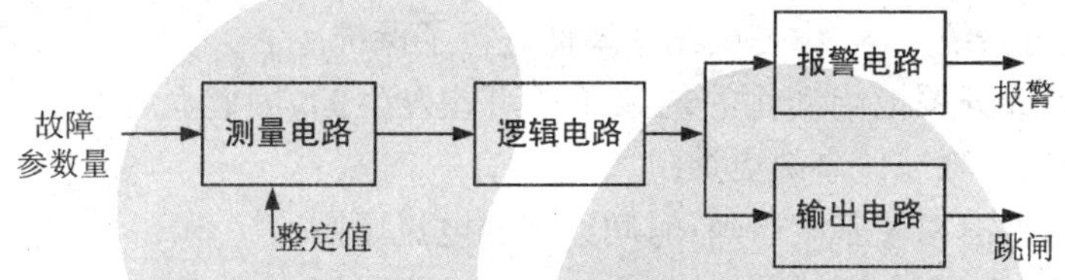

图 2-3-16　船舶电力系统综合保护装置的基本构成

(1)电路参数的监测部分:用于对系统的电气参数,如电流、电压、频率等的变化做出准确、迅速地反应,以便为系统保护提供各种原始的信息。监测部分应该非常灵敏,能够检测系统参数的瞬息变化,而检测的误差要小,以避免影响系统保护的下一步判断和决策。

(2)逻辑判断部分:现代的保护系统应具有区分电力系统正常和不正常状态,并做出决定的功能。应该知道电力系统在发生故障前能够承受多长时间的不正常状态,能够从系统参数上鉴别正常和不正常的状态,并做出是否需要发出限制或防止故障发生的动作命令的逻辑判断。

(3)不正常状态的预警和报警部分:用于及时向操作人员警告可能发生的故障,以便采取适当的措施。

(4)故障保护动作部分:用来对超过允许极限的故障采取紧急保护措施,并尽可能做到最小范围的故障切除。

目前,新建自动化船舶一般把电站的综合保护装置与电站的其他自动控制装置合成为一个整体,形成集自动控制与综合保护为一体的船舶电站自动化系统。

(四)对保护装置的基本要求

根据船舶电力系统保护装置所承担的基本任务和作用,一般对保护装置有四项基本要求。

1.选择性

船舶电力系统继电保护的选择性是指当电力系统发生故障时，继电保护装置应仅把故障电路切除，使停电范围尽量缩小，从而保证船舶电力系统中非故障部分仍然能够继续安全地运行。如图 2-3-17 所示为船舶电力系统供电简图，其中 ACB_1 是发电机的主开关，MCB_2、MCB_3、MCB_4、MCB_5、MCB_6是各负载开关船舶电力系统供电简图。

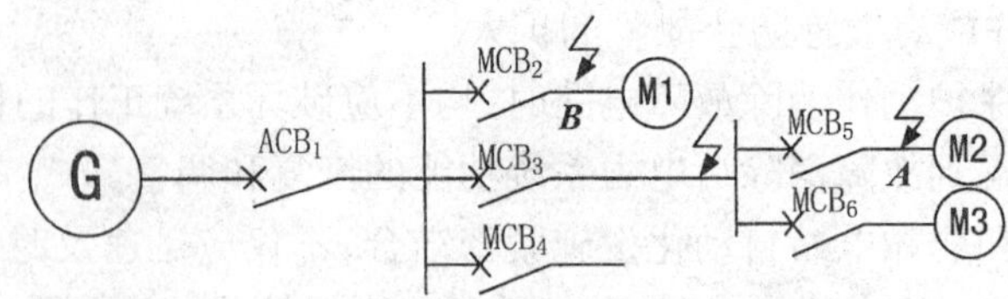

图 2-3-17　船舶电力系统供电简图

当 A 点发生短路时，这时短路电流将流过发电机主开关 ACB_1 和负载开关 MCB_3、MCB_5。继电保护应仅是离故障点 A 最近的负载开关 MCB_5的保护装置动作，将 MCB_5开关自动断开，这时，MCB_3和 ACB_1 开关中的保护装置都不应动作，这样仅对有故障的电路停止供电，而其他无故障的电路仍然继续供电，这就是保护的选择性。

在选择性保护中，若前一级保护装置拒绝动作，则后一级保护装置应动作。如图 2-3-17 中所示，当 A 点短路时，若 MCB_5开关由于某种原因没有断开，故障不能切除，则 MCB_3开关中的保护装置应动作。在这种情况下，称后一级保护 MCB_3是前一级保护 MCB_5的后备保护。显然，MCB_3断开，造成了 M 3支路失电。因此，这种情况是部分地失掉了选择性，扩大了停电范围，或者说继电保护装置具有部分选择性。如果 MCB_5、MCB_3均拒绝动作，而是 ACB_1 动作跳闸，将造成全船电力系统失电，称完全无选择性进行了保护。

由于保护装置或开关拒绝动作的现象还是可能发生的，因此后备保护是完全必要的；否则，故障部分将无法切除或使事故更加扩大。

实现保护选择性有两个基本原则：时间原则和电流原则。

(1)时间原则

时间原则是指以保护装置动作时限的不同来保证选择性。一般由负载至电源端，逐级加大整定各级保护的延时。如图 2-3-17 所示的船舶电力系统，设 ACB_1、MCB_3和 MCB_5的过电流保护的动作时限分别为 t_1、t_3和 t_5，则 $t_1>t_3>t_5$。一般 $t_3=t_5+\Delta t$，$t_1=t_3+\Delta t=t_5+2\Delta t$，其中 Δt 是相邻两级保护动作时限之差。

由此可见，实现保护选择性的时间原则，确定 Δt 是关键。若 Δt 太大，则动作慢，影响速动性原则，所以应使 Δt 尽量小。但由于受限于目前继电保护装置的灵敏度，Δt 也不能太小；否则继电保护装置无法满足这样高的灵敏度的要求，不易分辨。一般继电保护装置取 $\Delta t=0.1\sim0.4$ s。

另外，继电保护的级数不能太多(一般为 3~5 级)；否则也不利于保护的快速性要求。

(2)电流原则

电流原则可以通过依次整定各级继电保护装置的始动值来实现。通常通过依次整定继电保护装置动作的电流值的不同来保证选择性。继电保护装置的动作电流整定值从负载至电源端逐级加大整定各级保护的动作电流整定值。

如图 2-3-17 所示，设 ACB_1 的过电流保护的起动电流为 I_1，MCB_3的过电流保护的起动电流为 I_3，MCB_5的过电流保护的起动电流为 I_5，则按照电流原则进行选择性保护的要求，应满足 $I_1>I_3>I_5$。

从原理上讲，按时间原则或电流原则都能实现保护的选择性。但由于船舶输电线路较短，线路阻抗较小，电网各段短路电流都很大，因此按电流原则实现选择性保护往往是有困难的，而按时间原则实现选择性保护比较容易，而且比较可靠。但是，完全按时间原则实现选择性，往往又带来影响保护快速性和使保护装置复杂化等弊病，甚至是不可能实现的。所以，在船舶电力系统中，最好采用时间原则和电流原则相结合的方法，来满足保护选择性和快速性的要求。

2.快速性

快速性就是力求缩短保护装置的动作时限。迅速切除故障可减轻被保护设备的损坏程度，防止故障蔓延，并减少对非故障电路的影响。要求保护装置在很短时间内完成参数检测、逻辑分析和判断。

3.灵敏性

保护装置的灵敏性是指对于其保护范围内的故障或不正常工作状态的反应能力。就是说，不管运行情况、短路性质和位置如何，对属于自己保护范围之内的故障，都要反应灵敏。灵敏性越高，故障发觉和切除得就越早，对系统的影响和设备的破坏就越小。保护装置的灵敏性可用灵敏度来表示，是指保护装置对故障做出反应的能力，一般以灵敏系数的大小来衡量。例如，某一线路电流保护中的电流继电器的整定值为 5 A，短路时输入电流为 10 A，则该保护装置的灵敏系数等于 2。

4.可靠性

继电保护装置的可靠性是指装置本身要能可靠地工作。对保护范围之内的故障，不应拒绝动作。在船舶电力系统正常运行或发生了不属于继电保护装置保护范围内的故障时，不应误动作；否则，继电保护装置本身就可能成为产生和扩大事故的根源。因此，保证继电保护装置的可靠性是很重要的。

继电保护装置的可靠性主要取决于：保护方式的选择，装置本身的质量，整定计算和调试，安装、维护和检修质量等。

从对保护装置的上述基本要求中可以看出，这四个方面是互相联系、互相制约的。例如，若快速性很高，则选择性就要差些，反之亦然。若可靠性很高，则灵敏性就要差些，反之亦然。在应用中对于具体问题需结合实际具体分析和解决，例如，对于过载保护，主要考虑的可靠性，并不要求快速性；对于短路保护，则要尽量考虑快速性。

（五）船舶配电网络结构

1.500 V 以下配电网络结构

大多船舶电压等级在 500 V 以下，采用两种接线方式：放射式和环式，如图 2-3-18 所示为船舶电网结构。

（1）放射式特点

放射式接线的每一馈电线均由主配电屏直接引出，并且是各自独立的，只向一个分配电板或一个用电设备供电。其明显特点是：从总配电板引出的各馈电线路都安装有自动开关，便于集中控制，但是由于用电设备很多，主配电屏需要集中大量的电缆端头和自动开关，不仅电缆耗量多，而且主配电屏的尺寸也相应增大，一旦馈电线路发生故障，则该线路的电气设备或分配电板将失电，可靠性较差。

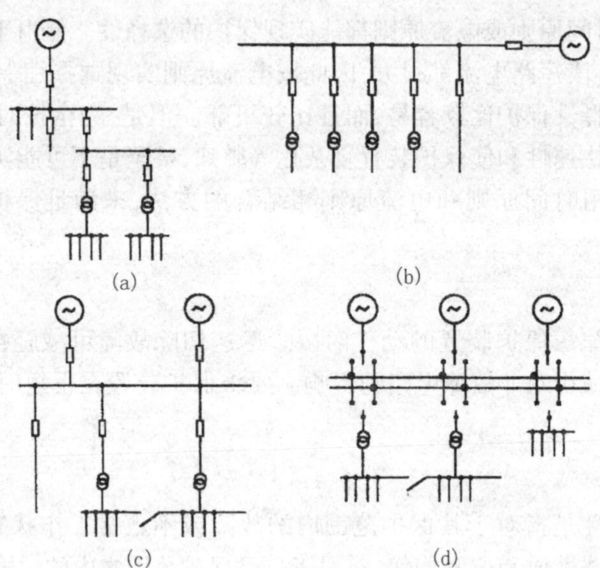

图 2-3-18　船舶电网结构

(2)环式特点

按环式接线的网络,其主馈电线是一个环形闭合回路,经过串接在主馈电线路上的各个分线盒供电给用电设备或分配电板。其优点是:每一个用电设备均可以从线路的两个方向获得供电,当一路主馈电线路出现故障时,另一路仍可以保持供电。此外,减少了主馈电电缆的数量和长度及主配电屏的尺寸。其缺点是不便于在主配电屏上对各馈电线路实行集中控制。

目前,除了少数对供电可靠性要求特别高的商船和大型客船采用环状电网外,绝大部分船舶采用放射式接线方式。

2.500 V 以上配电网络结构

随着大型船舶及电力推进方式的船舶越来越多,船舶电网的电压等级不断在升高,采用 3 300 V 和6 600 V 中压电网的也为数不少,一般来讲,船舶中压电网接线方式有四种。采用较多的是放射式和树干式,分别如图 2-3-18(a)、(b)所示,它们结构简单、可靠性不高,对重要负载在故障工况时有失电的可能。为了提高供电的可靠性,可采用如图 2-3-18(c)所示的桥式接线或者采用如图 2-3-18(d)所示的互为备用的桥式综合接线,网络不太复杂,但供电的可靠性提高,只要有一台发电机正常工作,就可保证一些重要设备正常工作。目前采用这种方式的也不在少数。

七、应用于油船、危险区域及安全系统的电气设备

(一)油船的舱室区域划分与电气装置要求

1.第一类舱室区域与要求

油船的第一类舱室区域包括货油舱和垂直隔离舱,在此类舱室内严禁敷设电缆与安装电气设备。在不可避免的情况下,垂直隔离舱内才允许安装测深仪振荡器,但该振荡器必须安装在坚固油密的罩壳内,电缆应敷设在气密坚固的管子中。在进入隔离空舱处的电缆管道内需用填料封隔。

2.第二类舱室区域与要求

油船的第二类舱室包括:货油泵舱;水平隔离空舱;货油舱和垂直隔离空舱上面直接邻近

的舱室；储藏输油软管的舱室；货油舱向首尾各延伸 3 m 及离甲板高度 2.4 m 以内的露天区域；离爆炸性气体出口 3 m 以内的露天区域。

在第二类舱室区域内安装的电气设备必须满足如下要求：

(1)所装电气设备必须是防爆式的，不得安装插座。

(2)电缆应选用护套电缆或穿气密管子敷设，出入该类舱室的电缆孔应以填料分隔，防止可燃性气体进入其舱室。

(3)所装照明灯具应符合中国船级社《钢质海船入级规范》的条件。

①货油泵舱的照明由两路电源供电，灯点需交错布置。

②非防爆电气设备与货油舱透气管出口端的距离应不小于 1 m。

③若在油泵舱内安装测深仪振荡器，则要求与第一类舱室相同。

3.第三类舱室区域与要求

油船的第三类舱室区域包括上述第一类、第二类除外的所有舱室区域和空间。

在这一类舱室区域和空间内安装的电气独立回路允许工作接地，露天空间安装的插头、插座应具有连锁功能，即在开关接通电源的位置时，既不能插入也不能拔出，只有在断开位置时插头才可以插入或拔出，以避免操作时产生火花。

沿步桥敷设的电缆应选用足够强度的护套电缆，或设有牢固的金属罩壳，电缆和电缆管道还应远离蒸汽管道敷设，并有防止船体变形所引起的应力损伤电缆的补偿措施。

(二)油船静电起火的预防

1.静电的产生

除前述普通船舶和人体产生静电的原因外，油船产生静电的具体原因主要有：

(1)当货油沿着输油管路流动和流入货舱时，由于油与管壁、油舱的摩擦和冲击，因而产生和积聚静电荷。

(2)船体在风浪影响下的摇摆振动，会使油与油舱壁产生摩擦而生成和积聚静电荷。

(3)油品通过多孔或网状过滤器、隔离装置时也会有静电的产生和积聚。

(4)油品微滴的飞溅与空气摩擦及油中结晶水滴的沉降过程，也会产生静电。

(5)油舱内的油品与油面漂浮物的相互撞击，可以产生静电。

(6)在对油舱采样测量时，测杆和采样器具在施放和提升过程中油舱内会产生静电。

(7)洗舱机和喷嘴软管在洗舱工作过程中会产生静电。洗舱水柱、水雾、水珠等形成的水滴降落在油品中发生冲击时，也能产生静电。

(8)油舱内的铁锈、石油渣滓等沉淀物在下沉时，会产生静电。

(9)油舱上索具和吊杆的摩擦会产生静电。

(10)落到油舱的物品及工具等在坠落和发生碰撞时会产生静电。

2.油船静电的预防

静电是引起油船火灾和爆炸事故的重要原因，必须设法预防。预防的出发点首先是避免或减少静电的产生，如尽量减少各种摩擦、感应及极化起电现象；其次是采取接地措施消散静电，避免静电的大量积聚而产生火花放电。具体措施有：

(1)货油舱在卸油、排压载水或洗舱前，都要向舱内充入惰性气体；航行期间，也要向舱内补充惰性气体，以使其含氧量保持在极低水平。该惰性气体可由锅炉或主机的排烟经洗涤、净化、干燥等处理后产生，亦可由专用的惰性气体产生设备提供。

(2)由于静电与货油的流速成正比，因此在装卸油时应控制货油的流速，以不超过 4 m/s 为宜。为防止油管内或舱底残留积水而发生油水冲击，进而大量产生静电，开始装油时的货流速度应控制在 1 m/s 以下；待油装至高出舱底肋骨后，才逐渐加速到 4 m/s。

(3)油管要用接地电缆连接，具体接线要求是：接油管时，应先接接地电缆，后接油管；在拆油管时，应先拆油管，后拆接地电缆，两者切勿颠倒。接地电缆的截面为 16 mm^2，导线与船体的接触面积应大于 75%。

(4)装油后测量、取样时，应考虑油的半衰时间，宜在装完后 30 min 进行，所用的量尺及取样装置应采用非金属材料制成。

(5)洗舱时，应尽可能避免由于水雾带电而产生静电电压，洗舱机台数不宜过多，在吊入舱内之前应可靠地连接好接地电缆，工作人员必须防止金属工具落入舱内。

(6)油船工作人员应穿导电好的衣服和鞋袜，不宜佩戴与人体绝缘的金属器件。有条件时，可在油船入口处装设消静电装置，消除人体静电。

3.油船电气设备的管理要求

(1)油船电气设备的选用和管理

①油船配电系统只允许采用对地绝缘系统，即发电机和供配电系统均不应接地，更不能将船体作为回路。

②危险区域必须使用的电气设备应为防爆型结构，或采用本质安全型电路或设备。本质安全型电路或设备是用于进行测量、监视、控制、通信信号等的弱电电路，没有高压和大电流，电路与其电源间有短路隔离保护措施，多为无触点的半导体器件，在正常或故障情况下，所产生的火花能量不足以点燃可燃性气体。

③定期检测电缆、电气设备的绝缘电阻，保持绝缘良好。

④检测电气设备时，要防止工具碰击、短路而产生电火花。

⑤不允许任意架设临时供电线路和装设临时灯具，或随意加大电气设备功率。在调换灯管、灯泡时应先关断电源，在防爆灯和灯泡上不得涂刷油漆和包裹易燃纸品等物。

⑥在室外禁止使用非防爆式灯具，手电筒也应是防爆的。

⑦主电站和应急电站应定期清洁，防止油污造成短路。

⑧严格控制使用电炉，尤其是明火电炉，应绝对禁止使用。

⑨要防止电缆、电气设备与高温管道接触，保证绝缘性能良好。

(2)油船在进行油品装卸、洗舱、除气、压载作业时的特殊注意点

①不允许动用电焊、风焊、喷灯以及易于发生火灾的电动工具。

②停止蓄电池的充电。

③无线电通信只许收报，不能发报。

④断开靠货舱口及货舱进气口的电动机电源。关好各种起动箱控制室、插座的护盖，以防油气和水侵入。

⑤禁止在室外和气密场所使用万用表和兆欧表。

⑥关闭变流机组、通风机、加温器等的电源。

⑦断开雷达电源，天线转至背向油舱的方向。

⑧使用防爆式报话机时，应站在货舱口的下风。如需换电池，要在室内进行，使用固定式超短波电话时，应将输出功率调到 1 W 以下。

⑨修理雷达、发报机和各种助航仪器时，应先经测爆，在确认无可燃气体威胁时，方可进行

修理。严禁悬挂彩灯。

(3)油船和散装化学品液货船电气设备的防火措施

油船和散装化学品船防火极为重要,因此油船和散装化学品船的电力系统和一些电气设备的安装都有一些附加的特殊要求。例如,对油船的电力系统要求:

①不论是直流或单相、三相交流电力系统,都必须是对地绝缘的系统。即发电、供电和配电电路均不应接地,更不能以船体作为回路。但允许使用互感器二次绕组、抗无线电干扰电容器及网络绝缘监测器接地;允许内燃机起动、点火系统的接地。

②不同电压等级的网络不应有电气上的连接。

在有引起爆炸或可能引起爆炸的区域和处所,原则上不准安装电气设备(包括电缆)。必须安装的一些电气设备都应是防爆型和本质安全型的电气设备。所谓本质安全型的电器和电路,就是在正常或故障情况下都不能引燃爆炸性气体。本质安全型设备主要用于危险处所的测量、监视、控制和通信。安装的一些插座也都是带开关连锁的插座,只有当开关断开电源时,插头才能插入或拔出,以避免产生火花。在这些危险处所电气设备的控制开关和保护装置都设置在安全区,并设有永久性标志,以便于识别。

作为船上工作人员,不允许在这些有危险的区域拉临时电线或安装临时设备;不允许使用带电缆的便携照明或普通手电筒,应使用合格的防爆照明器。在油船及散装化学品液货船上禁止挂彩灯。

八、掌握三相发电机同步操作和并联运行操作的方法

船舶在不同工况下的用电量相差很大,为了充分发挥船舶发电机组的效率及保证供电安全,需采用几台发电机组联合供电。通常有三种情况需要并车操作,一是为满足电网负荷的需求,当单机负荷达到80%额定容量,且负荷仍有可能增加时,这时就要考虑并联另一台发电机;二是当船舶处于进出港、靠离码头或进出狭窄水道等的机动航行状态时,为了航行的安全,需要两台发电机并联运行;三是当用备用机组替换下运行供电的机组时,为了保证不中断供电,需要通过并车进行替换。因此,现代大型船舶电站有多台柴油发电机,通过并联操作运行实现最佳供电,保证船舶电网供电的可靠性和连续性。

检查和调整待并发电机的电压、频率、初相位,使之满足准同步并车的条件,然后进行合闸,如果整个过程由手工完成,则称为手动准同步并车操作;若由自动装置来完成,则称为自动准同步并车。一般并车操作时,电压差不得超过10%,相位差δ小于±15°,频差小于1%额定频率,通常以0.25 Hz最好。如果上述并车操作的三大条件只要有一个不满足,就会产生较大的冲击环流。若环流很大,还会产生很大的冲击电动力,使系统的参数发生变化,对发电机和船舶电力系统均不利,甚至引起主开关跳闸,造成全船失电。

当待并发电机组起动建立电压之后,可通过发电机控制屏上的电压表检测电压是否与运行机的电压差在±10%以内。只要发电机调压器工作正常,一般都能满足这个要求,无须特别调整。手动并车操作的关键在于检测和调整待并机的频率和初相位,使之满足准同步并车要求。须注意,不应在电网负载波动比较大的情况下进行并车操作,如大功率电动机在起动、变速等冲击电流比较大的情况下。

一般通过"调速开关"来调节原动机转速,使待并机的频率接近运行机的频率。然后进一步检测待并机与原工作机组的频率差是否小于0.5 Hz,初相位是否一致。检测这两个并车条件的方法有同步指示灯法和整步表法。

(一)同步指示灯法

同步指示灯的连接方法分为灯光旋转法和灯光明暗法。

1.灯光旋转法

如图2-3-19所示为灯光旋转法的电路图,HL_1 接在电网与待并机的对应A相上,HL_2 接在电网的B相与待并机的C相上,HL_3接在电网的C相与待并机的B相上,形成部分交叉接法。当待并机 G_1 的频率 f_1 大于电网频率 f_2 时,它们之间对应相量变化的角速度为 $2\pi(f_1-f_2)$,如图2-3-19(b)所示。若以电网电压相量为参照,则待并发电机电压相量是以 $\omega_s=2\pi(f_1-f_2)=2\pi\Delta f$ 的频差角速度逆时针方向旋转,加在三个灯泡的电压是不断变化的。从相量图上可知,当 $f_1>f_2(\Delta f>0)$ 时,三个灯泡轮流熄灭顺序是:$HL_1\rightarrow HL_2\rightarrow HL_3\rightarrow HL_1$,当 $f_1<f_2(\Delta f<0)$ 时,三个灯泡轮流熄灭顺序是 $HL_1\rightarrow HL_3\rightarrow HL_2\rightarrow HL_1$。频差 Δf 越大灯光旋转的速度越快,频差方向改变,灯光旋转的方向也改变,可见,灯光旋转法能检测出频差的方向。当三个灯位置按图2-3-19所示排列,灯光顺时针方向转,频差大于0;当灯光逆时针方向旋转,频差小于0。当旋转一周的时间大于4 s($T_S\geqslant4$ s),在 HL_1 灯熄灭过程中间,选择 HL_2、HL_3两灯同样亮(即相位一致)的时刻,果断合闸。

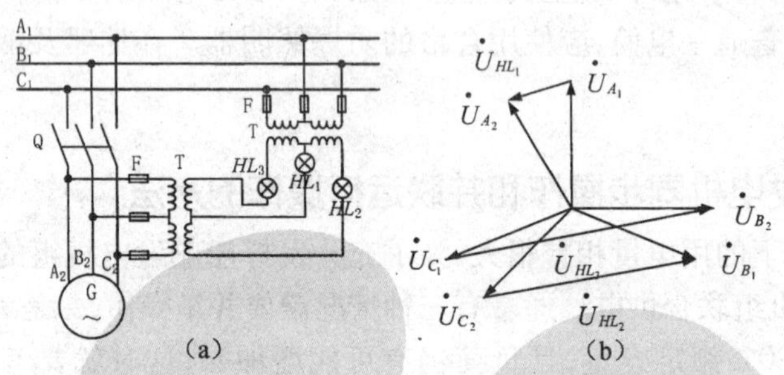

图2-3-19 灯光旋转法的电路图

2.灯光明暗法(灯光熄灭法)

将图2-3-19中三个灯泡 HL_1、HL_2、HL_3的两端经电压互感器分别接在待并车发电机和运行发电机的对应相上,即为灯光明暗法的电路图,每个灯泡两端的电压就是两对应相之间的电压差值 $\Delta\dot U$。灯泡上所加电压的大小随相位差的变化而变化,在频率不相等时,其相位差随时间变化,灯泡就明暗交替变化。当相位差为0°时,三个灯泡所加电压为零,同时熄灭,当相位差为180°时,三个灯泡所加电压最大,灯泡最亮。只要存在频率差,那么相位差 $\delta=(\omega_1-\omega_2)t=2\pi\Delta ft$,灯光变化一个周期($\delta$ 从0°变到 π)所需时间 $T_S=\dfrac{1}{\Delta f}$。频差 Δf 越大,灯光变化的周期越短,当灯光变化周期大于2 s时,才能符合频差并车条件。为了可靠获得在同相位点(即灯全灭时)合闸的时机,一般调整频差在0.25 Hz(周期≥4 s),然后,在灯光全灭的中间果断合闸。这是因为,灯泡的电压下降到30%~50%额定电压时就熄灭,从灯熄灭到亮有一个过程,在这熄灭全过程中间的某一时刻,才是真正同相位点。

可见,灯光旋转法不仅能检测频差的大小,而且可以检测频差的方向;灯光明暗法只能检测频差的大小,频差的方向只能通过两频率表读数的比较才能知道。

(二)同步表法

同步表法是用来指示待并机与电网的电压相位差、频率差及其方向的仪表。目前同步表

有电磁式和数字式两种。

1.电磁式同步表

电磁式同步表根据待并机和电网之间的旋转相位差产生一个旋转磁场，驱动指针旋转，若待并机电压超前电网电压一个角度δ，指针就指在整步点右边(快方向)一个δ角度，若待并机电压滞后于电网电压一个δ角度，指针就指在整步点左边(慢方向)δ角度上。若待并机频率$f_2>f_1$，即旋转磁场转动速度高于脉动磁场的变化速度，指针的空间位置将不断沿顺时针方向变动，即整步表指针将不断向"快"方向转动。若待并机频率$f_2<f_1$，旋转磁场转动速度低于脉动磁场的变化速度，整步表指针将不断向"慢"方向转动。频差越大，其指针转动的速度越快，但频差过大时，由于转轴惯性，转轴只能左右摇摆，即指针在某一个位置一定幅度左右摆动。而频差过小，转动一圈时间很长($T_S=\frac{1}{\Delta f}$)，到达同步点的时间将很长，甚至不动。对于同步表的灵敏度而言，一般要求频差在 0.125 Hz 时，指针能持续转动。

运用整步表能检测出待并机与电网的频差大小和方向，而且指针的不同位置可指出相位差的大小。并车操作时，应使整步表指针转动一周所需时间大于 4 s($\Delta f\leqslant 0.25$ Hz)，在整步点到来前的一个小角度，把握时机、果断合闸。当动、静触头闭合瞬间正好是初相位一致时刻，这时合闸冲击电流最小；提前一个小角度而不在整步点才合闸，是因为每个主开关都有一个固有动作时间。

应当指出：同步表按短时工作制设计，一般持续工作时间不大于 15 min，间隔时间为 30 min，所以，并车操作过程不宜太长，并车成功后应及时切除。

2.带指示灯的数字同步指示器

带指示灯的同步指示器是采用发光二极管指示方式，用于指示待并发电机与运行发电机的频率差和相位差。如图 2-3-20 所示，F96-S 型同步指示器表盘圆圈均匀分布有 36 个指示灯，每灯代表 10°电角度。上方 12 点处指示灯为 360°，其中"SYNC"绿色指示灯与 12 点处指

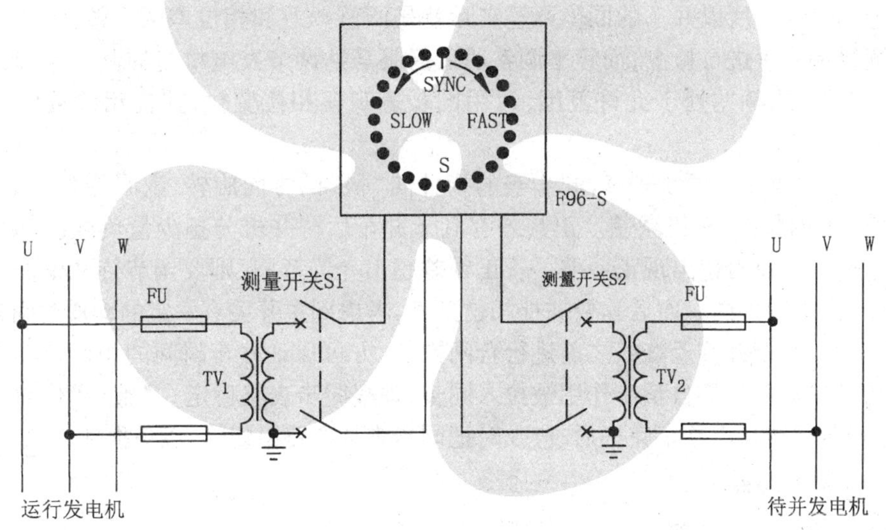

图 2-3-20　带发光二极管同步指示器的接线图

示灯同步。并车时，必须首先合上运行发电机测量开关 S_1，此时表面 36 个指示灯为随机状态，然后合上待并发电机测量开关 S_2，指示器的指示灯开始旋转，其旋转速度和位置即表示两

台发电机的频率差、相位差及方向。当运行发电机组与待并发电机组频差小于 0.2 Hz，且相位差在 350°~360°时，上方“SYNC”绿色指示灯亮，此时待并发电机组即可并车投入运行。

（三）手动并车程序及注意事项

通过上述分析可知，并车的任一条件不满足要求时，发电机间必将产生冲击电流。当冲击电流在许可的范围内时，能帮助同步发电机在并车过程中拉入同步；但当并车条件超过允许的范围时，过大的冲击电流可能导致并车失败或者使系统电压下降，甚至出现断电、损坏机组等事故，这些务必避免。

实际并车操作遇到的条件则是上述三种情况的综合。由于电压幅值、频率和相位均存在偏差，因此必须限制偏差才能保证并车的成功；否则会破坏电网的正常运行，造成电网设备和发电机组（包括原动机）的损坏。

并车的三个理论条件是：电压幅值相等、频率一致、相位差为零。实际上在待并发电机与电网之间总存在误差，事实上绝对的理想并车条件在现实中是无法找到的。因此，实际的并车条件应是既可以成功实现并车，又不至于造成发电机组损坏的并车条件。实践证明，实用的并车条件为：

$$\left.\begin{aligned}&\Delta U=|U_1-U_2|\leqslant\pm10\%U\\&\Delta f=|f_1-f_2|\leqslant\pm0.5\ \text{Hz 或 }\Delta T=1/\Delta f\geqslant2\text{s}\\&\delta=|\delta_1-\delta_2|\leqslant\pm15^\circ\end{aligned}\right\}\qquad(2\text{-}6)$$

即电压有效值偏差在±10%以内；频率偏差在±1%以内（或频差周期大于 2 s）；相位差在±15°电角度以内。

船舶主配电板面板上装有电压表、频率表、同步指示器。电压表的数值可指示待并发电机电压是否与电网电压一致。由于发电机都有自动恒压装置，一般均能满足电压在允许偏差之内，只需初始检查电压是否正常而不需要手动调节，如各台发电机电压相差太大，则要根据具体情况排除其故障，或对自动电压调整器的参数进行适当调整，以使电压差满足要求，通常相序接线也是正确的，所以并车的同步调整实际就是调整频差和相位差两个条件。对于频率条件，可以通过频率表进行检测，而频率调整通过伺服马达调节发电机组的调速器，改变原动机的转速来实现。当频差处于允许范围，运用同步表观察相位变化，捕捉相位条件，进行合闸操作。

手动并车时可观察同步表，若同步表的指针向“快”的方向旋转，说明待并发电机的频率（转速）高于电网频率，是正频差。正频差有利于并车后待并机分担少量负载，有助于并车成功。一般操作时，总希望出现正频差。若正频差超出允许范围，则要调节待并柴油机的转速，使之处于允许范围之内。而后需要捕捉相位条件，考虑到主开关有一定的动作时间，操作要有适当的提前量，当指针接近红线之前进行合闸操作，方可保证并车瞬间的相位差在允许范围。合闸后，待并发电机依靠自整步作用被拉入同步，观察同步表将稳定在“整步”位置不再转动，此时再进行负载转移。并车完毕后，应及时把同步表从电路中切除，以免损坏。

1.手动并车程序

（1）起动待并发电机组

先检查起动条件：冷却水、滑油、燃油、起动气源或电源，然后起动待并机的原动机，使之加速到接近额定转速。

(2)起动后检查发电机的三相电压

用电压表测待并发电机和电网的电压,观察待并机的电压,看是否建立起额定电压(一般可不必进行调整,因有自动调压器的作用)、是否缺相。

(3)进行频率预调和精调

接通同步表,检测电网和待并发电机的频差大小和方向,通过调速开关调整待并机组转速,使待并机与电网的频率接近。再将同步表选择开关转向待并机,先调整频差,精确调节待并机的原动机转速,使待并发电机的频率比电网频率稍高(约为 0.3 Hz),此时可看到同步表的指针沿顺时针"快"方向缓慢转动,约 3 s 转动一圈。

(4)捕捉"同相点",进行合闸操作

根据同步表检测相位差,在将要到达"同相点"时合上主开关。合闸指令应有提前量,提前时间为主开关的固有动作时间。当同步表指针顺时针转到上方 11 点位置时,立即按下待并机的合闸按钮,此时自动空气断路器自动合闸,待并发电机投入电网运行。有时需要快速合闸并车时,只要同步表指针处在 11 点到 1 点之间均可按下合闸按钮合闸并车。

(5)转移负载

此时待并机虽已并入电网,但从主配电板上的功率表可以看出,新并上的发电机尚未带负载。为此,还要同时向相反方向调整两台机组的调速开关,即在加速刚并入的发电机的同时,减速原运行的发电机,在保持电网频率为额定值的条件下,最终使两台机组负荷均衡。

(6)切除同步表

断开同步表,并车过程完成。

2.并车操作注意事项

(1)频差不能偏大也不可太小

频差偏大,比如调节频差周期为 2 s,虽然允许频差,但由于整步表指针旋转比较快,不易捕捉"同相点",易造成并车失败。如果频差太小,指针转一周时间较长(例如 10 s),则会拖延并车时间。所以频差周期调节到 3~5 s 为宜,既迅速又容易成功。还要注意:

①当接通整步表时,可能会出现表针只在某一位置振动而不旋转的情形,这表明频率差太大,应该调节待并机频率(加速或减速),以使频差减小、指针能够旋转。

②如果指针呆滞、缓慢迂回、没有确定的转向,这说明待并机与电网频率接近,频差几乎为零,此时很难捕捉"同相点"。为缩短并车时间,应调节待并机使之加速到 3~5 s 转一圈。

(2)尽量避免逆功率

虽然不论整步表指针是向"慢"($f_2<f_1$)或向"快"($f_2>f_1$)的方向转,只要达到允许频差都可以合闸。但"慢"的方向易造成逆功率跳闸,逆功率对原动机的损害极大,务必避免。而调节到向"快"($f_2>f_1$)的方向,还有利于待并机在合闸后立即分担少量负荷,这是正确的选择方向。

(3)按合闸按钮应有适当的提前量

并车时应考虑有适当的提前量,以保证主开关触头闭合时恰好是同相位,尽量减小合闸冲击电流。考虑发电机主开关的固有动作时间:对于电磁铁合闸机构一般可按 0.1 s 计,电动机合闸机构可按 0.3 s 计,再分别加上手按按钮的操作时间,可按 0.1 s 计。即电磁铁合闸的主开关提前量应为 0.2 s,电动机合闸的主开关提前量应为 0.4 s。一般选择同步表指针顺时针转到上方 11 点位置时操作合闸按钮。

(4)绝对禁止 180°反相合闸

不能在指针转到“同相点”反方向 180°处合闸，这时冲击电流最大，不仅可能造成合闸失败，还会引起供电的机组跳闸，造成全船断电。

(5)不能在大于允许频差时合闸

如果在频差太大(频差周期小于 2 s)时并车，合闸后转速快的机组剩余动能很大，两台机组所产生的整步力矩可能不足以将其拉入同步，结果将由于失步产生很大冲击而导致跳闸断电。在允许的频差下合闸，是依靠整步力矩将两台机组拉入同步。对于频率稍快的发电机，产生制动性力矩可使其减速；对于频率稍慢的发电机，产生驱动性力矩可使其加速，因此合闸后很快可进入同步运行。由于调整过程往往会有反复，实际并车的条件是电压、频率和相位应在允许范围，但是相位条件是动态的，把握不好就会延长操作时间，甚至影响系统的正常运行或损坏设备，所以手动准同步并车操作有一定的难度。

为避免操作失误引起并车失败，甚至电网失电，并车操作前应注意以下几点：

(1)避免在负载剧烈变化时并车

应当避免在负载剧烈变化时并车，或者在并车时断开剧烈变化的负载。并车时若负载剧烈变化(例如，多台起货机正在工作、起锚等)，易引起电网功率(电流)、频率、电压有效值大幅度波动，难以使待并发电机电压有效值、频率、相位与电网的电压有效值、频率、相位一致，在并车合闸时，会产生巨大的冲击电流而使主开关跳闸；另外，由于负载变化太大，各台发电机无法及时合理分配负载，而使逆功率继电器动作，造成并车失败。

(2)不能空载或轻载并车

电网上原有发电机处于空载或轻载状态时，若再并上一台发电机，则难以稳定工作，电网负载稍有波动，就会形成其中一台逆功率运行，引起跳闸。另外，从经济的观点来看，也应避免两台发电机空载或轻载并联运行，一般来说，电网上运行的发电机应带 50%以上额定负载方可并联另一台发电机。

(3)并车后须及时转移负载

对于无自动调频调载装置的船舶电站，发电机并入电网之后，应及时手动转移负载；否则会因电网负载变化而出现逆功率跳闸。

(4)粗同步并车合闸时刻的选择

并车过程中主要危害来源于环流的冲击所引起的破坏，为了降低手动准同步并车的难度，有的系统采用电抗器，因其具有限制冲击电流的作用。电抗同步并车法是先将待并发电机经一个电抗串联接入电网，经一段延时后待冲击电流减小或消失后，再将发电机组的主开关合闸，然后再切除该电抗器。这样可避免由于电压差、相位差过大而造成巨大的冲击电流。由于电抗器限制了并车冲击电流，保证了投入并车的安全性。这种方法，对电压和频率的调整要求没有准同步那样高，因此操作简便、可靠。习惯上也称为粗同步并车法。

在粗同步并车中，常误以为采用并车电抗器就可以随意并车。实际上当相位差大于 90°合闸时，此时虽有并车电抗器限制电流，但冲击电流仍可使发电机主开关跳闸。因此，采用粗同步并车法时，应将待并发电机与电网的频差限制在 0.5 Hz 之内、相位差在 90°以内。实际操作时，最好使待并发电机的频率稍高于电网频率，其电压相位超前电网电压相位 30°之内合闸。

第四节　船舶应急电源

一般规范都规定客船和500总吨以上的货船应设有独立的应急电源,可以是发电机,也可以是蓄电池组。作为应急电源使用的发电机称为应急发电机。应急发电机应该具有独立的冷却装置和燃油供给单元。

一、应急发电机自动起动的条件

应急发电机设有满足规则要求的起动装置,至少需要两套独立的起动装置,其中一套应能手动起动。当船舶发生火灾或其灾害引起主电源供电失效时,应能自动起动和自动连接于应急配电板,尽快地承载额定负载,最长时间不得超过45 s。

二、应急电源的相关要求

应急发电机的容量应确保《国际海上人命安全公约》(SOLAS)和主管机关有关规定的供电范围和供电时间,并应考虑到这些用电设备可能同时工作。不同种类、吨位的船舶,其应急发电机供电的电气设备范围也略有不同。确定应急发电机的容量通常基于下述设备所需的电功率,即航行灯、信号灯、应急照明设备、应急报警和信号装置、火灾探测和报警装置及防火门的固定和释放系统。在紧急状态下所需要的船内通信设备、应急消防泵、自动喷水泵、应急舱底泵及其电动遥控设备、应急时使用的舵机、动力操作水密门及其指示器、报警器、其他需要应急发电机供电的用电设备,如船员或船员提升至甲板上以便逃脱的电梯应急装置、应急用无线电设备和导航设备等。

一般应急发电机需对舵机之类较大的电动机负载供电,在确定其容量时,应考虑到电动机起动时最大瞬态电压降的影响。

三、两路供电的安全意义

船舶重要负载均采用两路供电方式,如船舶舵机、应急消防水泵、航行灯等,主要是为了使得安全设备能可靠工作。两路供电的含义包括电源是两个不同属性的、不同地点的电源,确保电源来源可靠。两路供电的线路是分开的,基本上是沿船舷两侧布置,确保线路的安全和可靠;基本上两路供电的用电设备也是两套,并可以任意选择两个供电来源中的其中的一个,如航行灯、舵机,从而保证了从电源到设备均为两套,互为备用,起到安全冗余的作用。

第五节　船舶高压装置的设计特点

STCW公约规定,船舶高压交流电力系统的定义是指额定电压大于1 kV,小于10 kV等级的电力系统;中国船级社规定,其电压不得超过15 kV。对于额定频率为60 Hz的电力系统,额定值有2.3 kV、4.16 kV、6.6 kV等;而额定频率为50 Hz的电力系统,额定值有3.0 kV、6.0 kV、10 kV等。

一、高压装置的设计特点

（一）船上高压的产生和分配

促使船舶采用高压电力系统的主要原因是：

（1）船舶低压工频发电机的设计容量上限为 2~2.5 MW，接近或超过这个极限的发电机在技术设计上是困难的，在经济上也不合算。很多大型船舶的电站容量已达到 10 MW 以上，而常规船用低压发电机的单机容量一般不超过 1.5 MW，显然发电与用电的配置极不协调，需要使用高压大功率的发电设备与用电设备配套。

（2）低压断路器所能分断的极限容量约为 125 kA，汇流排所能承受的瞬间最大峰值短路电流约为 330 kA；随着系统容量的增大，发生短路故障时的短路电流也同时增加。由于短路电流过大，超过目前所能生产出的开关电器与保护装置的短路分断能力，因此无法选用能满足要求的电器。

（3）如果输送大功率电能仍采用低电压等级，船舶电缆的截面会很粗，并需多股并联，造成电缆的发热量增大、线路传输损耗严重，布线与安装更加困难。随着电压等级的提高，输送同一功率采用高电压等级时电缆截面规格与电缆数量都要大为下降。另外，船舶机舱空间有限，可供设备安装的空间狭小；低压电力系统的电压等级决定了容量的增加，不仅占用空间多，而且给安装及使用维护都带来极大的困难。

（4）随着船舶电力系统容量的增加，低压系统的机组数量也不断增加，网络结构也日趋复杂；对大容量、多机组、复杂结构的系统进行高效的保护和控制也比较困难。

（5）一般而言，选择电动机是否采用高压电力标准的传统功率值分界点是 450 kW。电力推进船舶的电动机功率较大，常采用高压电动机。

（二）电力推进系统的结构

船舶高压供配电系统的配电网络结构的基本设计思路可分两种：放射形网络和环形网络，传统低压供配电系统由于系统容量小，电网结构比较简单，用电负荷也相对较小，一般采用放射形的网络结构；现代船舶高压供配电系统依据自身容量及对供电能力要求的不同，两种网络结构都有采用。

1.放射形网络

典型的放射形供电网络图如图 2-5-1 所示，由图可见，其系统呈发散形传输，操作较为简

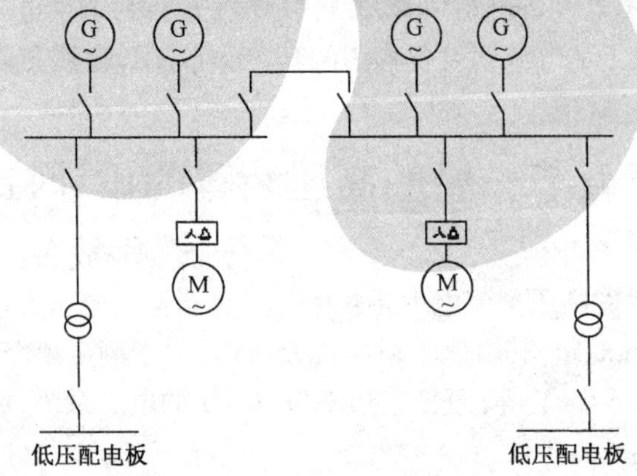

图 2-5-1　典型的放射形供电网络图

单，控制相对容易，能达到很高的自动化程度。由于断路器呈串联结构，在负载端发生故障时，可进行选择性断开，在系统结构比较简单时保护方案相对容易制定，并且具有较好的选择性。此外，根据容易扩充的特点，通过简单的插槽连接即可增加新的配电板，可以扩充多个负载接入点。但是，随着现代船舶电力系统容量的不断增大，船舶电力系统的结构日趋复杂，此时放射形网络越来越多地暴露出自身的弱点：一是对复杂供电网络要制定高效的选择性保护方案比较困难；二是放射形供电网络的结构缺乏冗余，一旦某馈电支路发生故障，则其后所有负载将失去供电。

2.环形网络

典型的环形供电网络图如图 2-5-2 所示，由图可见其电力通过分配电板连接成环形输送，所有重要负载至少有两条供电路径，可很好地保证系统供电的可靠性。对系统保护来说，如果故障发生在负载端，则只需将输出端电路切断；如果分站发生故障，则将该分站从系统切除，其余分站将继续运行，环形打开。

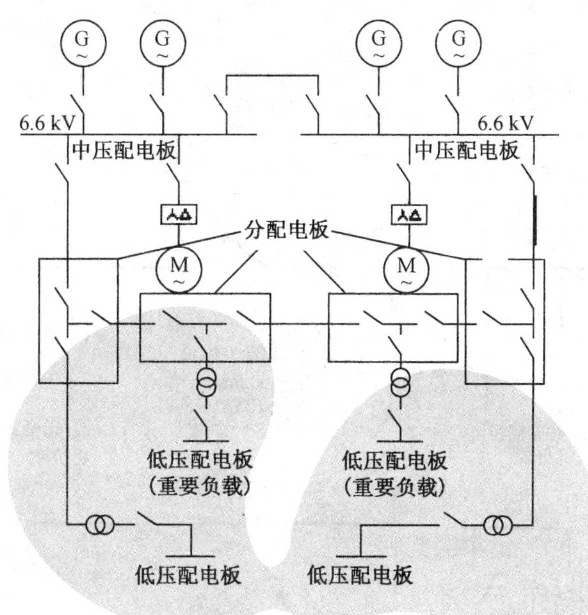

图 2-5-2　典型的环形供电网络图

环形结构能以最经济的运行方式向系统内的所有负荷供电，在任何工况下都能很好地保证各负荷供电的连续性和可靠性。因为在任何情况下，只需改变在网发电机组的数量就能保证系统所有负荷的供电，因此只要能制定适当的控制策略，总能以最少的发电机组满足系统运行的要求。此外，对系统内的任一负荷，环形网络至少能提供两条不同的供电路径，能保证供电的连续性和可靠性。因此环形供电网络相对放射形网络在供电的经济性、连续性及可靠性方面具有非常明显的优势。但由于环形供电网络的系统结构往往过于复杂，实际运行时电流的路径很难确定，给系统保护方案的制订带来了极大的困难。

3.电力推进系统结构

如图 2-5-3 所示为某电力推进船舶的电力系统单线原理图。图 2-5-3 中，电网由三个层次组成：一是 6.6 kV 的高压主系统，二是 450 V 的辅助低压系统，三是 450 V 的应急系统。

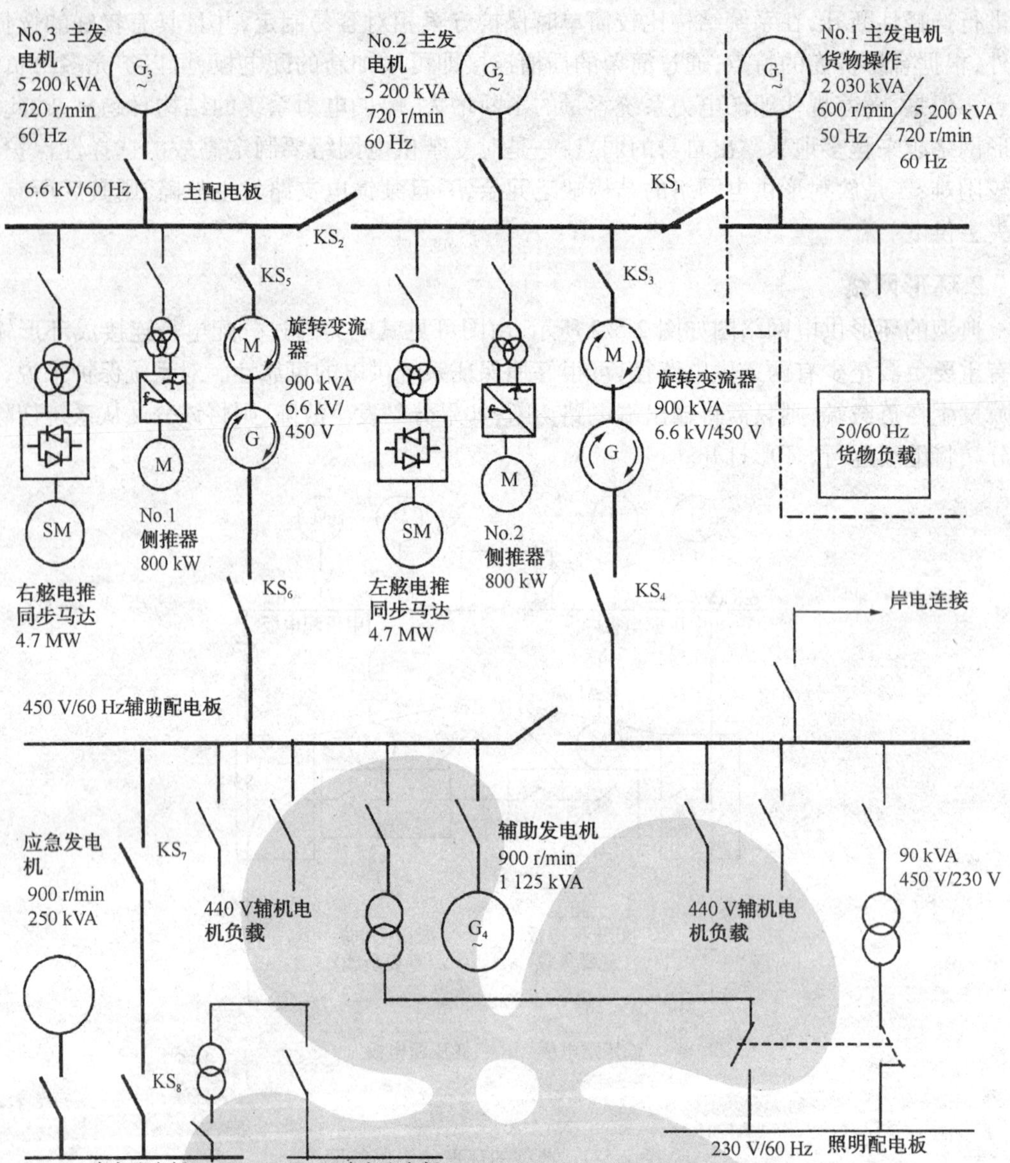

图 2-5-3　某电力推进船舶的电力系统单线原理图

（1）6.6 kV 高压主电力系统的组成

高压主电力系统的电源：3 台 5 200 kVA，720 r/min，60 Hz 的主发电机组，可以单独或者并联向高压电网供电。其中 No.1 主发电机在装载需要 50 Hz 高压电源供应的货物时，可以切换为 2 030 kVA，600 r/min，50 Hz 的模式运转，单独为 50 Hz 的货物负载电源供电，此时，图 2-5-3 中用于高压汇流排连接的断路器 KS_1 应该处于分闸状态。

高压主电力系统的负载：船尾左、右舷各一台吊舱式电力推进器 SSP 的 4.7 MW 永磁同步电动机及为其变频调速服务的变压器组、晶闸管装置；左、右舷各一台侧推器的 800 kW 电动机及为其变频调速服务的变压器组、晶闸管装置；可以为 450 V 的辅助低压系统供电的 2 台 900 kVA、将电压从 6.6 kV 转变为 450 V 的旋转变流器。系统使用旋转变流器代替变压器变

压,是因为带有大量变频调速负载的高压主电网的波形不好,而旋转变流器将电气干扰信号彻底隔离。

系统的供配电装置:在高压开关柜控制室共有 12 屏高压控制屏,分别用于 3 台主发电机的控制(PMA71 电力自动管理系统通过电流互感器、电压互感器、高压断路器等对发电机组进行控制),2 台电力推进装置 SSP 的供电,2 台侧推器的供电,2 台旋转变流器(机组)高压接线端的供电,2 个汇流排连接断路器的控制,以及 50/60 Hz 货物负载高压电源供电的控制。另外,两台 24 V 直流 UPS 控制柜也安装在高压开关柜控制室内。

(2)450 V/60 Hz 低压辅助电力系统

低压辅助电力系统的电源有三个来源:航行时,电源来自高压系统的旋转变流器(机组),此时图 2-5-3 中旋转变流机组两端的断路器 KS_3、KS_4、KS_5、KS_6 都处于合闸位置。当旋转变流机组发生故障或检修时,以及在码头没有载货物时,电源来自 1 台 1 125 kVA,900 r/min,60 Hz 的辅助发电机组,此时图中旋转变流机组两端的断路器 KS_3、KS_4、KS_5、KS_6都处于分闸位置。另外,在港内还可以连接岸电。

低压辅助电力系统的负载包括:常规船舶运行时需要供电的各种设备,例如淡水循环泵、燃油传输泵、滑油传输泵、低温淡水泵、高温水循环泵、中央冷却海水泵、通风机、燃油锅炉、空压机、锚机、消防泵、甲板液压起货机、照明电力配电板、航海仪器、机舱监控系统等。也包括电力推进装置的方位控制泵,电力推进装置变压器、变频器的冷却泵,货物起重机,半潜船的压载水空压机,用于 3 台主发电机、辅助发电机、旋转变流机组、电力推进驱动装置的保温装置,动态定位(DP)系统的供电。

它的配电装置:在低压配电板控制室共有 17 个低压控制屏,分别用于 1 台辅助发电机的控制,2 台旋转变流器低压端的连接,1 个汇流排连接断路器的控制,4 个电动机组合起动屏,6 个输出负载屏,以及为高压变频驱动器服务的低压负载的供电屏。

(3)450 V/60 Hz 应急电力系统

应急电力系统的电源有两个:通常,电源来自 450 V 的辅助供配电系统,此时图 2-5-3 中连接辅助电力系统和应急电力系统的断路器 KS_7、KS_8都处于合闸位置。应急时,电源来自 1 台 250 kVA(300 kVA),900 r/min,60 Hz 应急发电机组。

应急电力系统的负载包括:常规船舶应急时需要供电的各种设备,例如电池充放电板、应急照明、航行灯、雷达、电罗经、机舱通风机、消防系统、应急消防泵、电话、总报警系统、机舱监控系统等的供电。也包括半潜船的压载水控制台、SSP 控制台、动态定位(DP)控制台的供电。

应急电力系统的配电装置:在应急发电机控制室共有 3 个低压配电板,分别用于应急发电机的控制、与 450 V 辅助供配电系统的连接、电动机起动和输出负载的分配。

(三)高压系统的功能、操作和安全要求

根据船舶不同运行状态对功率的不同需求,高压电力推进船舶的电力系统可以提供多种工作模式的功能,提供经济可靠的供电,用以满足船舶各种特种作业和工况需要。如正常航行模式、机动操纵模式、装载货物模式、动态定位模式 1、动态定位模式 2、港内停泊模式 1(60 Hz 电源)、港内停泊模式 2(50 Hz 电源)、应急工况、港内停泊模式 3(功率回馈模式)等。

从系统布置可以看出,以上不同运行模式的设置,是靠电力系统中发电机组、汇流排的不同连接组合实现的。高、低压断路器带有灭弧装置,是实施电气设备带负载分合闸,并能对系统进行保护的开关设备。以上各种运行模式的设置是在控制屏上通过人工操作功率管理系统(PMS)的人机界面、液晶显示单元和键盘,实现断路器分合闸的控制。高压、低压、应急发电

机断路器、汇流排连接断路器的分合闸动作都是由 PMS 电力自动管理系统的 PLC 单元进行控制的。当断路器两侧都有电源时，断路器的合闸命令，将先由 PMS 的 PLC 单元发出同步并联指令到 PMS 中的发电机保护/并车智能单元，经后者判断满足同步并车的条件之后，再由该智能单元向断路器发出合闸控制信号。

一般情况下 PMS 可满足所有工况需要，只有出现短路等特大故障时，才需要人工介入操作。高压系统的安全要求具体包括：

1.防护等级的要求

电压超过 1 kV 的高压电气设备和低压电气设备不应组合在同一外壳内，除非采取隔离或其他合适的措施，以确保人员能够无危险地接近低压电气设备。船舶高压电气设备的外壳防护等级均应与其安装场所相适应，除至少应符合外壳防护等级的最低要求外，还应满足下列要求：

(1)旋转电机的外壳防护等级至少应为 IP23，其接线盒的防护等级至少应为 IP44。安装在非专职人员可以到达处所的电动机，其外壳防护等级至少为 IP4X，以防止人员接近或触及电机的带电或转动部分。

(2)变压器的外壳防护等级至少应为 IP23，如安装在非专职人员可以到达的处所时，则其外壳防护等级至少为 IP4X。

(3)具有金属外壳的控制设备、配电设备组件和静止变换器的外壳防护等级至少应为 IP32，如安装在非专职人员可以到达的处所时，则其外壳防护等级至少为 IP4X。

(4)由于功率大，损耗的绝对值也大，加上机舱压力水雾灭火系统对船舶发电机防护性能的要求，所以船舶高压发电机绝大多数采用空气-水冷却方式，其防护等级一般为 IP54 以上，可满足 IP44 的最低要求。至于冷却水用淡水还是海水视具体船舶设计而定，但不论何种水质，空气-水冷却器均应做成双管式，安装有泄漏传感器报警装置。

2.电气间隙和爬电距离的要求

高压电气设备的电气间隙和爬电距离应符合表 2-5-1 所示的最小电气间隔，且通常对未经型式试验的设备，其非绝缘部件间的相对相和相对地之间的电气间隙应不小于表中的规定值；如电压为所列额定电压的中间值，则应取电压高的这一挡次值；如电气间隙低于表中所列值，则应进行相应的冲击电压试验；带电部件之间及带电部件与接地金属部件之间的爬电距离，应符合相关 IEC 出版物关于系统的额定电压、绝缘材料特性和开关及故障时产生瞬间过电压的规定。

表 2-5-1　最小电气间隙

额定电压(kV)	最小电气间隙(mm)
3 (3. 3)	55
6 (6. 6)	90
10 (11)	120
15	160

有开关设备的汇流排分段上的非标准部件，最小爬电距离应至少为 25 mm/kV，在限流设备后至少为 16 mm/kV。

3.高压配电的要求

(1)应将主配电板至少分成 2 个独立的分段，通过至少 1 个断路器或其他合适的隔离设

备分隔开，每 1 分段至少由 1 台发电机供电。如 2 个独立配电板由电缆进行连接，则在电缆的每一端应设有断路器。双套设备应分开连接至不同分段上。

（2）当采用中性点接地系统时，接地故障电流既不大于配电板上或配电板分段上最大 1 台发电机的满载电流，又不小于其接地故障保护电器最小动作电流的 3 倍。不论采用何种方式供电，都应保证至少有一个电源中性点接地。中性点直接接地的电气设备或其他中性点接地系统，应能承受单相接地故障电流，直至满足其接地保护电器脱扣所需的时间为止。

（3）每台发电机均应设有将其中性点接地连接切断的措施，以便于在切断中性点接地连接后进行维修和测量绝缘电阻。

（4）所有接地电阻器都应与船体相连接，其与船体连接中的任何环流都不会对无线电、雷达、通信和控制设备电路产生干扰。

（5）在中性点接地的系统中，主配电板每一个独立分段都应将中性点与船体相连接。

4.高压电力系统的保护要求

（1）应设有保护装置，以对发电机至主配电板之间的连接电缆出现相间故障和发电机内部绕组出现故障时进行保护。该保护电器应能使发电机断路器脱扣，并自动对发电机进行灭磁。在中性点接地的配电系统中，相对地之间的故障也应按上述要求处理。

（2）系统中任何接地故障应有视觉和听觉报警。在低阻抗或直接接地的系统（有效接地的系统，其接地系数小于 0.8）中，应设有能自动切断故障电路的保护设备。在高阻抗接地系统（非有效接地的系统，其接地系数大于 0.8）中，如发生接地故障时输出电源未断开，则设备的绝缘应按相对相电压来设计。

（3）电力变压器应设有过载和短路保护。如变压器需并联运行，则其初级侧保护电器的脱扣应能自动分断连接于次级侧的开关。

（4）电压互感器在次级侧应设置过载和短路保护。

（5）不应用熔断器作过载保护。

（6）通过变压器从高压系统获得供电的低压系统应设有过电压保护，可采取的接地方式为：低压系统直接接地；适当的中性点电压限制器；变压器初级和次级绕组间的接地屏蔽。

5.旋转电机的要求

应引出发电机定子绕组所有相的端头，以便安装差动保护。

定子绕组应设有温度检测器，如果温度一旦超过允许值时，触发安装在通常有人值班的处所内的视觉和听觉报警器发出报警信号。

如采用埋置式温度检测器，则应设有过电压保护电路。

除通常对旋转电机要求的试验项目以外，对单个线圈还应按照接受的标准进行高频高压试验，以验证匝间绝缘对陡峭前沿的操作过电压的承受能力。

6.安装要求

如设备没有外壳，而是安装在构成设备“外壳”的舱室中时，则应设有仅在电源断开和设备已经接地的情况下，该舱室的门方可打开的连锁措施。

在安装高压设备处所的入口，应设有一个适当的标志牌，以指明此处有危险高压设备。安装在上述处所以外的高压设备也应设有类似的标志牌。

（四）高压系统与绝缘系统的区别与联系

高压系统总体上看可分为导电部分和绝缘部分，任何一个高压电器中也都有这两部分。

其中绝缘系统为高压传输提供支撑、隔离、灭弧、防护等作用,导电部分需要考虑导通电阻、额定电流、电磁应力等问题。

(1)导电部分:传导电流,动作部分是动触头、由固定的铜板构成静触头,有孔的一端可通过螺钉与母线相连接;另一端较短,合闸时与动刀片相接触。动触头可绕转轴转动一定角度,合闸时夹持住静触头。动触头有夹紧弹簧,用以调节动、静触头间接触压力,同时动触头在流过相同方向的电流时,动、静触头间产生相互吸引力,这就增大了接触压力,提高了运行可靠性。在接触条两端安装有镀锌钢片,叫作磁锁,保证在流过短路故障电流时,磁锁磁化后产生相互吸引的力量,加强触头的接触压力,从而提高了隔离开关的热稳定性。

(2)绝缘子:确保带电部分与地绝缘,一般带电的动、静触头分别固定在两套支持瓷瓶上,以使动触头与金属接地的传动部分绝缘。另外,配电系统中还配有很多绝缘板处于各导体之间,用于隔离、增大绝缘间隔等作用。

(五)高压器件的结构和基本功能

1.高压熔断器

熔断器是最早使用的一种比较简单的保护电器。熔断器串接在电路中,主要用于线路及电力变压器等电气设备的短路及过载保护。当电力系统由于过载引起电流超过某一数值、电气设备或线路发生短路事故时,过负荷电流或短路电流通过熔体在其上产生热量。熔体在被保护设备的温度未达到破坏设备绝缘之前熔断,即应能在规定的时间内迅速动作,切断电源以起到保护设备的作用,保证正常部分免遭短路事故的破坏。

如图 2-5-4 所示为 RN1 型高压熔断器外形图,RN1 型高压熔断器由金属熔体(熔丝)、触头、灭弧装置(熔管)、绝缘底座组成。熔体是熔断器内的主要元件,由金属制成,具有一定的截面。常用金属材料有铜、银、铅、铅锡合金和锌。铅、铅锡合金和锌的熔点低,电阻率较大,所以制成的熔体截面积大,形成的电弧截面也大,不易熄弧。铜、银的电阻率小,热传导率高,制成的熔体截面小,缺点是熔点高,小而持久的过负荷不易熔化。选择熔断器时需要考虑额定电压、额定电流、开断电流等几个参数。

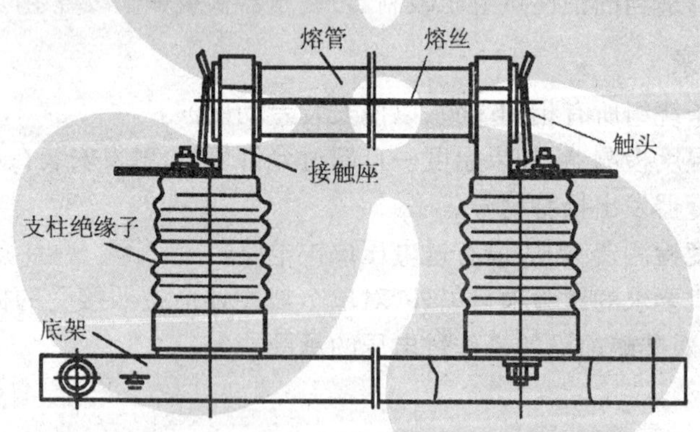

图 2-5-4 RN1 型高压熔断器外形图

2.高压断路器

高压断路器有相当完善的灭弧结构,按其采用的灭弧介质分为油断路器、六氟化硫(SF_6)断路器、真空断路器,以及压缩空气断路器、磁吹断路器等。油断路器按其油量多少和油的功能又分为多油断路器和少油断路器两类。现代船舶多使用真空断路器或六氟化硫断路器。

(1)真空断路器

利用真空作为触头间的绝缘与灭弧介质的断路器称为真空断路器。

真空一般是指气体稀薄的空间。凡是绝对压力低于正常大气压力的状态都可称为真空状态。绝对压力等于零的空间称为绝对真空。图 2-5-5 为真空断路器的结构原理图和真空灭弧室的剖面图。

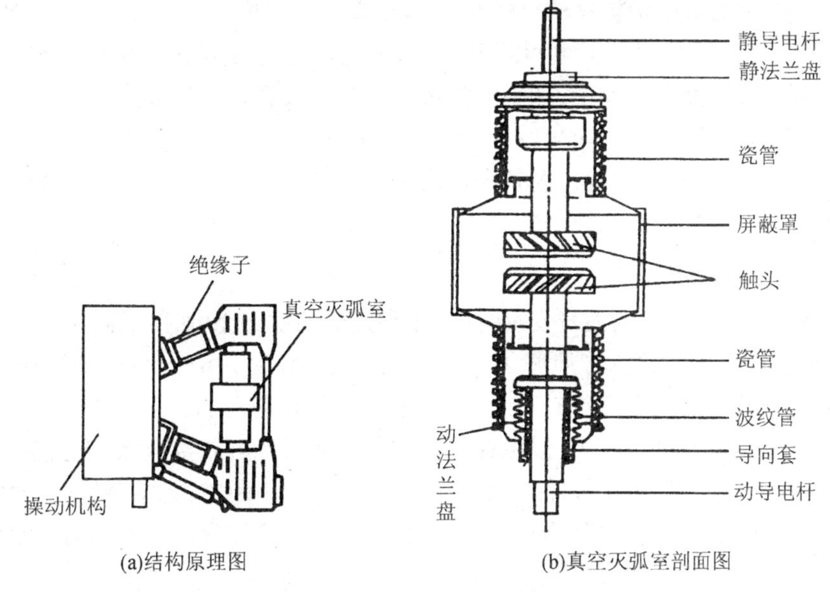

(a)结构原理图　　(b)真空灭弧室剖面图

图 2-5-5　真空断路器的结构原理图和真空灭弧室的剖面图

真空断路器结构主要由操动机构、支撑用的绝缘子和真空灭弧室组成。真空灭弧室的结构很像一个大型的真空电子管。其外壳由玻璃或陶瓷制成,动触头运动时的密封靠波纹管。波纹管在允许的弹性变形范围内伸缩,要求有足够高的机械寿命(10 000 次以上)。动、静触头的外围装有屏蔽罩,起着吸收、冷凝金属蒸气,均匀电场分布的作用。对某些结构的灭弧室,屏蔽罩还起到保护玻璃或陶瓷外壳的内表面不受金属蒸气的喷溅、防止降低内表面绝缘性能的作用。

真空灭弧室的绝缘性能好,触头开距小(12 kV 真空断路器的开距约为 10 mm;40.5 kV 约为 25 mm),要求操动机构提供的能量也小,电弧电压低、电弧能量小,开断时触头表面烧损轻微。因此,真空断路器机械寿命和电气寿命都很高。通常机械寿命和开合负载的寿命都可达到 10 000 次以上。允许开合额定短路开断电流的次数,少则 8 次,多的可达 50 次或更多,特别适用于要求操作频繁的场所。这是其他类型的断路器无法与之比拟的。真空负荷开关与真空接触器的机械寿命和电气寿命比真空断路器更高。

真空灭弧室是密封的,工作状态与外界大气条件无关,真空灭弧室的开断性能既不受外部环境的影响,也不会像油断路器那样,在开断短路电流时产生喷油和排气,给外界带来污染,更不会像断路器那样,在开断短路电流时,电弧的高温会使气体分解产生有毒物质而需要妥善处理。真空开关使用中,灭弧室无须检修,开断过程中不会产生很高的压力,爆炸危险性小,开断短路电流时也没有很大的噪声。

当然,真空灭弧室的密封问题就显得特别重要;否则会导致开断失败,造成事故。

(2)六氟化硫断路器

利用六氟化硫(SF_6)气体作为触头间的绝缘与灭弧介质的断路器称为六氟化硫断路器。使用中常将断路器与互感器装在一起,结构紧凑,抗震和防污能力强。断路器采用双向纵吹式灭弧室,分闸时,通过拐臂箱传动机构,带动气缸及动触头运动。灭弧室充有额定气压表压为 0.6 MPa 的 SF_6 气体(20 ℃)。

SF_6是目前高压电器中最优良的灭弧和绝缘介质。它无色、无味、无毒,不会燃烧,化学性能稳定,常温下与其他材料不会产生化学反应。SF_6气体的密度是空气的 5 倍,SF_6气体如有泄漏必将沉积于低洼处,如电缆沟中,如果浓度过大会有使人窒息的危险。

为了保证工作人员的安全,应采取一些预防措施:所有安装有 SF_6电器设备的场所内应有良好的自然通风或强制通风装置。配备合适的保护服和鞋袜手套、防毒面具和有活性过滤器的呼吸保护装置等。

3.高压接地开关

为了确保维修操作人员的人身安全,使其正在接触的线路无电,船舶高压电力系统供配电线路上多处安装了接地开关。接地开关的一端与母线(线路)相连,另一端与接地点可靠相连。与隔离开关相同,接地开关没有灭弧装置,不允许带负荷分、合闸。在停电维修某段线路和设备时,应合上相应的接地开关,以保证被维修线路和设备可靠接地,防止线路上电荷积累;或者在断路器意外合闸时,由于线路三相接地,短路电流会使断路器立即跳闸。通常在使用中接地开关与负荷开关、断路器之间均有机械连锁,甚至有的还加有电气和手动连锁机构。

4.变压器

(1)船舶高压电力变压器配置的原因

船舶高压电力系统多使用 6 kV 等级电力系统,但是除少数 1 000 kW 以下的艏侧推可以采用软起动的方式驱动同样等级的电动机,以驱动可调螺距桨外,船舶主推电动机多采用低速同步电机直接驱动固定螺距桨,采用变频调速控制来实现推进的速度控制。但是变频器的电压等级一般为 3 kV 左右,而且大功率电动机驱动使用变频器必须考虑谐波对电网的影响。所以在电网与变频驱动之间一般配有变压器,一是实现隔离和降压,满足变频电压等级的需要,二是通过移相实现多个变压器组合整流,实现 12 脉或 24 脉整流,从而大大减小谐波对电网的影响,同时可以大幅提高电网的功率因数。

另外,低压电可以通过变压器从高压侧直接得到,而不必另外再设低压发电机组,从而提高设备的使用率,减小设备及其所占的空间。

(2)电力变压器的工艺特点

电力变压器常采用环氧树脂浇注干式电力变压器 SCB9 系列,采用强迫风冷方式,风冷系统采用内置于外壳内的帘幕式风机,具有噪声低、冷却均匀、安装方便的特点,风冷系统起动后变压器容量可增加 50%。变压器温度保护装置常采用温度显示系统,带 PTC 非线性电阻和 PT100 线性铂电阻双重保护,具有可校调控制温度、自动起停风机,自动发出报警、跳闸信号、自动记录运行温度等功能。

在工艺制造上,要求具备抗突发短路的能力。为此,需要采用带压紧和紧靠装置的绕线设备,既能保证线圈径向绕紧实,又能避免轴向压缩而引起径向松动,实现不留装配裕度;采取绝缘件预干燥。保证机械强度和支撑的稳定,从而保证变压器承受各种标准规定的短路冲击而不损伤。

(3)干式变压器的维护保养

干式变压器具有难燃、自熄、耐潮、机械强度高、体积小、重量轻、承受短路能力强等多种优点,得到了广泛应用。但是干式变压器也存在一些缺点,比如在通风不畅的情况下,其散热性能不如油浸式变压器好。干式变压器的运行维护中应定期做好清扫工作,保持绝缘电阻在10 MΩ以下;加强通风设备的运行维护,保证变压器通风流畅;加强温度的监控,预防严重故障的发生。另外,要加强对避雷器的配置和维护检测。一般高、低压侧均应由电缆进线。

5.高压变频器

高压变频器中的高压实际上一般为2.3~13.8 kV,国内主要为3 kV、6 kV和10 kV,国外常用3.3 kV和6.6 kV,与电网电压相比,只能算作中压,故常称为中压驱动(Medium Voltage Drive)。

而根据STCW公约马尼拉修正案的规定,船用1 kV以上的电压等级均被认为高压。一般来讲,高压传动大体覆盖了0.4~40 MW的功率等级,功率范围最大可延伸到100 MW,在这个功率等级,多数使用负载换向逆变器同步电动机传动系统。如图2-5-6所示为高压传动系统总体框图。其中整流器种类、网侧和电动机侧滤波器是可选的。为了降低网侧电流畸变,常采用多个二次绕组的移相变压器。整流器的作用是将网侧交流电压变换为幅值固定或可调的直流电压,经常采用的拓扑结构为多脉波二极管整流、多脉波晶闸管整流以及脉宽调制(PWM)整流。

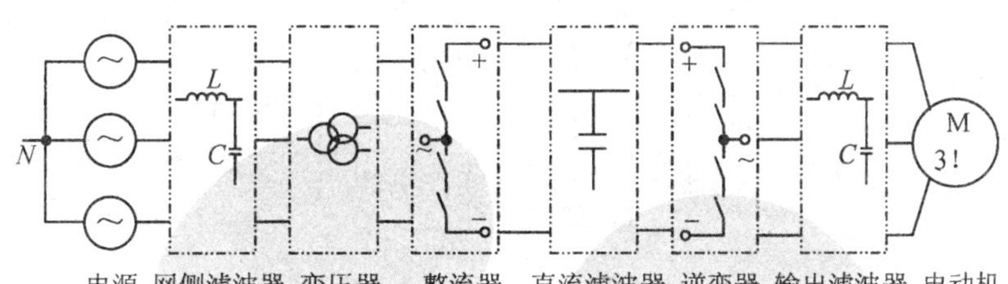

图2-5-6　高压传动系统总体框图

根据高压组成方式,可分为直接高压型和高-低-高型;根据有无中间直流环节来分,可以分为交-交变频器和交-直-交变频器。在交-直-交变频器中,按中间直流滤波环节的不同,可分为电压源型(VSI)和电流源型(CSI),VSI将直流电压逆变为幅值和频率可调的三相交流电压,而CSI是将直流电流逆变为频率可调的三相交流电流。高-低-高型变频器采用变压器实行输入降压,输出升压的方式,其实质上还是低压变频器,只不过从电网和电机两端来看是高压的,是受到功率器件电压等级技术条件的限制而采取的变通办法,需要输入、输出变压器,存在中间低压环节电流大、效率低下、可靠性下降、占地面积大等缺点,只用于一些小容量高压电机的简单调速。常规的交-交变频器由于受到输出最高频率的限制,适用于一些低速、大容量的特殊场合,也适合船舶大功率低速同步电机驱动螺旋桨使用。高压交-直-交变频器直接高压输出,无须输出变压器,效率高,输出频率范围宽,应用较为广泛。电压源型交-直-交变频器按输出电平数,可分为两电平、三电平、五电平及多电平变频器,按电压等级和用途,又可简单分为通用变频器和高压变频器。

(1)两电平变频控制

两电平变频器与低压通用PWM变频器是一样的,其整流回路采用二极管整流,逆变回路采用典型的三相IGBT逆变电路。因逆变的所有功率器件IGBT都具有导通电阻与温度成正

比，便于多个 IGBT 互相并联使用。缺点是功率器件耐压要求高；输出电压 dv/dt 大，要用特种电机或加滤波器。

目前 1 500 kVA 以下电压源型变频器基本上采用两电平电路结构。为满足变频器容量和输出电压等级的需求，并降低谐波及 dv/dt，需采用 GTO 或高压 IGBT 的三电平变频器，将中间直流电路正极电位、负极电位及中点电位送到电机上去。与两电平变频器相比，使用 IGCT 的三电平高压功率模块，电压可以提高到 6.0 kV，输出波形谐波较小，损耗下降，同时使功率器件耐压降低一半。采用高压 IGBT、三电平技术的中压变频器，在 3.3 kV、4.16 kV 等级仅需 12 或 24 个器件，无须缓冲电路，结构紧凑，提高了可靠性和整体效率。

（2）电流型变频器

电流型变频器如图 2-5-7 所示，整流和逆变都采用晶闸管，因在变频器的直流环节采用了电感元件而得名。电流型逆变电路主要有以下特点：

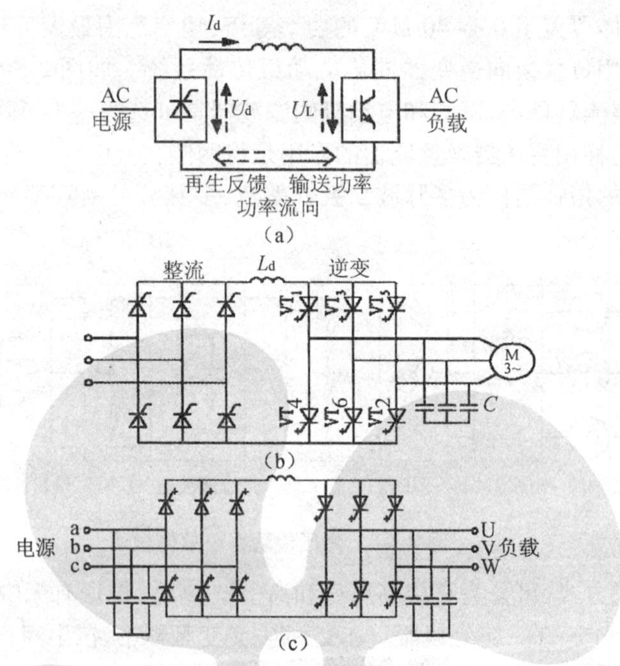

图 2-5-7　电流型变频器

①直流侧串联大电感，相当于电流源。直流侧电流基本无脉动，直流回路呈现高阻抗。

②电路中开关器件的作用仅是改变直流电流的流通路径，因此交流侧输出电流为矩形波，并且与负载阻抗角无关。交流侧输出电压波形和相位则因负载阻抗情况不同而不同。

③阻感负载需要无功功率，直流侧电感起缓冲无功能量的作用。因为反馈无功能量时直流电流并不反向，因此不必像电压型逆变电路那样要给开关器件反并联二极管。

显然其优点是具有四象限运行能力，能很方便地实现电机的制动功能。缺点是需要对逆变桥进行强迫换流，装置结构复杂，调整较为困难。

用电流型三相桥式逆变器可以驱动同步电动机，利用滞后于电流相位的反电动势可以实现换流。因为同步电动机是逆变器的负载，因此这种换流方式也属于负载换流。用逆变器驱动同步电动机时，其工作特性和调速方式都和直流电动机相似，但没有换向器，因此被称为无换向器电动机。由于电网侧采用可控硅移相整流，故输入电流谐波较大，容量大时对电网会有一定的影响。

由于大功率器件主要是晶闸管或双向晶闸管，其耐压和流通电流的能力比交-直-交电压源型中的大功率器件 IGBT 要高出至少一个等级，所以，大功率电流型逆变电路中，采用半控型器件的电路仍应用较多，就其换流方式而言，有的采用负载换流，有的采用强迫换流。

6.高压电缆

高压电缆经过居住处所时，应敷设在封闭的电缆敷设系统内；高压电缆应与其他不同工作电压的电缆分隔开，特别是不应敷设在同一电缆束、同一电缆槽、同一管道或同一箱（盒）中。高压电缆不应与额定电压 1 kV 及以下的电缆安装在同一电缆托架上，具有连续并有效接地的金属护套或铠装高压电缆应安放在托架上；否则，整根电缆均应安装在有效接地的金属封闭罩壳中。高压电缆所有导体的端头应尽实际可能有效地覆盖上合适的绝缘材料，在接线盒中如导体无绝缘层，则相间和相对地之间均应用由合适的绝缘材料制成的坚固隔板隔开。

高压电缆的端头应是与电缆的绝缘和保护层材料相兼容的形式，且应将电缆的所有金属保护层（例如金属带、金属丝等）接地；高压电缆应具有合适的标志，以便识别；在新的高压电缆装置投入运行前，或在已有的装置上加装高压电缆，对每一完工的电缆和其附件应在绝缘电阻试验之后进行耐压试验。当进行交流电压耐压试验时，电压应不小于电缆的正常工作电压，并应保持至少 24 h。

（六）高压系统出现故障时需采取的必要的补救措施

和低压电力系统不同，在船舶高压电力系统中，即使在发电机的断路器分闸断电后，线路和设备上残存的电荷仍有可能形成高压。定子绕组或励磁绕组残余电场释放出来的电荷能量足以击倒一头牛，安全隐患极大。此外，操作人员即使没有直接接触带电部分，如果相距带电部分过近，小于规定的安全操作距离（对于在空气中带电体，6.6 kV 有效安全距离为90 mm），也可能受到严重的触电伤害。因此，如何保障安全被视为高压系统最重要的问题。

高压电力系统主要采取了以下安全措施：

（1）高压配电控制屏内断路器室、高压电缆室（包括电流互感器、电压互感器、接地开关等）和高压汇流排室等相互隔离。控制屏的顶部装有气体减压活门，用以释放电弧爆炸时产生的有害气体和金属离子。

（2）各控制屏均装有机械和电气连锁装置，以确保维修保养时维修人员接触的线路无电。进行维修时，首先要将 VCB 分闸，接着用专用工具将 VCB 从“SERVICE”位置拉出到“TEST”位置（可对 VCB 的低压控制电路进行测试），此时 VCB 的触头与汇流排完全脱开，然后用专用工具合上接地开关。仅在 VCB 断开并合上接地开关的情况下，才能打开控制屏上部的前面板，进而拿到钥匙以开启控制屏的后门。

（3）主发电机与断路器之间、日用变压器和冷藏变压器的原方与断路器之间、侧推器电动机与断路器之间、高压汇流排两个接地屏均安装有接地开关，接地开关（三相）的一端与接地点可靠连接。在停电维修中压线路或设备时，合上相应的接地开关，能保证被维修线路和设备的可靠接地、防止电荷积累。在断路器意外合闸时，由于线路三相接地，短路电流会使断路器立即跳闸。

（七）隔离高压系统组件的切换策略

1.高压母联开关的操作

典型的环形供电网络电力通过分配电板连接成环形输送，所有重要负载至少有两条供电路径，可很好地保证系统供电的可靠性。对系统保护来说，如果故障发生在负载端，则只需将输出端电路切断；如果分站（左、右两个发电机组各自构成一个分站）发生故障，则将该分站从系统切除，其余分站将继续运行，环形打开。

高压设备运行中，中间的隔离母联开关的操作必须满足同步操作的要求，即在合母联开关前，需要左、右两个分站达到同步才能合闸，而同步的调整一般事前确定好，由负载重的作为电网运行，负载轻的或空载的电站作为待并机处理，分闸操作同发电机的解列操作相同。

2.主变压器的切换操作

整个低压配电屏的馈电平时都由一台高压主变压器副边提供，高压主变压器是船舶高压电力系统的关键设备，将高压配电板的高压降压成 450 V 电压，供全船除侧推器之外的所有负荷使用。

由于主变压器的容量大、温升较高（报警值为 120 ℃左右）、降压比大，因此体积硕大。日常管理中要求两台主变压器交替互换使用、监控温度和有效降温。

因为主变压器设计时采用不并联、单独运行的方式，所以两台主变压器有连锁，保证一台运行，另一台停止。一般每季度互换一次，最长不能超过 6 个月。备用主变压器的初级可以保持与高压配电板合闸连接状态，虽然消耗部分电能（耗量很小，电流不到 1 A，可以忽略不计），却能够保持主变压器的良好绝缘和处于良好的备用状态，一旦机舱跳电，能够及时向低压配电板供电。

主变压器的互换使用主要是下列三种状态的转换：

（1）两台主变压器分别向两个低压主汇流排供电，转换为一台主变压器向两个低压主汇流排供电。

（2）一台主变压器向两个低压主汇流排供电，转换为两台主变压器分别向两个低压主汇流排供电。

（3）一台主变压器向两个低压主汇流排供电，转换为另一台主变压器向两个低压主汇流排供电。

这三种状态的转换操作，涉及保持机舱连续供电或快速恢复供电，如图 2-5-8 所示为船舶

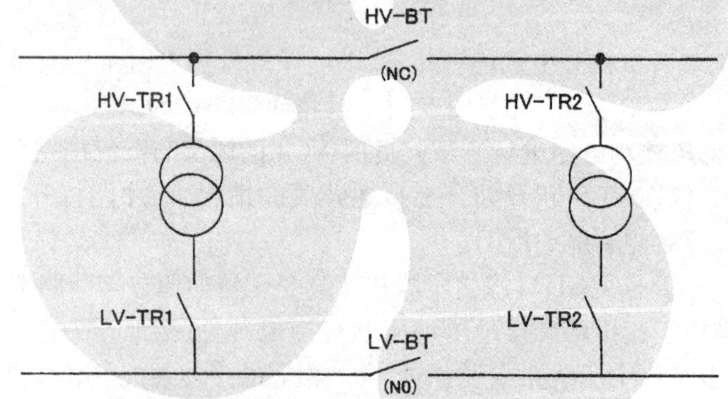

图 2-5-8　船舶主变压器切换控制回路

主变压器切换控制回路，HV-BT（常闭）将高压汇流排分为左、右两个，LV-BT（常开）将低压汇流排分为左、右两个，相应的船舶主变压器供电方式及连锁关系如表 2-5-2 所示。“ * ”表示在变压器轮换期间，仅当原方断路器闭合时，副方断路器才能合闸，通常情况下，高压侧保持接通；而“×”表示断开。

表 2-5-2 船舶主变压器供电方式及连锁关系

	供电方式 1	供电方式 2	供电方式 3
HV-BT	接通	接通	接通
HV-TR1	接通	接通	*
HV-TR2	接通	*	接通
LV-BT	×	接通	接通
LV-TR1	接通	接通	×
LV-TR2	接通	×	接通

3.主变压器的跳闸处理

主变压器设有高温报警和高温跳闸保护。一旦达到跳闸温度设定值,低压配电板上主空气开关动作跳闸断电,全船失电,应急发电机组自动起动、合闸供电,类似传统的发电机跳电。这时,运行的主发电机并没有跳闸,所以备用发电机不会也没有必要自动起动合闸并电。

但在全船失电时,备用主变压器不会自动合闸供电,必须在低压配电板上手动合闸才能供电。所以,主变压器跳闸时,应急处理程序多出一个低压配电板上备用主变压器手动操作合闸的环节。这就要求当值人员能够判明跳电的具体情况,掌握处理主变压器跳闸的方法,及时采取措施恢复供电。

4.高压岸电与船电间的切换

为满足排放的国际要求,船舶靠岸后需连接岸电。但是岸电与船电的高压切换牵涉到的设备非常多,如果和低压一样采用断电换电,很多设备就需要逐步断电操作,然后再进行逐步送电操作。这不仅给操作带来复杂要求,而且容易出现操作失误,引起故障,有的正常操作也会对设备有过电压的损坏。所以,一般要求岸电与船电需要带电换电,即不间断换电,这就要求岸电投入需要并车操作,这时调节的设备只能是船电设备。岸电脱离操作也必须是解列操作。所以岸电也需要有并车操作控制系统来满足高压电之间的切换,实现船电和中压岸电的不断电转换。

在确认岸电相序正确后进行并车操作,并车的条件包括:①船舶主发电机单机运行;②电压相等;③频率相等:④相位相等。并车方式(手动或自动准同步)可以通过同步屏上的转换开关进行选择(通常选择“AUTO”)。并车操作可按发电机的并车操作规程进行,但在并车过程中只能调节船舶发电机的电压、频率和相位。

若选择“AUTO”方式,电力管理系统将视岸电为另一台船舶发电机,进行岸电和船电的自动并车、负荷转移、发电机自动解列及自动停车的控制。自动并车和负荷转移的过程延续约 10 s,10 s 后发电机的 VCB 将自动分闸。当负荷增加到最大值或岸电突然消失的时候,应立即起动一台船舶发电机。

二、高压装置的安全操作

船舶高压电力系统的电压等级虽然很高,以至于造成初次接触船舶高压电力系统的船舶电气维护、管理人员产生畏惧的心理,但是船舶高压电力系统的设备都要求具有较高的防护等级,各个设备的维护、管理都有明确的操作规程,这些操作规程有的由设备生产商制订,有的由船舶管理者制订,具有较高的科学性。船舶电气维护、管理人员只要严格按照这些操作规程小心谨慎地进行操作,科学管理,及时总结经验,不断完善各设备的操作规程,船舶高压电力系统就会安全、可靠、高效地运行。

(一)使用高压个人防护装备

对于船舶高压电力系统,操作人员即使没有直接接触带电设备,如果不慎距离带电设备太近,小于规定的安全操作距离,也将可能发生严重的触电事故。船舶高压电力系统的变压器、电流互感器、电压互感器、断路器等一般要求安装在完全封闭的开关柜中。在检修作业中用于人身安全的一类用具称检修安全用具,包括地线组、遮拦、标示牌等。当需要带电操作某些设备时,要严格按照安全操作规程,戴绝缘手套、佩戴护目镜、穿绝缘鞋、使用专用的绝缘工具进行。常态下必须断电操作,操作前必须确保接地开关处于接地状态。

用具本身的绝缘强度足以抵抗电器设备运行电压的用具叫作基本绝缘安全用具,如低压中带绝缘柄的工具、绝缘手套等;高压中验电笔、绝缘拉杆等。用具本身的绝缘强度不足以抵抗电器设备运行电压的用具叫作辅助绝缘安全用具,如低压中绝缘垫、绝缘鞋、绝缘台等。

绝缘用具应试验合格、在有效期内、与电压等级相符。绝缘杆应连接牢固,附件应清洁干燥;绝缘靴、绝缘手套应无粘连、无孔洞,手套应做充气试验,绝缘靴底纹不能磨平;绝缘杆装套垂直竖放,手套专用架竖放,其余装在专用的保险箱内。

1.接地线

接地线就是直接连接地球的线,是接在电气设备外壳等部位及时地将因各种原因产生的不安全的电荷或者漏电电流导出的线路。它也可以称为安全回路线,危险时就把高压直接转接到地球,算是一根生命线。

低压接地线主要用于低压线路及高压线路和电气设备停电检修中的二次防护,防止检修线路中的感应电压伤害,为安检人员提供了可靠的保障。在电力系统中接地线是为了在已停电的设备和线路上意外地出现电压时保证工作人员的重要工具。按规定,接地线必须是由截面积为 25 mm^2 以上裸铜软线制成。

2.高压测试仪

高压测试仪也称为耐压测试仪,高压测试仪外形如图 2-5-9 所示,是鉴定电力设备绝缘强度的最严格、最有效和最直接的方法,能检查出那些危险性较大的集中缺陷,对判断电力设备能否继续运行具有决定性作用,是保证设备绝缘水平、避免发生绝缘事故的重要手段。高压测试仪用于对各种电器产品、电气元件、绝缘材料等进行规定电压下的绝缘强度试验,以考核产品的绝缘水平,发现被试品的绝缘缺陷,衡量过电压的能力。

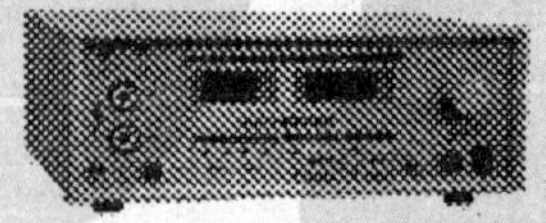

图 2-5-9　高压测试仪外形

该装置名称很多,如电气绝缘强度试验仪,或叫作介质强度测试仪、耐压试验仪等。该试验是将一规定交流或直流高压施加在电器带电部分和非带电部分(一般为外壳)之间,以检查电器的绝缘材料所能承受耐压能力的试验。电器在长期工作中,不仅要承受额定工作电压的作用,还要承受操作过程中引起短时间的、高于额定工作电压的过电压作用(过电压值可能会高于额定工作电压值的好几倍)。在这些电压的作用下,电气绝缘材料的内部结构将发生变

化。当过电压强度达到某一定值时,就会使材料的绝缘击穿,电器将不能正常运行,操作者就可能触电,危及人身安全。电气安全主要测试指标包括交/直流耐压、绝缘电阻、泄漏电流、接地电阻等。交/直流耐压试验用于检验产品在实际工作状态下的电气安全性能,是检验设备电气安全性能的重要指标之一。

耐压测试是指对各种电器装置、绝缘材料和绝缘结构的耐受电压能力进行的测试。在不破坏绝缘材料性能的情况下,对绝缘材料或绝缘结构施加高电压的过程称为耐压试验。一般来讲,耐压测试的主要目的是检查绝缘耐受工作电压或过电压的能力,进而检验产品设备的绝缘性能是否符合安全标准。

耐压测试的基本原理:把一个高于正常工作的电压加在被测设备的绝缘体上,并持续一段规定的时间,如果其间的绝缘性足够好,加在上面的电压就只会产生很小的漏电流。如果一个被测设备绝缘体在规定的时间内,其漏电流保持在规定的范围内,就可以确定这个被测设备可以在正常的运行条件下安全运行。对一般被测设备,耐压测试是测量火线与机壳之间的漏电流值,基本规定是:以两倍于被测物的工作电压再加 1 000 V 作为测试的标准电压。部分产品的测试电压可能高于这一规定值。按照 IEC61010 的规定,测试电压必须在 5 s 内逐渐地上升到所要求的试验电压值(例如 5 kV 等),保证试验电压值稳定加在被测绝缘体上不少于 5 s,此时将所测回路的漏电流值与标准规定的泄漏电流阈值相比较,就可以判断被测产品的绝缘性能是否符合标准。测试结束后,试验电压必须在规定的时间内逐渐地降至零。

(二)个人防护设备认证书

个人防护设备是指劳动者在生产过程中为免遭或减轻事故伤害和职业危害的个人随身穿(佩)戴的用品,简称防护品。个人防护用品是在劳动过程中为防御物理、化学、生物等有害因素伤害人体而穿戴和配备的各种物品的总称。个人防护装备是消除或减少危害的最有效的手段,是保护劳动者免受伤害的最后一道防线。个人防护用品是最后使用的控制手段,是在消除危害、降低危害的措施全部落实后的最后保护设备。

防护用品的作用包括隔离和屏蔽作用、过滤和吸附(收)作用,其最基本的要求是:

(1)必须严格保证质量,具有足够的防护性能,安全可靠。

(2)防护用品所选用的材料必须符合人体生理要求,不能成为危险因素的来源。

(3)防护用品要使用方便,不影响正常工作。

以人体防护部位进行分类,包括头部保护、听力保护、眼睛和面部保护、呼吸保护、手和足部保护、躯干保护、防坠落保护。

根据不同的使用场所及不同防护要求,选择合适的防护用品,绝不能选错或将就使用。必须了解防护用品的性能及正确使用方法。必须牢记,使用未起作用的防护用品比不使用防护用品更危险,因为使用者会误以为他已经得到了保护而实际上没有。因此,使用前必须严格检查;呼吸器要定期检查,以免急救时无法正常工作;要妥善维护保养防护用品。安全帽是保护头部最常用的保护。

(三)高压安全程序

高压设备维护首先需要得到船舶轮机部门的了解和同意后,才能至少由 2 人成组进行,其中一个是具体操作人员,另一个是安全员,配合主管工程师工作,并确保安全、不会发生故障。操作过程切记不要带电操作,即使在断电情况下,也必须使用接地棒可靠接地后,才能有效操作。送电或断电过程必须做到"五防",操作者穿好耐压 6 kV 的高压绝缘鞋,方可进入高压设备操作岗位;做好高压设备维护准备清单,逐项确认。

1.一般操作程序

(1)送电

①送电前,拆掉所有接地线保护线。

②关好和锁上变频器的柜门。

③合上隔离开关。

(2)停电

①通知各相关工位做好停电准备。

②按下停止按钮,使设备停止。

③确认停机后拉下隔离开关。

④用试电笔检验带电部位是否状态正常。

⑤在相应部位挂上接地线。

(3)检修作业

①用试电笔检验确认停电操作结果正确无误。

②停电后在作业点的前、后部挂好接地线和相应的警示标牌。

③按计划需要进行检修作业。

(4)系统绝缘测试

①断开微电子控制电路与主电路的连接点。

②用 2 500 V 摇表分别检查电机和变频器主电路的对地电阻。

2.高压许可和协调工作

不能随意对高压设备进行操作,特别是连着的开关操作,防止电压冲击;未经轮机长同意,不要擅自打开或检修设备;高压设备送电时,要确认没人后方可送电,不要擅自送电。高压设备在得到轮机长同意许可的前提下,还需要具体协调其他人一起工作,绝不可一个人单独操作设备,具体如下:

(1)值班轮机员知情。

(2)电机员需与监护人沟通,让监护人明白自己要干什么活。

(3)当监护人离开时,电机员应停止工作。

(4)监护人应有通信设备与值班轮机员或驾驶台保持联系。

(5)监护人应熟知一些救护常识。

(6)监护人至少一人。

3.在高压下工作时的协助

高压配电板的整个操作、检查过程,必须有两个具有一定资质和经验的专业人员在场。一个人实施具体操作,一个人作为监护人,以监督操作的正确性和完整性,发现问题及时提出并有效制止。

在高压电力系统,操作人员即使没有直接接触带电部分,如果不慎距离带电部分过近,小于规定的安全操作距离,也可能受到严重的触电伤害。因此,高压电气设备,例如变压器、电流互感器、电压互感器、断路器都安装在完全封闭的开关柜中。输电电缆是采用绝缘性能极高的材料制成的。当需要带电操作接触带电部分时,要严格按照安全操作规程,使用合格的绝缘工具进行。维修清洁必须停电,同时,在电力系统的设计中也安装了必要的隔离开关和接地开

关,以保证操作人员的安全。随着船舶高压电力系统的不断发展,特别是控制技术的不断更新,船舶高压电力系统防误装置得到不断改进和完善。防误装置的设计原则是:凡有可能引起误操作的高压电气设备,均应装设防误装置和相应的防误电气闭锁回路。为保证安全及各连锁装置可靠不致损坏,必须按连锁防误操作程序进行操作。船舶高压开关柜的"五防"措施成了船舶高压电力系统安全生产的重要措施之一。

船舶高压开关柜的"五防"措施的具体内容:

(1)防止误分、合高压断路器

对高压断路器分、合闸按钮做防护设计,防止在正常运行下误分闸操作或不具备合闸条件下误合闸。船舶高压断路器在工作位置时,二次插头被锁定而不能拔出,防止了带负荷误拉、推高压断路器。

(2)防止带负荷分、合隔离开关

隔离开关无灭弧装置,因此不能带负荷分、合隔离开关。隔离开关与高压断路器有机械或者电气的连锁,只有高压断路器分闸后,才能分、合隔离开关。

(3)防止带电挂(合)接地线(接地开关)

仅当高压断路器处于试验位置时,接地开关才能进行合闸操作,防止带电误合接地开关。

(4)防止带接地线(接地开关)合高压断路器

仅当接地开关处于分闸位置时,高压断路器才能从试验位置移至工作位置,防止接地开关处于闭合位置时关合高压断路器。

(5)防止误入带电间隔

接地开关处在分闸位置时,高压开关柜前门及后门都无法打开,防止误入带电间隔。

4.信息、警告和危险警告标牌的标示

所有高压设备均应设有适当的安全防护,并在显眼处悬挂危险警告标牌,如高压危险和闪电图样。如果有设备正在维护,还应该在设备周围一圈放好安全警示围栏,防止无关人员进入。标志牌有4类,包括禁止类、警告类、准许类、提醒类。

同样,高压电缆也应具有合适的标志,以便识别;高压设备本身的状态也需要用明显的标牌标识出来,如"合闸""分闸""已储能""已脱开""故障脱扣"等。

(四)开始任何工作之前检查设备是否存在高电压的方法

检查设备是否存在高电压,除观察相关设备的指示灯、仪表、断路器开关状态外,还必须通过接地棒放电的方式,在保证任何操作检查前,设备处于没电状态。为此,必须严格按照接地放电程序进行操作。用接地鳄鱼夹钳住可靠接地点,手持接地棒的绝缘部分,尽可能远离导电铜接头,用该导电铜接头去碰触已确认断电的设备,将电力网中预留在断电线路中的残电通过接地放掉,注意每相都需要进行同样的操作。有的设备自带接地开关,操作方法就简单得多,具体步骤:①确定设备已经停电;②验电;③连接接地线和接地开关;④安排监护人。关键的验电工作由值班电气人员完成,先验低压,后验高压;先验低处,后验高处;先验近处,后验远处。

三、高压装置的管理

船舶高压电力系统管理的内容主要包括:系统参数的监测记录、系统中各设备的检查与维护、定期的系统功能试验和报警试验等。

(一)船舶高压电力系统参数的监测记录

船舶电力管理系统PMS将各设备的运行参数采集到主控制单元,通过人机界面集中显示,操作人员可以直观地观测到系统各设备的运行状态,如高压电站的电压、电流、频率、功率等。

表 2-5-3 列出了高压电力系统主要设备的运行参数,船舶电气维护、管理人员每天应按时对主要设备的参数进行记录并进行比较,通常系统各主要设备的状态可通过参数直接显现出来,对参数的分析可以帮助船舶电气维护、管理人员提前对设备的故障进行预判断,有效地减少故障的发生。例如某船舶电气维护、管理人员在记录高压电站主变压器电流参数时,突然发现变压器副边电流出现变化,经过检查主变压器发现,变压器副边绕组接线接触不良,有打火现象,立即减少了变压器用电负荷,直至更换备用主变压器,有效避免了故障范围的扩大。

表 2-5-3　高压电力系统主要设备的运行参数

设备名称	参数值							
船舶主发电机	电压	电流	功率	绕组温度	冷却水温度	冷却风温度	驱动端轴承温度	自由端轴承温度
主变压器	原边电压	副边电压	电流	绕组温度	冷却水温度	冷却风温度	—	—
推进电机	电压	电流	转速	功率	绕组温度	—	—	—
艏侧推电机	电压	电流	功率	绕组温度	—	—	—	—

(二)船舶高压电力系统各设备的检查与维护

船舶高压电力系统各设备的检查与维护是船舶电气维护、管理人员对高压电站管理的主要内容,既包括对电站各设备的日常检查,又包括船舶电气维护、管理人员对各设备的日常维护保养。

与陆地电力系统相比,船舶电力系统最大的不同为船舶电气设备所处的工作环境更加恶劣,船舶空间更加狭小,船舶航行产生的振动加上高压电站的谐波都对电气设备影响较大,因此对电气设备的检查维护时,首先,要检查其硬件安装的固定情况及接线紧固情况,只有设备的稳定安装才能保证在船舶出现大的晃动或振动时电气设备稳定运行,同时电缆接线的紧固连接保证了电气设备采集或传输信号的正确。根据经验,船舶电气设备故障及系统的误报警接近 40%是由于接线松动。其次,随着船舶电气设备集成化程度的提高,其对环境的要求和空气清洁度的要求也越来越高,所以操作人员在对高压电站进行日常维护保养的过程中,要保持系统设备工作环境的清洁。另外,对各设备的散热系统应重点检查和维护,资料介绍,电气设备运行的温度每升高 10 ℃,其使用寿命就缩短将近一半,因此对船舶高压电站设备的散热和冷却系统的检查成为船舶高压电站管理的重要内容。

(三)船舶高压电力系统定期的功能试验和报警试验

除了上面介绍的高压电力系统日常的维护保养项目外,船舶电气维护、管理人员应该对船舶电力系统的功能及报警进行定期的试验。

1.主要功能试验项目

(1)应急手动并车装置的检查和效用试验。

(2)模拟试验运行中的主发电机预报警,备用发电机能否在规定时间内自动起动并合闸供电。

(3)模拟试验电网失电时,发电机能否在规定时间内自动起动并合闸供电。

(4)在网运行的主发电机剩余功率不足时,船舶电站功率管理系统 PMS 是否在规定时间内起动备用机组并合闸供电。

(5)试验在网运行的主发电机剩余功率不足且没有备用机组可用时,船舶电站功率管理系统 PMS 是否会实现次要负载分级卸载功能。

2.主要报警试验项目

(1)模拟发电机组应急停车报警,润滑油压力低、冷却淡水温度高、发电机转速过大报警。

(2)模拟主发电机过载、短路、逆功率、欠压、过压、高频、低频报警。

(3)模拟各温度传感器温度过高报警。

(4)模拟高压发电机冷却水泄漏报警等。

对船舶高压电力系统定期的功能试验,可以保证船舶高压电力系统的功能处于随时可用状态。如模拟试验电网失电,发电机能否在规定时间内自动起动合闸供电,定期试验此功能的状态,防止当高压电力系统突然失电时,电力系统不能自动恢复而导致更严重事故的发生。

高压电力系统定期的报警试验同样是船舶高压电力系统管理的重要内容,如果报警系统功能不可用,当系统出现故障后,船舶电力管理系统 PMS 不能立刻报警,有可能导致设备的损坏,甚至出现更严重的事故。保证高压电力系统各报警功能的正常,可以及时地发现系统的故障,保证船舶电力系统的安全运行。

第六节　气动控制设备的特点

一、主机遥控的气动元件

在遥控系统中,常用的气动阀件可分为逻辑元件、时序元件和气动比例元件等。其工作气压信号是由气源提供的,气源压力一般为 0.7 MPa。

(一)逻辑元件

逻辑元件实际上就是开关元件。根据某些逻辑条件,其输出端或者通气源(逻辑输出为1),或者输出端通大气(逻辑输出为 0)。逻辑元件包括二位三通阀、三位五通阀、三位四通阀和双座止回阀等。

1.二位三通阀

根据动作阀芯力的性质不同,也就是控制信号 A 的种类不同,二位三通阀可分为机械动作、手动操作、单气路控制、双气路差动控制和电动控制等类型,图 2-6-1(a)、(b)、(c)、(d)、(e)分别画出了二位三通阀逻辑符号图。

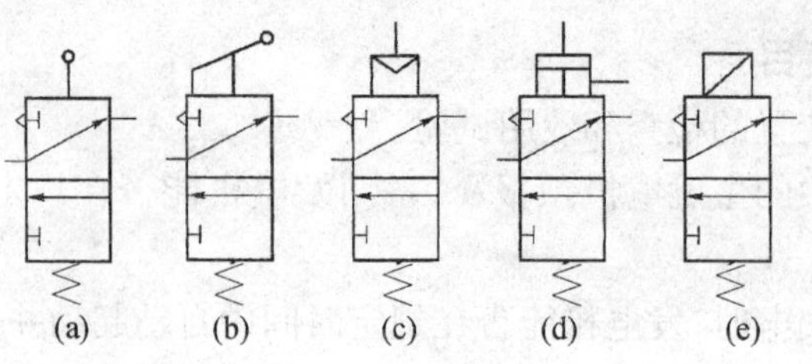

图 2-6-1　二位三通阀逻辑符号图

(1)机械动作的二位三通阀

机械动作二位三通阀的结构原理及逻辑符号图如图 2-6-2 所示,图 2-6-2(a)是其结构原理图,图 2-6-2(b)是其逻辑符号图,有两个位置三个通路。该阀的用途是在受机械动作时接口 2 通入压缩空气(此时接口 4 为气源口)或使接口 2 排气(此时接口 4 为大气)。其工作原理是当控制端有机械动作时,通过滚轮杠杆 6 作用于顶杆 7,顶杆 7 首先与阀芯 5 接触,从而切断接口 2 和接口 1 之间的通路,然后顶杆将阀芯 5 从阀座 3 上向下顶开,使接口 2 和接口 4 接通,在逻辑符号图上相当于上位通。若控制端有机械动作取消,则顶杆在弹簧的作用下回到其初始位置,而复位弹簧 8 会将阀芯重新压回至阀座 3 上,这样接口 1 和接口 2 接通,而接口 4 截止,在逻辑符号图上相当于下位通。

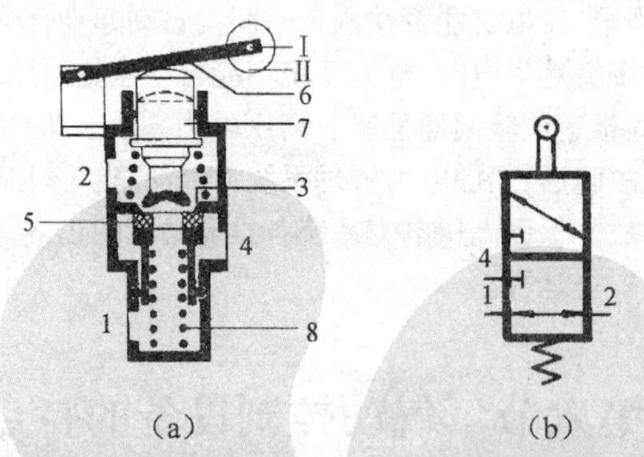

图 2-6-2　机械动作二位三通阀的结构原理及逻辑符号图

1,2—接口;3—阀座;4—气源口;5—阀芯;6—滚轮杠杆;7—顶杆;8—弹簧

(2)气动二位三通阀

气动二位三通阀的结构原理如图 2-6-3(a)所示,图 2-6-3(b)为其逻辑符号图。该阀的用途是当控制口 1 有压力信号时,可使工作口 2 通入压缩空气(P_1 为压力口),或使工作口 2 排气(P_1 为大气)。其工作原理是当控制口 1 有控制压力信号时,活塞 3 克服弹簧 4 的弹簧力而向下运动,在顶杆 5 随之一起向下运动的过程中首先使 2 口与 P_2 口的通路截断,然后使阀芯 6 从其阀座上向下离开,从而使 P_1 口与 2 口相通,在逻辑符号图上相当于上位通。如果控制口排气,活塞 3、顶杆 5 和阀芯 6 均在复位弹簧的作用下复位,则有接口 2 和 P_2 接通,而接口 P_1 截止,在逻辑符号图上相当于下位通。

2.二位五通阀

二位五通阀的结构原理及逻辑符号用如图 2-6-4 所示。该阀的用途是使两个工作口之一与压力口相通的同时而另一工作口和排气口相通。其工作原理是若扳动手柄 1,可使顶杆 2 克服弹簧 3 的弹簧力向下运动,从而使压力口 P 与工作口 A 相通,工作口 B 与排气口 S 相通,排气口 R 截止。如果手柄回到其初始位置,则弹簧同样使顶杆回到其初始位置,这时 P 口与

B 口相通，A 口与排气口 R 相通，排气口 S 截止。

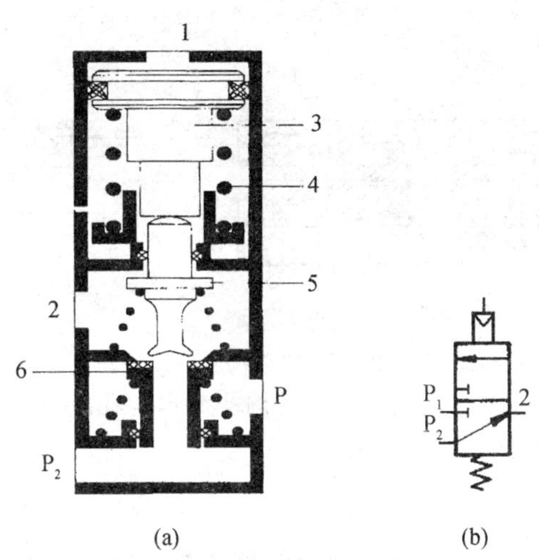

图 2-6-3　气动二位三通阀的结构原理及逻辑符号图

1—控制口；2—工作口；3—活塞；4—弹簧；5—顶杆；6—阀芯

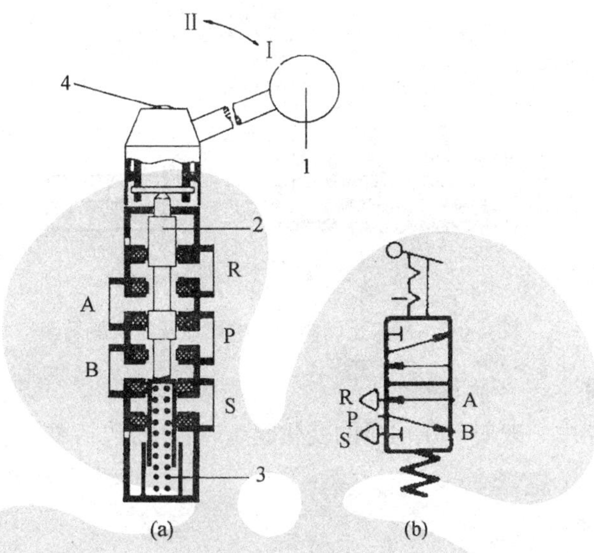

图 2-6-4　二位五通阀的结构原理及逻辑符号图

1—手柄；2—顶杆；3—弹簧；4—螺钉

二位五通阀可以被安装在任意位置上，松开螺钉 4 可根据需要调节手柄的初始位置。常用在操作部位的切换中，使用时应防止排气口被水和污物阻塞。

3.三位四通阀

在遥控系统中，三位四通阀常作为双凸轮主机的换向阀。如图 2-6-5(a)和 2-6-5(b)分别标示出了该阀的结构原理及逻辑符号。它由阀体和左、右滑阀及弹簧组成，A 口和 B 口分别为正车换向和倒车换向输出口，7 口接连锁信号，只要有连锁信号，该阀就被锁在中位通的位置，此时气源口 P 截止，A 口和 B 口均通大气，该位置是不允许进行换向操作的。连锁信号 7 撤销(7 口通大气)后，若 5 端通控制信号，6 端通大气，该阀右位通，B 口输出 1，A 口输出 0，气源经 B 口进入倒车换向油缸进行倒车换向。若 6 端通控制信号，5 端通大气，该阀左位通，A 口输出

1,B 口输出 0,气源经 A 口进入正车换向油缸进行正车换向。换向完成后,7 口通连锁信号,三位五通阀立即被锁在中间位置。

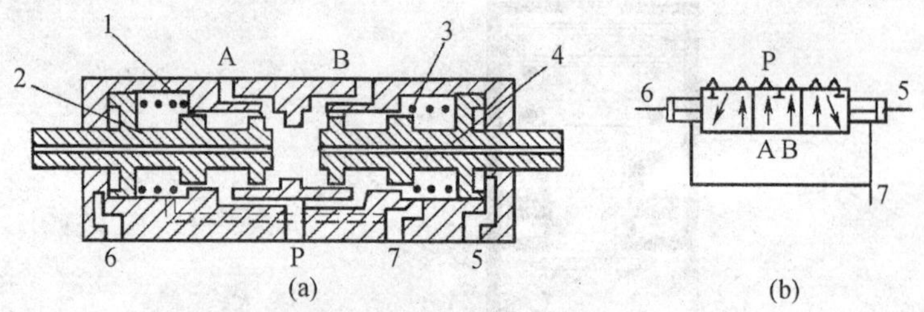

图 2-6-5　三位四通阀的结构原理及逻辑符号图

1—阀体;2—左滑阀;3—弹簧;4—右滑阀;5—倒车换向控制信号;6—正车换向控制信号;7—连锁信号;P—气源

4.双座止回阀

双座止回阀是一个或门阀,其结构原理及逻辑符号图如图 2-6-6 所示。有两个输入端 P_1 和 P_2,一个输出端 A,其逻辑功能是 $A=P_1 \vee P_2$。该阀的用途是控制有共同工作口的两个压力口的转换。其工作原理是当两个压力口之一(P_1口或 P_2 口)进气时,小球将第二个压力口关闭并使压缩空气到达工作口 A。当两个压力口同时进气时,具有较高压力的压力口与工作口相通。在安装上要求水平安装。

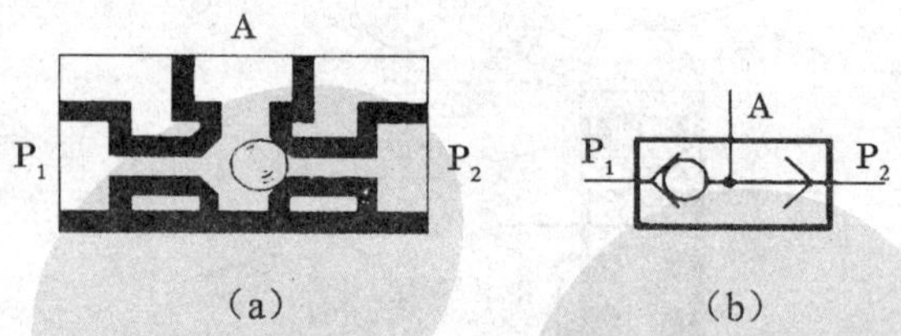

图 2-6-6　双座止回阀的结构原理及逻辑符号图

(二)时序元件

时序元件在气路中一般对气压信号的变化起延时作用,包括单向节流阀、分级延时阀和速放阀。

1.单向节流阀

单向节流阀的结构原理及逻辑符号图如图 2-6-7 所示。该阀的用途是可以在一个方向上

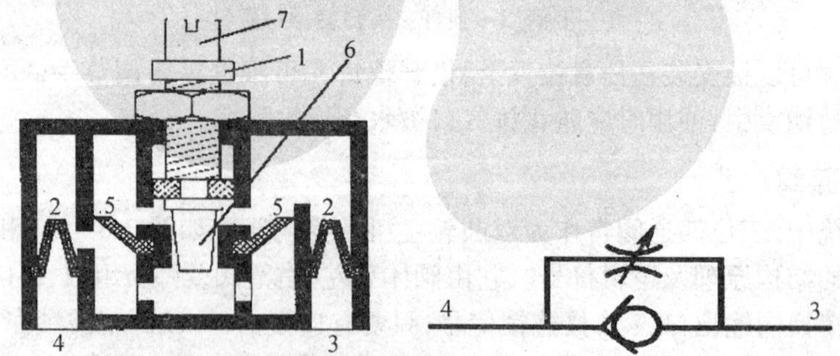

图 2-6-7　单向节流阀的结构原理及逻辑符号图

1—安全环;2—过滤器;3,4—接口;5—碗形密封圈;6—节流口;7—调节螺栓

对气流进行节流调节，而当气流以相反的方向流过时则不节流。其工作原理是当从接口 4 进气时，碗形密封圈 5(预应力大约为 0.04 MPa) 被从阀座上打开，气流不被节流地流到接口 3。当从接口 4 排气时，碗形密封圈被关闭，并且接口 3 的排气只能通过节流口 6，节流口可以通过调节螺栓 7 来改变。向右拧动，过流面积减少，排气时间延长；向左拧动，流通面积增大，节流作用减弱。安全环 1 用于防止将节流口完全关闭。另外，还用两个孔隙为 20 μm 的过滤器 2 来防止污物进入节流口。节流阀可以被安装在任何位置上，但在安装时必须注意流动方向。

2.分级延时阀

分级延时阀的结构原理及逻辑符号图如图 2-6-8 所示。当输入口的压力信号较低时，在弹簧的作用下，活塞 3 下移。阀盘 2 离开阀座，由 1 口输入的气压信号经 4 口直接到达输出口 6，不进行节流延时，当输入 1 口的压力信号增大到一定值时，活塞 3 克服弹簧张力上移使阀盘 2 压在阀座上，输入的气压信号必须经 7 口，再经节流孔 5 到达输出端 6 进行节流延时。转动调整螺钉 A，可改变弹簧的预紧力，即可调整开始进行节流延时的输入信号的压力值；转动调整螺钉 B，可改变节流孔的开度，即可调整延时时间。当输入的气压信号降低或撤消时，在弹簧的作用下，活塞连同阀盘一起下移，输出端 6 直接与输入端相通，不进行节流延时。

3.速放阀

速放阀的结构原理及逻辑符号图如图 2-6-9 所示。A 端为输入端，B 端为输出端。当输入端 A 有气压信号时，橡胶膜片 2 被顶起，封住通大气口 4，使输出端 B 的气压信号立即等于 A

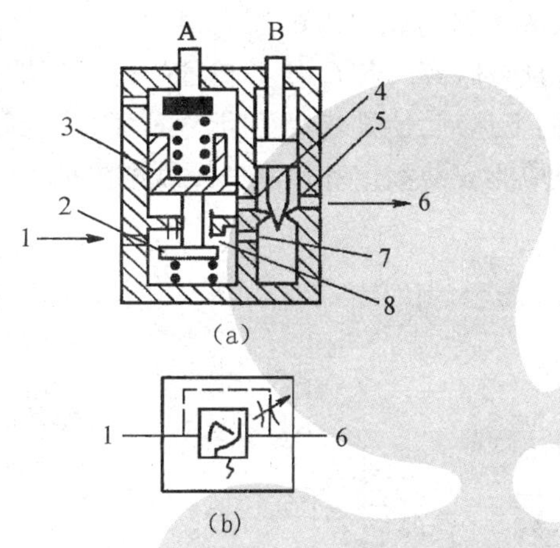

图 2-6-8　分级延时阀的结构原理及逻辑符号图

1—输入口；2—阀盘；3—活塞；4，7—通孔；5—节流口；6—输出口；8—阀座；A—调整弹簧预紧力螺钉；B—调整节流孔开度螺钉

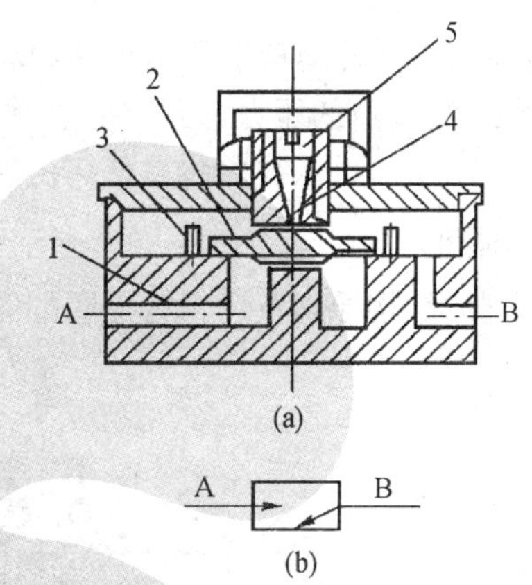

图 2-6-9　速放阀的结构原理及逻辑符号图

1—阀体；2—橡胶膜片；3—限位导程销(4 只)；4—大气口；5—空心螺钉

端；当输入端 A 的气压信号撤销时，膜片 2 下落封住输入端，同时打开通大气口 4，使输出端 B 的气压信号就地泄放，而不必经输入端 A，再经较长的管路泄放，这就避免了信号泄放的延时。

(三)气动比例元件

1.减压阀

减压阀的结构原理及逻辑符号图如图 2-6-10 所示。减压阀的作用是将较高的输入压力(通常称为气源)降低至一个较低的输出压力。其工作原理是经过预压的调压弹簧 3 通过顶杆 7 使阀芯 6 打开，压缩空气从 V 口经过这个打开的阀口流向压力较低的 Z 口，在这同时压缩空气也到达膜片 4 的下方，随着 Z 口压力的升高，会使带顶杆的膜片和阀芯一起克服调压弹簧的弹簧力向上运动，直到 Z 口压缩空气作用在膜片上的力（Z 口压力×膜片的有效面积）与通过调节螺钉 1 调节的弹簧力相平衡为止，这时阀芯与阀座 5 接触，从而使 V 口与 Z 口之间的通路截止（截止状态，即输入与排气均被截止）。

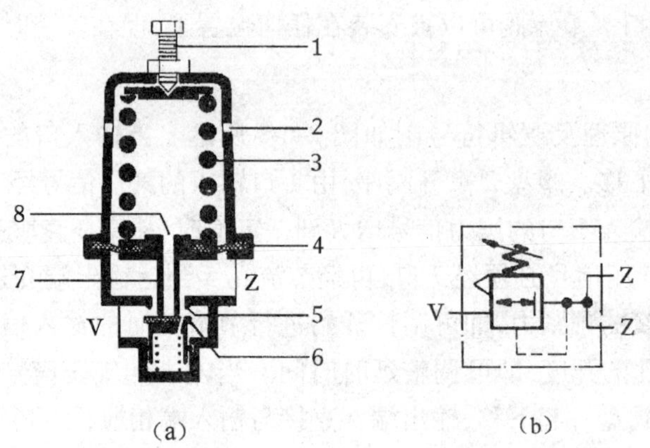

图 2-6-10　减压阀的结构原理及逻辑符号图

1—调节螺钉；2—通孔；3—调压弹簧；4—膜片；5—阀座；6—阀芯；7—顶杆；8—孔

如果输出的压力下降到低于调压弹簧的弹簧力相对应的值时，则膜片向下运动，并通过顶杆使阀芯 6 打开阀口，直到重新达到与调压弹簧的弹簧力相对应的压力值为止。如果输出压力超过与调节弹簧相对应的压力值，则膜片带着顶杆脱离阀芯 6，使 Z 口的一部分压缩空气通过孔 8 排出，当 Z 口的压力达到期望值时，膜片向下运动，使排气口关闭，这样重新达到该阀的截止状态。减压阀可以被安装在任何位置上，但应为安装固定和该阀的操纵预留足够的空间。

2. 比例阀

比例阀的结构原理及逻辑符号图如图 2-6-11 所示。比例阀常用于气压信号的隔离跟随。

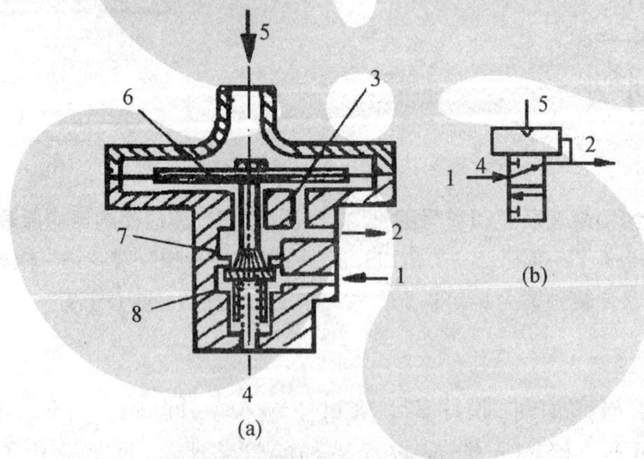

图 2-6-11　比例阀的结构原理及逻辑符号图

1—气源；2—输出端；3—反馈口；4—通大气口；5—输入端；6—膜片；7—阀芯；8—动阀座

当输出端 2 的气压信号与输入端 5 相等时，膜片 6 上、下受力相等，处于平衡状态。动阀座 8 截止气源 1，阀芯 7 压在动阀座上，封住通大气口 4，输出信号不变。当输入端的气压信号增大时，膜片 6 向下弯，动阀座 8 下移，气源 1 与输出端 2 相通，使输出端的气压信号增大。该增大

的气压信号经反馈口 3 进入膜片 6 的下部空间，当输出的气压信号增大到与输入信号相等时，膜片 6 又处于平衡状态，气源 1 被动阀座 8 截止，输出稳定在比原来高的压力值上。若输入信号降低，则膜片 6 向上弯，阀芯上移，输出端 2 与大气口 4 相通，输出压力降低。经反馈口 3 使膜片下部空间的压力降低，直到输入信号与输出信号相等时，膜片 6 又恢复到平衡状态，这时输出压力就稳定在比原来低的值上。可见，比例阀在稳态时，其输入与输出是相等的。

3.转速设定精密调压阀

在气动遥控系统中，转速设定精密调压阀用于车钟设定转速的发讯，其输入信号是车钟手柄的位移，输出信号是与设定转速所对应的空气压力。转速设定精密调压阀的结构原理及输出特性图如图 2-6-12 所示。滚轮 1 与车钟手柄下面所带动的凸轮相接触。当车钟手柄向加速方向扳动时，经滚轮使顶锥 2 下移，克服弹簧张力使上滑阀 3 下移，进排气球阀 4 中的下球阀仍压在下滑阀 5 的阀座上，封闭通大气口，上球阀会离开上滑阀 3 的阀座而打开某一开度。气源 P 经上球阀通至输出端 B，使输出压力升高。该升高的压力信号一方面作为转速设定信号输出，另一方面经反馈小孔（图中虚线所示）进入膜片 6 的上部空间压缩弹簧 7，使下滑阀连

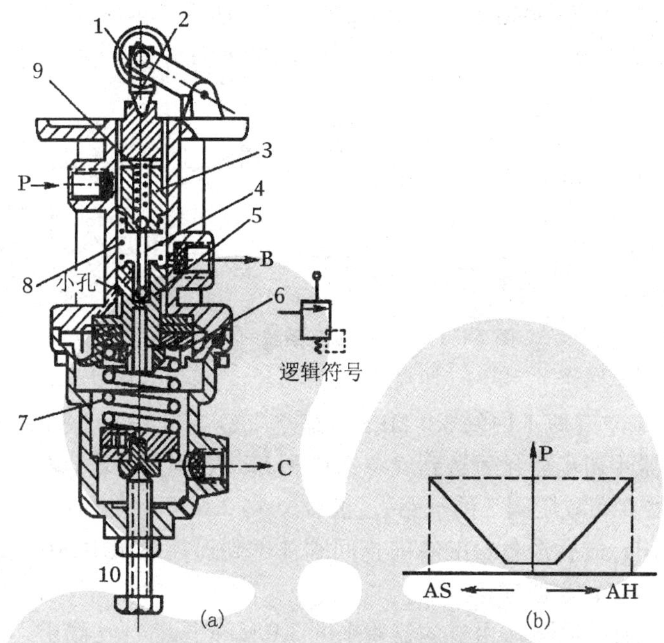

图 2-6-12 转速设定精密调压阀的结构原理及输出特性图

1—滚轮；2—顶锥；3—上滑阀；4—进排气球阀；5—下滑阀；6—膜片；7—压缩弹簧；8，9—弹簧；10—螺钉

同下球阀一起下移。当下滑阀的下移量与顶锥 2 的下移量相等时，上球阀又被压在上滑阀 3 的阀座上，封闭气源 P，使输出端 B 的压力不再升高，稳定在某一数值上。在稳定输出时，上、下球阀均关闭。可见，输出压力与顶锥 2 的下移量成比例。当车钟手柄向减速方向扳动时，在弹簧 8 的作用下，顶锥和上滑阀连同进排气球阀一起上移，使上球阀关闭，下球阀会离开阀座而打开，使输出端 B 与大气口 C 相通，输出压力降低，经反馈小孔使膜片上部空间压力降低，靠弹簧 7 的张力使下滑阀上移，直到下滑阀的上移量与上滑阀的上移量相等时，下球阀又封闭通大气口，使输出压力稳定在比原来低的数值上。图 2-6-12（b）示出了该阀的输出特性线。因为车钟手柄下面所带动的凸轮的正、倒车边是对称的，所以正、倒车转速设定的特性线是相

同的。其输出压力的变化范围一般为0.05~0.5 MPa,其中0.05 MPa对应于最小设定转速值,0.5 MPa对应于最大设定转速值。最小设定转速值的调整是通过转动螺钉10改变弹簧7的预紧力来实现,即可上下平移输出特性线。若旋紧螺钉10使弹簧7预紧力增大,则最小设定转速值增大,即向上平移输出特性线;反之则向下平移输出特性线。最大设定转速值的调整是通过转动弹簧座改变弹簧7的有效工作圈数(即刚度)来实现,从而可改变输出特性线的斜率。若有效工作圈数减少,会使刚度增大,则最大设定转速值增大,输出特性线的斜率增大;反之输出特性线的斜率减小。

(四)主机遥控系统气源的标准及要求

在气动主机遥控中,常用3.0 MPa的压缩空气作为换向和起动的动力气源,用0.7 MPa的压缩空气作为其遥控气源。0.7 MPa的遥控气源可通过3.0 MPa的空气瓶的压缩空气减压来获得,也可由单独的气源设备供给。但无论采用哪一种方式,为了保证气动主机遥控系统能正常工作,遥控气源必须是稳定而洁净的。首先需经过净化处理,以滤去空气中的灰尘杂质,去除水分及油污,然后经过稳压(减压)处理才可使用。鉴于遥控气源的重要性,遥控气源中的过滤器和减压阀常成双配备,并由气源选择阀来选用。如图2-6-13所示,一个气源选择阀包括选择阀5、过滤器(滤清器)6、减压阀7和单向阀8、输出压力表9等。

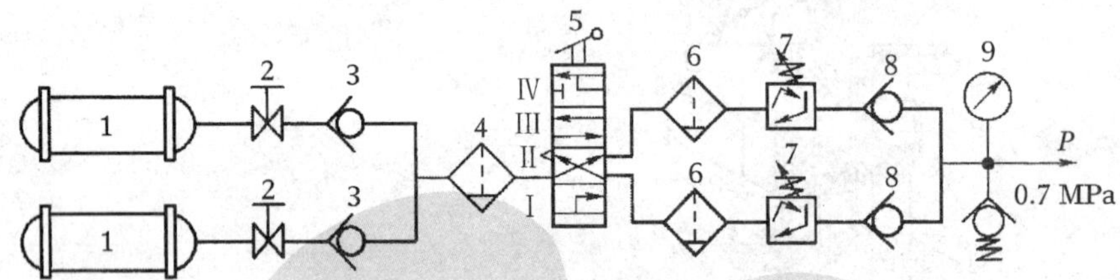

图2-6-13 主机遥控系统气源装置

1—空气瓶;2—截止阀;3,8—单向止回阀;4—过滤器;5—气源选择阀;7—减压阀;9—压力表

图2-6-13中,两个空气瓶1内的3.0 MPa压缩空气经各自的截止阀2和单向止回阀3引入过滤器4,由过滤器4初步净化后送到气源选择阀5。气源选择阀5的两个输出气口上接有两条具有同样过滤器6和减压阀7的气路,过滤器6将3.0 MPa的压缩空气进一步净化后由减压阀7减至0.7 MPa,最后经各自的单向止回阀8送到遥控系统中,作为遥控气源。气源装置的四种工况由气源选择阀来选定。

(1)气源选择阀切换到Ⅳ位,由过滤器4来的3.0 MPa压缩空气截止,上、下过滤减压支路均通大气(不工作),无气源输出,遥控系统不工作,因此该工况用于停泊状态。

(2)气源选择阀切换到Ⅲ位,上支路通大气,下支路投入工作,输出0.7 MPa遥控气源。

(3)气源选择阀切换到Ⅱ位,下支路通大气,上支路投入工作,输出0.7 MPa遥控气源。

可见,Ⅱ位和Ⅲ位都是单路工作(一路工作,另一路备用),因此适用于海上航行状态,在海上航行中若工作支路故障或需清洗滤器,可切换到备用支路。

(4)气源选择阀处于Ⅰ位,上、下支路同时投入工作。主要用于进、出港时供气,以满足进、出港时主机操纵频繁,耗气量大的要求,确保进出港时的操作安全。

二、气动操纵系统的识读

主机气动操纵系统是主机遥控系统的重要组成部分,主机的起动、换向和停车,甚至转速设定信号的传递,最终都是依赖气动操纵系统来完成的。主机气动操纵系统一般由主机生产厂家随主机配套提供，因此对于不同的船舶主机，其气动操纵系统不尽相同。MAN B&W MC/MCE 型主机为当前主流船舶低速柴油机之一。

MAN B&W S-MC/MCE 型主机操纵系统的气路原理图如图 2-6-14 所示，其主要控制元部件分布在集控室操纵台、机旁和专门的气动控制箱内。系统提供了对主机进行机旁手动操纵和集控室手动遥控的功能，若配上自动遥控装置，则可以实现驾驶台自动遥控。该系统要求提供约 3.0 MPa 的动力气源。此外，还要求提供两个相互独立的 0.7 MPa 气源，分别用作控制气源和安全保护气源。该气路设计的特点不仅在于有完善的主机操纵功能，还有喷油定时的自动调节和慢转起动等控制环节。

图 2-6-14 所描述的当前工况为：主机处于停车状态；凸轮机构的滚轮处于正车位置；已具备电源和气源条件；调速器连接油门拉杆的供油离合器处于“遥控”位置；机旁操纵台的“遥控/机旁”转换阀 100 处于“遥控”位置，已具备集控室操纵工作条件；盘车机已脱开；至空气分配器的气路已打开。气路上，在多处画有气路分叉，这是一种制图上的简化，相应的分叉数应同该主机的气缸数相一致。图示各元器件的结构与功能可以参考说明书。

（一）集控室操纵

1.集控室主机操纵台

集控室的主机操纵台如图 2-6-15 所示，其中：A 为换向手柄兼回令车钟手柄；B 为主机操纵手柄，即“停车-起动-供油调速”手柄；73 为控制空气压力表；1 为“电子调速器供油限制取消”指示灯；79 为“电子调速器供油限制取消”开关；2 为“慢转起动”指示灯；78 为“慢转起动”控制开关；80 为“驾控/集控”转换阀。

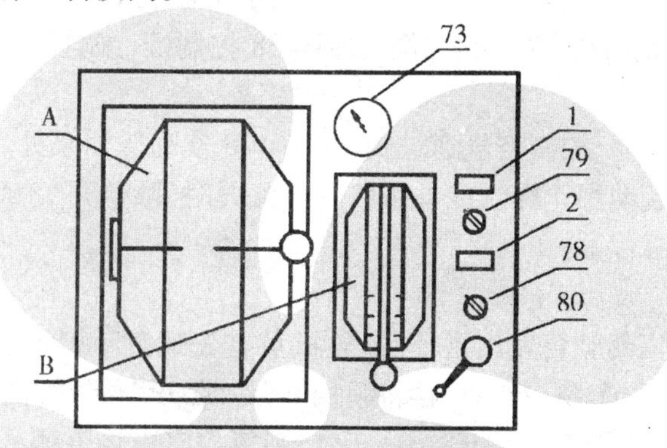

图 2-6-15　集控室的主机操纵台

换向手柄 A 有三个工作位置，即正车（AH）、停车（AS）和倒车（STOP）位置。其一方面通过电路给出回令信息，另一方面控制换向阀给出换向信号。手柄 A 处于正车位置时，管路 6 有气；处于倒车位置时，管路 8 有气；处于停车位置时，管路 6 和管路 8 均放气。

操纵手柄 B 也有三个位置，即停车（STOP）、起动（START）和供油区（FUEL RANGE）。手柄 B 处于停车位置时，阀 64 被压下，工作在上位，送出停车指令，管路 2 有气，同时限位开关 60 和 61 动作，分别向电子调速器发送断油停车信号和起动逻辑发出停车复位指令。手柄 B 处于起动位置时，阀 63 动作，送出起动信号，管路 5 有气；阀 64 继续保持在上位，管路 2 继续有气。手柄 B 处于供油区（FUEL RANGE）后，阀 63、64 失控，停油释放，起动阀关闭，手柄 B 还带动转速设定电位器，给电子调速器送出一个与手柄位置相对应的转速设定值。

2.集控室遥控的准备工作

在要求进行集控室遥控操纵时,事先应完成以下准备工作:

(1)调速供油离合器应处于“遥控”部位。

(2)机旁操纵台上的“遥控/机旁”转换阀 100 应置于“遥控”位置,下位通。

(3)集控室操纵台上的“驾控/集控”转换阀 80 置于“集控室”位置,上位通。

此时,0.7 MPa 的控制空气已送至以下各处:

①曲柄箱油雾浓度监视报警装置。

②盘车机连锁机构。

③喷油定时自动调节机构。

④经机旁操纵台的“遥控/机旁”转换阀 100 和 24 送至集控室操纵台,压力表 73 指示控制空气压力。由于阀 80 已经置于“集控”位置,工作于上位,因而控制空气到达阀 63 和 64,为集控室操纵做好准备。同时,压力开关 76、77 闭合,给控制电路提供开关量信号。

3.集控室操纵

下面以停车、换向、起动和运行中换向起动 4 种情况为例,说明对主机进行集控室手动遥控的操作方法和气动操纵系统的动作原理。

(1)停车

驾驶台车钟给出“STOP”指令,集控室的操作手柄 A 和 B 都处于“STOP”位置,阀 64 被压下,工作于上位,控制空气通过,然后分成两路。

一路经速放阀 58 和单向节流阀 69 送到正、倒车换向指令阀 70,作为后续操作的准备条件;另一路经管路 2、或门阀 85 到达二位三通阀 38 控制端,来自管路 0 的控制空气通过阀 38 和 23 后再分成两路。

一路使阀 25 下位通,控制空气通过阀 25 和 128 使高压油泵处于不可供油状态。另一路使阀 117 下位通,为起动操作提供准备条件。与此同时,限位开关 60 也向电子调速器发送断油停车信号,确保可靠停油。

(2)换向

在停车状态下,当驾驶台发出指令时,轮机员首先通过手柄 A 进行回令。当集控台指示灯指示的凸轮轴位置与车令一致时,再将手柄 B 从“STOP”位置推向“START”位置。

假设驾驶台发出的是正车(AHEAD)车令,则集控室应将手柄 A 推到“AHEAD”位置。此时存在两种情况:一是车令与凸轮轴位置相一致,即“AHEAD”指示灯亮,说明满足起动逻辑鉴别条件,可直接将手柄 B 推到“START”位置,进行起动操作;二是车令与凸轮轴位置不一致,即“AHEAD”指示灯不亮,操纵系统将首先进行正车换向,必须等换向结束之后才能进行起动操作。

现假设车令与凸轮轴位置不一致,即车令为正车,而凸轮轴位置为倒车。此时,因手柄 B 停留在“STOP”位置,而手柄 A 在正车位置,故管路 6 有气,通过或门阀 87 后一路送至阀 55 等待(因空气分配器处在倒车位,阀 55 工作于左位而截止),另一路再经或门阀 29 后到达阀 10 的控制端,使之工作于左位而打开。气源经过阀 10 左位后一路经阀 9(手动阀,工作时应置于左位)到达各个高压油泵的换向气缸,进行正车换向(换向到位后,相应的磁力开关 7 动作,送出开关量反馈信号);另一路经阀 14(此时控制端无气,下位通)到达空气分配器换向气缸,推动活塞向左运动进行正车换向。换向到位后,通过机械动作使阀 55 工作于右位,阀前等待的

控制空气经阀 55 和或门阀 50,使管路 12 有气。

管路 12 有气标志着空气分配器换向结束,到达阀 37 的阀前等待,为主机起动准备条件。高压油泵换向结束后,各个换向气缸上的磁力开关 7 动作,通过电路处理给出凸轮轴位置信号。这一信号用作集控台“AHEAD”指示灯的控制信号,此外还用于自动遥控系统进行逻辑判断。

以上为操纵系统进行正车换向的过程,倒车换向过程类似。

(3)起动

当车令与凸轮轴位置一致时,将集控室手柄 B 推到“START”位置,阀 63 被压下,工作于上位,管路 5 有气;由于是油-气分进型主机,此时阀 63 仍然处于上位,管路 2 继续有气,系统仍处于停止供油状态。

管路 5 的控制空气经或门阀 91 到达阀 37 的控制端,使其下位通,阀前等待的气源经过阀 37、或门阀 31 使阀 33 下位通。只要盘车机是脱开的,阀 115 上位通,管路 19 有气,控制空气就将通过阀 33 下位使管路 22 有气。管路 22 的控制空气将产生以下逻辑动作:

①使阀 14、15 均工作在上位,空气分配器的位置被锁定。

②使阀 26 工作在右位,为空气分配器投入工作准备条件。

③使阀 27 工作在左位,阀前等待的气源经过阀 27 左位到达阀 28 和辅起动阀,使辅起动阀打开。阀 28 为慢转电磁阀,没有慢转指令时工作于右位,控制空气得以通过,使主起动阀也打开。3.0 MPa 动力空气立即进入起动空气总管,一方面到达各缸气缸起动阀,另一方面经过手动阀 118 和阀 26 的右位,然后分成两路:一路进入空气分配器,另一路经阀 117 下位(停油时工作于下位)使空气分配器投入工作,指挥各个气缸起动阀按照正车的顺序开启,使主机进行正车起动。

若有慢转指令,则慢转电磁阀 28 得电,工作于左位,起动时只有辅起动阀打开,使主机慢转。当主机慢转 1~2 转后,取消慢转指令,电磁阀 28 失电,打开主起动阀,转入正常起动。当主机转速已经达到起动转速时,将操纵手柄 B 从“START”推向“FUEL RANGE”区域,这时阀 63、64 都复位到下位通,电位器 62 输出转速设定电压信号。

阀 64 的复位使管路 2 的停车指令立即消失,阀 38 复位到上位通,于是就有:

①阀 25 复位到上位通,各缸高压喷油泵停车气缸内的压缩空气通过阀 25 泄放,进入工作状态。

②阀 117 复位到上位通,空气分配器停止工作。

管路 6 要经单向节流阀 69 进行延时泄放,有利于各缸高压油泵换向成功。

阀 63 的复位使管路 5 立即失压,阀 37 和 33 先后都复位到上位通,管路 22 上的控制空气将通过阀 33 上位和单向节流阀 32 延时泄放。阀 32 的节流作用是使进气过程延时结束以获得约 1 s 的油-气重叠的时间,保证主机起动的成功率。

起动供油阶段结束以后,主机操纵手柄 B 下面的电位器 62 输出转速设定信号送至电子调速器,调速器通过执行马达控制主机高压油泵齿条调节油量,进入正常运行阶段。

(4)运行中换向起动

驾驶台车钟给出运行中换向指令后,值班轮机员首先通过手柄 A 回令。此时,由于手柄 B 仍处于“FUEL RANGE”区域,阀 63、64 均工作于下位,回令车钟 70 不具备气源条件,尽管已处于正车或倒车的换向状态,但是管路 6 或管路 8 上没有换向指令气压输出,因此回令操作只是使车钟产生声、光应答信号,并不执行换向操纵,主机仍然处于原来的运行状态。

接下来应对主机进行减速，将手柄B拉至低于换向转速的区域，观察转速表，当主机转速下降到换向转速时，再把手柄B拉至“STOP”位置，操纵系统执行停油动作，主机进一步降速。与此同时，回令车钟70在获得气源并通过管路6或管路8送出换向信号，进行相应的换向操作。换向结束后，再把手柄B从“STOP”扳到“START”位置，只要空气分配器换向完成，即“正/倒车起动连锁”解除，就可以使主机进入强制制动工况，而后开始反向起动。其操作过程和气路工作过程与停车起动完全一致。

（二）驾驶台遥控

主机气动操纵系统均设置有与驾驶台自动遥控系统进行接口的气路。只需在集控室操纵状态下，将操纵台上的“驾控/集控”转换阀80置于“驾控”位置，则阀80工作于下位，接通停车电磁阀84、正车电磁阀86、倒车电磁阀88和起动电磁阀90的工作气源，同时，切断集控室主机操纵台气源，手柄A和手柄B均失去对气路的控制功能。

或门阀85、87、89和91的两个输入端分别接收来自集控操纵台和各个电磁阀的输出信号。在驾控时，自动遥控系统根据车令和主机状况进行逻辑判断，通过电信号指挥各个电磁阀动作。电磁阀的输出代替来自集控室的命令，实现对主机的各种操纵，其工作过程与集控室操纵相同。

根据需要，主机可以选配不同的自动遥控系统。自动遥控功能或因厂家而异，但一般都具有正常起动、重复起动、慢转起动、重起动、一次性限时起动、正常换向、应急换向和制动等逻辑功能，同时还可以对换向、起动失败等情况进行监视，发生故障时将给出声、光报警信号。此外，在转速和负荷控制方面，一般还有最低稳定转速限制、最高转速限制、临界转速自动回避、加速速率限制、程序负荷、增压空气压力限制以及转矩限制等功能。

（三）机旁应急操纵

任何主机的气动操纵系统都必须具备机旁应急操纵功能，以便在遥控气路、调速器等发生故障或在其他某些必要情况下能够在机旁对主机进行操纵。

进行机旁操纵时，首先要进行操作部位的切换。MAN B&W MC/MCE型主机的机旁应急操纵台如图2-6-16所示，切换至“应急操纵”的操作步骤如下：

（1）检查换向阀105的位置。阀105是在机旁操纵时的手动换向阀，切换之前应确保处于希望的位置。从图2-6-16可看出，只有停车阀102被压下时，换向阀105才起作用。

（2）逆时针转动锁紧手柄A，使油门调节手轮B处于自由状态。

（3）将锁定臂（Blocking Arm）置于“应急（Emergency）”位置。

（4）将手轮B转至合适的位置（参见主机说明书），逆时针转动压紧手轮（Impact Handwheel）P，使油门拉杆从调速器输出端断开，连接到手动调节手轮B。

（5）将操作部位转换阀100由“正常（Normal）”转至“应急（Emergency）”位置。

切换至“应急（Emergency）”位置后，机旁操纵台气源接通（压力开关106和107动作，送出相应的开关量信号），可通过机旁手动阀对主机进行应急操纵；管路24的气源被切断，集控室和驾驶台操作失效。

机旁操作指令由停车阀102、正/倒车换向阀105和起动阀101给出，并分别通过或门阀23、29、30和31同来自集控室或驾驶台的遥控指令相“或”。由于遥控气路不工作，以上或门阀的输出只能来自机旁。

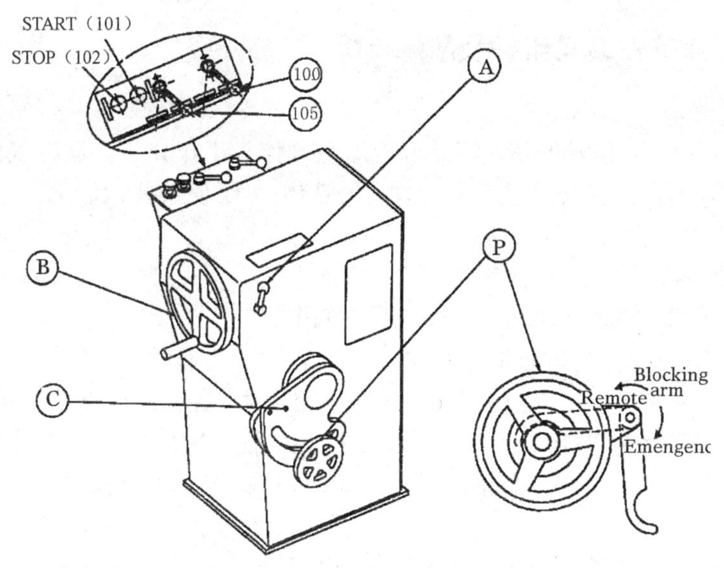

图 2-6-16　MAN B&W MC/MCE 型主机的机旁应急操纵台

(1)停车

按下停车阀 102,使其上位通,来自转换阀 100 的气源经或门阀 103 和 23 送至二位三通阀 25 的控制端,其后的停油动作与遥控操作相同。应注意的是,停车阀 102 不带复位弹簧,而是采用气动复位,在按下起动阀 101 之前,停车阀 102 将保持在上位(即停车位置)。

(2)换向

只有按下停车阀,换向阀 105 的阀前才有工作气源,因此只有在停车状态下才能进行换向操作。正车换向时,将阀 105 置于正车位置,阀前压力经过阀 105 的下位送至或门阀 29,阀 29 的输出有气,进行正车换向;倒车时,或门阀 30 的输出有气,进行倒车换向。在机旁手操时,换向连锁应由操作轮机员自行判定。

(3)起动

操作按下起动阀 101,使其上位通,输出有气并分成三路。其中,一路使阀 102 复位;一路经或门阀 31 送至阀 33 的控制端,进行起动操作;还有一路经或门阀 103 和 23,送至阀 25 的控制端,使得在起动过程中保持停油。起动成功后,松开起动阀,靠弹簧复位,停止起动。

在机旁控制气路中,单向节流阀 104 的作用和单向节流阀 69 的作用相同。

(4)供油调速

机旁手动操纵的供油调速是通过操纵手轮 B 经传动杠杆、离合器和调油轴等直接控制高压油泵实现的,因此,在机旁给出的不是转速设定信号,而是油量信号。此时调速器不起作用。

(四)安全保护系统控制的断油

在气动控制箱内设置了由安全保护系统控制的断油停车电磁阀 127,由独立的气路提供工作气源。一旦按下应急停车按钮,或主机出现紧急情况使得安全保护系统输出应急停车指令时,电磁阀 127 得电,下位通,安保控制空气将通过阀 127 和或门阀 128 送至高压油泵停油阀,实现断油停车,对主机进行安全保护。

三、气动系统的安装与维护及故障排除

(一)管理要点

在气动遥控系统中,信号的传递都是以压缩空气作为工作介质。遥控气源的压力必须正常,一般为 0.7 MPa;操作空气要求无尘、无水、无脏物;为了使某些运动部件得到润滑,操作空气最好经过滑油雾化处理。

为了使气动遥控元件发挥其应有的效能,轮机人员必须重视气动遥控元件的定期检查保养工作。建议按以下周期进行维护、检查和调校工作。

(1)每 1 至 7 天对滤器、气瓶定期排放污水,并注意查看有关的液位情况。

(2)每半年至 1 年更新空气过滤器中的过滤元件,对遥控气路认真进行漏气检查。

(3)每 2 年对强度在 3 MPa 以下的气动元件,如气缸等执行机构,进行维护检查。

(4)每 4 年对强度在 1 MPa 以下的气动元件,即大多数气动阀件,进行维护检查。

(5)每 4 至 8 年对密封垫片之类的橡胶制品,即使没有表面破损等情况也必须予以更新。

(6)原则上经过 8 年长期使用之后的 1 MPa 以下的气动元件都要求更新,以确保工作的安全和可靠。

在进行维护检查的时候,对金属零件应用清洗油清洗,对橡胶制品则应用肥皂水清洗。发现破损、老化等情况必须予以更换。在安装时,要用低压压缩空气吹净并给予必要的润滑。

(二)故障排除

如果遥控系统工作不正常,则借助说明书提供的故障表来判断,结合气动控制原理分析和实际经验来确定故障部位,从而进行排除。在进行各项检查之前,首先应着手以下项目的检查:

(1)核对遥控系统高、低压气源的压力是否正常。

(2)检查管路上是否有泄漏情况。

(3)检查应急停车等应急操纵是否已被撤销。

故障分析和排除的方法可从以下几个方面着手处理:

1.确认系统的安全保护装置和连锁装置

在主机遥控系统中,最常见的故障是:不能起动或起动困难,不能换向,不能调速。造成这些情况的原因,往往是安全装置的保护作用,因而在分析故障之前,一定要首先了解安全保护装置和连锁装置,最好能找到安全装置的传感器或连锁装置的安装位置。安全保护装置常见的有油压、水压、油温、水温、超速保护、曲柄箱油雾浓度监测等。连锁装置一般有:不停油不能换向、换向不完毕不能起动、转向连锁、盘车机连锁等。安全保护装置和连锁装置造成操纵主机困难的原因,往往不是参数和主机的状态不正常,而是传感器的误动作,因而检查传感器是故障分析的重要环节。

2.了解主机遥控系统的各种控制过程及可整定的参数

一般遥控系统的说明书中都提供详细的数据表。在正确理解系统功能和参数的情况下,结合主机工况,必要时根据机器的状态进行适当调节。例如点火转速(Ignition Speed 或 Cut-off Speed),是根据主机的状态,确保主机起动点火燃烧而切断起动空气的一个转速。柴油机经过多年运转,设备状态发生了变化,原来设置的点火转速就可能不够,需要进行修改。再如起动油量是为了起动可靠而设置的、专门用于起动的油量。如一台主机经几年的运转,气缸、

活塞、油泵及油门传动机构有不同程度的磨损，这时仍用新机的起动油量，往往造成起动油量不够，起动困难，这时，应适当增大设置的起动油量。

3.故障出现后的分析步骤

(1)检查报警

柴油机操作不灵或运行过程中突然自动减速或停车，首先应检查的是故障报警。一般控制台或模拟板上都有比较重要参数的指示灯、数值表，如润滑油、冷却水的压力、温度等。分析这类故障时，要分清是参数不正常还是传感器不正常，并分别进行处理。

(2)使用机旁操纵

船舶在进出港或备车情况下，出现主机操纵困难，应首先使用机旁操纵，以保证主机操纵安全。并在机旁操纵时，观察现象，确认机旁操纵和遥控执行环节正常后，再对遥控系统进行检查和测试。

(3)检查系统参数设置

如果机旁操纵没有问题，可以断定主机操纵的执行机构是正常的，其中包括起动阀、换向机构、调速器等。下一步应检查集控或驾控所使用的传感器、信号源、输入设备、执行阀件等，可通过系统的模拟试验，检查各器件的工作状态。如果系统为硬件故障，可通过换备用模块板的方式进行解决，而不必去考虑板上的哪个集成块或元件有问题。硬件确认无故障，则应考虑参数的设置问题，例如，起动油量、点火转速、一次起动时间等。应根据故障的具体现象从及机器的使用状态等情况做适当修改。

(4)查电气接口

因为电气转换的接口部分是控制系统较为薄弱的环节，容易导致接触不好、断线、短路或接地故障。一般是先使遥控系统发出操纵指令，再检查阀件是否动作，较常见的故障是电磁阀或电磁阀线路故障，在用晶体管驱动电磁阀的回路中，晶体管也是容易出故障的地方。

第三章 电气与电子设备的故障诊断和恢复工况的管理

当电气或电子设备发生故障时，应及时查出原因并加以排除，通常采用的方法如下：

一、通过直观的办法判断、查出故障

（1）看：看现象、看仪表、看状态。看现象主要是看设备有无火花、有无线头脱落、熔断器的记号是否脱落、热继电器是否跳开、应动的器件是否动作等据此来判断故障。当电器设备出现短路、接地、接触不良等情况时往往会有火花产生，产生火花的地方就是故障点。看仪表，很多设备都带有电流表或其他仪表，通过这些仪表就能发现故障。如电机过载时，电流表的指示值肯定大。看状态就是看设备的运行情况和平时是否一样，如果不一样，查原因往往就能找到故障。

（2）听：根据听到的设备运行的声音来判断故障。如电机轴承损坏或定、转子相擦时会有异样的声音产生；接触器铁芯太脏或短路环断裂会有较大的噪声；接触器被卡住通电时会有“嗡嗡”声而不能吸合等。通过听声音就可以大致判断出故障原因。

（3）闻：有些设备温度过高或烧坏时，会闻到一些特殊的气味，据此就会发现一些故障。尤其是漆包线线圈电流过大造成油漆烧焦后，会有比较刺激、难闻的焦味。

（4）摸：手摸或手靠近机壳来感受温度的高低，从而判断故障。如电机散热不良往往就是通过用手摸发现的。有些设备（如电磁阀）通电后温度会升高一些，如果温度没有升高，则说明它没有通电（实际应当通电），就是有故障。

（5）测：有些设备往往在操作过程中发生故障，或者因为误操作或不知道线路做了改动而发生故障，故障查找者在故障发生时不在现场，因而需要问明故障发生的原因、过程、现象等，以此来帮助判断查找故障。但是具体还是需要通过对系统关键参数的测量，来判断设备故障可能发生的部位；有些测量可以通过设备本身仪表的观察得到；有的需要借助便携式仪表，如万用表、钳形表等来测量得到。

二、通过测量的办法查出故障

当通过一些直观的办法不能找出故障的原因时，就要借助分析图纸，通过测量电压、电流、

电阻、绝缘等办法查出故障，这是故障查找的主要方法。对电动机控制电路故障的典型测量方法和基本步骤如下：

(1)根据设备的工作特点、故障现象，判断故障性质和可能存在的环节，确定查找的主要目标。

(2)分析电路图，根据需要采用适当的测量方法找出故障的具体部位，排除故障。

除器件损坏外，通常电路故障可以分为断路、短路和其他(如接地)等几个典型情况。

1.断路性质的故障

这类故障往往是在操作过程中发现的，主要表现为整个电路或某一部分某一支路不能正常工作。

(1)整个电路不能工作

这类故障绝大部分发生在热继电器或熔断器上，查找步骤为：

①复位热继电器(如有)，重新操作，如电路正常，则控制电路故障排除，分析热继电器跳开的原因并排除。

②复位热继电器，重新操作，如电路仍不正常，则检查主电路和控制回路熔断器，如有损坏，则更换新的。重新操作，如电路正常，则故障排除。

③如电路仍不正常，则要根据电路图，从不正常的部分开始，利用测电压或测电阻的办法，查出故障器件加以排除(具体办法在后面的例子中介绍)。

(2)部分电路不能工作

当整个电路只有一部分不能正常工作时，就要根据图纸分析该部分工作需要满足的条件，哪个条件不满足就查对应部分的原因，然后加以排除即可。

2.短路性质的故障

主要表现为：通电后或操作后主电路或控制电路熔断丝烧断，换新后仍然烧断。查找方法为：

(1)主电路熔断丝正常，控制回路熔断丝烧断

这种情况属于控制回路故障，换一个熔断器，合上电源，如果熔体立刻烧断并且电路有火花，则故障点就在火花处，切断电源，检查电路予以排除。

如果电路无火花，但是熔断丝烧断，则切断电源，用万用表×1Ω 挡测控制回路两端，如电阻值为 0 或很小，则为控制回路短路。可将整个电路分成两部分，测每一部分的电阻值，找出电阻值小的那一部分，再把它分成两部分，测量每一部分的电阻值，再找出电阻值小的那一部分，把接点分开，测每一路的电阻，在电阻值小的那一路找出故障点。

(2)主电路熔断丝正常，控制回路熔断丝不操作时正常，但是一操作就烧断

这类故障点在操作开关后面，可能是操作开关后面直接短路，也可能是接触器(或继电器)线圈烧坏，还可能是接触器(或继电器)触点动作后引起后面短路。可把接触器(或继电器)线圈与电路断开，换上熔断器后重新操作。

如果仍然烧断，则是控制开关或按钮后边短路，拆开该点所有支路，测量每一支路的电阻，找出电阻为零或最小的那一路，检查具体原因加以排除。

如果短路现象排除，则在带电的情况下用绝缘材料按动接触器(或继电器)使其触点闭合，如果电路仍正常，则是接触器(或继电器)线圈烧坏，更换接触器(或继电器)线圈即可。

如果按动接触器(或继电器)，电路仍然烧断，则是与接触器(或继电器)常开触点有关的

电路有故障，可测所有常开触点输出端与它相连的电源间的电阻，查出短路故障点加以排除。

(3)主电路熔断丝烧断，控制回路熔断丝正常

这类故障点在主电路，主电路故障一般出在电机上，或主电路接触不良，电机起动时间过长而使熔断器烧断。可从热继电器处将电机线拆下，在热继电器处测三相电压看是否正常。如果电压不正常，则检查接触器的主触点及主电路有关器件，找出故障点。如果电压正常，则故障一般在电机上(也有可能主触点接触不良但查不出来)，检查电机是否被卡住，连接导线是否短路，电机绕组是否有故障，根据情况加以排除。如果全部正常，则新安装电机有可能是电机接法错误或熔断器容量偏小。

3.其他故障

如果操作后接触器或继电器发出"嗡嗡"声而不能吸合，不是器件被卡住就是器件两端电压低。可通过按动器件和测器件两端电压的办法加以区分。如果按动器件阻力较大，则是器件被卡住，拆下器件，通过观察找出原因，加以排除。如果线圈两端电压太低，而电源电压正常，则是电路接触不良，查出接触不良点，加以排除。

第一节　电气与电子控制设备的故障排除

电气与电子控制设备在运行中出现故障有可能是机械运动部件、电气主回路、电子控制回路几个方面的问题。在确保人身安全的前提下，查找和排除线路故障时一定要做到仔细周密，尽量按原电路修复，避免故障扩大。如在不得已的情况下必须更改电路，应在图纸上标明，有条件时及时恢复，以免给后来者造成不必要的麻烦。电气控制线路的主要故障现象有：

(1)该通的不通：要求接通的接点接触不良或断开；线圈断线等。

(2)该断的不断：要求断开的地方没有断开，主要表现为短路、接地、触头熔焊、线圈短路、绝缘电阻过小等。

(3)电压不正常：表现为失压、缺相、电压过低等。

(4)元件参数变化过大：如电阻值过大或过小，各种参数整定不当等。

一、电气设备安全与电气测量

在进行船舶电气及控制设备的维护或修理前，应明确电气设备的安全情况，包括人身安全、设备安全、故障发生后的系统运行安全。在具体采取电气维修措施前，应对设备的故障及可能发生的后果进行评估分析，在采取预防措施后，才能展开维护保养或修理的工作。如果明确设备故障存在引起船舶相关系统运行终止的风险，则应落实好隔离及旁通等方法，防止在维护设备过程中出现二次故障或故障发生扩散，以确保船舶系统的安全。在经过所有的评估后，应报备轮机长处，获得轮机长许可后再进行后续的工作安排。

1.检查用电装置时应采用的安全程序

(1)工作服应扣好衣扣，必要时扎紧裤脚，不应把手表、钥匙等金属带在身边，工作时应穿电工绝缘鞋。

(2)检查自己的工具是否完备良好，如各种钳柄的绝缘、行灯、手柄、护罩等，如发现有欠缺，则应及时更换。

(3)电气器具的电线、插头必须完好,插头应与插座吻合,无插头的移动电器不准使用,36 V以上的电器外壳必须安全接地。

(4)不要先开启开关后接电源(指手提电器),禁止用湿手或在潮湿的地方使用电器或开启开关。

(5)在任何线路上修理时,应从电源进线端拿走熔断器,并挂上警告牌。修理完毕后,在通电前应先查看相关线路上有无其他人在工作,确定无人后,才可装上熔断器,合上开关。

(6)换熔丝时,一定要先拉断开关,并换上规定容量的熔丝,不得用铜丝或其他金属丝代替。

(7)检查电路是否带电,只能用万能表、验电笔和灯,在未确定无电前不能进行工作,带电作业必须经由电气负责人批准,作业时必须由两人一同进行。在带电作业时,尽可能用一只手触及带电设备并进行操作。

(8)在带电设备上严禁使用钢卷尺等金属尺进行测量工作。

(9)高空作业(离地 1 m 以上)时,应系安全带,以防失足或触电坠落,同时要注意所携带的工具、器材,防止失手落下伤人和损坏设备。

(10)在维修和检查有大电容的电气设备时,应将电容器充分放电,必要时可先予以短接。

(11)在机舱工作时,应有适当的照明,所用灯具电压应符合安全标准。

(12)工作完毕后,应检查清点工具,不要遗留。特别是在配电板、发电机等重要设备附近工作时更应注意。另外,工作完毕后应注意把不必要的灯或未燃尽的火熄灭。

2.电流对人体的影响

危险的触电电流通过人体,首先是使肌肉突然收缩,使触电者无法摆脱带电体,以致麻痹中枢神经,导致呼吸或心脏跳动停止。0.6~1.5 mA 的工频交流电流通过人体时开始有感觉;8~10 mA时手已较难摆脱带电体;几十毫安通过呼吸中枢或几十微安直接通过心脏均可致死。因此电流通过人体的路径不同,其伤害程度不同。手和脚之间或双手之间触电最为危险。

触电对人体伤害的程度与通过人体电流的大小、种类、路径和持续时间有关。通过人体电流的大小决定于人体两点的接触电压和人体电阻。人体总电阻是皮肤角质层电阻和体内电阻之和。皮质电阻为40~100 kΩ,而体内电阻为600~800 Ω,但皮肤潮湿、不洁净或有伤口时,皮质电阻可下降到1 kΩ 左右。因此人体电阻不是固定的常数,而且实际触电时的人体电阻和电流还与人体的触电部位、接触面积和接触紧密程度有关。通常有两种触电情况,一种是接触单相对地电压,另一种是同时接触两相电压(即线电压),对于三相绝缘系统后者危险性更大。

3.电气测量的相关要求

电气测量仪表使用前须首先看好表盘上的符号标记,了解仪表的性能特点,了解仪表使用时的注意事项和仪表要求的工作条件(安放位置、温度、外磁场、交流电流波形及频率)。测量时将仪表正确地接入被测电路,例如用电压表测量电路中某两点之间的电压,两支测量棒直接并接在这两个点上;用电流表测量电路某点所在支路的电流时,先把该点断开,然后把两个断头分别接电流表的两支测试棒。如图 3-1-1 所示为电压和电流测量方法的示意图。

需要机械调零或电调零的仪表,测量之前还要先把示值调整到零位。对于指针式仪表,读数时,要眼睛正对指针。在船舶上使用的电压表、电流表及功率表的刻度盘上应有表示其额定值的明显标志。

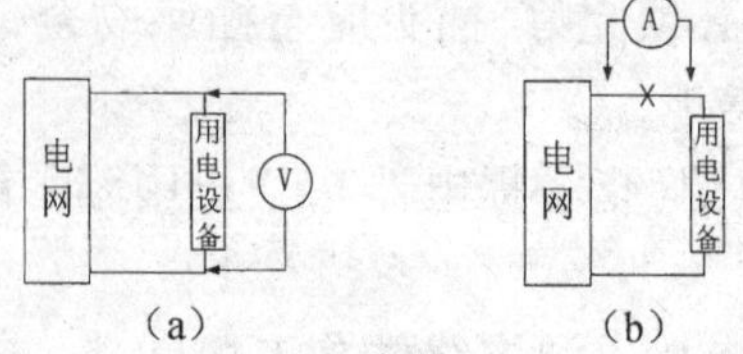

图 3-1-1　电压和电流测量方法的示意图

仪表外壳不能任意开启或将内部机构取出。严禁将仪表放在发电机、电动机或强电流导线的旁边，或放在高温、冷热急剧变化和具有腐蚀性气体及阴暗潮湿的地方。

二、试验设备

（一）兆欧表、万用表的应用

1.便携式兆欧表简介

便携式兆欧表，简称兆欧表（俗称摇表），主要用来测量和检测电气设备、电气线路和电缆的绝缘电阻。

兆欧表是电气管理人员必备的主要测量仪表之一，兆欧表具有使用简便、携带方便、测量时不需要其他辅助设备、不需要外接电源及可直接读出测量结果等优点，所以兆欧表被广泛使用。常用兆欧表有各种不同的规格，依据其手摇发电机发出的最高电压可分为：100 V、200 V、500 V、1 000 V、2 500 V 等几种。

兆欧表的主要组成部分是一台手摇发电机和磁电系比率表。兆欧表的分类就是以发电机所能发出的最高电压来决定的。电压越高，兆欧表所能测得的绝缘电阻值也就越高。

兆欧表上有三个接线柱，分别为接线柱 L、接线柱 E 和保护接线柱 G。

测量时，应该分别将 L 接线柱和 E 接线柱用单股导线与被测对象相连，接线柱 L 与被测对象和大地绝缘的导体部分相接；接线柱 E 与被测对象的外壳或其他导体部分相接；保护接线柱 G 只有在需要时才与被测对象上的保护遮蔽环部分相接。

一般测量时只用 L 和 E 两个接线柱，G 接线柱只在被测物表面漏电很严重的情况下才使用。当使用兆欧表测量具有绝缘层的电缆（或导线）的绝缘电阻时，由于被测物表面的影响很显著而又不易除去，产生的漏电流可能引起较大的测量误差。例如空气太潮湿，绝缘材料的表面受到侵蚀而不能擦干净时，测出来的绝缘电阻太低，这就需要判断是内部绝缘不好，还是表面漏电的影响，为了消除漏电流引起的误差，就必须加入保护环，把表面绝缘完全撇开到兆欧表的指示之外。如果在不接保护环时，绝缘电阻的数值就很高，那就不一定要接入保护环。但在大多数情况下，干净被测物的表面能够把不良情况排除，使得测出的数值接近绝缘物内部绝缘电阻的实际值。

2.兆欧表的使用

正确使用兆欧表是很重要的，使用兆欧表测量时，如果接线和操作不当，都将影响测量结果，甚至危及人身安全。

（1）兆欧表的选择

选用兆欧表进行绝缘电阻的测量时，一般应使兆欧表的手摇发电机发出的最高电压高于被测对象的额定工作电压，并兼顾到不损坏被测对象，才能正确测试出被测对象在额定工作电压下工作时是否达到了必要的绝缘电阻值。

通常,当测量额定工作电压 500 V 及 500 V 以上(低于 1 000 V)的低压电气设备(元器件)、电缆(电线)、电机或电力变压器的绕组时,应选用 1 000~2 500 V 的兆欧表;额定工作电压在 500 V 以下的设备,一般选用 500 V 或 1 000 V 的兆欧表;而 36 V 以下的低压电气设备的绝缘电阻,只能选用 100 V 或 200 V 的兆欧表。对于有规程规定的应以规程为准。

(2)兆欧表使用的注意事项

①测量前应先对兆欧表进行一次开路和短路试验,检查仪表是否良好。当 L 与 E 接线柱之间不接任何被测物(即处于开路状态)时,以 120 r/min 的转速顺时针方向摇动手柄,观察兆欧表是否指向∞;再将 L 与 E 接线柱短路,慢慢转动手柄,观察兆欧表是否指零,如果满足上述两个条件,则说明兆欧表工作正常。

②严禁在电气设备带电时使用兆欧表进行测量,若被测对象与电源有连接,则在测试前必须将电源切断;否则,不但影响测量结果,而且对测试人员及仪表都是很危险的。若被测对象有可能感应出高电压(存在较大容量的电容或电感元件),或测量大容量的变压器与发电机等设备时,还需要进行充分的放电后才能进行测量,时间一般为 2~3 min。

③在测量较大容量的电容器、发电机、电缆线路和变压器等设备的绝缘电阻之后,由于其自身存在的电容被兆欧表的高压充电,测试完毕后还带有高压,可能会造成人身被短时电击。测量结束后应先将被测设备进行短接放电。

④被测设备的表面要擦干净,确保导电良好,以免造成测量误差。

⑤使用兆欧表测量时,将兆欧表水平方向放置在平稳、坚硬的场地上并应远离磁场,避免不平衡、倾斜和电磁感应误差。

⑥虽然兆欧表的读数一般不受转速变化的影响,但转速与规定转速(例如 120 r/min)相差太大也会对兆欧表有损害或产生测量误差。一般要求转速不超过±20%的规定转速。摇动时,还应避免先快后慢,因为摇动时电机输出电压高,使被测物绝缘介质上充上高电压,当转速慢下来时,兆欧表中的电压过低,使绝缘介质上的电荷倒流,造成读数误差。

⑦测量含有绝缘层的电缆(或导线)的缆芯对外壳的绝缘电阻,在需要时应将保护环 G 接于被测电缆(或导线)最内层的绝缘层,消除因漏电引起的误差。

⑧当使用兆欧表测试时,兆欧表的 L 与 E 接线柱之间有很高的直流电位差,绝对不能用手去碰兆欧表的端子或被测对象,以免被击伤。当测试结束后,发电机转子还没有完全停止转动,设备还没有完全放电之前,也应注意不要马上用手去拆除连线,避免发生触电事故。

⑨测量电气设备绝缘电阻时,应根据设备额定工作电压选用不同等级的兆欧表。

⑩仪表的接线柱与被测设备间连接的导线,必须对大地绝缘良好,不能用双股绝缘线和绞线,应用单股线单独连接,以免绞线绝缘不良而引起误差。

⑪严禁使用兆欧表测量电子设备、仪表、传感器等低压电气设备的绝缘电阻,更不能用兆欧表测试二极管、三极管及集成电路等,以免将这些设备中的电子器件击穿。

3.万用表的使用

(1)直流电流的测量

①选择量程:将万用表的选择开关置于"直流电流挡",根据被测量的直流电流预估值选择合适量程;若不能较精确地预估电流值的范围,则应将量程选择开关置于最大挡进行测量后再根据测量的数据进行量程调整。

②连接被测电路:表棒串入被测电路,红棒接电路的正端,黑棒接电路的负端。

③读数:根据指针指在相应刻度线上的位置和所选量程获得对应的读数。

如图 3-1-2 所示为用万用表测量放大器电源支路电流的示意图。先把待测量电流的支路断开，然后红表笔接在电位较高的一端，使电流从正极流入表头。如果没有留检测口，又需要临时检查某一支路的电流时，就需要设法在该支路中找出一个接头，暂时把它断开，然后进行测量。

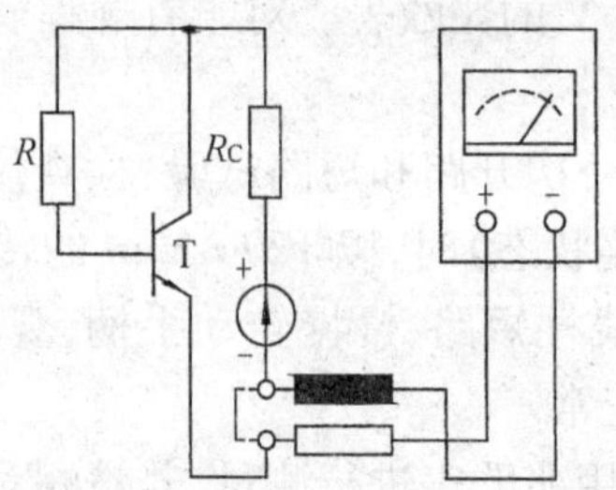

图 3-1-2　用万用表测量放大器电源支路电流的测量示意图

在进行上述操作的时候要注意：断开电路之前，先断开电源，待表笔接好以后，再接通电源，读出电流，测量完后，电路要还原。

总之，用万用表测量直流电流时要注意：转换开关应在毫安挡上；表头必须串联在电路中。

(2)直流电压测量

①选择量程：将万用表的选择开关置于“直流电压挡”，根据被测量的直流电压预估值选择合适量程；若不能较精确地预估电压值的范围，则应将量程选择开关置于最大挡进行测量后再根据测量的数据进行量程调整。万用表的电压挡的量程不同，内阻相差很大，所以在测量时，要选择合适的量程挡进行测量。

②连接被测电路：用万用表测量直流电压时，被测量对象是电源的端电压或电路中某两点或电路中某元件两端的电压。测量时，万用表的两只表笔必须并联在电源或电路中某两点或元件的两端。如图 3-1-3 所示的测量电路是用万用表的电压挡测量电阻 R_C 两端的电压。由于电路元件两端的电压是流过该元件的电流与元件的等效电阻的乘积，当两表笔并联在 R_C 的两端测量电压时，R_C 两端的等效电阻就变为 $R_C /\!/ r_0$，(r_0 为万用表的内阻)。如果 r_0 与 R_C 相比不是大很多时，那么 R_C 两端的等效电阻就会明显减小，测出的电压就会降低。

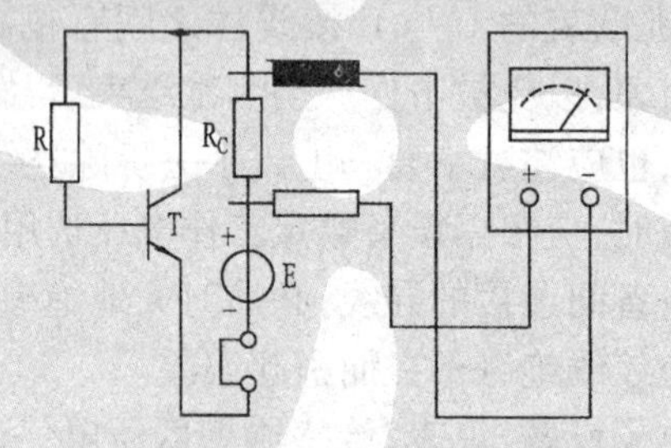

图 3-1-3　电压测量示意图

③读数：根据指针指在相应刻度线上的位置和所选量程获得对应的读数。

(3)交流电压测量

交流电压测量的方法与直流电压测量相同，只是转换开关应在交流电压挡，并且不用考虑表笔的极性。

(4)电阻的测量

①选择量程：将万用表的选择开关置于“欧姆挡”，根据被测量的电阻预估值选择合适量程；若不能较精确地预估电阻值的范围，应根据测量后的数据进行量程调整。

②表头调零:在选定量程后,把两只表笔碰在一起,使表头指在零位置上,若不在零位置,可通过调整旋钮,使指针指在零位置上,注意,每切换一挡量程,都必须调零。若调节旋钮达不到零位置,说明电池电压低了,应更换电池,或万用表故障,应更换万用表。

③连接测试电路或元件:表笔与被测电路元件并联,然后按图 3-1-4 所示的电阻测量示意图进行测量。

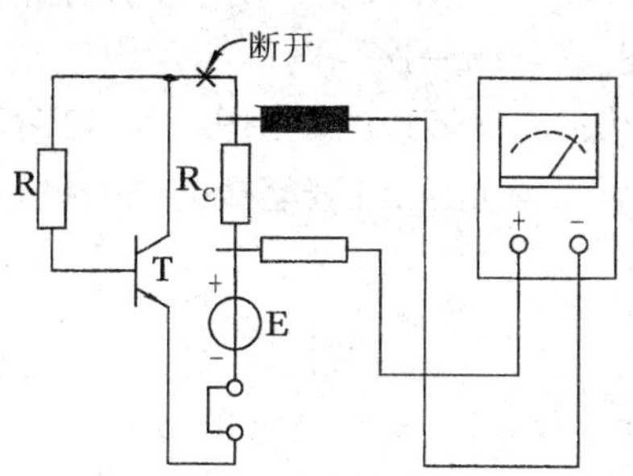

图 3-1-4　电阻测量示意图

④读数:根据表头指示读数乘上量程值,即得电阻值。

必须注意,在测电路电阻时,必须切断电路电源,同时被测电阻至少有一端与电路完全断开,保证没有其他电路与被测电阻并联。若电路中有大电容,则必须先使其放电,然后测量;测大阻值元件时,两手不能触及元件或表头的导电棒,以免影响测量精度。

(5)电容器的测试

利用万用表内的电池对电容充放电,可以测试电容器的性能。

①漏电的检查:用万用表的电阻量程(R×1k 或 R×10k)进行测试;万用表调零后,当表笔一搭上两个电容器引线,表头指针便很快偏转到零位置,然后慢慢地回到电阻为无穷大(∞)处。如果指针回不到无穷大(∞)处,则表头指针所示的读数乘上量程,即为电容器的漏电电阻。一般电容的漏电阻值在几十至几百兆欧(电解电容器除外)。进行测量时两手不得触表笔导电棒。

②电容量的测试:用万用表的电阻挡来判别电容量大小;选择合适电阻挡量程,两只表笔搭在电容器的引线上,若指针很快向零方向偏转或到零位置,然后,慢慢地向电阻无穷大方向偏转,若回复的速度很慢,而且向零方向偏转大,则说明电容量大;反之,电容量小或电容变质。也可以用新的同型号同容量电容与其做比较,若被比较的电容器是好的,其偏转幅度、回复速度应基本相同;否则,被比较的电容器变质。小容量的电容器(几个至几千 PF),用 R×1k、R×10k 挡测量时,表针是不动的,即阻值无穷大。容量在 0.01～0.47 μF 的电容器,表针会轻微向右摆,充电完毕后表针又回到无穷大。

电容量越大,表针向右摆动越大。当表针向右摆动很大或到达零处,并停在那里时,说明电容已被击穿或短路。如果表针向右摆动后,回不到无穷大,说明电容漏电。漏电阻大,则电容的性能好;当漏电阻太小时,电容就不能用了。如果把两个表棒对调一下进行测量,得到的反向电阻值与刚才正向测量的电阻值不相等,则此电容可能是电解电容器,若正向测量比反向测量的电阻大,则正向电阻是电解电容的实际漏电阻,此时黑表笔接电解电容的正极。

③电解电容器极性判别:可根据电解电容器在正接时漏电小,反接时漏电大的特点来判别。若漏电大时,黑表笔所搭的一端是电容器的“-”端,则红表笔搭的是电容器的“+”端。

(6)二极管的测试

利用万用表欧姆挡测量二极管时,通常用 R×100 或 R×1 K 两挡进行测量,测大功率管时,

可用 $R\times10k$ 挡,其他挡不宜用。因 $R\times1k$ 挡电流太大,可能烧毁小功率二极管,而 $R\times10k$ 挡电压太高,管子可能被反向击穿而损坏,因此不能盲目使用。

①判别极性:根据二极管正向偏压电阻小,反向偏压电阻大的特性,可以利用万用表判别它的极性。万用表内的电池极性与插孔的极性相反,红表棒对应电池负极,黑表棒对应电池正极,如图 3-1-5(a)所示。测量时,按图 3-1-5(b)所示的方法,把两只表笔分别接在二极管的俩引脚上,读出电阻值;对调两只表笔再测一次。两次测量中电阻小的那一次(指针在右侧)二极管正向偏压,黑表笔接的是阳极,红表笔接的是阴极。换句话说,两次测量中电阻大的那一次(指针在左侧或靠近∞)二极管反向偏压,红表笔接的是阳极,黑表笔接的是阴极。

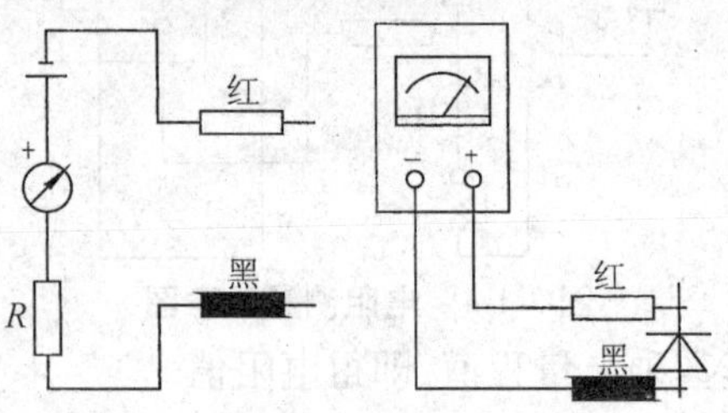

图 3-1-5 用万用表等效电路对二极管进行测量

②判别性能:通常小功率二极管的正、反向电阻相差较大,锗晶体二极管正向电阻为几百欧姆或几千欧姆,反向电阻为几十千欧姆以上;硅晶体二极管正向电阻为几千欧姆至十几千欧姆,反向电阻为几百千欧姆以上。正、反向电阻相差越大,则说明其单向导电性越好。通常大功率二极管的正、反向电阻相差较小。

如果测得的正、反向电阻都极大,则二极管内部断路;如果测得的正、反向电阻都极小,则表明内部短路,管子已损坏。

(7)三极管的测试

①管型(PNP 型和 NPN 型)和基极判别:因为三极管内部有两个 PN 结,即发射结和集电结,我们就可以利用 PN 结的单向导电性,通过测两个 PN 结的正、反向电阻来判别是 PNP 型管还是 NPN 型管,还可以判别基极。测量方法:用万用表,选择 $R\times100k$ 或 $R\times1k$ 挡,红表笔任意接触被测三极管的某一个管脚,黑表笔分别接触另外两个管脚,若均测得有几百欧的低电阻,则被测管为 PNP 型管,而且,红表笔接触的管脚为基极 b。如果与上述相反(以黑表笔接触一个管脚),若测得两个阻值均为几百欧到几千欧,则被测管为 NPN 管,并且,黑表笔接触的管脚为基极 b。

用黑表笔接三个管脚中的一个,用红表笔先后接另外两个管脚,看两次指针偏转的情况。如果两次测量指针的偏转都很大,如图 3-1-6 所示(指针在右侧),则表笔对调,用红表笔固定在这个管脚上,再测一次。如果这次测量指针的偏转都很小,则固定表笔的这一脚是基极,而且管型为 NPN。如果上述两次测量的结果正好相反,则管型为 PNP。

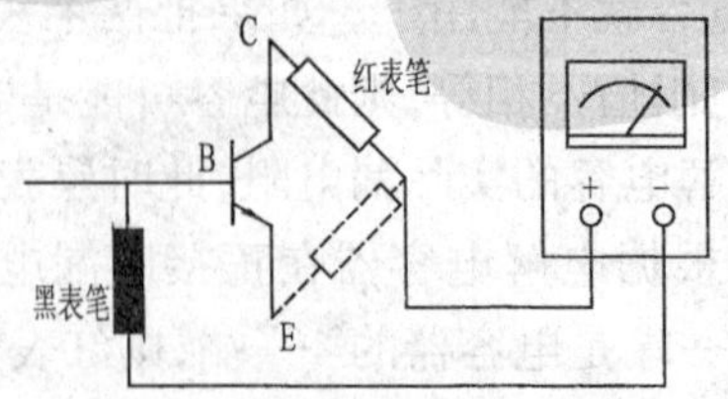

图 3-1-6 三极管基极判别示意图

如果测量的结果不是上述情况，应将黑表笔换一个脚再试，三次测试中必有一次结果与上述情况相符；否则三极管已经损坏。

②三极管发射极 e、集电极 c 的判别：对于有 hFE 挡万用表：由①测出基极 b，这里只需把两个管脚插入万用表的 e、c 极插座中，测得一个 hFE 值，再交换一下两个已知脚，又可测得 hFE 值。比较两个 hFE 值，大的那一次是管脚与坐标极性一致。

若不采用 hFE 档（或用无 hFE 挡的万用表），三极管发射极 e、集电极 c 的判别方法是在三极管的基极和管型确定之后，根据三极管在正常使用时放大倍数大，反向使用时放大倍数极小的原理判别集电极与发射极。以 NPN 管型为例，在剩下两个管脚中，假设其中任意一个脚是集电极 c，另一个是发射极 e，测量方法如图 3-1-7（a）所示，用黑表笔接 c，红表笔接 e，再用沾湿的两个手指同时捏住 b、c 两极，但不要使两管脚接触（或在 b、c 之间接一个几十千欧姆的电阻），记下表针偏转的角度 φ；再假定另一个管脚为集电极 c，按同样的方法再测量一次。两次测量结果比较，指针偏转角 φ 大的一次，说明三极管的电流放大系数大，则原假设是正确的，即黑表笔对应的是集电极 c（若三极管为 PNP 型，进行三极管发射极 e、集电极 c 的判别时，黑表笔接假设的发射极 e）。

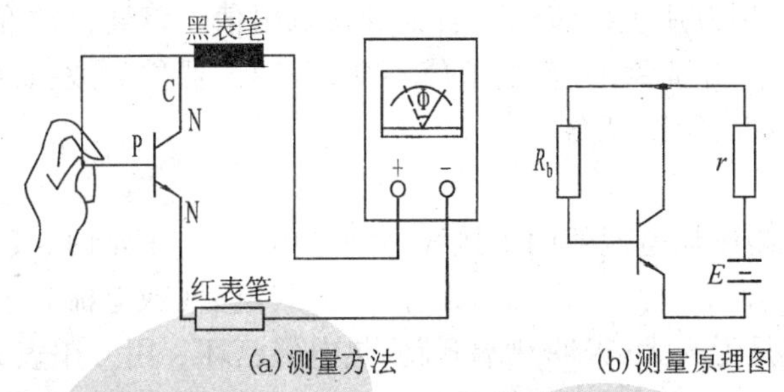

图 3-1-7　三极管发射极和集电极的判别

③三极管性能的测试：一般而言，三极管质量好坏，可以从测量两个 PN 结的正、反向电阻或电流放大倍数来判别。选择 $R\times100$k 或 $R\times1$k 挡，测量发射结和集电结电阻，质量好的中、小功率三极管（硅管）发射结、集电结的正向电阻为几百欧至一千欧，反向电阻为几百千欧以上。

④估测电流放大系数：判别三极管发射极和集电极的方法就是用测电流放大系数的原理。上述测量指针偏转角 φ 大的电流放大系数就大，但不能确定其具体值。

有的万用表有直接测量三极管电流放大系数的功能。其转换开关有 ADJ 挡和 hFE 挡，表盘上有 hFE 的标度尺，面板上有对应于 e、b、c 的小插孔。测量时，先将转换开关转至 ADJ 挡，将两只表笔短接调零，然后将转换开关转至 hFE 挡，再根据三极管的类型，把 3 个脚分别插到对应的 e、b、c 孔内，在 hFE 标度尺上就可读出电流放大系数值。

（8）可控硅测试

①极性判别：一般对大功率可控硅（SCR）而言，控制极 G 引线比较细，而对于小功率可控硅，很难从外表来判别，可以查找手册或测试。测量方法是，万用表选择 $R\times1$k 挡，并将可控硅其中一个电极假定为 G 极，接黑表笔，然后，用红表笔分别接触余下的两个极。若有一次出现导通，则假定的控制极 G 是对的，而导通那次红表笔所接触的是阴极 K，余下的另一极为阳极 A，如果两次均不导通，说明 G 极假定不对，可重新假定 G 极，重复上述过程进行测试。

②极间电阻测量：用 $R\times1$k 或 $R\times10$k 挡，测阳极 A 和阴极 K，测得电阻应在几百千欧以

上，才属正常；用 $R\times10\text{k}$ 或 $R\times100\text{k}$ 挡测控制极 G 和阴极 K 正、反向电阻，正向电阻为几欧，而反向电阻要比正向电阻明显大一点，就可认为正常，如果测得正向电阻为零或大于反向电阻数千欧，说明可控硅已损坏。

(9)特殊电阻测试

船上常用的具有负温度系数的热敏电阻传感器，可以用万用表检查其性能。把传感器插入热水中，用万用表的 $R\times10$ 或 $R\times100$ 挡测量传感器两根引线之间的电阻，正常时，可见到电阻值的变化。若测得的电阻是无穷大，说明该传感器开路。对于船用的热电阻传感器的检查也一样，当插入热水中，测量两个接线柱间的电阻值，正常时，可见到电阻值随温度升高而增加；若测得的电阻是无穷大，说明该热电阻开路。

用万用表 $R\times10\text{k}$ 挡测量热电阻或热敏电阻的接线柱与金属外壳电阻，若不是无穷大，说明绝缘不好。

(10)光敏器件测试

光敏器件有光敏电池、光敏电阻、光敏二极管、光敏三极管等。光敏电池受到光照后，用万用表的直流 mV(或 mA)挡可测到电势(或电流)，若光照后电势为零，说明光电池失效。对于另外三个光敏器件，可用万用表的 $R\times1\text{k}$ 挡测量其电阻值。将器件放在光照处和黑暗处分别测量，正常时，电阻值有明显变化，若电阻值不变，说明该器件失效；若电阻值都为零，说明短路，若电阻值都为无穷大，说明开路。

(11)热电偶测试

用万用表低阻挡测量热电偶的两个接线柱间的电阻值，正常时，其值为零；若使热电偶的热端温度升高，用万用表的直流 mV(或 mA)挡可测到电势(或电流)，其值随温度的升高而增大。若测得的电阻值是无穷大，说明热端开路，热电偶已坏。用万用表 $R\times1\text{k}$ 挡测量接线柱与金属外壳电阻，若不是无穷大，说明绝缘不好，可能内部的绝缘瓷管破碎，应设法修复。

(二)短路、断路和线路接地故障检查时的注意事项

1.线路短路故障的检查

发生短路故障的原因主要有：

(1)维护管理不善、操作不当等造成短路。如电气线路的绝缘浸水或严重受潮；电缆经过金属孔或锐利金属边缘时，由于衬垫破损而未及时更换，使绝缘破损；操作时碰坏绝缘保护层；线路中接线柱间过脏，通电时柱间放电；在运行中或维修时金属零件掉落到导线接线端头或导线裸露于导体部件上等。

(2)设备本身缺陷造成短路。如设备出厂前就存在绝缘不良、局部绝缘损坏等隐患，经长期运行之后发生短路；电机或电器线圈由于绕制不符合要求，绝缘薄弱，设备或线路绝缘老化，材料变质等。

短路故障的现象比较明显，常常表现为短路点流过电流很大，熔断器烧断或保护电器动作，有关监视仪表指示失常，系统报警。严重的短路故障会发生线路绝缘烧灼冒烟等现象。

检测线路的短路故障时，应首先切断电源，查出烧断的熔断器。检测时，用万用表的电阻挡测量电路两端点间的电阻，若阻值为零，即为短路，如图 3-1-8 所示。若被测电路为单回路，可沿着线路对所有接线柱、串联的电器线圈或其他元件逐个检查。

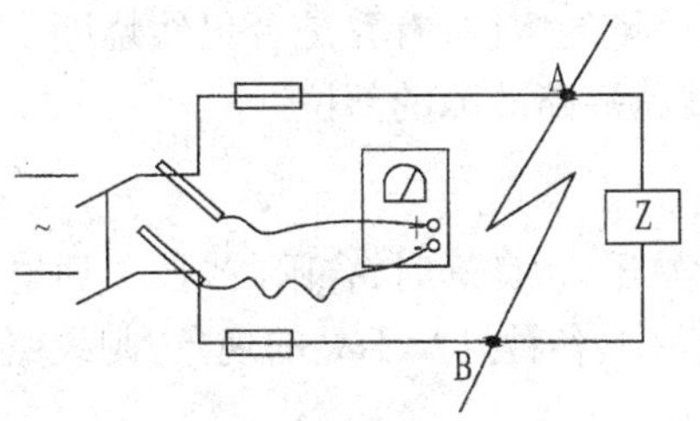

图 3-1-8 短路故障检查图

检查时应注意：

(1)为了使测量准确，要把万用表置于 $R\times1$ 挡进行测量。检测前要分析了解被测线路的正常阻值，以做参考。

(2)被测线路中若有较大容量的电容，应在检查前将其断开，以免将电容充电误认为是短路。

(3)若电路似通非通，可根据情况用兆欧表测量，若有短路，则兆欧表指示为零。为进一步确认，可再用万用表检查。但对于含有各种电子设备的线路，不得使用兆欧表检查，以免损坏元件。要使用兆欧表检查时，应把电子设备脱离被测线路。

(4)若线路为多路并联，如图 3-1-9 所示，必须检查短路发生在哪条并联线路中，这时可用“逐个断开法”找出短路的支路。即：断开线路的电源开关，用万用表的 $R\times1$ 电阻挡测量 A、B 两端间的电阻。由于有短路，这时万用表指示电阻为零。然后把各支路的分断开关或接线柱 K_1、K_2、…一个个依次断开。当断开某线路时，万用表指示电阻值增大较显著，则说明刚才断开的线路中有短路故障。这时再单独检测该线路，查出故障点。若有两个并联线路同时有短路故障，断开第一个有短路故障的支路并不会使万用表的指示电阻值有明显改变，因为第二条支路短路点仍然存在。因此可知，发现一个短路点并不是短路故障检查的结束，而必须再把已查明有短路故障以外的所有支路接通，重复上述做法进行检查。如果万用表指针仍为零，表明还有支路有短路。当某个并联线路断开时，万用表的指示阻值突然增大，这说明找到第二个短路线路了。用这样的方法可以逐个地把全部短路点找出来。当然，如果怀疑多支路短路，在检测方便的情况下，可以在断开支路时同时测该支路的电阻，若为零，说明该支路也存在短路故障点，就没有必要像上述过程进行重复检测。

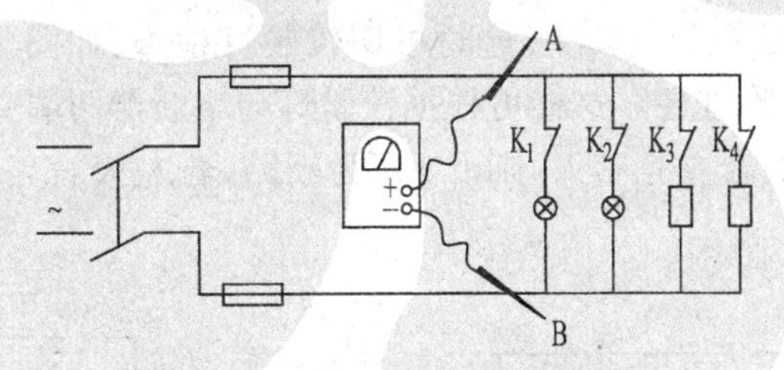

图 3-1-9 并联线路短路检查

有时会发现线路的自动开关跳闸或熔断器烧断，但是检查时未发现该线路有短路故障，重新通电后，线路仍正常运行，出现这种情况可能有两种原因。其一，线路中的短路是非连续短路故障，即短路处是由于油垢或污物堆积而形成放电。当通过大电流时，污物被烧掉，或者有导电物体掉落在用电设备裸露的部分上而引起短路，然后自行脱落，使故障不能持续。所以合上开关或更换熔断件后，线路又正常运行；其二，熔断器的熔件使用时间较长后，由于电源的浪涌电流作用而烧断。因此，在熔断件烧断时，若对设备进行表面检查，没有发现烧焦、异味的情

况下，可以换上一个同型号同容量的熔件，看看是否仍然烧断。如果线路正常，说明并无持续短路故障；否则，再仔细检查线路短路故障的部位。

2.线路断路故障的检查

当电源电压正常，电源开关开、闭良好时，合闸（或按下通电按钮）后，发生不能接通电源、系统中的电器（或电机等）不动作、各种灯具不亮的现象，则线路可能发生了断路故障。

发生断路故障的原因如下：

①线路熔断器的熔断件熔断。

②导线接头处螺钉松动或螺母脱落。

③线路接触器触头接触不良。

④导线中导体断开。

⑤某些转换开关损坏或接触不良。

⑥线路被外来物砸断。

⑦有些线路中的保护电器的触点接触不良或该电器动作前未复位，使电路断路。

⑧设备本身有断路故障，如电机绕组、电器线圈的导线有断路，某些灯具的灯丝烧断或镇流器线圈断路等。

检查断路故障的方法如下：

（1）带电检查线路断路故障

带电检查断路故障可用万用表的电压挡，其量程应不低于电源电压。另外，也可以用校验灯检查。

检查前应确认电源电压正常，电源开关没有断路或接触不良的现象。把电源开关闭合，测量电压正常后，即可进行检查。

由于线路断路，电路中没有电流，在电路中所连接的电阻、电器线圈或电机绕组等都没有电压降；断路点两端的电压应等于电源电压。因此，电压表在线路中各元件或接线两端测量时，若指示值为电源电压的数值，则表明两只测试笔之间的线路或元件有断路，如图 3-1-10 所示。

有些控制线路中，由于各电器间连锁关系复杂，当接通电源时，有些电器因断路不动作，为了缩小检查范围，可以在带电和不损坏设备或危及人身安全的前提下，人为地推动某电器的衔铁，查看断路点是否在电器的触点中。

船上检查熔断器断路常用交叉法，这时可用校验灯检查，如图 3-1-11 所示。当校验灯与电源构成闭合回路时，校验灯亮。这样可根据校验灯与熔断器两端交叉接触时灯的亮灭，找出断点；两灯左右交叉接触，若左亮右灭，则下 FU 为断路，若左灭右亮，则上 FU 为断路，按此原理可以检查其他断点。

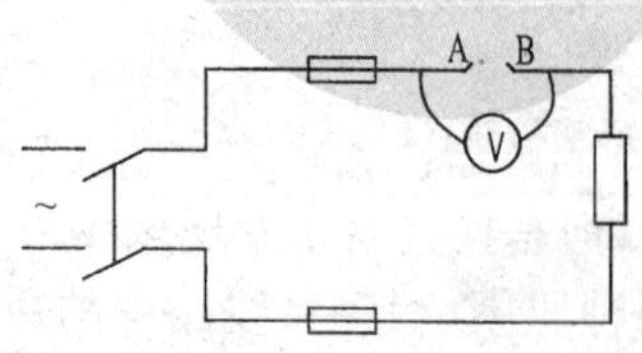

图 3-1-10　带电检查断路点

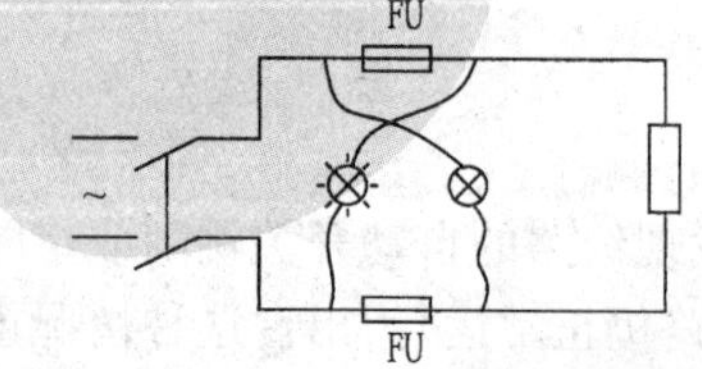

图 3-1-11　校验灯检查断路点

（2）不带电检查断路

这时可用万用表的电阻挡进行检查，检查时万用表应选用较大的量程。由于断路处的电阻为无限大，当万用表两只测试表笔沿着线路依次测量元件或接线柱两端的电阻时，若万用表指示$R=\infty$，则两只测试笔间必有断路，如图 3-1-12 所示。

检查时应注意：

①被检查的电路或电路中的元件不能有并联通路；否则，断点处测不到$R=\infty$。应将元件的一个端头脱离电路后再进行测量。

②被测电路中有电器的触点时，须人为推动衔铁使其闭合，以免测量错误。

③万用表的量程应置于 $R\times1k$ 或 $R\times10k$ 上，以避免由于某些元件电阻很大，判断不准确。使用万用表时，不能由手同时触及两只测试笔的金属部分，以免影响测量精度。

3.线路接地故障的检查

在三相三线制的船舶电网中，电气线路中一点接地时，电气设备尚可正常运行，若再有另一点接地，就形成多点接地间接短路故障。所以发生一点接地后，应及时排除故障，以提高线路运行的可靠性。

通过配电板上的地气灯可以很容易找到发生接地的某系统，然后使该系统脱离电源，再用“逐段缩小法”找出接地点。如图 3-1-13 所示，把线路分成两部分，用兆欧表测出接地线路，而把接地线路分成两部分，找出接地部分线路。依此类推，即可找出接地故障点。

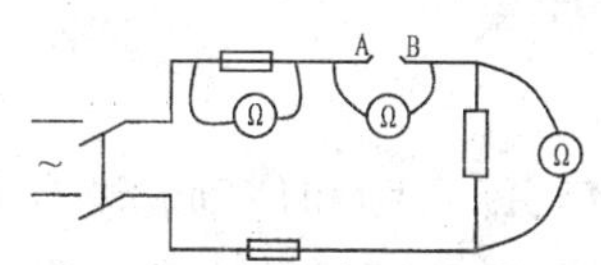

图 3-1-12　不带电检查断路点

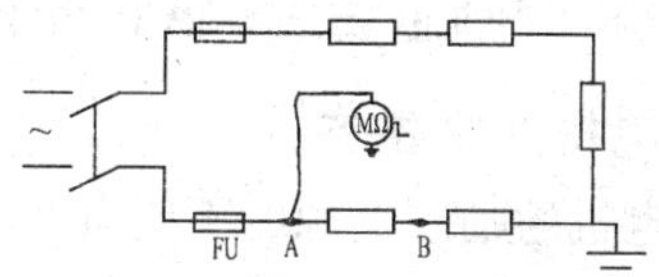

图 3-1-13　线路接地故障的检查

也可以直接用配电板上的地气灯来检查寻找故障点。依次断开各线路中的各设备开关或各灯具开关，若地气灯亮度恢复正常，则表明刚刚断开的设备有接地故障。

三、符合逻辑的故障排除程序

发现并确认设备故障的现象是故障诊断的第一步，依据该现象，对系统进行检查，分析其故障现象及其危害，并根据相关知识与经验对可能发生该故障的原因进行有逻辑和事实依据的推理。在分析中，通过现象和事实依据来找到实际原因，切忌凭空想象，不可依赖第六感。为确定最终原因，应逐个测试，逐个验证直至故障定位。具体过程可总结为故障识别、故障后的安全处理、列出可能的故障、找出故障位置（定位）、排除故障电路。

上述排除故障过程后，并不能就此结束，还应该再回过头来分析和验证其原因，判断是单独原因还是其他原因连锁造成，是否是零部件寿命问题，是否是维护保养不当，是操作不当还是使用不当，确认原因以便采取下一步措施，防止故障或连锁故障再次发生。

四、发电机的电压控制

当同步发电机的转子在原动机的拖动下达到同步转速 n 时，由于转子绕组是由直流电流 I_f 励磁，所以转子绕组在气隙中所建立的磁场相对于定子来说是一个与转子旋转方向相同、转速大小相等的旋转磁场 F_{0m}。该磁场切割定子上开路的三相对称绕组，在三相对称绕组中产生三相对称空载感应电动势 E_0。若改变励磁电流的大小，则可相应地改变感应电动势的大小，此时同步发电机处于空载运行。

当同步发电机带负载后，定子绕组构成闭合回路，产生定子电流，该电流是三相对称电流，因而要在气隙中产生与转子旋转方向相同、转速大小相等的旋转磁场 F_{am}。此时定、转子间旋转磁场相对静止，气隙中的磁场是定、转子旋转磁场的合成。由于气隙中磁场的改变，定子绕组中感应电动势的大小也会发生相应变化。因大多数电流为感性负载电流，对发电机定子电压有去磁降压作用，所以发电机需要一个电压自动调节装置去控制励磁电流，从而实现对发电机电压的有效实时控制，确保电网电压稳定。

为了维持同步发电机的端电压恒定(额定电压)及合理分配发电机间的无功功率，发电机的励磁电流必须适时地做出相应的调整。

此外，在船舶电网发生短路故障时，为提高船舶电力系统发电机并联运行的稳定性和某些保护继电器动作的可靠性，亦需要励磁系统适时地进行强行励磁。

综上所述，励磁自动调整装置的任务可归纳为：

(1)在船舶电力系统正常运行工况下，维持电网电压在某一容许范围内。

(2)在船舶同步发电机并联运行时，合理分配发电机间的无功功率。

(3)在船舶电网发生短路故障时，有强行励磁功能，加速短路后恢复速度，保持电力系统运行的稳定性和继电器保护装置动作的可靠性。

(一)发电机的励磁方式、AVR 和自动同步设备

1.同步发电机的励磁方式

按同步发电机的励磁电源的不同有两种基本类型，即自励和他励。设有专用励磁电源的称为他励方式。目前船舶同步发电机都采用自励形式，其直流励磁电流由自身输出的交流电经过整流并调节后获得。各磁极励磁线圈连接后构成同步发电机的直流电路，各励磁线圈之间的连接极性应使得所产生的磁极极性 N、S 相邻。为从外部将直流励磁电流引入旋转的励磁线圈中，须将励磁绕组的两个出线端分别接到固定在转轴的两个滑环上。两个滑环彼此绝缘并对轴绝缘。通过固定的电刷装置与滑环的滑动接触将直流电流引入励磁线圈。

为解决滑环和电刷装置带来的维护保养问题，近年来无刷发电机得到推广和使用。与普通发电机组相比，除具有相同的同步主发电机外，无刷发电机还由中频交流励磁机和旋转整流器组成。交流励磁机的转子和旋转整流器与发电机转子连在同一根轴上，故无刷发电机的轴向尺寸较长。通常同步发电机采用旋转磁极式，由励磁机和旋转整流器供电，被称为他励。交流励磁机采用旋转电枢式，由于是同轴旋转，交流励磁机发出的中频交流电经同轴的旋转整流器整流成直流电，再送至同轴的主发电机励磁绕组，因此取代了电刷与滑环。

2.AVR 原理与作用

船舶典型的电流叠加相复励自励恒压装置如图 3-1-14 所示，是无刷发电机自动电压调节器的一个实例，属于可控相复励类型。

图 3-1-14 中 RT 为移相电抗器，CT 为电流互感器，由 A 相和 C 相叠加而成，与移相电抗器构成相复励结构，通过整流环节向励磁供电，实现发电机的起压和建压控制。CCT 为 AVR 控制用电流互感器，AVR 为电压自动调节器，EX 为励磁发电机，F_1 为发电机的励磁线圈，S_{i_1}旋转二极管整流桥，S_1 为压敏保护，F_2 为无刷发电机励磁机的励磁绕组，S_{i_2}为励磁调节整流桥，S_2 为压敏保护，RC 为压敏电阻，VR 为远程电压设定微调，ACB、AUX、CONT 为主开关辅助触点，用于并联机组间无功电流差动分配的控制环节。

相复励部分采用电流叠加形式，励磁电流中的电压分量取自 A、C 间线电压，通过移相电

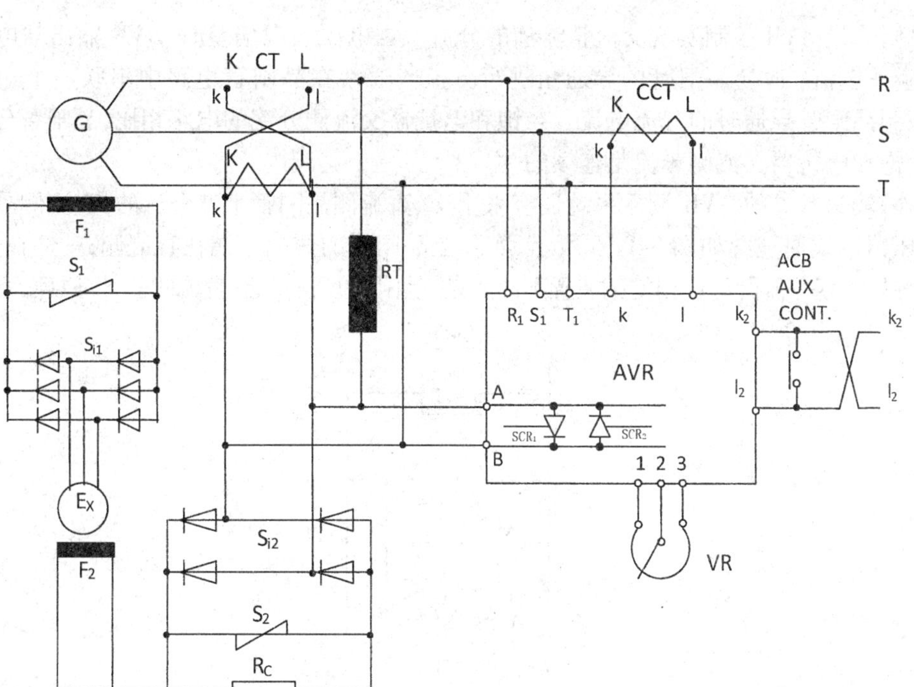

图 3-1-14　船舶典型的电流叠加相复励自励恒压装置

抗器获得，电流分量取自 A、C 间线电流。AVR 的作用是通过控制 AVR 内部与端子 A、B 并联的带串联电感的两个反向并联可控硅 SCR_1、SCR_2 的触发角来控制整流桥 S_{i_2}前的电压，即控制了励磁绕组的励磁电流。AVR 的 k_2 和 l_2 端子与其他发电机的 AVR 中的电流互感器信号连接，通过在多机同步运行时检测电流差来控制无功功率的分配，其辅助触点 ACB AUX、CONT 在主开关断开时闭合，主开关闭合后断开。发电机相复励部分调压原理前面已有详细的介绍，虽然该系统采用的是线电压、线电流，与相电压、相电流有所差别，但基本分析方法是一样的。

可控相复励自励调压装置比不可控相复励自励调压装置多了自动电压校正器，具有调压精度高（可使发电机的稳态电压变化率达到±1%），无功功率分配均匀，起励可靠，强励倍数高，动态性能好且调试方便等特点，获得了广泛的应用。

前述实例是交流侧晶闸管分流的调压器，单线原理图如图 3-1-15 所示。晶闸管并联在交

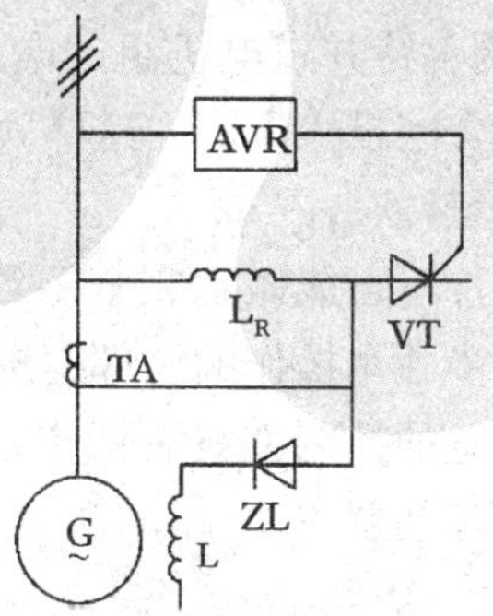

图 3-1-15　交流侧晶闸管分流的调压装置单线原理图

流侧，晶闸管受 AVR 控制实现交流整流前的分流。当电压出现偏差时，AVR 输出与电压偏差相应的触发电流，改变晶闸管的导通角进行分流。通常在晶闸管电路中串联一个适当的阻抗，以限制晶闸管导通时的分流电流。与饱和电抗器交流侧分流的电路相比，晶闸管分流是断续的，而饱和电抗器交流侧分流是连续的。

另外，较为常见的 AVR 调压系统还有采用交、直流侧晶闸管半波分流的，直流侧晶闸管分流的调压器单线原理图如图 3-1-16 所示，实际上晶闸管的两端一端在直流侧，一端在交流侧。与交流侧晶闸管分流的可控相复励装置不同的是，晶闸管并联在交、直流侧，工作原理大致相同。

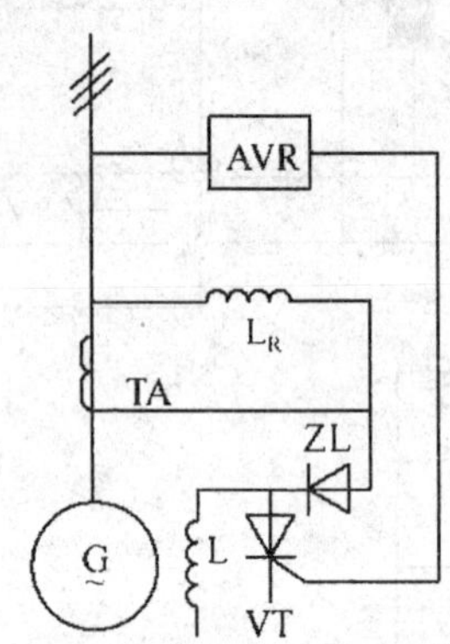

图 3-1-16　直流侧晶闸管分流的调压器单线原理图

3. 自动同步设备

为了满足船舶供电的可靠性和经济性，船舶电站一般均装设有两台或两台以上的同步发电机组作为主电源。根据船舶不同运行工况所需电量，可以单机运行，也可以两台或三台发电机并联运行。待并发电机投入电网参加并联运行的操作称为并车操作。对并车操作的基本要求：并车过程中冲击电流不能超过允许值，发电机投入电网后能迅速拉入同步。

（1）自动准同步并车条件

船舶同步发电机并联运行时，待并发电机组与运行发电机组之间必须满足以下条件：

①待并机组的相序与运行机组（或电网）的相序一致。

②待并机组的电压与运行机组（或电网）的电压有效值相等。

③待并机组电压的初相位与运行机组（或电网）电压的初相位相同。

④待并机组电压的频率与运行机组（或电网）电压的频率大小相等。

由于在发电机组安装时已经对发电机的相序与电网的相序进行了测定，保证了相序一致的条件，因此并车操作就是检测和调整待并发电机组的电压、频率和相位，使之在满足上述三个条件的瞬间通过发电机主开关的合闸投入电网。这样就可以保证在并车合闸时没有冲击电流，并且并车后能保持稳定的同步运行。

实际并车时，除相序外，其他条件不可能做到完全一致，而且必须有一定的频差才能快速投入并联运行。能够完成手动准同步并车操作的全部逻辑程序的自动装置就叫作自动准同步并车装置。通常自动准同步并车装置的控制方案有两类，即模拟控制和数字控制。目前在船舶电站中数字控制式自动准同步并车装置占主流。

（2）自动并车装置的组成

通常自动并车装置应由调压、调速和同步检测与合闸三部分组成。目前船用发电机自励恒压装置的调压精度都能保证在并车允许的范围内，所以在自动并车装置中没有必要再设置

自动调压环节，只有电压闭锁环节。

如图 3-1-17 所示为自动并车控制原理框图，包括电压差、频率差、相位差、同步时间控制等环节，用于控制发电机主开关的并车操作；而频差符号（频差方向）检测、调速时间控制环节等用于并车的调速同步控制。

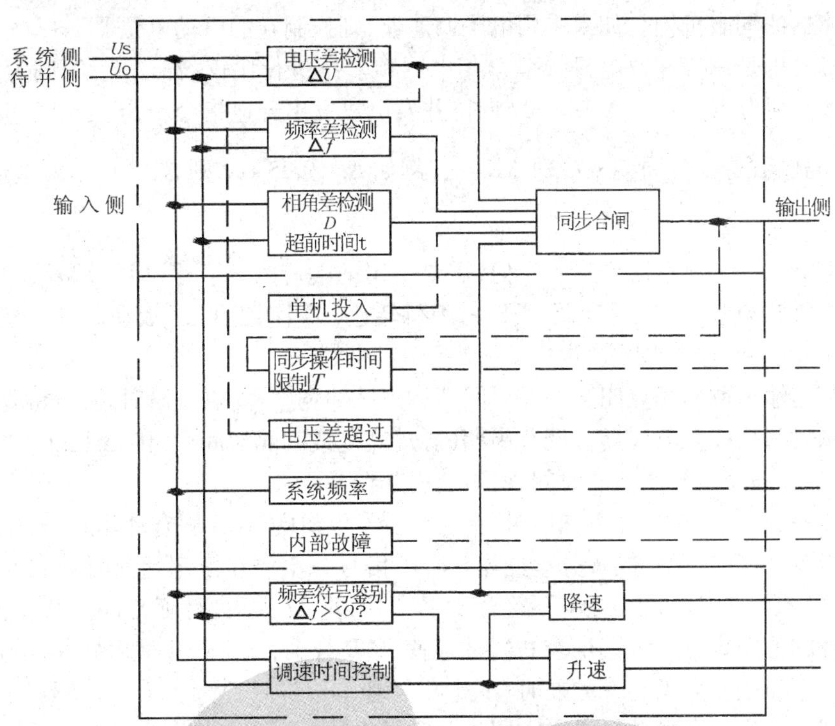

图 3-1-17　自动并车控制原理框图

（3）自动并车装置的基本功能

①检测待并发电机与网上的运行发电机的电压差、频率差和相位差，当任一条件不符合并车要求时，实现闭锁，不允许发出合闸指令。

由于主开关在接到合闸信号到主触头闭合需要一定的动作时间（称固有动作时间），要使主开关在相角差 $\delta=0°$ 时闭合，就必须提前某一个相角或者提前某一个时间发出合闸信号，提前的相角或者提前的时间要求等于主开关的固有动作时间。于是有两种投入信号的超前量："恒定超前时间"和"恒定超前相角"。超前时间 t_C 和超前相角 δ_C 的关系为 $\delta_C=|\omega_s|t_C$。

采用恒定超前时间的并车装置应该保证在给定的超前时间 t_c 发出合闸信号，此时 t_c 是恒定的，所以由 U'_{max} 常数可知，它必须随着差频 ω_s 的不同而在不同的超前相角 δ_c 下发出发电机合闸信号。只要使超前时间 t_c 接近主开关固有动作时 t_g，装置合闸时误差就小，冲击电流也会较小。

采用恒定超前相角的并车装置应该保证在给定的超前相角下发出合闸信号，此时因 δ_c 是恒定的，而 $\delta_C=|\omega_s|t_C$，故超前时间 t_c 不是恒定值，而是随着发电机的差频 ω_s 不同而变化。采用这种并车装置，在并车瞬间，因差频不可能刚好为计算整定的差额，这时就会带着相角误差进行合闸，即装置合闸有误差，冲击电流较大。

②检测待并发电机电压与网上的运行发电机电压的频率差，并根据频差的大小和方向自动地对待并发电机组发出调频信号，使待并发电机组频率与网上的运行发电机频率接近，减小

频差，创造合闸条件。

频差方向鉴别及调速脉冲控制是对待并侧的发电机进行速度调节（调频操作），使待并侧的频率与电网侧一致。自动速度匹配调节部分主要由频差符号鉴别（$\pm\Delta f$）和调速控制电路组成。频差符号来源于电网侧电压和待并侧（发电机）电压之差；输出为升速或降速信号，以控制原动机调速器的伺服机构。如果采用电子调速器，则控制它的电动电位器。

频差符号鉴别是用待并发电机频率 f_b 与电网频率 f_g 进行比较，若 $f_g-f_b<0$，则为负频差（$-\Delta f$）；若 $f_g-f_b>0$，则为正频差（$+\Delta f$）。$-\Delta f$ 向待并发电机发出升速指令；$+\Delta f$ 发出降速指令。

频差 Δf 的倒数是频差周期 ΔT，即 $\Delta T=\frac{1}{\Delta f}$，例如 $\Delta f=0.25$ Hz，则 $\Delta T=4$ s。频差越小，周期越长。

原动机速度从一个值整定到另一个值，需要一定的响应时间。手动调节是采用断续调节的方式，操作者按“点动”方式扳动调速开关，等待转速（频率）变化，再扳动。自动速度匹配调节也是以脉冲断续调节的方式进行。

断续调节是输出调速触点闭合一段时间即调速脉冲宽度，间隔一段时间，再重复操作。脉冲宽度和间隔时间构成调节周期。调节周期（脉冲宽度或间隔时间）应随 Δf（ΔT）的变化而相应变化，这样可以缩短匹配调节的时间，又不会引起振荡。

③当电压差、频率差在允许范围内时，要能计及发电机的 ACB 固有动作时间，相应地要提前发出合闸指令，实现自动准同步并车操作。合闸信号一定要在恒定超前时间或恒定超前相角时发出，但是若待并发电机的频率不符合要求，即频差 Δf 太大，是不允许主开关合闸的，必须在频差允许的范围内（$f_s=0.3$ Hz 左右），才能使 ACB 合闸，这一任务就由允许合闸频差检测电路来完成。即当频差大于允许频差时，不允许合闸。

同一时间只允许一台发动机组进行同步并联操作，同步合闸成功，自动装置即退出。电站中各台机组可以通过转换共用一台自动同步装置，也可以各自配置，单独使用。

由于船舶电站容量较小，频率又经常波动，为了保证发电机合闸的快速性，如有快速投入的开关配合，就可在尽可能大的频差下合闸。实践中最大允许合闸频差为 0.65~0.5 Hz 时，能满足快速投入的要求。如果电网电压和频率因负载的波动而剧烈波动，这时，若一定要频差很小时合闸，就需要做长时间的调节，使得整步时间过长，甚至无法合闸。但如果允许的频差选得过大，也会使发电机 ACB 合闸后无法拉入同步。因此，为了使发电机 ACB 能既快速又可靠地合闸，就希望在发电机 ACB 合闸后能可靠地拉入同步的前提下，尽可能放宽允许合闸的频差。

（二）负载手动分配和负载自动分配设备的故障排除方法

并联运行发电机组间有功功率的分配，与两台发电机组所具有的频率功率特性有关，两台都是有差调节特性的发电机组并联运行，随电网负荷的变化能够自动、稳定地分配有功功率，使两机组稳定地并联运行。但由于特性曲线的斜率不一致，因此功率不能按容量成比例分配。若适当地通过手动或自动调节两台机组的油门，则能使负荷均匀分配，频率维持额定。

两台都为具有无差调节特性的发电机组并联运行，尽管在任何情况下电网的频率保持不变，但不能稳定地并联运行。

一台有差特性与一台无差特性的发电机并联运行，当负荷变化时，有差特性的发电机所承担的有功功率不变，而负荷的变化量将全部由无差特性的发电机来承担。

要使两台发电机之间的功率能够按容量成比例分配，只有两条特性曲线的斜率一致。由

于调速器特性总是存在一定的差别，为了使电网频率不致随负载变化过大，又要使功率稳定地分配，特性曲线的下降率应在3%左右，不超过5%，以保证有功分配偏差在10%以内。

1.负载分配的调节控制

船舶同步发电机并联运行时，调速特性为有差特性，当负荷变化时，虽然有调速器，但电网的频率仍会发生变化。而且由于两机组的调速特性不可能做到完全一致，两机组的有功功率分配也不均匀，因此要维持频率恒定和有功功率分配均匀，必须进行再次调节（二次调节）。自动调频调载装置是协助原动机调速器对电网电压的频率和有功功率进行调整的装置。自动调频调载装置不能改善调速器的动态性能，当动态过程结束，系统稳定后，由于调速器的有差特性及其不一致性等原因，船舶电力系统的频率和有功功率分配就会出现静差，自动调频调载装置只是根据这个静差来进行校正。为使自动调频调载装置避开动态过程，一般采用延时来实现。当船舶电力系统频率或功率分配出现偏差时，首先由各发电机组的调速器按各自的调速特性进行一次调节，即动态调节。经5 s延时后，再进行自动二次调节，以消除静态误差，使船舶电力系统维持“恒频均功”。

自动调频调载装置的基本功能是：能自动维持电力系统的频率为额定值；能按参与并联运行各发电机组的容量以既定比例或其他既定自动方式控制负荷分配；接到“解列”指令时，能自动控制负荷转移，待其负荷接近零时，使其发电机的断路器自动分闸。

2.负载分配控制故障排除方法

当自动化调频调载装置或单元发生故障时，首先检查的是输入、输出机构。比如说，电网承担了比较大的负荷，频率偏离额定值比较大（大于0.5 Hz），自动调频调载装置拒绝动作，这时，应该检查频率变换器，检测其输出是否有频差信号，若是微机系统，应检查电网交流电压信号送给微机的模拟量输入口的信号是否存在。如没有该交流电压信号，就要检查电压互感器。若有频差信号，应检查调速控制器的输出机构，若没有发现什么问题，则只能替代该机组的调速控制器模块。又如，自动并车成功后，不能自动转移负荷故障，首先应检查并联运行合闸成功信号是否给自动调频调载装置（一般是利用ACB的常开触点闭合来提供，所以要检查该触点是否闭合好），然后，检查功率变换器是否有输出，由于待并机此时刚刚并入，输出信号应很小或为0；否则就有故障。这时检查输入信号，注意检查电流信号时千万不能开路，因为这是由电流互感器提供的，若要检修电流互感器应停机，离线检查。若这些正常，应更换故障的功率变换器模块。

（三）三相发电机故障排除的方法

对有刷电机而言，常见的故障有定子绕组相间短路、匝间短路、绕组断路；转子励磁线圈断路、短路、电刷接触不良、电刷磨损过度等。对于一般短路故障，解体后肉眼可以看出。对于匝间短路，常见的有机壳局部发热严重、三相电压不对称，一般不难判断，其主要原因一般是转子端部的热变形、线圈端部垫块的松动、小的导电粒子或碎渣进入线圈端部及通风沟等。转子励磁线圈短路一般可归结为励磁电流增大，通过测量励磁回路或解体电机后便可发现。

对于无刷同步发电机，因其自带了一个转枢式励磁机和旋转整流子，一般故障有旋转整流子击穿或断路，转枢式绕组励磁线圈的短路、断路故障，分析故障原因时，要注意区分故障原因是属于主发电机还是励磁机，如果励磁电流在额定值，而发电机电压不在额定值，说明故障在发电机。如果励磁电流不正常，则故障在励磁调压系统。

对于可控硅励磁调压系统，发生故障时，首先检查晶闸管电路是否正常，其次检查触发电路是否正常。检修时，在电路原理图和实物图上找到实现上述功能的元件，然后按照工作过程检查哪个环节电路不能实现其应有的功能，可控硅调压系统常见的故障可以归纳为：发电机转速为额定转速但不能建立电压、发电机在运行中突然失电、当负载增加时发电机电压大幅度下降等。

1.发电机典型故障及排除方法

(1)发电机转速为额定值，但不能建立电压

发生这种故障，首先按下充磁按钮，若能起压到额定值，说明发电机无剩磁或剩磁能量不足。

若充磁后也不能建立电压，可能充磁回路失效，或发电机本身故障导致不能建立电压，或整流桥的整流元件击穿。应首先检查充磁回路的可控硅和整流二极管是否有击穿使整流回路短路而无法充磁和起压；然后检查发电机励磁回路是否有开路、电刷是否卡在刷握上、电刷辫是否断开、电刷与滑环接触是否不良。

处理方法是修复故障元件、清洗滑环、上紧各紧固点。

(2)发电机端电压低于额定电压

发生这种故障时，首先调节电压调节电位器，观察发电机端电压是否有变化，是否能调到额定电压。若能调到额定电压，则说明电压电位器的设定不合适。若有变化，但不能调到额定电压，说明调节电压电位器的电阻参数有问题(可调电阻范围过小)，更换调节电压电位器，增大可调电阻范围。

若触发电路只有单边工作，对应的一个可控硅没有触发脉冲或有一个可控硅触发不能导通(开路故障)，主电路全波整流变为半波整流，也会造成端电压下降，这时就要分别检测触发脉冲的波形和可控硅两端的波形。

(3)发电机端电压高于额定值

造成这种故障的主要原因是：调节电压电位器的电阻值，观察发电机端电压是否能回到额定电压，若能调到额定电压，则说明电压电位器的设定不合适。若有变化，但不能调到额定电压，则说明调节电压电位器的电阻参数有问题，可更换电位器。

(4)发电机在运行中，突然不发电

发生这种故障时，先进行充磁发电，若不能发电，说明发电机本身励磁线圈有开路故障，应按“发电机转速为额定值，但不能建立电压”的检查方法进行处理。若能发电，说明大多是主电路的可控硅击穿造成的，或者触发器停止工作。这时，首先检查整流主电路的可控硅是否有击穿，然后检查触发电路工作电源是否有输出，各个元件是否正常。

(5)当负载增加时，发电机电压大幅度下降

发生这种故障，说明电机在空载或轻载时，励磁电流的调节环节能够维持端电压在额定值，负载增加时，励磁电流无法补偿电枢反应的影响，造成端电压下降。显然，若整流主回路桥式全波变为半波(即有一个整流元件开路)，或触发器只有半边工作，则另一半波没有输出触发脉冲。所以此时只需检查可控硅是否存在开路故障，用示波器检查哪一半波没有触发脉冲，检查故障触发器的有关元件和电源。

2.无刷同步发电机励磁系统的常见故障原因与处理方法

三相无刷同步发电机中的主发电机励磁绕组、励磁机电枢绕组及旋转整流装置同轴旋转，静止励磁系统给励磁机定子绕组提供直流励磁电流，在励磁机转子绕组上感应出三相交流电，

再经旋转整流后提供给主发电机励磁绕组，最后在主发电机定子绕组上感应出三相交流电输出。无刷同步发电机励磁系统常见的故障与处理方法如下所述：

(1)旋转整流装置故障

旋转整流模块和过压保护模块是旋转整流装置的两个组成部分，旋转整流模块的主要作用是把三相交流电经整流后输送给主发电机励磁。过压保护模块用于防止过压对旋转整流模块的损伤。由于制造缺陷或安装接触不良造成的发热使旋转整流模块和过压保护模块击穿是比较常见的故障。当旋转整流模块发生故障时，电压下跌明显，1 只二极管损坏，电压一般能跌至 200 V 以上。这种故障判断比较简单，用万用表检测即可。

(2)静止励磁系统元器件损坏

由于元器件质量缺陷或整机振动过大等原因，静止励磁系统也会发生元器件损坏、导线接触不良等故障，使励磁系统无法提供足够的直流电流，造成主发电机电压不正常。判断静止励磁系统有无故障时，需检测某一状况下通向励磁机定子绕组的电流是否与试验报告或铭牌上标注的标准值一致即可，若明显小于标准值，则可判定为励磁系统的故障。然后，再根据具体情况进一步分析检测是哪一个元器件损坏或哪条线路导通有问题，以便修理或更换。

发电机在运行状态，用万用表检测励磁机定子绕组的电压，来判断是励磁系统故障还是其他故障；断开旋转整流模块和过压保护模块元件各接线，用万用表测量线路的通断，查找损坏的元器件。对于个别不好检测的软击穿元器件，也可以用换掉可疑件的办法来帮助判断。对判断出的元器件损坏，一般均可就地更换。如出现匝间短路，则要送厂家修理。

3.与发电机相关的故障及其处理方法

处于备用状态的发电机组，柴油机起动成功后，发电机应能自动投入电网运行，若起动成功后的发电机不能投入电网运行，则由控制系统根据检测的故障信号进行相应的处理。

(1)起励失败

起励失败也称为电压不能建立。柴油机起动成功后在规定的时间内电压不能建立，应做故障处理。检测值与电网电压、频率的一级故障检测值相协调，即起励失败的检测值是：电压≤95%，频率≤97.5%，时间为 3 s。处理的方式是报警和起动后续备用机组。

(2)自动同步失败

发电机电压建立后系统发出自动同步合闸指令，在规定的时间内控制系统不能发出合闸指令，说明系统自动同步操作有故障。一般设定的允许操作时限是 60 s。处理的方式是报警和起动后续备用机组。

(3)合闸失败

系统发出合闸指令后但在规定的时间内 ACB 不能合闸，做合闸失败处理。一般设定允许操作时限是 3 s。处理的方式是报警和起动后续备用机组。

上述三种故障通常组合成一个“起励、合闸失败”报警信号输出。

若处于运行状态的发电机组发生故障(过电流、短路、过功率、逆功率、过电压、欠电压、频率高、频率低和 ACB 异常脱扣等)，系统处理的原则是：电压和频率故障表现在电网上，由电网检测处理；过电流和过功率的处理方式是根据过负载的数值或起动备用机组，或卸去部分次要负载，或跳闸。

(4)ACB 异常分闸

ACB 正常分闸是由手动分闸操作或解列时的自动分闸操作，由于保护动作或其他原因引起的脱扣都算异常分闸，作故障处理。单机运行时异常分闸引起的故障是电网失电；多机并联运行时异常分闸引起运行机过载。处理的方式是报警和起动备用机组投入运行。

五、原动机的电气控制

原动机电气控制分为起动、停止、调速等控制，其中调速控制是外加给定信号的转速自动调节系统，是整个控制的核心部件。起动和停止是逻辑控制，控制回路简单。

1.原动机控制部件的结构和工作原理

(1)发动机起动、运行和停止控制

船舶主发动机一般有起动空气作为起动能源，有压力开关检测压力状态，由空气电磁阀直接控制起动阀来控制起动，发动机运转速度由脉冲传感器检测，并由控制板判断是否起动成功，是否进入正常运行，并根据起动信号来控制供油电磁阀，实现油气切换起动。停止时，控制停车电磁阀直接关断供油直至转速检测确认发动机已停止。

(2)发动机的调速和负荷控制

船舶电力系统中各种有功负荷与频率的关系，可分为功率与频率无直接关系的负荷（如照明、电热、整流器等）；功率与频率成正比，转矩基本恒定的负荷（如机床、压缩机、卷扬机等）；功率与频率的三次方成正比的负荷（如吸风机、通风机、水泵等）。

由于在船舶电力系统中旋转机械占的比例较大，因此整个电力系统的有功负荷与频率有密切的关系。当因某种原因造成电网频率下降时，负载从电网吸收的有功功率将随之下降；当频率上升时，负荷吸收的有功功率随之上升。

发电机组调速系统属于定值控制系统。采用机械调速器的调速系统是按转速偏差进行调节的反馈控制系统。其调节特性是比例控制的有差调节，即当有功功率增大时，所对应的原动机转速略有下降。目前，越来越多的发电机采用双脉冲调节器，它接收两个信号：发电机的转速信号和发电机有功功率（主扰动量）信号。它具有良好的调速性能，双脉冲电液调速器原理框图如图 3-1-18 所示。双脉冲调节器由转速和功率检测环节、综合放大环节、PID 校正环节及电/液转换器等四部分组成。

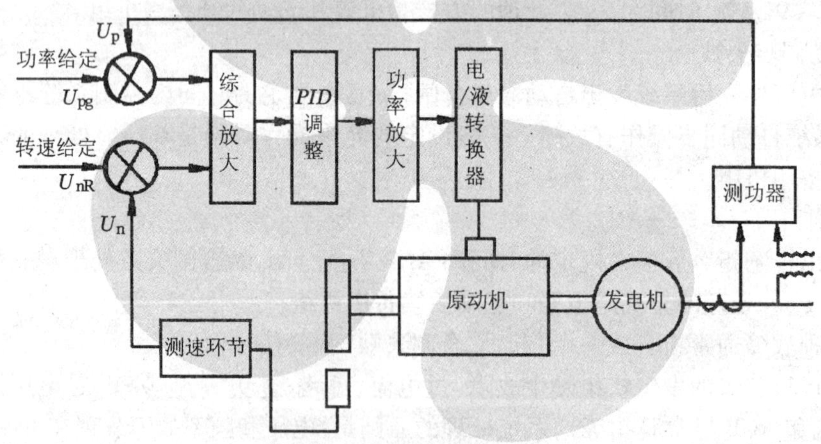

图 3-1-18 双脉冲电液调速器原理框图

设转速测量环节的输出电压为 U_n、转速给定电压为 U_{nR}，经比较放大后，其转速偏差为 $K_1(U_{nR}-U_n)$。功率测量环节输出电压为 U_p，给定功率值为 U_{pg}，经比较放大后，功率偏差值为 $K_2(U_{pg}-U_p)$。当调节终了时，应满足：

$$K_1(U_{nR}-U_n)+K_2(U_{pg}-U_p)=0 \tag{3-1}$$

这种调速系统由于功差信号能参与原动机油门的控制，会降低调速过程中转速的波动范围，提高调速性能。

2.原动机控制部件的故障排除方法

原动机起动等控制装置的故障是根据起动电磁阀动作后，发动机是否达到一定转速来判断的，自动起动过程可以实施三次重复起动，由程序控制。发生常见的起动失败故障后，需要确认空气压力是否足够，燃油是否供油通畅，转速检测是否正常，以及控制单元是否能发出起动、供油等控制信号。一般停车电磁阀控制停油没有问题，但是万一停油阀卡死，还可通过紧急停止按钮控制发动机断油停车。

发动机运行中必须处理的故障通常有：滑油压力低（也称油压低）、冷却水温度高（也称水温高）和超速。其中超速是严重故障，ACB 必须跳闸、机组必须停机。一般整定在额定转速的 1.15~1.20 倍。

滑油压力和冷却水温度的检测，一般把故障分为两级，发生一级故障以不断电交换机组的方式处理；发生二级故障以短时断电交换机组的方式处理。在有人值班时，对这两个故障的处理是只给出报警，呼叫值班人员处理。因此现在的设计多是自动控制。

滑油一般是由机带油泵输送，发电机组起动运转后才能建立压力，机组不运行和在起动过程中必须对滑油压力信号的作用进行阻塞。柴油机的控制系统独立设在机旁控制箱内，滑油低压信号经处理后输入电站自动控制系统；柴油机由自动控制系统控制时，信号由压力开关直接输入。由于冷却水温度的升高需要一定的时间，机组起动时无须阻塞。

调频调载控制装置失灵可能造成发动机输出功率不变或乱变，或由于调速器故障引发严重游车。

六、主空气断路器的操作和维修方法

主空气断路器本体上的操作包括手动合闸、分闸、储能，通过电磁机构同时可实现远程合闸、分闸、储能，并同时包括失压保护控制。一般的保护都是控制回路正常闭合、故障断开失压线圈回路，从而实现失压保护动作。大部分船用主空气断路器的远程分闸也是通过失压线圈的断电来控制。现代新的船用断路器还自带逆功率保护装置，和一般的控制分闸回路一样，使用一个常闭的触点接通失压线圈的回路，一旦出现任意一个故障，立即控制失压线圈失电即可达到目的。

主开关常见故障原因与排除方法如下：

（1）发电机主开关不能合闸（不含电动合闸）的故障原因与排除方法如表 3-1-1 所示。

表 3-1-1 发电机主开关不能合闸的故障原因与排除方法

故障原因	故障排除方法
（1）失压脱扣器不能正常吸合	（1）首先检测失压线圈两端电压是否正常，如正常，则检查线圈是否开路，接线柱是否松脱，脱扣器反力弹簧拉力是否正常，机械机构是否卡死；如线圈电压不正常，则应检测失压线圈电路，检查所串电阻；检查脱扣按钮是否故障，主开关的辅助触点是否失效，保险丝是否烧断，接线柱是否松脱等

（续表）

故障原因	故障排除方法
(2)脱扣机构磨损严重，钩不住	(2)检查脱扣机械，调整相应螺栓或换新
(3)过电流（或电磁）脱扣器失调（即动作值太小）	(3)校正调整至要求值
(4)热脱扣器动作后未复位	(4)停 1~2 s，待热元件复位

(2)主开关合闸后电网无电压的故障原因与排除方法如表 3-1-2 所示。

表 3-1-2　主开关合闸后电网无电压的故障原因与排除方法

故障原因	故障排除方法
(1)主触头烧坏，动、静触头不接触	(1)检查、修理或更换主触头
(2)动触头松脱或断线	(2)检查连线及连接处，接好或紧固螺钉

(3)使用过程中主开关合闸跳闸的故障原因与排除方法如表 3-1-3 所示。

表 3-1-3　使用过程中主开关合闸跳闸的故障原因与排除方法

故障原因	故障排除方法
(1)失压脱扣器的衔铁钩不住脱扣轴	(1)检查脱扣机构
(2)脱扣机构老化，钩不住	(2)检查脱扣机械，调整相应螺栓或换新
(3)过电流（或电磁）脱扣器失调（即动作值太小）	(3)校正调整至要求值
(4)失压线圈串联电阻过大	(4)检查串联电阻及连线是否良好
(5)失压脱扣器反力弹簧作用力过大	(5)检查调小弹簧拉力
(6)负载突然加大，使欠压动作	(6)检查调压器及调速器特性，或调小失压脱扣器弹簧拉力
(7)过载继电器的延时太小或无延时作用	(7)检查调整到规定延时值

(4)主开关自动跳闸的故障原因与排除方法如表 3-1-4 所示。

表 3-1-4　主开关自动跳闸的故障原因与排除方法

故障原因	故障排除方法
(1)失压线圈电阻值太大，导致电磁吸力弱或铁芯反作用弹簧力太大，铁芯吸合不牢	(1)增大电磁吸力或减少弹簧反作用力
(2)自由脱扣机构钩不住	(2)检查修理
(3)过流脱扣器失调，动作电流值太低，在正常负载电流时已接近动作值	(3)调整过流脱扣器

(5)逆功率继电器失灵的故障原因与排除方法如表 3-1-5 所示。

表 3-1-5　逆功率继电器失灵的故障原因与排除方法

故障原因	故障排除方法
(1)没有按要求接线	(1)改为正确接线
(2)电压线圈或电流线圈烧坏，逆功率继电器不起作用	(2)检查并更换线圈

七、发电机的保护

(一)发电机基本保护的判别

1.发电机过载保护的判别

发电机过载致主开关跳闸，一般是发生在发电机单机运行在较大负荷下，在不查看发电机实际功率时起动大负荷运行，如起动空压机、压载泵等致发电机过载而跳闸；也可能发生在并联运行时，其中一台机组因机电故障保护立即跳闸，而分级卸载装置失灵或卸载后仍过载致运行机组出现过载而发生保护跳闸等场合。

2.发电机欠压保护的判别

发电机欠压保护跳闸主要发生在调速器及燃油系统或调压器出现故障的场合。调速器及燃油系统故障导致欠压保护的判断依据是先出现转速下降(这可从柴油机声音听出)后发生跳闸，调压器故障导致欠压保护的判断依据是先出现电压下降(这可从照明灯的亮度变化看出)后发生跳闸。

3.发电机逆功率保护的判别

发电机逆功率保护跳闸主要发生在并车操作合闸时刻掌握不当导致待并机组主开关合上后跳闸，或并联运行时负荷分配操作调节方向反了，或并联时其中一台柴油机调速器损坏或燃油中断等场合。

4.发电机外部短路故障的判别

这里指的是按规范要求的对发电机外部短路保护，即发电机电流大于等于 $200\% I_n$ 时主开关跳闸这一故障的判别。

(1)对于具有自动电站管理系统的电站：当发生发电机主开关跳闸，主电网失电，除报警外机舱没有其他任何反应且报警指示的是短路故障时，说明发生了发电机外部短路故障。

(2)对于常规电站：当发生发电机主开关跳闸，这一跳闸不是发生在同时起动几台大负荷时，不是出现在利用船上起货机进行装卸货作业时，不是出现在先出现转速下降后发生主开关跳闸，也不是出现在先发生电压下降后再跳闸(从照明灯的亮度可得到判别)，这时一般可断定发生了发电机外部短路故障，但也不排除有关人员的操作失误，如并车操作不当使发电机电流达到短路保护整定值，也有可能是由于主开关本身故障而引起跳闸。

(二)与发电装置电气保护相关的仪器仪表及相关控制

1.船用发电机自动空气断路器

船用发电机自动空气断路器(Air Circuit Breaker，简称 ACB)是船舶电力系统中常用的一种配电保护电器，集控制与多种保护功能于一体，在正常情况下可用于不频繁地接通和断开电路，当电路中发生短路、过载、欠压等故障时，能自动切断故障电路，保证线路和电气设备的安全。船用万能式自动空气断路器一般装设在配电装置内，也可安装在墙上或支架上，其组件主要有触头系统、灭弧室、脱扣器和操作机构等。

船用万能式自动空气断路器的保护机构由过电流脱扣器、失压脱扣器、分励脱扣器及电子型脱扣器等组成，如图 3-1-19 所示。脱扣器是自动空气断路器的感受元件，当电路发生故障时，脱扣器接到信号后动作，经过断路器自身的自由脱扣机构使自动断路器分闸。

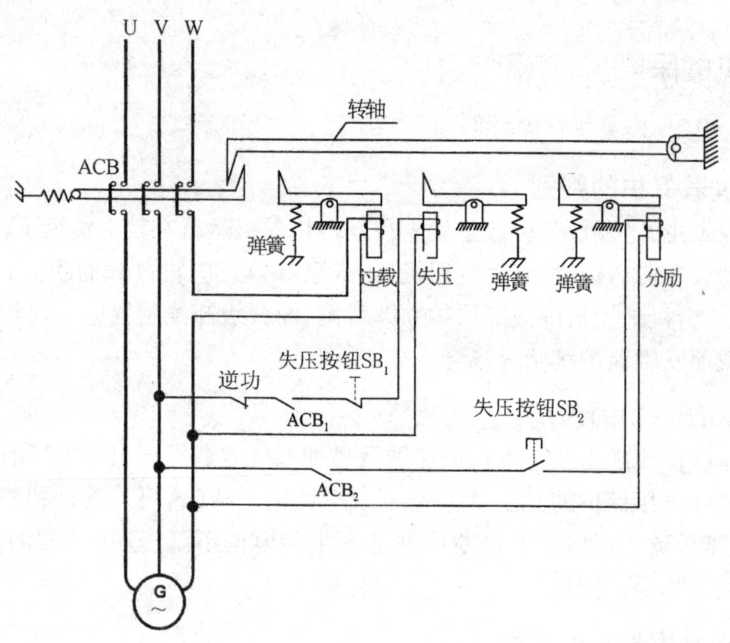

图 3-1-19　船用万能式自动空气断路器的脱扣器原理示意图

过电流脱扣器分为双金属片热脱扣器和电磁式过流脱扣器，双金属片热脱扣器具有反时限特性，当电路发生过载时，双金属片弯曲，使自动开关跳闸。电磁式过流脱扣器的电磁线圈，当通过电流大于一定数值时，脱扣器动作，使开关跳闸切断电路。过电流脱扣器的保护特性采用过载长延时（包括定时限和反时限两种）、短路短延时及特大短路瞬时脱扣的三段保护特性。反时限就是指过载越大，要求开关动作的时间越短；过载越小，要求开关动作的时间就越长，也就是要求开关动作的时间和过载电流成反比关系。

失压脱扣器用于欠压、失压保护。在额定电压的75%或以上时必须保证自动断路器可靠合闸。而当电压降低到额定电压的40%左右时，断路器失压脱扣器必须可靠动作。因此，失压保护可在30%~75%额定电压范围内整定。失压整定值这么低，就是为了避免在电网电压瞬时波动下产生误动作（如较大异步电动机起动等）。

分励脱扣器可用于远距离遥控断路器迅速分闸。分励脱扣器的功能与失压脱扣器相似，但是，是由操作人员或继电保护发出指令后，执行断路器跳闸。失压脱扣器电磁线圈串联在电源电路中，正常情况下失压脱扣器电磁线圈有电，而分励脱扣器的电磁线圈不通电，当需要自动断路器分闸操作时，才给分励脱扣器一个控制电压，使其瞬间动作跳闸。

电子型脱扣器是用半导体元件制造的综合型保护元件，具有过负荷、短路和欠压保护等功能。电子脱扣器的一个突出特点是在环境温度变化的情况下，仍能稳定地工作。

2.过电流保护

过电流保护由过电流保护的电压形成和整流滤波回路、输出控制电路、特大短路瞬时跳闸保护的起动电路、短路短延时跳闸保护的起动电路和时限电路及过载长延时保护的起动电路和时限电路等组成。

（1）特大短路瞬时跳闸保护的起动电路

特大短路，在这里是指接近电源处发生短路。因为短路路径特短，阻抗很小，故短路电流特别大。由于要求快速性，因此采用电流速断保护，控制触发 SCR 导通，使开关瞬时动作跳

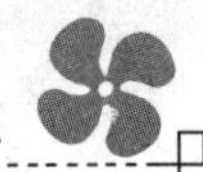

闸，实现特大短路瞬时跳闸保护。

(2)短路短延时跳闸保护的起动电路和时限电路

在离电源较远处发生短路时，发电机也会出现较大电流，根据保护选择性的要求，首先应由发生短路那一级的保护装置动作。若该保护装置失灵拒绝动作或动作迟缓了，发电机的短路短延时保护作为前一级保护的后备保护才动作，故它们需要有一个延时时限上的配合。

短路短延时保护的起动电路和时限电路都可调整，可在(3~5)I_n 的范围内整定起动电流值；可在 0.2~0.6 s 范围内整定延时时限，保护具有定时限特性。

(3)过载长延时保护的起动电路和时限电路

过载长延时跳闸保护的起动电路和时限电路，通过发电机过载信号来触发动作，其动作值和延时值均可调。对过载长延时保护，可以在(1.0~2.5)I_n 的范围内整定过载起动值。当起动值整定在 1.2I_n 时，延时在 5~30 s 触发动作。

过载长延时保护的延时不是定时限的，过载小时延时时间长，过载大时延时时间短，这就使过载长延时保护具有反时限特性。

3.欠压延时保护

发电机电压经变压器降压，有的经过整流，向发电机主开关的失压线圈供电。当发电机电压低于主开关欠压保护整定值，例如达 65%U_e 后，失压线圈将没有足够吸力保持得住，将引起主开关脱扣动作。但是每个开关在不同时间段该值不是固定的，一般在 30%~75%，都是被船级社认可的。

有的失压保护通过专用的失压保护脱扣器来实现，其欠压延时可分 0.5 s、1 s、3 s 等几种，延时完毕，通过输出控制电路发出欠压延时保护跳闸信号，使开关跳闸，实现发电机欠压延时保护。

4.逆功率保护及逆功率继电器

当多台发电机并联运行时，由于原动机或调速器工作失常，往往会出现逆功率状态，其中一台发电机从电网吸收功率变成电动机工作状态。发电机在逆功率状态下运行，会使另外并联运行的发电机过载，以致过载跳闸，因此必须设置逆功率保护。

交流发电机的逆功率保护是由逆功率继电器来实现的，既反映有功功率的大小，又反映有功功率的方向。当同步发电机出现逆功率并达到或超过保护动作整定值时，逆功率继电器延时动作，使发电机主开关跳闸，将该发电机退出并联运行。逆功率继电器的动作取决于发电机是发出还是吸收功率，当发电机从电网吸收功率时，逆功率继电器动作。其输出触点一般串接入失压线圈电路，使失压脱扣器动作导致主开关跳闸。考虑到当采用手动或半自动法进行并车操作时，在投入并联运行的发电机组中会出现逆功率状态，而这种逆功率的状态发生的时间短，逆功率的数值也不大，因此逆功率保护应避开这种状态。

由于逆功率继电器需检测同步发电机的有功功率，因而要取同步发电机的电流和电压信号并考虑其相位关系。逆功率继电器按其工作原理可分为感应型、整流型和晶体管型等。

典型的 GG-21 型逆功率继电器的接线图如图 3-1-20 所示。电压线圈和电流线圈产生的磁通均在铝盘中感应出涡流，载流铝盘在磁场中受到力矩作用而产生转动。发电机输出功率时，铝质圆盘要向顺时针方向转动，但因有一止挡块挡住而不能转动；当发电机出现逆功率时，铝盘向逆时针方向转动，轴上齿轮带动继电器动触头移动，达到整定时间后，将两个静触头连通，从而使自动空气断路器中的失压脱扣器动作，发电机主开关跳闸。

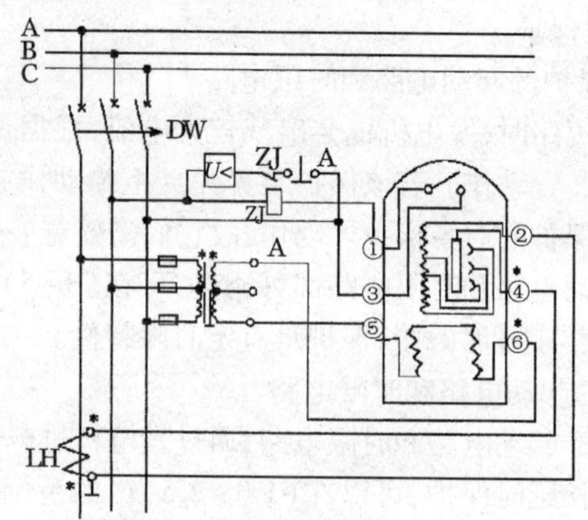

图 3-1-20　典型的 GG-21 型逆功率继电器的接线图

5.配电板兆欧表

配电板兆欧表安装在主配电板上，它能在线随时监测船舶电网的绝缘电阻。兆欧表的工作原理如图 3-1-21 所示。

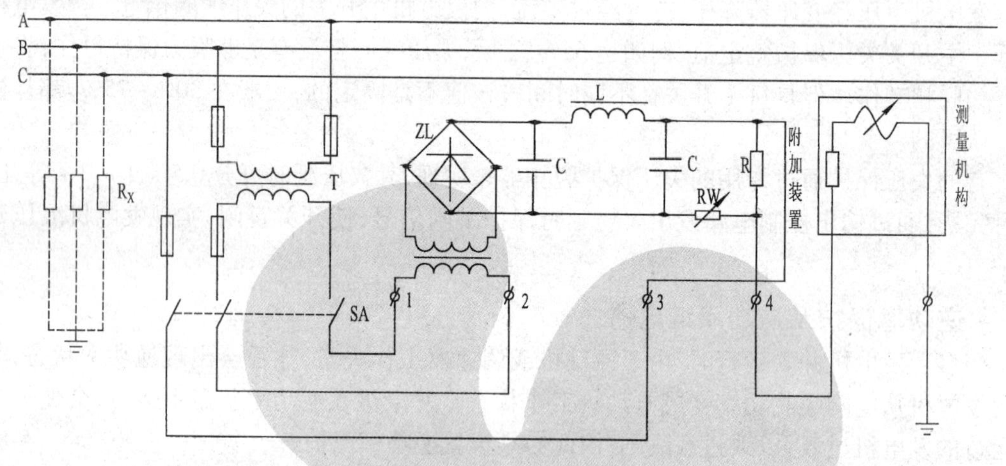

图 3-1-21　兆欧表的工作原理

配电板式兆欧表由测量机构（表头）和附加装置（整流电源）组成，通过转换开关可分别测量 380 V(440 V)动力电网和 220 V(110 V)照明电网绝缘电阻。

若测动力电网的绝缘电阻，当电网绝缘下降时，漏电流将增大，漏电流经电源正极接线柱 3→电网→绝缘电阻 R_x→测量机构→接线柱 4（电源负极），漏电流越大，测量机构指针偏转越大，说明绝缘电阻越小。

当测量照明电网对地绝缘时，将转换开关从 0 位转到 220 V 位，从附加装置正端流出的直流电流经转换开关到 220 V 照明电网，再经照明电网对地的绝缘电阻流到测量表头，最后流回附加装置的负端。动力电网对地绝缘的测量同照明网络。电网对地绝缘电阻越低，表头指针偏转就越大，当一相接地时，表头指针偏转最大，指示绝缘电阻值为 0。

根据船级社的规定，用于电力、电热和照明的绝缘配电系统，不论是一次还是二次配电网络，均应设有连续监测装置，用以监测相对于船体的绝缘电阻，且在绝缘电阻异常低时发出声、光报警信号。当对船体的绝缘电阻下降至每伏电源电压 100 Ω 以下时，必须触发报警装置，一般动力电绝缘低于 1 MΩ，照明电回路绝缘低于 0.5 MΩ 就需要报警。

(三)发电机保护元器件的日常维护管理方法

发电机保护装置是重要的控制设备,除要做好日常的清洁、紧固等电气维护工作外,还需要定期地进行功能校验。在发电机停止使用时,脱开其主开关,使其处于“test”位置,确保主开关与主回路是脱开的,然后根据其保护的各个设定值,向主开关及配电屏提供相关的电源和电流信号,模拟保护装置超极限,观察和记录其动作值,并与标准或原始记录进行比对,并进行相关的调整,以确保保护动作功能正常。

八、配电电路的故障判断方法

(一)引起船舶电力系统故障的原因

1.设备本身发生故障

常见的有:

(1)发电机原动机损坏,如原动机调速器失灵,气缸体过热等。

(2)发电机定子绕组烧毁或断路。

(3)励磁系统损坏。

(4)电缆接线盒绝缘破坏。

2.由于操作不当而引起的故障

常见的有:

(1)合闸操作不当。

(2)发电机负荷控制不均衡。

(3)由于观测错误而引起的不当操作。

3.由于恶劣环境条件的影响而引起的故障

通常是由于恶劣环境条件致使设备的电气绝缘能力降低而引起的各种故障。

(1)电力系统一相接地故障:表现为某相绝缘指示灯熄灭,另两相绝缘指示灯异常明亮。其原因主要包括:某用电负载单相绝缘击穿,引发接地故障;某负载电动机接线盒接线松脱碰壳;主配电板板内各电力分配开关击穿故障,或其他电气设备击穿故障;发电机内部发生接地等。

(2)电力系统绝缘电阻低故障:电网系统绝缘故障分两类,一类是400 V电力系统绝缘低故障,绝缘电阻低并且已经达到报警值,故障多数发生在负载及其他用电设备一端(如露天甲板电气设备较易出现绝缘电阻低故障),也可能发生在主配电板内部或发电机内部;另一类是220 V电力系统绝缘低故障,绝缘电阻低并且已经达到报警值,多数发生在各层照明电力分配系统中,也常发生在厨房电器或甲板照明系统中。

当发生电力系统一相绝缘低故障时,如果不及时处理或解决,会在另一相再次发生绝缘故障时形成短路电流,可能引起部分负载开关脱扣甚至主配电板跳闸。

4.意外发生的各种故障

常见的有突然短路、断路、接地等。

5.同步发电机的运行参数失调故障

发电机的运行参数超过允许值,可能会损坏发电机组或用电设备,需要采取保护措施以避免事故发生。例如过电流、过载、短路、逆功率、欠电压、过电压、低频率及高频率等都将危及发电机组和用电设备的安全。

通常,故障总是首先出现在某个设备或器械上,亦即设备或器械的故障(即一次事故)。虽然故障可能以各种形式发生在系统的任何部位上,但因电站设备大部分具有单项保护措施,一般在一定时间内能可靠地将故障设备切除,因而这种故障并不会给系统带来很大的危害。但是,如果遇到单项保护设备的断路器失灵,没有及时切断故障设备,让一些比较严重的故障在电网上延续了较长的时间;保护装置的整定数值不恰当,以致不能按设计要求完成保护动作;保护设备发生误动作;故障发生在系统的保护死区等,就可能导致一部分设备的故障发展并迫使电力系统全部设备处于多重故障的严重状态之下,进一步引起电网频率和电压异常,使系统失电和发电机过载。这种扩大到系统的事故称为系统性故障(即二次事故)。它们一旦出现在电网上,就会接连不断地引起事故,最终导致大范围的停电。

(二)船舶电网失电的一般处理方法

航行中的船舶由于各种机电故障或操作不当等均可能引起全船跳电。作为电气(或轮机)管理人员,当发生跳电事件后应能正确地处理,以减少由此可能引发的严重恶性事故(如船舶处在进出港、狭窄水道、特大风浪等场合)。对于普通电站的处理与具有自动电力管理系统的电站处理,两者有较大不同。

1.常规电站电网失电后的处理

(1)并车操作时发生电网跳电

首先检查原运行机组与待并机组的机电状况,若是由于并车操作不当导致发电机主开关过流保护动作跳闸或逆功率保护动作跳闸,可复位过流继电器或复位逆功率继电器(视具体发电机控制屏而定,有些不需要),恢复正常后合上其中任一台机组的主开关,然后按功率大小及重要性逐级起动各类负荷,待发电机组承担相当负荷时再将另一台机组按并车条件进行并车操作。

(2)运行机组因机械故障发生电网跳电

首先应答警报、消声,若报警装置指示滑油失压或机组超速等,可起动备用机组,待转速、滑油压力、电压正常后合闸供电,之后按功率大小及重要性逐级起动各类负荷,最后检修故障机组。

(3)单机运行时起动大负荷或几乎同时起动几个较大负荷(如用船上起货机进行装卸货作业)时发生电网跳电

先应答警报、消声,复位过流继电器(视具体发电机控制屏而定,有些不需要),然后合上发电机主开关,再按功率大小及重要性逐级起动各类负荷投入运行,之后起动备用发电机组,待一切正常后按并车操作要求进行并联运行的操作,并车完成后再起动大负荷投入运行。

(4)运行机组因发电机内部短路或失压保护动作发生电网跳电

常规电站大多无此报警功能,若机组仍在运行但电压很低或没有电压,说明是失压保护跳闸,则应停掉这一台机组,然后起动备用机组投入电网运行,最后再检查故障机组的发电机调压器:若机组仍在运行且电压正常,说明可能是短路保护跳闸,则应检查主配电板汇流排是否短路,排除短路故障后或确信主配电板没有发生短路故障时即可合闸供电。

(5)运行机组主开关误动作跳闸或因船舶电网选择性保护不良发生电网跳电

因无此报警功能,按上述短路保护处理方案检查,确信配电板没有发生短路后才可合闸供电。

(6)燃油供给故障(如调速器失灵、中断燃油等)发生电网跳电

基本上均没有这类监测报警点,主开关仍系失压保护跳闸。现象:伴随着转速下降而跳闸停机。检查系统燃油供给系统,确信系统无故障后起动备用发电机组投入电网运行,然后检修故障机组的调速器及燃油供给系统。

2.对于具有自动电站管理系统电网失电后的处理

(1)除因短路保护导致发电机主开关跳闸断电外,对于其他各种机、电故障致主开关跳闸,自动电站管理系统均能自动处理,不需要值班轮机人员干涉,值班人员仅需按照报警指示故障进行相应检查、排除处理即可。

(2)若电网突然失电,除警报声外所有设备均停止运行,此时值班人员切忌起动机组、合闸供电,首先应查看报警指示。警报必指示发电机短路,控制系统自动切换至非自动状态。应答后至主配电板后面仔细检查汇流排是否发生短路,找到短路点排除后或确信主配电板没有发生短路(船舶电网短路保护的选择性整定不当)才可按复位按钮,系统即恢复至自动状态,同时解除阻塞,此时值班人员遥控起动值班发电机组投入电网运行即可。

九、电动机故障排除的方法

电动机故障一旦出现,需要尽快处理,重要电机则要立即处理。表3-1-6给出了电动机常见的故障、原因分析和故障修复措施。

表3-1-6　电动机常见的故障、原因分析和故障修复措施

故障判断	可能故障原因	故障修复
通电后电动机不能转动,但无异响,也无异味和冒烟	①电源未通(至少两相未通); ②熔丝熔断(至少两相熔断); ③过流继电器调得过小; ④控制设备接线错误	①检查电源回路开关,熔丝、接线盒处是否有断点,修复; ②检查熔丝型号、熔断原因,换新熔丝; ③调节继电器整定值与电动机配合; ④改正接线
通电后电动机不转,然后熔丝烧断	①缺一相电源,或定子线圈一相反接; ②定子绕组相间短路; ③定子绕组接地; ④定子绕组接线错误; ⑤熔丝截面过小; ⑥电源线短路或接地	①检查主开关是否有一相未合好,检查电源回路是否有一相断线,消除反接故障; ②查出短路点,予以修复; ③消除接地; ④查出误接,予以更正; ⑤更换熔丝; ⑥消除接地点

（续表）

故障判断	可能故障原因	故障修复
通电后电动机不转且有“嗡嗡”声	①定、转子绕组有断路（一相断线）或电源一相失电； ②绕组引出线始末端接错或绕组内部接反； ③电源回路接点松动，接触电阻大； ④电动机负载过大或转子卡住； ⑤电源电压过低； ⑥小型电动机装配太紧或轴承内油脂过硬； ⑦轴承卡住	①查明断点予以修复； ②检查绕组极性，判断绕组末端是否正确； ③紧固松动的接线螺丝，用万用表判断各接头是否假接，予以修复； ④减载或查出并消除机械故障， ⑤检查是否把规定的△接法误接为Y，是否由于电源导线过细使压降过大，予以纠正； ⑥重新装配使之灵活或更换合格油脂； ⑦修复轴承
电动机起动困难，额定负载时，电动机转速低于额定转速较多	①电源电压过低； ②△接法电机误接为Y； ③笼型转子开焊或断裂； ④定转子局部线圈错接、接反； ⑤电机重绕时增加匝数过多； ⑥电机过载	①测量电源电压，设法改善； ②纠正接法； ③检查开焊和断点并修复； ④查出误接处，予以改正； ⑤恢复正确匝数； ⑥排除过载原因
电动机空载电流不平衡，三相相差大	①重绕时，定子三相绕组匝数不相等； ②绕组首、尾端接错； ③电源电压不平衡； ④绕组存在匝间短路、线圈反接等故障	①重新绕制定子绕组； ②检查并纠正； ③测量电源电压，设法消除不平衡； ④消除绕组故障
电动机空载，过负载时，电流表指针不稳，摆动	①笼型转子导条开焊或断条； ②绕线型转子故障（一相断路）或电刷、集电环短路装置接触不良	①查出断条予以修复或更换转子； ②检查绕线型转子回路并加以修复
电动机空载电流平衡，但数值大	①修复时，定子绕组匝数减少过多； ②电源电压过高； ③Y接电动机误接为△； ④电机装配中，转子装反，使定子铁芯未对齐，有效长度减短； ⑤气隙过大或不均匀； ⑥大修拆除旧绕组时，使用的拆法不当，使铁芯烧损	①重绕定子绕组，恢复正确匝数； ②设法恢复额定电压； ③改接为Y； ④重新装配； ⑤更换新转子或调整气隙； ⑥检修铁芯或重新计算绕组，适当增加匝数
电动机运行时响声不正常，有异响	①转子与定子绝缘纸或槽楔相擦； ②轴承磨损或油内有砂粒等异物； ③定、转子铁芯松动； ④轴承缺油； ⑤风道填塞或风扇擦风罩； ⑥定转子铁芯相擦； ⑦电源电压过高或不平衡； ⑧定子绕组错接或短路	①修剪绝缘，削低槽楔； ②更换轴承或清洗轴承； ③检修定、转子铁芯； ④加油； ⑤清理风道或重新安装； ⑥消除擦痕，必要时车小内转子； ⑦检查并调整电源电压； ⑧消除定子绕组故障

（续表）

故障判断	可能故障原因	故障修复
运行中电动机振动较大	①轴承磨损间隙过大； ②气隙不均匀； ③转子不平衡； ④转轴弯曲； ⑤铁芯变形或松动； ⑥联轴器（皮带轮）中心未校正； ⑦风扇不平衡； ⑧机壳或基础强度不够； ⑨电动机地脚螺丝松动； ⑩笼型转子开焊断路或绕线转子断路	①检修轴承，必要时更换； ②调整气隙，使之均匀； ③校正转子动平衡； ④校直转轴； ⑤校正重叠铁芯； ⑥重新校正，使之符合规定； ⑦检修风扇，校正平衡，纠正其几何形状； ⑧进行加固； ⑨紧固地脚螺丝； ⑩修复转子绕组或修复定子绕组
轴承过热	①润滑脂过多或过少； ②油质不好或含有杂质； ③轴承与轴颈或端盖配合不当（过松或过紧）； ④轴承内孔偏心，与轴相擦； ⑤电动机端盖或轴承盖未装平； ⑥电动机与负载间联轴器未校正，或皮带过紧； ⑦轴承间隙过大或过小； ⑧电动机轴弯曲	①按规定加润滑脂（容积的1/3~2/3）； ②更换清洁的润滑脂； ③过松可用黏结剂修复，过紧应车、磨轴颈或端盖内孔，使之适合； ④修理轴承盖，消除擦点； ⑤重新装配； ⑥重新校正，调整皮带张力； ⑦更换新轴承； ⑧校正电机轴或更换转子
电动机过热甚至冒烟	①电源电压过高，使铁芯发热大大增加； ②电源电压过低，电动机又带额定负载运行，电流过大使绕组发热； ③修理拆除绕组时，采用热拆法不当，烧伤铁芯； ④定、转子铁芯相擦； ⑤电动机过载或频繁起动； ⑥笼型转子断条； ⑦电动机缺相，两相运行； ⑧重绕后定子绕组浸漆不充分； ⑨环境温度高，电动机表面污垢多，或通风道堵塞； ⑩电动机风扇故障，通风不良；定子绕组故障（相间、匝间短路；定子绕组内部连接错误）	①降低电源电压（如调整供电变压器分接头），若是电机Y、△接法错误引起的，则应改正接法； ②提高电源电压或换相供电导线； ③检修铁芯，排除故障； ④消除擦点（调整气隙或挫、车转子）； ⑤减载或按规定次数控制起动； ⑥检查并消除转子绕组故障； ⑦恢复三相运行； ⑧采用二次浸漆及真空浸漆工艺； ⑨清洗电动机，改善环境温度，采用降温措施； ⑩检查并修复风扇，必要时更换；检修定子绕组，消除故障

电动机绕组除绝缘故障外，常发生绕组短路和断路两种严重故障，其中电动机的短路故障判断和处理比较困难，根据经验可用以下方法：

（1）外部观察接线盒内看是否有烧焦的熏黑现象，同时可以嗅出烟臭味。

（2）采用万用表、兆欧表、电桥或电机故障检测仪来检查，对各绕组做直流电阻的测量，一般不超过5%,如果超过,则说明电阻小的一相有短路故障现象;如利用万用表和兆欧表检查,可分别测量三相间的绝缘电阻,若电阻值为零或很小,则说明有绕组相间短路故障。

(3)带电测量:电压检测法就是在三相串联后,通上安全的交流电(应在保障人身安全电压下进行测试),测量每相绕组的电压,如测的一相电压低于平均电压值或读数很小,说明该相有短路故障。电流检测法最常用的是电流卡表(钳型电流表),在三相电压基本平衡的情况下,电动机应空载运行,分别测量三相电流,如果一相电流与其他两相电流相差很大,则说明该相有绕组短路现象。

对短路的处理较为困难,一般要解体电机,观察短路点,如果发生在定子铁芯外的线圈中,可用绝缘材料隔开,也可以重新包上绝缘材料,浇漆后再烘干。如果短路点在槽内,一般要重绕后再上漆烘干。

如果电动机发生一相绕组接线端部断线,或并联支路处断路,或多根导线并绕中的一根断路,或转子鼠笼条断裂,其故障现象表现为:电动机运行时的三相电流不平衡,不能正常起动,有异常噪声或振动大,温升超过允许值或冒烟烧坏绕组。除直接观察断点的方法外,常采用电桥测量三相绕组电阻的方法,若电阻值相差5%以上,则电阻较大的一相绕组可能有断路故障。

根据断路情况不同应采取相应的处理方法,绕组断路故障大多数发生在绕组端部、线头以及绕组与引接线的连接处。由于绕组端部伸在铁芯外面,导线易被碰断,或由于接线头焊接不良,长期运行后脱焊,造成绕组端部断路。发生断路故障后,首先应检查绕组端部,找出断路点后,应重新连接焊牢,包上相应的绝缘材料后,再涂上绝缘漆即可继续使用。由于绕组的匝间、相间短路和接地等原因所造成的绕组严重烧焦,或断路点在槽内,一般应更换新绕组。如果笼形转子断笼,则可以采用焊接法、冷接法和换条修复处理。

第二节　电气功能测试及电子控制设备和安全设备

电气功能测试包括各种电气器件的功能测试,如过载继电器、时间继电器、断路器、发电机主开关等重要设备的保护功能。电子控制设备则包括基本电子元器件、输入输出单元和计算机处理系统等。安全设备包括各种为保护人身和设备安全而设的传感器、控制器等。

一、电气功能测试

1.过电流继电器(OCR)的功能测试方法

过电流继电器是指线路电流超过额定电流一定倍数(如2~3倍)时,OCR立即动作,相应触点信号变化。但是在通俗概念中,常与过载继电器混为一谈。实际上过载继电器是利用电流通过导体发热后,引起双金属片变形的机械动作来带动触点动作,具有反时限的特点;而对应的OCR一般理解是没有时限,最多有定时限的保护继电器。测试时,可使用电流发生器模拟线路电流流过保护装置,在模拟供电的同时记录开始时间,直至观察到继电器失电动作,记录时间。这样可得到保护动作的设定电流和设定延时的时间值。

2.中间继电器和电磁接触器的功能测试方法

定期检查中间继电器和接触器控制回路电源电压,并调整到一定范围之内。如电压过高,

线圈会发热，关合时冲击就较大。如电压过低，其关合动作速度慢，容易使运动部件卡住，触头易出现焊在一起的故障。

试验时，给电磁线圈提供调压器的输出电压，使其为线圈电压的85%~105%，此时应可靠动作，如电源电压低于线圈额定电压的40%，应可靠释放。

3.时间继电器的功能测试方法

时间继电器是为所控制线路延缓时间传送信号的，大多数时间继电器是由电磁线圈、延时机构、触点组成。因此，选用时要根据电磁线圈、延时范围、触点数量、额定电流、允许操作频率等电气参数进行选择。

现在常用电子式时间继电器，一般配有工作电源指示灯和延时到位指示灯。测试前，一般使该时间继电器离线单独测试，准备好线圈（或时间继电器）的控制电源，使用一个开关实现通断控制，观察时间继电器的触点，然后对其通电或断电，观察其延时触点的动作时间，并与设定的时间值进行比对，并做适当的调整。如果调整不过来，则需要更换备件。

4.熔断器的功能测试方法

熔断器主要根据负载的情况和电路短路电流的大小来选择。对于容量较小的照明线路或电动机的保护，可选用半封闭式熔断器或无填料封闭式熔断器；对于短路电流相当大的电路或有易燃气体的地方，应选用有填料封闭式熔断器；对于晶闸管及硅元件的保护，应选用快速熔断器。

由于各种电气设备都具有一定的过载能力，当过载能力较低时，可允许较长时间运行，而超过某一过载倍数时，就要求熔体在一定时间内熔断。还有一些设备起动电流很大，如三相异步电动机起动电流是额定电流的5~7倍，因此，选择熔体时必须考虑设备的特性。

熔断器熔体在短路电流作用下应可靠熔断，起到应有的保护作用。如果熔体选择偏大，负载长期过载，熔体不能及时熔断；如果熔体选择偏小，在正常负载电流作用下就会熔断。为保证设备的正常运行，必须根据设备的性质合理地选择熔体。熔断器是一次性易耗品，不能进行过电流熔断测试。但是，可以通过计算得到选用值，然后选用对应额定电流的熔断器，使用前，一般要用万用表来测试其通断情况。

5.断路器的功能测试方法

断路器的种类繁多，按其用途和结构特点可分为框架式断路器（也称万能式断路器）、塑壳式（装置式）断路器、直流快速断路器和限流式断路器等。框架式断路器主要用作配电线路的保护开关，而塑壳式断路器除可用作配电线路的保护开关外，还可用作电动机、照明电路及电热电路的控制开关。

断路器都是由本体和附件组成。本体是不带任何附件，但能确保顺利合、分电路，并且在电路或设备发生过载、短路等事故时，具有自动切断故障的功能；而附件作为断路器功能的派生补充，为断路器增加了控制手段，扩大了保护功能，使断路器的使用范围更广、保护功能更齐全、操作和安装方式更多。目前断路器附件已成为断路器不可分割的一个重要部分。但附件并不是越齐全越好，这就要根据具体的控制线路和保护线路来合理地应用附件，避免造成不必要的浪费，同时要分清电压等级、交流或直流、辅助触头的对数等。低压断路器手动开关是最基本的要求，同时能自动进行欠压、失压、过流、过载和短路保护，基本融合了刀开关、熔断器、热继电器及欠压继电器的功能。低压断路器按灭弧介质分类，有空气断路器和真空断路器等；按用途分类，有配电用断路器、电动机保护用断路器、照明用断路器和漏电保护断路器等。

断路器的功能测试包括手动合闸、分闸操作试验和保护试验,有的还需要进行手动储能操作试验。手动测试可在确认开关动作不会引起其他设备故障的情况下,直接操作测试。但是,为保护设备安全,保护试验不能真的使设备处于超额状态来进行试验,需要模拟相应的电压或电流信号来对保护环节进行测试。断路器通常有过流脱扣器、半导体脱扣器等保护,可以通过选用欠压脱扣器等附件实现相应的保护。

过流脱扣器测试:使用电流发生器,调节电流直至脱扣器动作,使断路器断开。

过载保护脱扣器:使用电流发生器,当模拟的电流大于额定电流时,过载保护延时动作,过电流越大,动作时间越短,具有反时限特点。

(1)欠压(失压)脱扣器:当线路上电压低于某一整定电压或电压消失时,使电磁吸力不足以继续吸合衔铁,在弹簧力的作用下,衔铁的顶板推动脱扣器轴使自动开关断开。欠压脱扣器是在它的端电压降至某一规定范围时,使断路器断开的一种脱扣器。测试中,使用调压器等电压调节装置,当模拟的电压下降(甚至缓慢下降)到额定工作电压的70%~35%范围内,欠压脱扣器应动作,欠压脱扣器在电源电压等于或小于额定工作电压的35%时,欠压脱扣器应能防止断路器闭合;电源电压等于或大于85%额定工作电压时,应能保证断路器可靠闭合。因此,当受保护电路中电源电压发生一定的电压降时,能自动断开断路器切断电源,使该断路器下的负载电器或电气设备免受欠电压的损坏。使用中,欠压脱扣器线圈接在断路器电源侧,欠电压脱扣器通电后,断路器才能合闸;否则断路器合不上闸。

(2)半导体脱扣器是一种具有过载、短路、欠压等保护性能的脱扣器,可以对各项指标单独进行测试。

6.发电机主开关的功能测试方法

对500 V以下同步发电机,针对其不正常运行情况和可能出现的故障,主要设置主开关的过载保护及优先脱扣、外部短路保护、欠压保护和逆功率保护。保护功能的测试和保护参数的调试是保护控制中的重要环节。

(1)过载保护及优先脱扣参数的调试

运行的发电机输出功率或电流超过其额定值即为过载。发电机过载保护的原则是:一方面要保护发电机不受损坏;另一方面要尽量保证不中断供电。因此,发电机过载保护广泛采用了自动分级卸载保护,即发电机出现过载后,自动分级卸载装置首先将部分次要负荷卸掉,以消除发电机的过载现象,并发出报警信号。若在一定时间内仍不能解除过载,为了保护发电机不被损坏,过载保护装置应发出发电机过载自动跳闸信号,将发电机从汇流排上切除。对于发电机短时过载,例如由于大电动机、多台电动机同时起动和电力网远端发生短路等引起的过载,保护装置应避开这种短暂的过载,即过载保护应具有一定的延时特性。具体参考中国船级社《钢质海船入级规范》,内有详细规定。

过载保护功能测试和参数设置不宜采用实际发电机通过大电流来实现,实际上大多数发电机主开关有脱离、测试和啮合三个位置,测试时,可将主开关移至“测试”位置,此时主开关与发电机和汇流排处于脱开状态,但是主开关的控制回路的有关信号仍和系统相连,即主开关可以动作,但是发电机和汇流排不再接通,这样就确保了试验过程发电机和电网的安全。由于主回路脱开,发电机实际没有电流通过主开关,所以试验时,采用电流信号发生器替代电流互感器的二次侧回路,来模拟发电机产生的大电流。具体电路如图3-2-1所示,自耦变压器T向大电流发生器CT供电并可调,试验装置的输出送给主开关保护的电流取样电路。主开关合闸后(实际上是与电网脱开的),通过调节自耦变压器模拟实际电流信号,当达到优先脱扣过

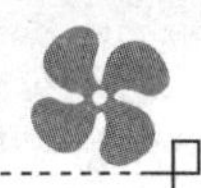

电流设定值并延时后,保护装置发出优先脱扣动作信号;当电流达到过载设定值并延时后,保护装置发出主开关脱扣动作信号。观察并记录这些设定值和对应的延时值,可判断保护功能是否正常。如果参数与发电机的要求不一致,则需要调整保护内部常数,如果保护装置不动作,说明设备故障,需要修理。

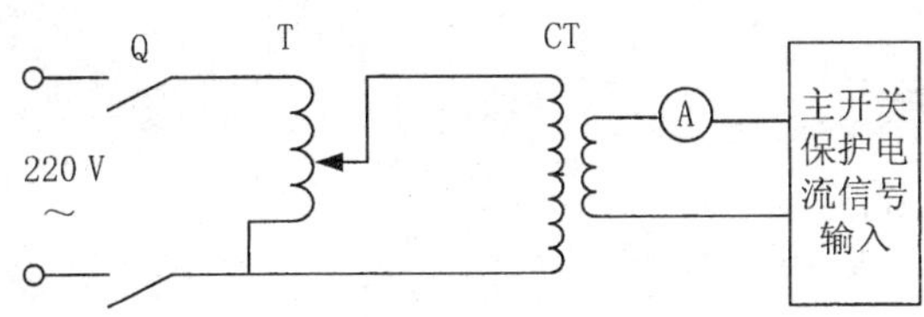

图 3-2-1　过电流及短路保护试验电流信号发生电路

(2)外部短路保护参数的调试

发电机的外部短路故障对发电机和电气设备影响极大,因此发生短路故障时,保护装置应迅速动作。但为了实现保护的选择性,亦给予一定的延时。中国船级社《钢质海船入级规范》规定了有关具体参数。

与过载保护试验电路相同,只是短路保护设定的电流值更大,延时时间更短。试验方法同过载保护试验。

(3)欠压保护参数的调试

一般船舶发电机的欠压保护是由自动空气断路器中的失压脱扣器来实现的。有的保护装置设有欠压和过压报警,设有的欠压保护最终也是通过断开主开关的失压线圈引起失压保护动作来实现的。

同过载试验一样,先将主开关移至"测试"位置,如图 3-2-2 所示,外接电压信号发生装置向欠压保护提供模拟的发电机电压。先将调压器回零位,合上开关 Q 后逐渐增加输出电压至发电机额定值,观察失压线圈有电吸合,然后合上发电机主开关(主开关与电网是脱开的),再逐渐调节调压器使输出电压下降,调至欠压动作值,主开关应跳闸。

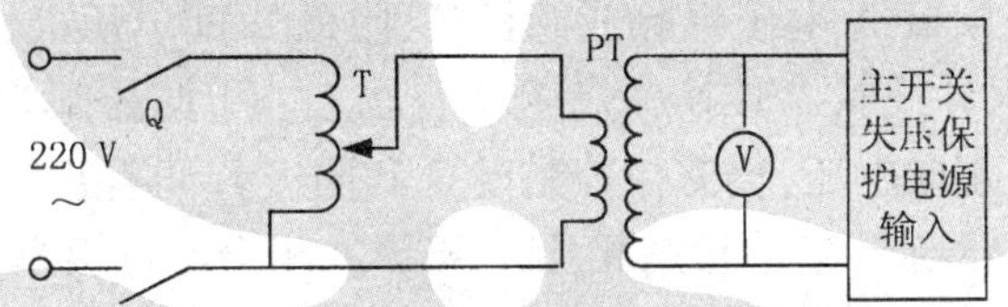

图 3-2-2　欠压保护试验电流信号发生电路

欠压动作值及动作延时时间由 UVT 整流装置内的电位器调节。

(4)逆功率保护参数的失调处理

交流发电机的逆功率保护是由逆功率继电器(或数字保护装置)来实现的,船舶上逆功率保护装置的整定值一般整定在 8%～15%额定功率(原动机为柴油机),延时 3～10 s 动作。对逆功率保护整定值和动作正确性的校验,可在发电机单机运行的情况下,用正功率进行校验,为此应把逆功率继电器上的电压(或电流)的两根连线对换,这样逆功率继电器得到的正功率被视作逆功率来测量,功率表指示的正功率数值就是逆功率数值。也可在双机并联运行时测试,即在确保供电和设备安全的情况下,通过调节两台机组的负载来人为制造逆功率现象,直至出现逆功率报警动作。

电子型的逆功率继电器比较容易校验,达到逆功率动作数值,有动作指示灯显示,开始计时，延时动作输出也有指示灯显示，输出跳闸，停止计时，秒表所指示的即是延时时间。

感应型的逆功率继电器（如 GG-21 型）动触点始动的逆功率数值与动触点接触静触点的数值并不是同一个，两个触点接触时的点才是实际的逆功率数值，考核动作值要把动触点调节到尽量靠近静触点的位置。调试时必须分两步做，先整定动作值，然后再校验延时时间。

二、电子控制设备

1.二极管的功能测试方法

二极管的识别方法：小功率二极管的 N 极（负极），在二极管外表大多采用一种色圈进行标示，有些二极管也用二极管专用符号来表示 P 极（正极）或 N 极（负极），也有采用符号标志“P”“N”来确定二极管极性的。发光二极管的正、负极可从引脚长、短来识别，长脚为正，短脚为负。

二极管的测试：用数字式万用表去测二极管时，红表笔接二极管的正极，黑表笔接二极管的负极，万用表选择二极管符号挡位，此时测得的数值是二极管的正向导通时的电压值，如 0.597表示正向导通压降为 0.597 V；反向显示 OL（或显示 1xxx，x 表示没显示），表示二极管不通。这与指针式万用表的表笔接法刚好相反。如果测试结果表明正、反两个方向都导通，或都不导通，这可认为该二极管损坏。

但是电力二极管、整流二极管、发光二极管等需要导通的电压高一些，有的可达 1.8 V。所以测试时，需保持万用表测量棒之间有足够高的电压。

2.可控硅整流器（SCR）的功能测试方法

可控硅晶闸管有阳极 A、阴极 K、控制极 G 三个引出脚。只有当单向晶闸管阳极 A 与阴极 K 之间加有正向电压，同时控制极 G 与阴极间加上所需的正向触发电压时，方可被触发导通。此时 A、K 间呈低阻导通状态，阳极 A 与阴极 K 间压降约为 1 V。单向晶闸管导通后，控制器 G 即使失去触发电压，只要阳极 A 和阴极 K 之间仍保持正向电压，单向晶闸管就会继续处于低阻导通状态。只有把阳极 A 电压拆除或阳极 A、阴极 K 间电压极性发生改变（交流过零）时，单向晶闸管才由低阻导通状态转换为高阻截止状态。单向晶闸管一旦截止，即使阳极 A 和阴极 K 间又重新加上正向电压，仍需在控制极 G 和阴极 K 间重新加上正向触发电压方可导通。所以单向晶闸管的导通与截止状态相当于开关的闭合与断开状态，用它可制成无触点开关。

如果是大功率晶闸管，用肉眼即可判断出控制极，即外形最小的为控制极。用万用表测量该极与其他两极，不通的是 A 极；相反，导通（虽然有电阻）的是 K 极。如果不能根据外形判断，晶闸管的管脚判别可用下述方法：先用万用表 $R\times1$k 挡（数字式万用表用二极管挡，且表棒与指针式万用表相反使用）测量三个管脚之间的阻值，用红、黑两表笔分别测任意两引脚间正反向电阻直至找出读数为数十欧姆的一对引脚，该两脚分别为控制极和阴极，但尚不能判断出哪个是控制极，哪个是阴极，可以肯定的是所剩的一脚为阳极。再将万用表置于 $R\times10$k 挡（数字式万用表仍用二极管挡，且表棒与指针式万用表相反使用），用手指捏住阳极和另一脚，且不让两脚接触，黑表笔接阳极，红表笔接剩下的一脚，如表针向右摆动，阻值读数为 10 Ω 左右，说明红表笔所接为阴极，不摆动则为控制极。

晶闸管的测试最简单的方法是看 AK 有没有短路，晶闸管一般是不容易坏的，一般只要没短路就可使用。但是具体情况需具体分析，可总结如下：

万用表选电阻 $R\times1\ \Omega$ 挡(数字式万用表用二极管挡,且表棒与指针式万用表相反使用),找到控制极和阴极后(控制极和阴极之间正、反两种接法均导通),判断出另一空脚为阳极 A。此时将黑表笔接已判断了的阳极 A,红表笔仍接阴极 K,万用表指针应不动。用短线瞬间短接阳极 A 和控制极 G,此时万用表电阻挡指针应向右偏转,如阳极 A 接黑表笔,阴极 K 接红表笔时,万用表指针发生偏转,说明该单向晶闸管已击穿损坏;或阳极 A 与阴极 K 或控制极 G 间有导通现象,可判断晶闸管故障。

如果在检测各极间是否导通时,没有找到导通的两个极,则此晶闸管可确认已击穿损坏。注意,检测较大功率晶闸管时,需要在万用表黑笔中串接一节 1.5 V 干电池,以提高触发电压。

三、安全设备

1.温度、压力和液位变送器的功能测试方法

安全设备中的压力、温度及液位保护是指参数超极限将引起设备的严重故障,甚至出现安全问题。所以在设备运行过程中,应经常对这些重要参数的保护进行校验。如冷却水高温对发动机的故障减速或故障停车的保护、滑油低压对发动机的故障停车保护、锅炉水位对锅炉的安全停止保护等。

(1)高温保护功能测试

①设备正常运行前,将故障停车控制的电磁阀或相关停止控制解除控制作用,防止测试后发生实际停止控制。

②在设备运行前,将高温保护传感器从设备中拆下来,保持原有线路不动,仅仅是将高温传感器接于电热容器(俗称电热槽),并配上标准温度计等。

③保持设备正常运行,在电热槽中盛以水或油,把温度计及被拆卸的温度传感器安装在电热槽内,逐步加温,并使电热槽内的温度比较均匀地上升,直至发生报警和出现停车信号。如果模拟的温度大大超出参考动作值,则应查明原因,并修复,再进行测试。

④记录测试的数据并和参考值对比,如有较大误差,应进行调整。

(2)低压保护功能测试

①设备正常运行前,将故障停车控制的电磁阀或相关停止控制解除控制作用,防止测试后发生实际停止控制。

②在设备运行前,将低压保护传感器从设备中拆下来,保持原有电气线路不动,仅仅是使用手持压力发生器或起动压力减压阀后的气管接到该传感器接头,并配上标准压力计等。

③先调高设备压力,保持设备正常运行,再逐渐调节压力下降,直至发生报警和出现停车信号。如果模拟的压力大大超出参考动作值,则应查明原因,修复后进行测试。

④记录测试的数据并和参考值对比,如有较大误差,应进行调整。

使用模拟压力前,需要确保原系统的滑油系统是正常的,其压力也是正常的,设备的正常运行不会受到不良影响。

(3)危险低位保护功能测试

①设备正常运行前,将保护控制功能解除控制作用,防止测试后发生实际突然停止控制。

②在设备运行前,将液位低压保护的传感器从设备中拆下来,安装在配套的模拟液位检测桶内,保持原有电气线路不动,观察液位位置,确保当前模拟的液位正常。

③保持设备正常运行,逐渐放掉模拟液位桶内的液体,直至发生报警和出现停车信号。如果模拟的液位报警值超出参考动作值,则应查明原因,并修复,再进行测试。

④记录测试的数据,并和参考值对比,如有较大误差,应进行调整。

使用模拟液位前,需要确保原系统的液位系统是正常的,其压力也是正常的,设备的正常运行不会受到不良影响。

2.超速保护装置的功能测试方法

超速保护装置有多种结构形式,简单的是采用速度继电器,其设定值事前调好为超速值;有的采用测速发电机,并配以比较电路;另外,还常用磁脉冲速度传感器检测,然后通过整形、比较、驱动电路得到保护信号。

测试中,可预先记下原始超速设定的位置,再逐渐减小其设定值,观察下降一定程度,设备在额定转速附近运行时出现超速保护动作,即可在不影响设备的前提下验证该保护功能。但是,如果需要验证其确切动作值,那只能将速度继电器与发动机脱开,使用可调速度的小电动机带动速度传感器,增加转速,直至超速动作,观察并记录该动作值,即为准确的超速动作值。

3.火焰监测器的功能测试方法

火焰监测器用来监视炉膛有无火焰。当点火失败或在持续燃烧期间熄火时,为避免再向炉内喷油引起故障,要求立即关闭燃油电磁阀停止喷油,并发出声、光报警。因此,自动化锅炉等设备都装有火焰监测器来监视炉膛内的火焰。辅锅炉上常用的火焰监测器有光敏电阻、光电池和紫外线灯泡等。不管哪种火焰监测器,均可通过是否有光照来测试其性能,即设备运行中,将传感器从探测位置拆下,使用手动的方法给检测器提供光源或不提供光且密闭光线来试验,观察设备的动作情况,确定传感器是否动作有效。

4.火灾探测系统的功能测试方法

严格意义上来说,火灾探测系统的功能测试需要实际测试,即在设备运行中,提供火灾情况或按下火灾报警按钮,观察是否会有报警。实际操作中,常使用火警探头的模拟烟雾测试器来模拟火灾时烟雾对传感器的影响,观察火灾报警是否正常。对于感温型的探头,可以使用电吹风之类的加热工具,使探头温度上升直至火警报警。对于火警线路的测试,可以实际手动拆下某个火警探头,观察对应的火警检测回路发生线路故障而报警。

第三节　监控系统故障诊断

监控系统是为实现无人机舱和系统安全运行而设立的监视机舱重要设备运行参数的系统,一旦设备参数出现偏离,超出预设的范围,则可认为该设备运行出错,监控系统主要向值班人员发出报警信号,报警通过灯光和声音来传达。在有条件的情况下,可通过起动备用机组等方式设法自动恢复参数的正常。监控系统除监视机舱设备外,还需要对自身的状态进行监视,如电源、输入输出接口、传感器本身、计算机控制系统的某个环节等,但是由于监控系统越来越复杂,系统发生故障的可能性也在增加。同时,故障发生的原因也随着计算机的应用而越来越复杂,查找出系统的故障原因是解决问题的最重要环节。

一、监控系统故障的诊断方法

虽然电力电子电路的故障诊断方法多种多样,但是基本上都是由几种经典的方法发展和衍生出来的,其中的传统方法有以下几种。

1.经验法

根据系统运行的特点,结合专家知识库,依据实际经验,大致可判断出故障的类型和可能的原因,再逐个试验、排除,直至最后确定故障原因。监控系统大致可分为传感器、信号采集处理单元、现场总线网络、工作站、延伸报警装置、远程监视控制站等几个部分。其中传感器是最弱小且安装工作环境最恶劣的,受到的干扰也是最多的,所以相对而言,比较容易出故障。有的系统能够对模拟量的故障给出自动判断,如信号超出正常范围、接地等,有的需要人为观察并加以测量来判断。但是开关量一般就两种状态,判断其故障比较困难,但是有些重要的开关量回路装有断线检测,可以判断出线路故障。信号采集单元多数放置在机舱,所以相对而言也是比较容易出现问题的环节,但是由于采集单元基本上采用微机监测,所以一般的电源故障、通信故障、某信号通道故障也能够通过自检判断出来。但是一些元件或内部功能模块损坏造成的故障不容易判断,需要专业技术人员和专业工具才能查明。相对而言,计算机工作站、网络、远程站环境比较好,一般问题不大,即使有问题,也可通过更换备用设备来验证故障,查出故障点。

2.故障树法

故障树法是在分析造成系统故障的各种可能因素后,作出系统的故障树,即逻辑框图,通过从故障树的顶事件开始向下逐层搜索,最终找出故障原因。一般监控系统的供应商都提供说明书和操作手册,其中附录应有相关的故障树供使用方查找,其中最后的一条是查找上述故障后还不能排除故障,则向供应商提出要求,安排服务工程师现场解决。故障树能够表达出系统的内在联系,使元部件故障与系统间的逻辑关系清晰可见。该方法可以作为故障诊断的通用方法,诊断过程直观而灵活,但容易因建树工作量过大造成过程烦琐和结论易错,较为适合故障情况较少的问题。

3.状态估计法或参数模型法

有些控制系统本身比较复杂,存在多个输入和输出,相互之间有多种复杂的关联,这时可能需要使用状态估计法或参数估计法。以状态估计法为例,通过利用系统的定量模型和测量信号,重建部分可测变量,再比较测量值与估计值之差的绝对值,作为正常状态为零,故障状态不为零的残差,从而达到检测并分类系统故障的目的。但是,状态估计法需要以精确的数学模型为基础,而这正是通常的诊断过程所难以做到的,因此该方法的应用常被制约。

4.人工智能方法

与状态估计法不同,人工智能方法不需要研究对象具有精确的数学模型,因而具有很好的健壮性,主要包括人工神经网络、模式识别、专家系统等方法,是电子电路故障诊断研究的重点。目前该方法在船舶监控系统中刚开始应用,如 MAN 公司的 COCOS 系统,对主机的一些典型状态进行分析并判断故障原因,通过大量的数据分析,还可以给出系统的日常维护工作建议,是监控系统故障分析的一个重要方向。

二、监控系统传感器及变送器的测试和校准

(一)压力传感器及变送器的测试和校准方法

一般可以使用手动液压泵对压力继电器或传感器进行测试,观察其测量效果,对其控制参数进行调整,使其在设定值动作。

1.压力继电器的调整

(1)先调下限压力,降压,调节复位压力螺丝,整定触头复位的压力值(下限压力)。

(2)再升压,调节压差螺丝,整定触头动作压力值(上限压力)。

2.压力开关或传感器的调整

调整时将压力开关或传感器按图 3-3-1 所示连接,通过试验泵对该设备进行增压或减压,通过压力表观察达到所需监控或显示报警的设定值时,检查是否有相应的输出信号。若输出信号不正常,则需进行参数调整。

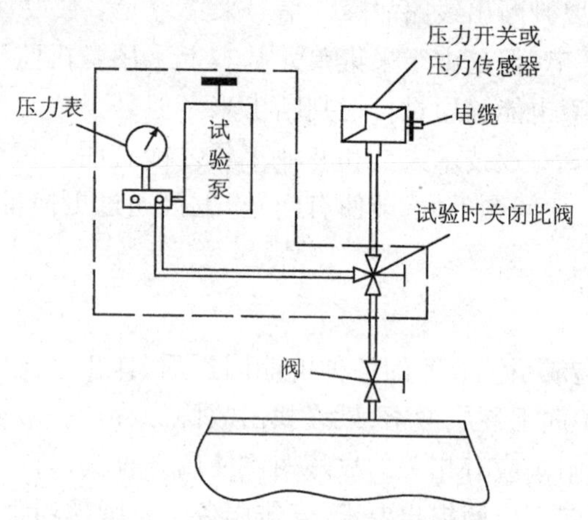

图 3-3-1　压力开关或传感器调整图

气动压力继电器一般是通过调整调零弹簧(或迁移弹簧)进行调整。

3.差压变送器的测试方法

将试验装置按图 3-3-2 所示接通,通过试验泵进行增压或减压,通过压力表观察达到所需报警的设定值时,检查是否正确无误显示报警。电动差压变送器将被测量的物理量转化为 4~20 mA 的标准电流输出信号。在转换电路中设有两个电位器,分别用于调整零点和量程,当输入信号不变时,顺时针转动两个电位器,均使变送器的输出电流增大,逆时针转动则使输出减小。

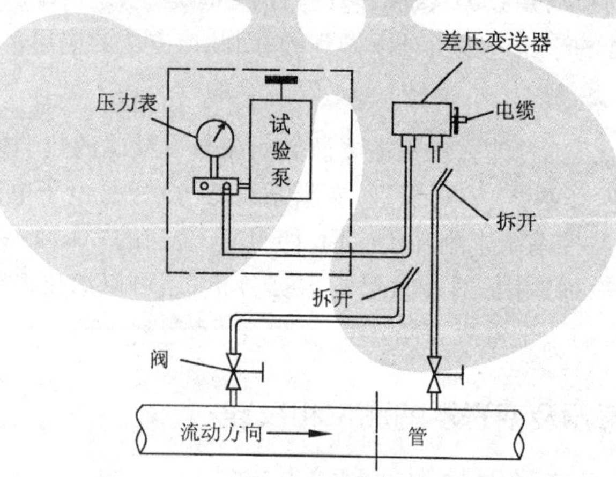

图 3-3-2　差压变送器调整图

(二)温度传感器和变送器的测试和校准方法

在船舶上常用的非电量继电器有:压力继电器和温度继电器,它们既可作为控制电器,又可作为保护电器。例如,压力继电器用于辅锅炉的蒸汽压力自动控制,就是一个控制电器,如用于监视主机滑油压力,就是保护电器。温度继电器用于冷却水温报警,就是一个保护继电器;温度、压力继电器在船舶中用量较大,管理人员应合理选用、调整、维护,才能使它可靠工作。

1.温度开关的测试与调整

(1)先调下限温度,降温,调节复位温度螺丝,整定触头复位的温度值(下限温度)。

(2)再升温,调节温差螺丝,整定触头动作温度值(上限温度)。

2.温度传感器的测试与调整

温度传感器通常利用热膨胀、热电变换、电阻变化等方法进行测量。一般分 100 ℃以下和 100 ℃以上两种调整方法进行。

(1)100 ℃以下温度传感器的检验

①一般实效测试法

如图 3-3-3 所示,配置一套加热容器和温度校验的检测设备,如电热容器(俗称电热槽)、标准温度计等。在电热槽中盛以水或油,把温度计及被拆卸的温度传感器安装在电热槽内,逐步加温,并使电热槽内的温度比较均匀。对加温过程中的各点温度进行记录和对比,可得出温度传感器检验的结论。

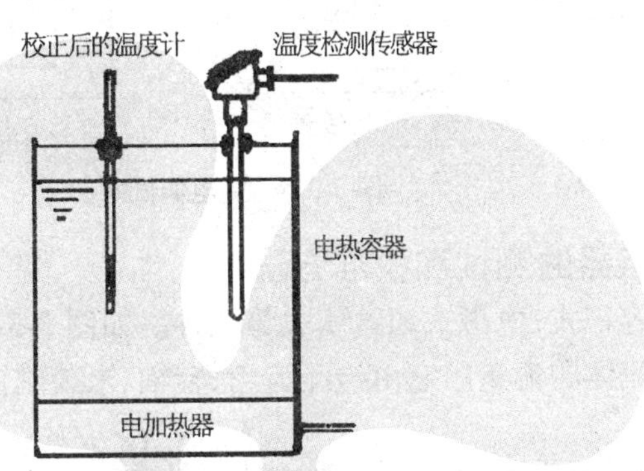

图 3-3-3　一般实效测试法示意图

在测试过程中,应特别注意电热容器内的温度平稳、均匀,如果加热过快,则需要在控制加热速度的同时,适当加以搅拌,使容器内部温度均衡。

②可变电阻或电位器的取代测试法

PT100 温度传感器或热敏电阻温度传感器热电阻试验图如图 3-3-4 所示,可以采用替代的办法,即以可调电阻器来替代温度传感器,把原先接在 PT100 的接线连到可调电阻器上,然后根据电阻值与温度之间的对应关系做出记录,据此查看该通道的温度显示值,记录对应的电阻值,最后通过查分度表做出测试结论。

这种测试方法需要知道传感器的类型,需要查到对应的分度表。另外,该方法对传感器的后续处理电路进行了校验,对传感器本身无法进行检测。

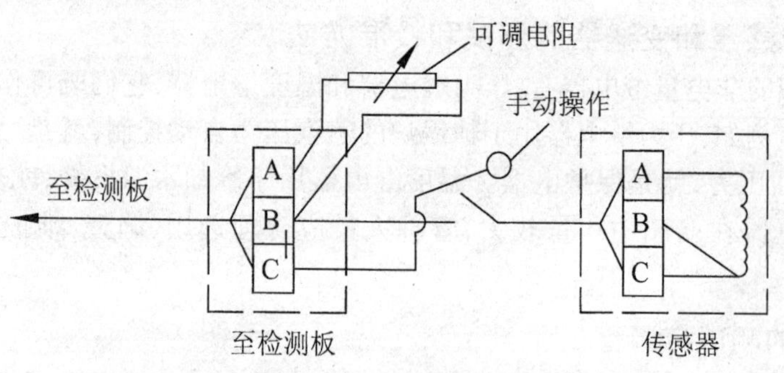

图 3-3-4　热电阻试验图

(2)100 ℃以上温度传感器的检验

对于 100 ℃以上热电偶式传感器的测试，由于被测温度高，难以实现高温模拟，因此可直接用直流电位差计测量其在各种实际温度下的输出电压，然后与该型传感器的“温度-毫伏”特性曲线进行比较，进而判断该传感器的测量是否准确。检验时，在接线盒中将温度传感器的接线断开，按图 3-3-5 接上毫伏表，根据温度所对应的电压（毫伏）值标准图（表）册，查出所需设定的温度值对应的毫伏值，调节毫伏计到所需的值，检查显示与报警状况，应正确无误。

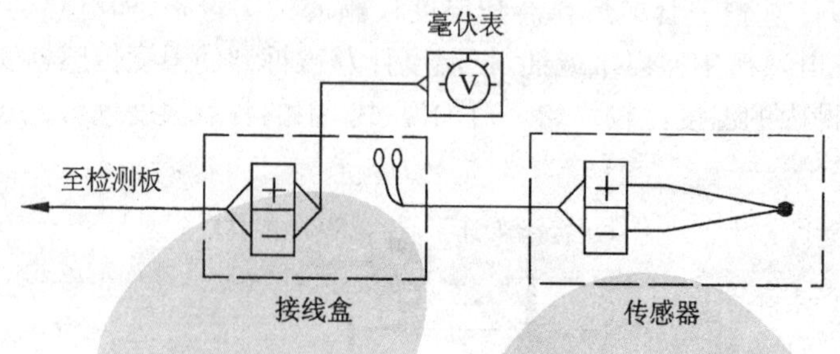

图 3-3-5　热电偶试验图

（三）流量传感器的测试和校准方法

流量传感器有容积式、电磁式和差压式等几种。如图 3-3-6 所示，容积式流量传感器在船上主要用来检测油流体的流量。它由检测齿轮、转轴、永久磁铁和干簧继电器组成。当流体自

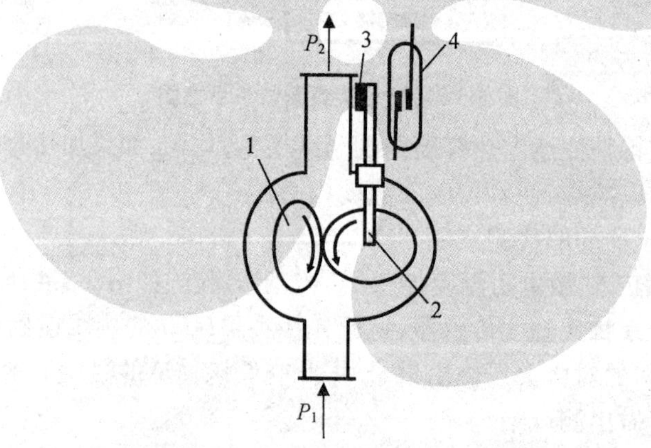

图 3-3-6　容积式流量传感器原理图

下向上流过时，由于摩擦力的存在，因此有压力损失，使进口流体压力 P_1 大于出口流体压力 P_2，检测齿轮在压力差的作用下，产生作用力矩而转动，通过的流量越大，齿轮转速越快。齿

轮转动经轴 2 上端的永久磁铁 3 驱动干簧继电器 4，使其触点闭合或断开，从而输出反映流量大小的电脉冲信号。

测试的方式就是利用已知流体流速，测量实际流速，分析其误差。如果误差较大，这需要使用相差较大的已知流量来校对传感器，并通过零点和量程来调整传感器。

（四）液位传感器和变送器的测试和校准方法

一般使用手动液压泵或改变实际液位对液位开关或传感器进行测试，观察测量效果，对其控制参数进行调整，使其在设定值动作。如果是压力水柜或类似液位的控制，则等同于压力开关或传感器的测试。

1.液位浮子开关的调整

（1）先实际减小液位，通过调节浮子下限调节螺钉来调节动作值。

（2）再实际增加液位，通过调节浮子上限调节螺钉来调节动作值。

（3）有的功能试验，可以在浮子开关测量装置上、下各安装一个测试杆，手动按下表示液位到位，可用于观察浮子模拟超上限或下限后，系统的反应是否正确。

2.液位传感器的测试

液位检测方法有浮力式、静压式、电极式、电阻式、电容式及超声波式等，但不同的测量方法都可以采用失效测试法，即使用实际液位或模拟压力变化来测试传感器的输出值，与理想特性做对比，观察其零点及量程，如有必要，可进行适当的调整。

（五）测速传感器和变送器的测试和校准方法

有实测法和信号发生校对法两种，实测法是对比测出来的转速信号与实际转速信号，观察其大小。先在船舶常用的磁接近开关检测转速，实测转速并显示出来，再同时使用手持测速计测量，观察两者的区别，多数是偏慢的一方出现故障（一般假定手持式是正确的）。如果数值不对，多数可能是传感器位置安装不到位或间隙安装不到位造成的。

有的公司自配有信号发生器，可模拟产生方波信号，并可调整其频率，模拟实际转速变化，通过观察转速表、转速调节控制等环节来对比这些参数是否正常，并可从中找到并修复故障的设备。

（六）黏度传感器和变送器的测试和校准方法

在燃油组合单元 FCM 系统中，将测黏计 EVT20 的电路板安装在 EPC-50B 主控制板上。该控制板需要用到 9 芯电缆线与内部传感器元件连接。电路板内采用单片机控制系统，检测转换响应时间小于 1 min，将检测到的黏度信号转换为 4~20 mA，对应的黏度为 0~50 cSt，瞬时误差范围为±2%。系统采用简便的 4~20 mA 信号实现传感器向 EPC-50B 主控制微型计算机传送。黏度传感器内的温度传感器 PT100 除自身需要黏度校正外，还可通过本电路板转换，选择输出 4~20 mA 供 EPC-50B 使用。

所以，黏度传感器的测试是使用标准的样油提供给系统，尤其是黏度为 0 和黏度为 50 cSt 的两种油，观察其输出的电流信号是否正确，如不对，可以反复通过零点和量程的调整对其进行校对。如果实船上没有样油，则可根据油品的黏度—温度表，通过温度值来推测黏度值，并可计算出传感器的输出电流值，与实际输出电流值比较，即可得到其测量是否准确。在具体操作过程中，可通过黏度相差较大的两个值，去检验其测量的结果是否准确，如果需要，可以通过内部调整参数改变其零点或量程。

第四节　电子控制设备和PLC控制系统的维修方法

控制设备故障修理的关键是找到故障发生的原因和故障器件或故障线路,除依据已知的经验和目测方法外,还常常需要通过各种测试来分析,使用各种方法找到故障原因,并采取合适的方法予以排除,恢复系统运行。

一、电子控制设备的测试

电路板和元器件的功能测试是通过检测器件的输入、输出关系,判断器件能否完成规定的电路过程,属于定性测试。

常见的元器件检测方法有在线测量法、非在线测量法和代换法。由于线路板上的电子元器件在回路中,常常需要根据电路原理图,通过在线检测元器件各管脚的电位信号来判断其好坏。如果还不能判断,则只能将被怀疑的器件拆下单独检测,即非在线测量法。单独检测用的仪器仪表很多,常用万用表来测电阻、电容、二极管、三极管等分立器件,对于集成电路则需要专用的集成电路测试仪或逻辑分析仪来测量。如果分析结果不能肯定,则可以采用已知完好的同型号、同规格元器件来代换被测器件,从而可以判断出该器件是否损坏。

将电路板看成是一个元器件,将其输入、输出看成是器件的管脚,可采用上述测试器件的方法来测试电路板。除上述测试方法外,还有分隔测试法(又称电路分割法)、信号注入法、直觉检查法、波形观察法等多种方法,有时还需要将几种方法结合到一起来测试。

以下是常用的几种船舶控制电路板的测试方法:

(1)开关电源电路板的测试。开关电源电路板测试的关键是电源端(V_{CC}端)、激励脉冲输出端、电压检测输入端、电流检测输入端。测量各引脚对地的电压值和电阻值,若与正常值相差较大,则在其外围元器件正常的情况下,可以确定是该电路板已损坏。内置大功率开关管的厚膜电路板的维修,还可通过测量开关管C、B、E极之间的正、反向电阻值,来判断开关管是否正常。

(2)微处理器电路板的检测。微处理器电路板的关键是V_{DD}电源端、RESET复位端、X_{IN}晶振信号输入端、X_{OUT}晶振信号输出端及其他各线输入和输出端。在线测量这些关键脚对地的电阻值和电压值,看是否与正常值(可从产品电路图或有关维修资料中查出)相同。不同型号微处理器的RESET复位电压也不相同,有的是低电平复位,即在开机瞬间为低电平,复位后维持高电平;有的是高电平复位,即在开关瞬间为高电平,复位后维持低电平。

(3)伺服放大器电路板的测试。用万用表直流电压挡,测量运算放大器输出端与负电源端之间的电压值(在静态时电压值较高)。用手持金属镊子依次点触运算放大器的两个输入端(加入干扰信号),若万用表表针有较大幅度的摆动,则说明该运算放大器完好;若万用表表针不动,则说明运算放大器已损坏。

(4)工控电路板的分隔测试。把工控电路板与故障相关的电路合理地、一部分一部分地分隔开来,以便明确故障所在的电路范围。通过多次的分隔检查,肯定一部分电路,否定一部分电路,这样一步一步地缩小故障可能发生的所在电路范围,直至找到故障位置。

二、电子控制设备的维修

电路板故障千奇百怪,如集成IC特性变差、功能失效、管脚虚焊、短路、印制电路板连线断

裂、电磁信号干扰、环境粉尘影响以及程序丢失等都能导致故障,所以各种情况需全面考虑。由于故障情况复杂,所以不但要围绕器件进行分析与测试,还要求维修人员增强对故障的综合判断能力。

在进行维修前,首先做好对故障的初步分析,应认真测量相关的器件。如通过检查发现某个器件功能异常,并不一定就是这个器件坏了,而要再进一步检查周围与之有关的各个器件、各条走线。如果不能确认是否该器件故障,则在可能的情况下,可以拆下被怀疑的器件,然后单独对其进行测量,以鉴别该器件是否故障。故障分析工作一般的步骤如下:

(1)向使用人员仔细询问电路板的故障现象。条件允许的话,最好到现场实际看一下故障现象,确定一下电路板是否确实有故障,即确认一下电路板是否连接正确、插接牢固、有无更改设置、操作设备的步骤是否正确等,避免因为操作不当而产生误判。另外,需要了解该故障电路板近期内的使用情况。了解该故障是老毛病复发,还是新发症状,以及了解该故障有无修理过,如果修理过应确认修理的经过,更换过的器件等。

(2)仔细观察故障电路板的表面有无明显的故障痕迹。如有无烧焦、烧裂的集成 IC 或其他元件,线路板是否有断线开裂的痕迹。

(3)根据故障现象初步分析故障分布的可能部位。根据相关资料观察和分析故障电路板在正常状态下各个测试点的逻辑电平、逻辑波形、指示灯等,了解各个主要器件和功能模块的功能和用途,准备好有关器件的参数手册等,以备随时查阅和分析。

(4)在通电测试前,确认故障电路板的电源类型、正负极性、易损器件以及是否存在短路和缺件等问题,初次通电试验时要格外小心,以免加错电源烧坏板子。通电后利用各种检测方法,按照可能性大小的顺序依次检测,逐渐缩小故障的范围。多数情况下的故障往往一时不易发现。例如,某个集成 IC 的温度特性不好,短时间通电或不通电根本无法检查到。这时就需要根据用户所反映的情况,进行反复细致的观察,延长通电时间观察并检测。

(5)根据电路板的功能区域划分,分析各功能模块的相互关系并作出故障流程图。

(6)按照故障流程图逐级检查,确定具体故障元件。

(7)修复或更换故障元件后,对电路做进一步的检查,确认没有故障后可以通电进行功能试验。另外,故障修复后必须记录全部的维修过程,并对相关的维修资料进行归类整理,以便指导以后的维修和故障的防范。

(8)装机试验后如果仍然不正常,应再次检测,直到检修出故障电路板上的所有故障。如果不能确定故障或确定无法修复,应尽快联系生产厂商,尽快购买备件。

三、PLC 系统的故障判断与维修

1.PLC 系统的故障分类

(1)外部设备故障

外部设备就是与实际过程直接联系的各种开关、传感器、执行机构、负载等。这部分设备如发生故障,将直接影响到系统的控制功能。这类故障约占整个控制系统总故障数的 95%。

(2)系统故障

系统故障是影响系统运行的全局性故障。系统故障可分为固定故障和偶然性故障。系统发生故障后,如果可通过重新起动使系统恢复正常,则可认为是偶然性故障(又称可自动恢复故障);若重新起动后不能恢复而需要更换硬件或软件,系统才能恢复正常,则可认为是固定故障(又称不可自动恢复故障),这种故障一般是由于系统设计不当或系统运行年限较长所致。

(3)硬件故障

硬件故障主要是由于系统中的模块(特别是I/O模块)损毁而造成的。这类故障一般比较明显,多数情况下是局部的,它们主要是由于使用不当或使用的时间较长,模块内元件老化所致。

(4)软件故障

软件故障是由软件本身所包含的错误引起的,主要是由于软件设计考虑不周,在执行中一旦条件满足就会引发。在实际工程应用中,由于软件工作复杂,工作量大,因此软件错误几乎难以避免,这就提出了软件可靠性问题。

以上故障分类尚不全面,但PLC系统绝大部分故障属于上述四种。根据以上分类,可以帮助分析和找出故障发生的部位和产生原因。

2.PLC故障的判断

PLC故障的判断就是根据经验、参照发生故障的环境和现象来确定故障的部位和原因。这种诊断方法因PLC产品种类不同各异,需根据具体的PLC来实现宏观诊断。

对于PLC组成的控制系统的故障诊断应按如下步骤进行。

(1)是否为使用不当引起的故障,这类故障根据使用情况可初步判断出故障类型、发生部位。常见的使用不当包括供电电源错误、端子接线错误、模块安装错误、现场操作错误等。

(2)如果不是使用不当引起的故障,则可能是偶然性故障或系统运行时间较长所引发的故障。对于这类故障可按PLC系统的故障分布依次检查、判断故障。首先检查与实际过程相连的传感器、检测开关、执行机构和负载是否有故障;然后检查PLC的I/O模块是否有故障;最后检查PLC的CPU是否有故障。按此方法如果能找到故障并排除,则不必再检查下去。

在检查PLC本身故障时,可参考PLC的CPU模块和电源模块上的指示灯。具体做法如下:CPU处于“STOP”方式,红色指示灯亮,则故障可能发生在CPU模块、扩展模块上,或由于外部通信连接不好所致;CPU处于“RUN”方式,绿色指示灯亮,操作出现故障,则可能是应用软件故障或I/O模块故障;如电源模块上的电源指示灯不亮,则检查此模块。

如采取上述步骤检查不出故障部位和原因,则可能是系统设计错误,此时要重新检查系统设计,包括硬件设计和软件设计。

3.PLC故障判断和修理的一般原则和技巧

自动控制系统的功能是自动地根据生产过程的状态和控制指令对执行机构发出控制信号,对被控制对象进行控制。在PLC控制系统中,各种物理量(生产过程的状态和执行机构的动作等)都是以电气信号的形式输入/输出到PLC,由PLC中预先输入的用户程序进行处理。当系统的功能不符合该系统的规定时,往往是系统出现了故障。

在查找故障时,一般先看电源是否正常。如果电源正常,再看故障的影响范围是整个系统(包括PLC设备的显示信息和被控制的设备)都瘫痪,还是局部的故障(此时PLC模块的“RUN”指示灯仍亮,说明PLC设备基本没有问题)。如果是局部故障,则使用厂家提供的技术资料图纸,找到该项出问题的功能所涉及的外部逻辑条件,及其所对应的具体I/O通道和具体设备,进行检查测量。

正在营运中的船舶的自动化系统如果发生故障,一般故障部位比较单一,容易找到。而陈旧的设备或经过多位维修人员处理仍未修复的故障,往往增添了一些人为的故障,增加了故障判断的难度。下面介绍一些故障判断和修理的一般原则和技巧。

(1)掌握原理,熟悉控制过程

在进行故障判断前要熟悉系统的结构、工作原理、功能和操纵方法,熟悉操纵手柄的用途、

显示灯的含义、各种操纵方式之间的转换方法和相互关系，以及系统运行的条件和结果，仔细阅读说明书。有实践经验的维修人员，也可以通过烧焦的元件或气味，或先检查易损部件，迅速找到故障部件。

(2)正确区分故障与功能缺失

当系统的某项功能不能实现时，并不一定是系统有故障，也可能是操纵者对系统不熟悉，系统工况不符合正常运行要求，而引起系统的正常保护动作，却被认为是系统故障。

(3)故障信号流程图追踪法

这是判断故障部位的最常用方法，也是设备供应商根据常见故障设定的故障诊断流程。如图 3-4-1 所示，通过追踪检查与故障有关的各种信号通路及状态，确定发生故障的部位。

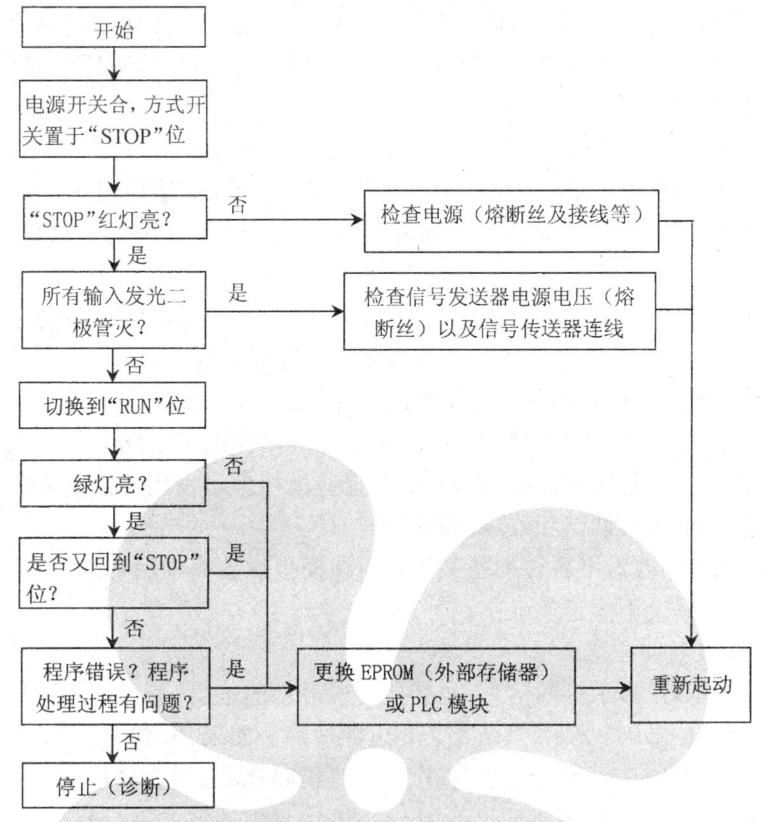

图 3-4-1　故障诊断流程

(4)模块功能测试法

各种复杂的系统通常可以看作由一些分系统、环节或部件组成。这些具有一定功能的分系统、环节或部件可以称作模块。模块的划分并不是死板的，一个模块可以是一个元件，也可以包含许多部件，只要系统中的某一部分与其他部分相对独立，输入和输出信号之间存在一定的对应关系，具有一定的功能，便于对其进行测试，就可以把该部分看作一个模块。

对一个模块尽管可能不知道它的具体内部结构，但只要对其功能和输入/输出信号的关系进行测试，就可以判断该部分是否正常。例如一个 PLC 控制系统可以分为 PLC 设备和外部设备两大部分，而 PLC 设备又可以分为 CPU 模块、输入/输出模块等。不同模块在系统中的地位、承担的作用不同，有的是系统实现各种功能的共用部分，如果损坏了，则系统的全部功能丧失；另一些模块则只承担局部的工作，如果损坏了，将只影响局部的功能。因此，当系统出现故障时，可以根据系统的模块化结构，将故障原因判断到模块一级。然后对这一模块设计测试方案并进行测试，即对该模块提供输入信号，观察其输出信号是否符合模块设计的规定。如果不符合，则基本证明该模块有故障。

CPU 模块的故障往往表现为整个系统失去反应，而 I/O 模块的故障往往只影响该模块 I/O信号相关的功能，某一外部设备的故障只影响这一信号的相关功能。

对于 PLC 控制系统，通常可以先区分出故障是发生在 PLC，还是外部设备。

（5）I/O 信号状态的检查

通过 PLC 模块上 I/O 信号对应的 LED 显示，可以方便地观察到每一通道 I/O 信号状态。但是，外部设备损坏、连线接触不良都可以造成 PLC 收发的信号与外部设备信号的实际状态不符，这也是 PLC 控制系统最常见的故障。当发现控制系统出现故障或动作错误时，应根据图纸，找到相应的 I/O 地址。

更换开关、传感器、电磁阀以及指示灯等器件（对系统来说是 I/O 部件）时，注意不要发生短路，以免扩大系统的故障。由于某种原因，损坏了某一个输入/输出（I/O）通道，又一时无备件可以更换，可以请 PLC 技术人员将其接到备用通道上，相应地用编程器（PG）修改软件。

（6）模拟试验

为了检查 PLC 控制系统的功能，对其进行调试和故障诊断，必须对系统在各种运行状况下的控制动作进行测试。但对系统的检查通常是在系统停车状态下进行的，这时无法提供控制系统在判断时需要的不同状态值。为了解决上述问题，就需要进行模拟试验。

模拟试验就是采取以假代真的模拟手段，为系统测试提供可以随意设置的各种运行状态模拟信号，使控制系统或系统中的某一部分根据这些模拟信号发出控制信号，进行显示，从而判断控制装置的功能，进行调试和故障诊断。

在进行模拟试验前要做好各种准备工作。而在模拟试验完毕后，必须将模拟试验的临时设置全部复位；否则系统不能正常工作。

（7）故障排除技巧和注意事项

①充分利用显示灯、指示灯的信息，尤其是自检显示的信息。发生故障时，首先查看 PLC 的 CPU 模块 POWER 指示灯显示，判断是否是电源故障。如果 POWER 指示灯亮，再查看 RUN 指示灯是否亮，如果灯灭，表示 PLC 运行停止，可能是扩展模块或外部通信连接不好所致。

②如果属 PLC 硬件故障，则可通过换用 PLC 模块备件的方式进行解决。如硬件无故障，而系统的控制功能不符，则应考虑参数的设置问题。例如起动油量、点火转速等。应根据故障的具体现象及机器的使用状态等情况对参数做适当修改。当怀疑故障的原因是系统工作参数设置错误时，可以将全部参数按照技术资料对照一遍，快捷地排除参数设置故障。

③当经过测试，输出点的 LED 显示表明系统的输入/输出信号控制关系正常，而执行机构没有随其动作时，应根据电气原理图和接线图检查外部的电磁阀或者外部电气连接。

④在使用键盘修改系统工作参数或通过印刷板上的微调电位器修改系统工作参数之前，最好记录其原始数据或原始位置，以便在修改无效时，恢复初始值。

⑤拔插印刷电路板或模块时，要关闭电源。记住模块或印刷电路板的型号和在插槽的原始位。要将新模块上的可设置的拨动开关、跳线、电位器设置的与原有模块一致。

⑥其他注意事项，如保证系统可靠、正确地接地；避免电磁干扰（如大负载电缆靠近 PLC 系统）等。

参考文献

[1] 中国海事服务中心.海船船员培训大纲(2016 版)[S],2016.

[2] 林叶春.船舶电气及控制系统[M].上海:上海交通大学出版社,2015.

[3] 中国海事服务中心.船舶电气与自动化[M].大连:大连海事大学出版社;北京:人民交通出版社,2012.

[4] 郑华耀. 船舶电气设备及系统.第 2 版[M].大连:大连海事大学出版社,2011.

[5] 钱照明,陈仲,程钧培,等.中国电气工程大典:第 12 卷.船舶电气工程[M]. 北京:中国电力出版社,2009.

[6] 中国海事服务中心.船舶电气[M].大连:大连海事大学出版社,2012.

[7] 赵殿礼. 船舶电气设备管理与工艺.第 2 版[M]. 大连:大连海事大学出版社,2010.

[8] 林叶春. 船舶电力推进及动力定位控制系统[M].上海:上海交通大学出版社,2019.

[9] 李发海,王岩.电机与拖动基础.第 3 版[M].北京:清华大学出版社,2005.

[10] 陈伯时. 电力拖动自动控制系统[M].北京:机械工业出版社,1992.

[11] 林叶春. 船舶电子电气工程专业海上实践指南[M]. 上海:上海浦江教育出版社,2013.

[12] 陈宝忠. 船舶轮机工程专业海上实践指南.[M] 上海:上海浦江教育出版社,2013.

[13] 邓星钟.机电传动控制.第 4 版[M].武汉:华中科技大学出版社,2007.

[14] 祝福.船舶电力拖动[M].哈尔滨:哈尔滨工程大学出版社,2009.

[15] 孙旭清,何吉庆. 船舶电机与电气控制系统[M]. 大连:大连海事大学出版社,2005.

[16] 刘明伟.船舶电力拖动[M].北京:人民交通出版社,2006.

[17] 吴忠智,吴加林.变频器原理及应用指南[M].北京:中国电力出版社,2007.

[18] 李勇.机电控制系统[M]. 上海:上海交通大学出版社,2012.

[19] 赵殿礼. 船舶辅机电气控制系统[M]. 大连:大连海事大学出版社,2003.

[20] 林华锋.船舶电站[M].哈尔滨:哈尔滨工程大学出版社,2006.

[21] 薛士龙.船舶电力系统及其自动控制[M].北京:电子工业出版社,2012.

[22] 张桂臣. 现代船舶电站[M]. 大连:大连海事大学出版社,2012.

[23] 庄福余.船舶供电技术[M].哈尔滨:哈尔滨工程大学出版社,2006.

[24] 赵殿礼,张春来. 船舶电站控制与管理技术[M]. 大连:大连海事大学出版社,2009.

[25] 阮礽忠.船舶电气设备维修指南[M].北京:人民交通出版社,2000.

[26] 王兆安，黄俊.电力电子技术[M].北京：机械工业出版社，2010.
[27] 闫世杰. 船舶信号[M]. 北京：人民交通出版社，2006.
[28] 轮机工程手册编委会. 轮机工程手册：下卷[M]. 北京：人民交通出版社，1994.
[29] 中国船级社. 钢质海船入级规范：第 4 分册[M]. 北京：人民交通出版社，2012.